Analysis and Review of Selected Intellectual Property Cases
（2023）

知识产权精品案例评析

（2023）

广州知识产权法院　组织编写

主编　郑志柱

全国百佳图书出版单位

—北京—

图书在版编目（CIP）数据

知识产权精品案例评析 . 2023 / 广州知识产权法院组织编写；
郑志柱主编 . —— 北京：知识产权出版社，2024.4
ISBN 978-7-5130-9334-7

Ⅰ.①知⋯　Ⅱ.①广⋯②郑⋯　Ⅲ.①知识产权法—案例—中国　Ⅳ.① D923.405

中国国家版本馆 CIP 数据核字（2024）第 065889 号

责任编辑：程足芬		**责任校对**：王　岩	
封面设计：纺印图文·韩力君		**责任印制**：刘译文	

知识产权精品案例评析（2023）

广州知识产权法院　组织编写

郑志柱　主编

出版发行：知识产权出版社 有限责任公司		**网　址**：http //www.ipph.cn	
社　址：北京市海淀区气象路50号院		**邮　编**：100081	
责编电话：010－82000860 转 8390		**责编邮箱**：chengzufen@qq.com	
发行电话：010－82000860 转 8101/8102		**发行传真**：010－82000893/82005070/82000270	
印　刷：三河市国英印务有限公司		**经　销**：新华书店、各大网上书店及相关专业书店	
开　本：720mm×1000mm　1/16		**印　张**：23.5	
版　次：2024 年 4 月第 1 版		**印　次**：2024 年 4 月第 1 次印刷	
字　数：421千字		**定　价**：128.00 元	

ISBN 978－7－5130－9334－7

知识产权精品案例评析（2023）

编委会成员

编辑部成员

序

2023年是全面贯彻党的二十大精神开局之年，也是《知识产权强国建设纲要（2021—2035年）》和"十四五"规划实施承上启下之年。这一年，我们步履铿锵，深入学习贯彻习近平总书记关于知识产权工作的重要指示精神，能动司法，做实"抓前端、治未病"，从个案、类案中发现深层次问题。这一年，我们乘势而上，不断提升知识产权审判质量、效率和公信力，为大局服务、为人民司法，点滴汗水汇聚起知识产权磅礴力量。

日征月迈，久久为功。2023年，广州知识产权法院围绕"努力让人民群众在每一个司法案件中感受到公平正义"目标，共受理案件21774件，审结案件14193件，法官人均结案512件，在广东省中级法院中名列前茅，同时也打造了一批具有规则意义和标杆价值的案件。28件案例入选省级以上典型案例，其中一审审理的2个案件入选最高人民法院第39批指导性案例，二审审理的2个案件入选中国法院50件典型知识产权案件，审判质效得到了业界的褒扬和肯定，多个案件被国内各大媒体报道。晶序达公司与视显公司等侵害发明专利权纠纷案件涉及液晶面板数据传输技术，在无法确定原告损失、被告侵权获利情况下，根据侵权规模、持续时间、专利贡献度等因素，突破法定赔偿上限作出判赔，有力保护科技创新成果。在网之易公司与华多公司等著作权侵权及不正当竞争纠纷案件中，探索游戏整体画面及游戏玩法规则的侵权判断标准，对处理网络直播、动漫游戏等新兴领域知识产权案件具有指导意义。在"今日头条诉今日油条"商标及不正当竞争纠纷案件中，合理划定保护界限，准确把握驰名商标保护与防止滥用权利限制竞争之间的利益衡平，取得良好法律效果与社会效果。在锐视公司与奥特公司合同纠纷案中，探讨了知识产权合同中"转让不破许可"这种例外情形在不同场景下的适用规则，为类案审理提供了参考思路。在健合公司、诗微仕公司与旭饮公司等侵害商标权及不正当竞争纠纷案中，认定恶意侵害驰名商标权行为应适用惩罚性赔偿，准确计算被告的侵权获利，全额支持了原告1000万元的赔偿请求，彰显了人民法院严厉打击恶意侵权行为的鲜明司法态度。

不明学理，则经验者无以会其通；不习经验，则学理亦无从证其是。经验与学理，正两相需也（沈家本《历代刑法考》）。法律的生命不在于逻辑，而在于经验，有限和确定的法律总是无法穷尽无限而多元的社会。法条是"纸上的法律"，案例是"活的法律"，它既回应了社会的变化与关切，也凝聚了法官的思考和智慧。研读案例、熟悉规则，以活生生的实例诠释法律条文蕴藏的内涵，也是推动司法与时代、与人民的融合和共同发展的必由之路。

追风赶月莫停留，平芜尽处是春山。本书是广州知识产权法院《知识产权精品案例评析》系列丛书的第七辑，延续了本系列丛书的案例汇编思路，以及"统一侵权判定尺度、平等保护市场主体"等司法理念，在上万件案件中精选出40余个精品案例，内容涵盖专利权、商标权、著作权和不正当竞争等多个领域的司法热点、难点。本书通过重现审理过程、总结办案心得，讲好中国知识产权审判故事，深耕细作知识产权审判案例"富矿"，将法官们的思维与智慧凝结成案头的一缕书香。新时代新发展阶段，社会各界对依法保护知识产权的期待更高，要求更高，司法服务知识产权强国建设的责任更重，值此契机，我们希望这本书能够及时回应社会关切、发挥知识产权裁判的规范引导作用，也希望它作为一个入口，供法律同行借鉴参考，促进广大知识产权工作者互相交流、学习，激励创新创造、促进文化繁荣、维护公平竞争，用一块块智慧的"砖"铺就中国知识产权保护的康庄大道。

本书编委会

2024年2月2日

目　录

专利权案件

著作权案件

商标权案件

> 阅读提示：将他人商标作为搜索关键词进行显性使用的行为，是否构成商标侵权？

> 阅读提示：如何根据商品生产中不同主体的地位及分工，合理分配双方当事人关于商品生产者的举证责任？

> 阅读提示：网售假冒知名品牌商品的公司注销后，历任独资股东是否应承担连带责任？

> 阅读提示：恶意抢注商标导致商标权人维权成本增加，责任谁来承担？

不正当竞争案件

> 阅读提示：如何认定《反不正当竞争法》中"经营者"范围以及"仿冒混淆"行为？

植物新品种案件

> 阅读提示：当事人单方委托测试报告的效力如何认定及被诉侵权植株扩繁后再鉴定的申请如何审查？

技术调查案件

> 阅读提示：前员工申请的多份专利与其在前公司任职期间参与研发的技术存在关联，技术调查中如何将多份不同的技术方案与一份整体的技术方案进行比对？

> 阅读提示：同日申请的发明和实用新型专利，其权利要求修改后，发明和实用新型权利要求的保护范围是否适用区别解释？

> 阅读提示：专利独立权利要求中存在多种技术方案，技术调查中如何作出分析判断？

> 阅读提示：如何有效利用实验仪器帮助查明技术事实？

专利权案件

1

港航公司与兴华公司、港星工程部
侵害发明专利权纠纷案

阅读提示：二手设备的使用人能否在原范围内沿用先用权抗辩？

【裁判要旨】

我国专利制度为授权制，同一发明创造只授予一项专利，而且是授予最先申请者，其目的在于鼓励发明人公开其发明创造的技术方案，该授权模式有利于最终实现科技创新的社会福利最大化。然而，首先提出专利申请者并不必定是对该发明创造在先作出实质性贡献者，先用权制度正是基于衡平先用权人与专利权人之间的利益设立的，避免仅因申请时间原因而导致先用权人的前期研发和投入成本完全无法收回。虽现行制度仅规定相同产品的制造者及相同专利方法的使用者可行使先用权抗辩，但实现合法发明创造的市场价值是先用权抗辩的应有之义，故对于前述主体所制造的产品流通于市场后，二手产品的在后使用者可在原有范围内沿用在先制造者的先用权抗辩，避免先用权制度价值的架空和社会资源的不合理浪费。

【案号】

一审：广州知识产权法院（2021）粤 73 知民初 1378 号

【案情与裁判】

原告：港航公司

被告：兴华公司

被告：港星工程部

起诉与答辩

港航公司起诉称：梁某某于 2008 年 1 月 24 日向国家知识产权局申请涉案专利，并于其后获得授权。2019 年 7 月，涉案专利的专利权人变更为港航公司，该专利处于有效期内。港航公司经调查发现，兴华公司制造的"粤中山工 8223"船舶（简称涉案船舶）的挖掘设备侵害港航公司的涉案专利权，上述船舶由港星工程部经营。经对比，被诉侵权设备落入涉案专利权利要求 1—5、8 的保护范围。兴华公司和港星工程部的侵权行为给港航公司造成极大经济损失。请求判令：1. 兴华公司停止制造和销售侵害港航公司 ZL200810025985.8 发明专利权的设备；2. 港星工程部停止制造和使用侵害港航公司 ZL200810025985.8 发明专利权的设备；3. 兴华公司和港星工程部连带赔偿港航公司经济损失及维权合理费用共 200 万元；4. 兴华公司和港星工程部承担本案诉讼费用。

兴华公司答辩称：1. 港航公司提起本案诉讼已过诉讼时效。2. 兴华公司不是被诉侵权设备的制造商和销售商。涉案船舶的长宽尺寸与兴华公司交付的船舶尺寸不相符，说明涉案船舶在兴华公司交付之后已经进行改建。3. 兴华公司于 2006 年开始建造涉案船舶，并于 2008 年 10 月 8 日交付使用，该船舶的建造日期早于涉案专利申请日，交付日期早于涉案专利授权公告日，涉案船舶不可能侵害港航公司的涉案专利权。4. 港航公司主张的损失及维权合理费用没有依据。

港星工程部答辩称：1. 港航公司并非善意取得涉案专利权，不是适格原告。2. 被诉侵权设备的公开时间早于涉案专利申请日及授权公告日。港星工程部于 2010 年从德胜疏浚公司处受让取得涉案船舶的所有权，而德胜疏浚公司于 2006 年从兴华公司处购买涉案船舶。2006 年 10 月，兴华公司出具涉案船舶的布置图，广东省船舶检验局广州分局于 2006 年 11 月批准建造涉案船舶，德胜疏浚公司于 2007 年从瑞峰公司购买被诉侵权设备，涉案船舶于 2007 年建造完毕。因此，被诉侵权设备的技术公开时间早于涉案专利的申请日，涉案船舶的验收时间也早于涉案专利的授权公告日。3. 被诉侵权设备未侵害港航公司的涉案专利权。4. 港星工程部不是被诉侵权设备的制造者，港星工程部是被诉侵权设备的善意使用者，无需停止使用被诉侵权设备及赔偿。

一审审理查明

ZL200810025985.8"抓斗式抓挖起重机互动机构"发明专利的申请日为

2008 年 1 月 24 日、授权公告日为 2010 年 3 月 17 日，港航公司于 2019 年经受让取得专利权。兴华公司是涉案船舶及被诉侵权设备的制造者、销售者，港星工程部作为船东使用该船舶上的被诉侵权设备。被诉侵权技术方案落入涉案专利权利要求 1—5、8 的保护范围。兴华公司、港星工程部均主张被诉侵权设备的制造及完成图纸送审的时间早于涉案专利申请日，提出不侵权抗辩。

一审判理和结果

一审法院审理认为，兴华公司在涉案专利申请日之前已经做好制造被诉侵权设备的必要准备并已于 2006 年向广东省船舶检验局报备送审图纸，并于其后在原有范围内继续制造，兴华公司的先用权抗辩成立，其制造、销售涉案设备的行为不视为侵害专利权。港星工程部于 2010 年受让取得涉案船舶所有权并对被诉侵权设备进行使用，属于对船舶上原有设备在原范围内使用，现有证据不足以证实港星工程部在成为涉案船舶所有权人后曾对被诉侵权设备进行改建，应认定港星工程部仍在原有范围内继续使用被诉侵权产品，在被诉侵权设备的制造者先用权抗辩成立的情况下，港星工程部对该设备的后续行为也不构成对涉案专利权的侵害。

一审法院判决：驳回港航公司的诉讼请求。一审宣判后，双方当事人均未提起上诉，一审判决发生法律效力。

【法官评述】

本案涉及先用权抗辩制度能否适用于被诉侵权产品的后续使用者这一类型化问题，现行法律对此并未作出明确规定。本案综合考虑专利权人、先用权人与社会公众三元利益衡平的维度，对二手设备的使用人能否行使先用权抗辩的问题进行分析并作出判决。

一、基于先申请人与先发明人之间利益平衡的先用权抗辩制度

我国专利制度采用先申请制，由在先申请专利的发明人或合法权益人享有专利权，其目的在于鼓励发明人公开其发明创造的技术方案，以换取专利制度对其技术方案的排他式保护，即专利制度中的"以公开换保护"规则，有利于最终实现科技创新的社会福利最大化。事实上，对一项发明创造来说，首先提出专利申请的人不一定是首先作出该发明创造的人，当其他主体在专利权人申请专利前已经作好制造产品的必要准备时，如仅因专利权人在申请专利的时间上占有先机而禁止先用人继续实施该项技术方案，导致其前期研发和投入成本完全无法收回，显然过于严苛且有失公允，也将造成社会资源的不合理限制和浪费,为解决此问题,先用权抗辩制度的设立存在其必要性。《专利法》第七十五条第二项规定了以抗辩为表现形式的先用权,明确"在专利申请日前已经制造相同产品、使用相同方法或者已经作好制造、使用的必要准备,并且仅在原有范围内继续制造、使用的,不视为侵害专利权"。先用权抗辩是为了弥补专利先申请制度的固有缺陷、追求实质公平而设立的。先用权抗辩是专利权人、被诉侵权人以及社会公众之间的利益调节阀。①

二、关于先用权抗辩适用主体的类别及范围确定依据

《专利法》第七十五条第二项规定了"制造相同产品、使用相同方法""必要准备""原有范围"等先用权抗辩构成要件,但并未明确适用先用权抗辩的主体范围。从条文表述的构成要件来看,先用权抗辩仅适用于"制造、使用"行为的实施主体,并未涉及其他类型的专利实施行为主体,亦即,依据前述规定,先用权抗辩的主体仅限于产品制造商或方法专利使用者,而不包括销售者、使用者等其他专利实施主体。由此导致对于前述主体能否提出此项抗辩的问题存在争议。司法实践中,可从在先实施主体及后续实施主体两个方面来界定先用权抗辩适用主体范围,具体如下:

第一,发明创造技术方案的在先实施主体。根据《专利法》第七十五条第二项规定,"在专利申请日前已经制造相同产品、使用相同方法或者已经作好制造、使用的必要准备,并且仅在原有范围内继续制造、使用的,不视为侵害专利权"。亦即,相同产品的制造者及相同专利方法的使用者可行使先用权抗辩。我国专利制度采用先申请制,但该制度容易导致其他发明人仅因专利权人在申请专利的时间上占有先机而损失前期研发和投入成本,造成社会资源的不合理浪费,故不应禁止先用人在原有范围内继续实施该项技术方案。

另需指出的是,从权利本质而言,先用权系抗辩权,与作为支配权的专利权、商标权等不同,其行使以请求权的行使为前提条件,具有专属性,②故制造者或发明方法使用者享有的先用权不能成为许可使用和单独转让的客体。如允许先用权人对外许可他人许可或转让,被许可人或受让人均行使先用权抗辩,将导致专利权制度虚置。

第二,原有范围内产品的后续实施主体。先用权人实施相关技术方案的目

---

① 管育鹰:《专利侵权先用权抗辩的政策考虑与法律适用》,载《知识产权》2023年第2期。

② 杨立新、刘宗胜:《论抗辩与抗辩权》,载《河北法学》2004年第10期。

的在于获取商业利益，如先用权抗辩的范围仅限于制造产品或使用（发明方法），但禁止销售、许诺销售、使用所制造出来的产品，则在先专利实施人无法基于先用权实现其通过发明创造获利的目的，先用权抗辩制度将难以实现其平衡专利权人、先用权人与社会公众利益的价值。为实现先用权制度的价值，应保护先用权人在原有范围内制造的产品或者依照专利方法直接获得的产品在市场上正常流通以及交易安全。先用权人在专利申请日之前已经制造的产品、在原有范围内继续制造的产品或依照专利方法直接获得的产品均不属于侵害专利权的产品。先用权人在原范围内所制造并售出的产品，未被视为侵害专利权，若第三人从先用权人处获得产品后再行实施销售、许诺销售、使用该被诉产品等行为，上述行为也不应视为侵害专利权。且前述解释与现行法律规定并不相悖，后续销售者、使用者所提出的不侵权抗辩，均是基于产品制造者享有的先用权，而非依托于销售者或使用者身份而新产生的专利先用权。

本案中，兴华公司作为涉案船舶制造者，在涉案专利申请日前已经作好制造准备，并于其后在原有范围内继续制造，应认定其先用权抗辩成立。港星工程部受让取得涉案船舶所有权，作为后续使用者且未对涉案船舶进行改建，在被诉船舶制造者先用权抗辩成立的情况下，港星工程部的行为属于在原范围内使用被诉技术方案，其后续使用行为也不构成对涉案专利权的侵害。

本案属于填补现有先用权抗辩制度部分空白的样本案例，在司法实践中通过裁判规则筛选出高价值专利，引领市场培育真正有创新价值的专利，防止专利权的滥用，避免专利权滥用导致社会资源的不利闲置和浪费。裁判结果充分展现人民法院对知识产权统筹协调的审判理念，统筹合理保护和防止权利滥用，营造在规范下创新、在创新中发展的良好法治环境。

编写人：广州知识产权法院　黄彩丽　杨岚

（编辑：王厚权）

2

旺溢公司与天弘公司
侵害实用新型专利权纠纷案

> **阅读提示**：如何认定知识产权取证是否陷阱取证而予以排除？

【裁判要旨】

知识产权民事诉讼中，仅基于"权利人诱发"产生的行为应排除在侵权行为之外，由此取得的证据不具有证据效力。"犯意诱发型"取证所形成的证据予以排除需符合以下要件：1. 取证主体为权利人或与权利人有关联的人；2. 侵权行为系偶发，侵权人除了权利人本次取证外未实施过侵权行为。

【案号】

一审：广州知识产权法院（2022）粤 73 知民初 1390 号

【案情与裁判】

原告：旺溢公司

被告：天弘公司

起诉与答辩

旺溢公司起诉称：旺溢公司向国家知识产权局申请名称为"一种桌下空气净化装置"的实用新型专利并获得授权，专利号为 ZL201921457097.3。旺溢公司取得专利后实施，取得了良好的市场效果。天弘公司制造、销售与涉案专利相同的桌下空气净化装置，侵害了旺溢公司的专利权。旺溢公司以天弘公司为被申请人向广东省中山市市场监督管理局（简称中山市监局）申请专利侵权纠纷处理，中山市监局在天弘公司工厂查获 28 台被诉侵权产品。天弘公司的行为侵害了旺溢公司的专利权，给旺溢公司造成巨大的经济损失，请求判令：1. 天弘公司立即停止制造、销售与 ZL201921457097.3 号实用新型专利设计方案相同或近似的被诉侵权产品；2. 天弘公司立即销毁被诉侵权产品；3. 天弘公司赔偿旺溢公司经济损失及合理费用共计 101 万元；4. 本案诉讼费用由天弘公司承担。

天弘公司答辩称：1. 天弘公司原有产品并未侵害涉案专利权，其在案外人多次具有针对性的恶意诱导下，在已生产的原有产品上加装两片"导风板"，旺溢公司的维权行为不具有正当性，天弘公司不应当承担侵权责任。2. 退一步讲，即使认定天弘公司需要承担侵害涉案专利权的责任，基于被诉侵权产品没有任何销量，天弘公司几乎未获利，旺溢公司要求的赔偿金额明显缺乏事实和法律依据。

一审审理查明

旺溢公司于 2019 年 8 月 31 日向国家知识产权局申请名称为"一种桌下空气净化装置"的实用新型专利，并于 2020 年 4 月 10 日获得授权，专利号为 ZL201921457097.3，该专利至今合法有效。旺溢公司在本案中主张保护范围为涉案专利权利要求 1—3。

天弘公司法定代表人胡某通过微信与微信名为"海鲜自助火锅"的客户（简称客户）沟通订购产品相关事宜。

2021 年 12 月 28 日，胡某添加了客户的微信并发送了两张净化器产品图片，该图片显示净化器产品上没有两块导风板。2021 年 12 月 31 日，客户提出："这两天来不了，年后有三间店要开，其中一家是做地排，两家要净化机器设备的。我的搭档说咱家的抽屉 90 度角会产生很大噪音和导风不好，我们在别人家的展厅有一款类似产品，它上下加了一片导风板，是广东做的，但不知道哪里，机壳上也有一块的。"胡某回应："这个我们测试过噪音和风速，你需要我们可以加上。"客户表示："那我发个地址给你，你发一台过来，我们测试一下。这一台等一会转钱给你。"2022 年 1 月 2 日，客户通过微信向胡某转账支付了 550 元。2022 年 1 月 6 日，客户要求胡某通过安能快递发货并提供了收件地址"四川省乐山市 ××1703 王某 186×××××××"。2022 年 1 月 8 日，客户询问是否已经发货，胡某向客户发送了一张安能快递邮单，该邮件收件地址为上述客户提供的地址，发送货物为 1 台电陶炉。2022 年 1 月 14 日，客户表示："货已收到，检测一下，噪音有点大，吸风力不错的。我先下 28 台单，看多少天能完成。我们在乐从家具厂也有一批家具，也有一批电池炉在赶。"
随后，客户应胡某要求通过微信向胡某转账支付 2000 元订金。2022 年 1 月 17
日，旺溢公司向中山市监局申请对天弘公司涉嫌制造侵害涉案专利权的净化器
进行调查收集侵权证据。旺溢公司向中山市监局提供了天弘公司涉嫌实施侵权
行为的照片。2022 年 1 月 21 日，客户询问："咱家的机器全做好了？"胡某回
复："是的。"2022 年 2 月 20 日，客户提出："你明天给我尾数款项，顺便拍张
照片，好让安排付款。"次日，胡某按照客户要求发送了货物打包完成的图片。
2022 年 2 月 23 日，中山市监局前往天弘公司处调查，在现场发现有 28 台型
号为 J01A 的净化器，并从中取样了 1 台。天弘公司向中山市监局表示其根据
客户要求在 2022 年 1 月 6 日生产出第一台样品并交付给客户，至今生产了 28
台成品，生产成本是每台 480 元，销售价格为每台 550 元，收到 2000 元订金，
尚未出货，目前 28 台都在仓库放着。2022 年 2 月 26 日，胡某向客户提出："你
要求加的挡板我们工程师在我们自己产品基础上用玻璃胶粘上去，技术上面有
问题，这个货不能按你的意思加挡板出货，你看不加挡板给你怎样？"客户回
复："当时是按来样确定的，那怎么办？家具都做好了。"胡某回应："按你要求
加上去有些技术问题，出没有挡板的给你，我们设计就通过材料及设计技术控
制了你提到的噪音问题，并不存在你说的问题。"客户表示："那不行，我们是
诚信办事的，不可能一时一个样的。"2022 年 2 月 28 日，客户询问："胡老板
怎样？"胡某回复："你 5 号左右方便过来我厂吗？或者见面聊下。"2022 年 3
月 3 日，胡某提出："现在有些问题我们需要沟通清楚才行，所以我想约你聊。"
客户回复："我们大家必须以诚信为本，你货没给我，后来我们买了一家叫欧堡
的货，订金你必须退回的。"胡某回应："欧堡也按你要求加了挡板？发图片给
我看下，你把我样板退回来，我会退回样板款给你。"客户回复："我不想再跟
你这样的人交易了。"2022 年 4 月 1 日，客户拉黑了胡某的微信。

一审法院依旺溢公司申请向中山市监局调取了相关案件的现场勘验笔录、
勘验检查登记清单材料、勘验图片、口审笔录及双方提交的证据材料和证物
等。口审笔录记载，旺溢公司回复审理人员询问何时何地发现天弘公司实施涉
嫌专利侵权行为的问题时称："我于 2022 年 1 月在我方工厂门口发现一个信
封，内有本案中我方向知识产权局提交的证据材料中的照片，信封内附天弘公
司名称的纸条。"胡某向中山市监局表示其原产品不侵害涉案专利权，现场取
样的证物系按客户要求定制的产品，在其告知客户不能按他要求增加上下挡板
后，客户于 3 月 3 日告知他购买了另一家生产的净化器，胡某要求客户退回 1

月 7 日提供的样板，胡某则退还样板款及 2000 元订金给他，但客户拒绝。

中山市监局向一审法院邮寄了其在天弘公司取样的 1 台净化器，双方确认该被诉侵权产品落入涉案专利权利要求 1—3 的保护范围。

天弘公司认可制造、销售了被诉侵权产品，但认为其系受到旺溢公司及案外人的诱导才加装两块导风板。旺溢公司确认被诉侵权产品为中山市监局查获的 28 台净化器，天弘公司之前制造、销售的原有产品没有两块导风板，但否认其安排案外人或与案外人合意进行犯意诱发型取证。

一审法院在庭后多次尝试拨打上述客户提供的手机号码，对方一直拒绝接听电话。

一审判理和结果

一审法院审理认为，本案中，天弘公司是依据客户的要求制造、销售 28 台净化器。对于客户的行为与旺溢公司的关系，首先，旺溢公司声称其系在厂房门口发现天弘公司涉嫌侵权的线索有悖常理，涉案专利为实用新型专利，技术方案具有一定复杂性，若非涉案专利权人或其关联人，不可能知道被诉侵权产品有可能侵害涉案专利权，更不会举报。其次，在天弘公司拒绝按客户要求添加两块挡板后，该客户在尚未收到天弘公司退回样板款 550 元及订金 2000 元的情况下就拉黑了天弘公司法定代表人胡某的微信，该行为不通常情。再次，在该客户向天弘公司下单订购 28 台净化器并支付订金后的第 3 天，旺溢公司即向中山市监局申请调查，在天弘公司向该客户表示其订购的 28 台净化器已制造完成后的第 2 天，中山市监局即前往天弘公司处调查，上述时间点上的契合难谓巧合。最后，该客户在本案诉讼期间一直拒绝接听法院电话，无法联系上其本人核实相关事实。综上所述，根据民事诉讼高度盖然性的证据认定标准，应认定该客户与旺溢公司存在关联，客户的行为实际上代表了旺溢公司的意志。天弘公司制造、销售带有两块导风板的 28 台被诉侵权净化器是偶发行为，除了该客户本次要求外天弘公司未实施过制造、销售带有两块导风板的净化器。因此，天弘公司仅基于旺溢公司的取证行为而实施侵害知识产权行为的证据不能作为权利人起诉天弘公司侵权的证据。

一审法院判决：驳回旺溢公司的诉讼请求。一审宣判后，双方当事人均未提起上诉，一审判决发生法律效力。

【法官评述】

由于知识产权侵权行为隐蔽性的特点，侵权证据常由侵权人掌握，权利人取证的阻力非常大，因此权利人被迫无奈只能通过"陷阱取证"进行维权，且大量该种情形的维权方式被法院采信。然而，"陷阱取证"并非一概可作为定案的依据，对其中的"犯意诱发型"取证所形成的证据应予以排除。《最高人民法院关于知识产权民事诉讼证据的若干规定》第七条第一款规定："权利人为发现或者证明知识产权侵权行为，自行或者委托他人以普通购买者的名义向被诉侵权人购买侵权物品所取得的实物、票据等可以作为起诉被诉侵权人侵权的证据。"第二款规定："被诉侵权人基于他人行为而实施侵害知识产权行为所形成的证据，可以作为权利人起诉其侵权的证据，但被诉侵权人仅基于权利人的取证行为而实施侵害知识产权行为的除外。"本案对上述法条关于"陷阱取证"的规定进行了详细分析，并论述了"犯意诱发型"取证应予排除的认定要件。

上述法条第一款和第二款分别规定了"机会提供型"和"犯意诱发型"两种"陷阱取证"的情形。其中，"机会提供型"取证形成的证据可以作为权利人起诉侵权的证据，而"犯意诱发型"的侵权取证行为则特别区分了不同诱发犯意主体即"他人取证"与"权利人取证"的证据效力，将基于"他人诱发"产生的行为纳入共同侵权的范畴，权利人可以以此形成的证据起诉被诉侵权人和第三人共同侵权。但是，仅基于"权利人诱发"产生的行为则应排除在侵权行为之外，由此取得的证据不具有证据效力。因此，"犯意诱发型"取证所形成的证据应予以排除需符合以下要件：1.取证主体为权利人或与权利人有关联的人；2.侵权行为系偶发，侵权人除了权利人本次取证外未实施过侵权行为。

本案中，天弘公司系依据取证人的要求而制造、销售了被诉侵权产品，故需认定该取证人与旺溢公司是否存在关联。一般情况下，被诉侵权人难以举证证明取证主体与权利人存在关联关系，应充分审查取证主体身份、取证过程等情况，根据民事诉讼高度盖然性的证据标准认定相关事实。旺溢公司对其偶然发现天弘公司涉嫌侵权线索的说明有悖常理，旺溢公司请求市场监督局调查的时间节点与取证人订购、获悉产品制造完成的时间高度契合，难谓巧合，再结合取证人在尚未收到天弘公司退款的情况下即删除天弘公司法人联系方式，此后又拒绝接听法院电话，相关事实无法核实，故应推定旺溢公司与该取证人之间存在关联，取证人的行为实际上代表了旺溢公司的意志。

天弘公司原制造、销售的净化器产品并不具有两块导风板的技术特征，其应取证人要求添加了两块导风板后方导致被诉侵权产品落入涉案专利权的保护范围。换言之，天弘公司制造、销售带有两块导风板的28台被诉侵权净化器是偶发行为，除了该客户本次要求外并无证据证实天弘公司另实施过制造、销售带有两块导风板的净化器的事实。依据上述法条第二款，天弘公司仅基于旺溢公司的取证行为而实施侵害知识产权行为的证据，不能作为权利人起诉天弘公司侵权的证据。据此，一审判决驳回旺溢公司的诉讼请求。

本案判决对权利人陷阱取证、滥用诉权的行为予以否定性评价，体现了诉讼诚信在知识产权民事诉讼证据规则中的运用，维护了正当权利人和其他市场参与主体的利益，引导知识产权维权回归理性轨道，实现了保护合法权益和禁止诉讼权利滥用之间的平衡，为建立规范有序、充满活力、保护创新的环境提供了司法保障。

编写人：广州知识产权法院　谭海华　林奕濠

（编辑：林新宇）

3

核心光电公司与苹果贸易公司、
世纪金联公司侵害发明专利权纠纷案

阅读提示：如何判断专利侵权案件中举证妨碍规则的适用及赔偿数额的确定？

【裁判要旨】

专利侵权事实明确且权利人主张按侵权人实际获利计算赔偿额并申请法院责令侵权人披露销售数据、提交相应账簿资料的，法院应根据举证责任分配原则，先审查权利人对于赔偿额的确定是否已尽力举证，再适用证据披露规则对侵权人作出裁定要求，侵权人无正当理由仅提交部分证据致使法院无法查明其实际获利的，法院可以认定其构成举证妨碍，根据权利人的主张和提供的证据综合案情确定赔偿额。

【案号】

一审：广州知识产权法院（2020）粤 73 知民初 1183 号

【案情与裁判】

原告：核心光电公司

被告：苹果贸易公司

被告：世纪金联公司

起诉与答辩

核心光电公司起诉称：核心光电公司系涉案 ZL201480033014.1 号专利的权利人，苹果贸易公司旗下移动终端产品 iPhone 7 Plus 落入涉案专利权保护范围。

苹果贸易公司是美国苹果公司在中国的关联公司，是被诉侵权产品的进口商和总经销商，世纪金联公司在京东购物平台销售和许诺销售被诉侵权产品，是终端零售商。核心光电公司曾与美国苹果公司讨论涉案技术合作，双方在美国加利福尼亚州北区联邦地区法院存在专利侵权诉讼，美国苹果公司在向美国专利商标局提交的 10 件专利申请的审查程序中提交的相关信息披露声明均引用了涉案专利的美国同族专利。因此，美国苹果公司及其中国关联公司苹果贸易公司显然明知被诉侵权产品对核心光电公司的专利存在较高的侵权风险，此情况下苹果贸易公司仍然进口、销售、许诺销售被诉侵权产品，构成恶意侵权，侵权获利巨大，造成核心光电公司损失巨大。故诉请判令：1. 苹果贸易公司赔偿核心光电公司经济损失总计 9900 万元（被诉侵权产品型号仅指 iPhone 7 Plus，损害赔偿期间为 2018 年 10 月 2 日起至 2022 年 1 月 1 日止）；2. 苹果贸易公司承担核心光电公司为制止侵权行为所支付的公证费、律师费等合理开支总计 90 万元，世纪金联公司在其中 1 万元范围内承担连带责任；3. 苹果贸易公司承担本案全部诉讼费用。

苹果贸易公司答辩称：1. 被诉侵权产品 iPhone 7 Plus 不具有涉案专利权利要求 1 特征 1-2 至特征 1-8（即除前序部分外的所有技术特征），不落入权利要求 1 的保护范围，也相应不落入从属权利要求的保护范围。2. 被诉侵权产品使用的是现有技术，现有技术为公开号为 US2012026366A1 的美国专利及相关公知常识。3. 核心光电公司主张的赔偿数额缺乏事实基础和法律依据。首先，错误引用 2021 年 6 月 1 日才生效的《专利法》且主张的损害赔偿期间错误。其次，主张的被诉侵权产品销量、利润及涉案专利的贡献率均过高，缺乏事实基础。计算侵害专利权所获利益的数额时，应限定于与专利侵权行为有直接因果关系的获利。最后，主张我方存在侵权故意但未提供证据证明，不能证明我方知悉或具有侵权故意。

世纪金联公司答辩称：世纪金联公司作为线上销售苹果手机的商家只是按正常商业渠道采购并销售允许销售的国产型号手机，没有能力区分知识产权技术问题，不同意核心光电公司要求我方承担维权费用支出的主张。

一审审理查明

核心光电公司是专利号为 ZL201480033014.1、名称为"双孔径变焦数字摄影机"发明专利的专利权人，该专利授权公告日为 2018 年 10 月 2 日，目前处于有效状态。

2020 年 4 月 2 日，核心光电公司经公证在京东购物平台上世纪金联公司经营的"世纪金联手机专营店"以 3738 元购买取得"Apple 苹果 iPhone 7 Plus 全网通 4G 手机玫瑰金色 128GB"一部（本案被诉侵权产品）及另几款 Apple 苹果手机。核心光电公司主张苹果贸易公司进口、销售、许诺销售了被诉侵权产品，世纪金联公司销售、许诺销售了被诉侵权产品，侵害其涉案专利权。

基于所涉技术方案的复杂性及专业性，综合当事人意见，一审法院决定委托鉴定机构完成相关技术比对。核心光电公司、苹果贸易公司双方共同选定国家工业信息安全发展研究中心（简称工信中心）为鉴定机构。2023 年 4 月 20 日，一审法院委托工信中心对以下事项进行司法鉴定：1. 被诉侵权技术方案是否包含与涉案专利权利要求 1—3、6、10、12 相同或等同的技术特征（委托事项一）；2. 如前述鉴定结论为肯定，则委托鉴定被诉侵权技术方案落入涉案专利保护范围的技术特征是否被现有技术（公开号为 US2012026366A1 的美国专利及苹果贸易公司主张的公知常识证据）全部公开（委托事项二）。

2023 年 7 月 6 日，工信中心就委托事项一出具的《国家工信安全中心第 2023JSJD0503 号鉴定意见书》（简称 03 号鉴定意见），鉴定结论：在普通光照环境下、1.0—2.4 倍变焦范围内，被鉴定物的相应技术特征与涉案专利的权利要求 1、2、3、10、12 所记载的技术特征相同。在 5.9lx 光照环境下或者 3.5 倍数码变焦时，被鉴定物的相应技术特征与涉案专利的权利要求 1、12 所记载的技术特征不同，与权利要求 2、3、10 所进一步限定的技术特征相同。

基于 03 号鉴定意见，一审法院要求工信中心继续对委托事项二出具鉴定意见。2023 年 9 月 15 日，工信中心出具《国家工信安全中心第 2023JSJD0504 号鉴定意见书》（简称 04 号鉴定意见），鉴定结论：被诉侵权技术方案落入涉案专利保护范围的技术特征与公开号为 US2012026366A1 的美国专利及公知常识证据的技术特征不全部相同。

核心光电公司请求苹果贸易公司赔偿 9900 万元，以涉案专利授权公告日 2018 年 10 月 2 日起至 2022 年 1 月 1 日（简称侵权期间）苹果贸易公司侵权获利计算。援引的法律依据是 2020 年修正的《专利法》第七十一条第一款及《最高人民法院关于审理侵犯专利权纠纷案件应用法律若干问题的解释》第十六条第二款；使用的计算公式是：侵权产品销量 × 侵权产品应用双摄模块的利润 × 涉案专利对双摄模块的贡献率 = 苹果贸易公司侵权获利。本案中，核心光电公司主张苹果贸易公司侵权获利总额为：135.8 万部 × 405 元 / 部 × 25%=13749.75 万元。

此外，核心光电公司指控苹果贸易公司故意侵权，请求在确定损害赔偿金额时一并予以考虑。维权合理费用方面，核心光电公司主张本案维权发生公证费、律师费等合理开支总计 90 万元，请求世纪金联公司对其中 1 万元承担连带责任，提供了相关费用（合计 108737 元）的发票为证。

一审判理和结果

一审法院审理认为，首先，关于法律适用，证据显示 iPhone 7 Plus 于 2016 年推出，核心光电公司购买取得被诉侵权产品的时间是 2020 年 4 月，其诉讼中也承认 2019 年之后该款手机销量很小。故基于现有证据，难以认定 2021 年 6 月 1 日之后苹果贸易公司等持续实施涉案行为。由此，本案应适用当时施行的 2008 年修正的《专利法》。

其次，关于苹果贸易公司涉案行为是否构成对核心光电公司涉案专利权的侵害。本争议包括两方面的技术分歧：1. 被诉侵权技术方案是否落入核心光电公司本案请求保护的范围；2. 苹果贸易公司现有技术抗辩能否成立。就上述技术分歧，一审法院已委托双方共同选定的工信中心分两个事项依次进行司法鉴定。在无相反证据的情况下，涉案 03、04 号两份鉴定意见均应被采纳作为认定事实的根据。根据 03 号鉴定意见的结论，应认定被诉侵权技术方案落入核心光电公司本案请求保护范围；同时，根据 04 号鉴定意见，应认定被诉侵权技术方案使用的并非现有技术。基于上述事实，涉案 iPhone 7 Plus 属于擅自实施涉案专利的产品，苹果贸易公司进口、销售、许诺销售该产品违反了《专利法》第十一条第一款的规定，构成了对核心光电公司依法享有的涉案专利权的侵害。

最后，关于核心光电公司本案赔偿请求应否支持。本案中，核心光电公司基于苹果贸易公司上述专利侵权事实，诉请苹果贸易公司承担赔偿损失的民事责任，请求赔偿数额按苹果贸易公司侵权期间侵权获利计算并支付维权合理开支符合法律规定，应予支持。关于具体赔偿数额，核心光电公司提交了其推算苹果贸易公司侵权获利的依据及相关证据。经审核，其该部分证据与本案待证事实有关联，未发现存在不真实、不合法的情形，可予接纳，证据证明力则有待综合评定。基于核心光电公司已在先履行了举证义务，为查清事实，一审法院根据案件具体情况责令苹果贸易公司限期内提交侵权期间 iPhone 7 Plus 在中国大陆地区的销量、销售金额和利润数据及反映前述数据的财务账簿资料。然经审查，苹果贸易公司相应提交的五组证据均未能反映侵权期间 iPhone 7 Plus 在国内的销量、销售金额和利润情况，其仅是形式上按法院指令举证，证据内容却皆答非所问，并不满足举证要求，无异于拒绝举证，依法应承担举证妨碍的法律后果，一审法院参照核心光电公司的主张及提交的相应证据，综合案情依法认定苹果贸易公司侵权获利数额。

关于侵权故意，苹果贸易公司不是核心光电公司与美国苹果公司所谓《技术评估协议》的当事人，核心光电公司就前述协议与美国苹果公司在美国当地提起的诉讼暂未有定论，无直接证据显示苹果贸易公司明知 iPhone 7 Plus 为侵权产品仍实施涉案行为，核心光电公司该主张理据不足，不予采纳。

综合案情，一审法院确定苹果贸易公司应赔偿核心光电公司 4000 万元，酌定苹果贸易公司应支付核心光电公司合理开支共 30 万元，对核心光电公司诉请超出部分予以驳回。

至于世纪金联公司，其销售、许诺销售的被诉侵权产品具有合法来源，无需在一定范围内与苹果贸易公司对核心光电公司维权费用支出承担连带赔偿责任。

一审法院判决：1.苹果贸易公司自本判决发生法律效力之日起十日内赔偿核心光电公司经济损失 4000 万元；2.苹果贸易公司自本判决发生法律效力之日起十日内支付核心光电公司维权合理开支 30 万元；3.驳回核心光电公司的其他诉讼请求。

一审宣判后，苹果贸易公司不服，向最高人民法院提起上诉。二审正在审理中。

【法官评述】

本案系适用举证妨碍规则并据此确定赔偿数额的典型案例。

一、专利侵权诉讼中举证妨碍规则的适用

举证妨碍规则是对民事诉讼中举证责任转移规则的进一步转化运用，当负有证明责任的一方当事人举证证明其主张的事实已达高度盖然性标准时，另一方当事人如果提出异议，应承担反驳证明责任，掌握相关证据但拒不提供或提供不全的，可推定其持有的证据能够证明对方当事人的主张。最高人民法院 1998 年制定的《关于民事经济审判方式改革问题的若干规定》第三十条规定首次确立了举证妨碍规则，其又被《最高人民法院关于民事诉讼证据的若干规定》（2001 年修订）第七十五条吸收承继。在知识产权领域，《最高人民法院关于知识产权民事诉讼证据的若干规定》第二十四条、第二十五条对司法实践中规范适用举证妨碍作出了细化规定："承担举证责任的当事人书面申请人民法院责令控制证据的对方当事人提交证据，申请理由成立的，人民法院应当作出裁定，责令其提交。人民法院依法要求当事人提交有关证据，其无正当理由拒不提交、提交虚假证据、毁灭证据或者实施其他致使证据不能使用行为的，人民法院可

以推定对方当事人就该证据所涉证明事项的主张成立。"并且，为进一步解决知识产权侵权纠纷"计算难，举证难"的症结，《最高人民法院关于审理侵犯专利权纠纷案件应用法律若干问题的解释（二）》第二十七条规定："权利人因被侵权所受到的实际损失难以确定的，人民法院应当依照专利法第六十五条第一款的规定，要求权利人对侵权人因侵权所获得的利益进行举证；在权利人已经提供侵权人所获利益的初步证据，而与专利侵权行为相关的账簿、资料主要由侵权人掌握的情况下，人民法院可以责令侵权人提供该账簿、资料；侵权人无正当理由拒不提供或者提供虚假的账簿、资料的，人民法院可以根据权利人的主张和提供的证据认定侵权人因侵权所获得的利益。"该条举证妨碍的特别规范贴合专利审判实务，常常在专利侵权纠纷确定经济损失赔偿数额时被运用。

关于举证妨碍规则在确定专利侵权损失赔偿中的适用条件。首先，对待证事实以及裁判结果是否重要。如能通过审查在案证据足以确定赔偿额，则不适用举证责任转移乃至举证妨碍规则。本案中，权利人核心光电公司主张以侵权获利计算赔偿数额，理论上来说，被告苹果贸易公司掌握的资料足以证明其侵权获利，对于本案待证事实以及裁判结果具有重要性。其次，权利人是否已尽力举证。举证妨碍规则的确立本质是为了查清案件事实，不因此减少权利人的举证责任，适用举证妨碍规则的前提是权利人从其主张角度已提供了充分证据，其主张事实已达高度盖然性标准。就本案而言，核心光电公司已提交第三方数据公司的统计数据、网页报道等，有客观、具体的数据可供计算，其计算路径和逻辑也具备合理性。因此，应认定核心光电公司已尽力就赔偿额的确定进行了举证。再次，与侵权行为相关的账簿、资料主要由侵权人掌握，侵权人无正当理由拒不提供或提供不全。司法实践中存在多种情形，一是侵权人拒绝举证且无合理说明，该情况可直接认定构成举证妨碍；二是拒不配合提交但出具了书面说明，需严格审查拒不提交的理由。值得注意的是，以账簿、资料等涉及商业秘密，或者保管不善丢失等理由不能认定为"有正当理由不提交"的情形；三是提交部分证据，对于侵权人提交的证据，法院还需从具体证据内容及证明力进行审查。就本案被告苹果贸易公司提交的证据内容来看，其提交的证据与本案缺乏关联性，证据内容的真实性或完整性存疑，证明力较核心光电公司的证据更弱，且未能反映侵权期间被诉侵权产品在国内的销量、销售金额和利润情况，苹果贸易公司表面配合实则拒绝提供相关证据，致使案件事实无法查清，应承担举证妨碍的不利后果。

二、专利侵权损害赔偿数额的确定

根据《最高人民法院关于审理侵犯专利权纠纷案件应用法律若干问题的解

释（二）》第二十七条规定，法院在确定赔偿额时适用举证妨碍规则的后果是"可以根据权利人的主张和提供的证据认定侵权人因侵权所获得的利益"。侵权获利依赖于涉案专利的市场价值，通常被界定为专利的获利能力，即在考虑产品利润、溢价能力、技术贡献率等因素后，以专利技术所能产生的收益为依据。因此，本案综合核心光电公司的主张，从产品销量、产品利润、品牌溢价能力、专利贡献率等方面计算了苹果贸易公司的侵权获利：

1. 关于销量。核心光电公司提交的美国 IDC 统计数据 135.8 万部可信度高，也更直观，采信作为计算苹果贸易公司侵权期间侵权产品销售的依据。2. 关于利润。其一，核心光电公司提出 iPhone 7 Plus 相比 iPhone 7 的区别主要反映在屏幕尺寸、摄像头、电池续航三方面的改进有事实根据。其二，核心光电公司根据网页内容等证据，推算得出 iPhone 7 Plus 相比 iPhone 7 屏幕成本增加了 15.9 美元，摄像头成本增加了 19.9 美元，电池成本增加了 1.25 美元有一定的事实依据。上述增加的成本合计 37.05 美元，以核心光电公司主张的人民币兑美元汇率 6.6423 计算，约为 246 元。其三，使用了双摄模块的 iPhone 7 Plus 比没有使用双摄模块的（同版本 / 内存）iPhone 7 售价高 1000 元。3. 关于 iPhone 品牌的价值。根据生活经验可知手机品牌知名度越高，定位越是高端，溢价能力就越强，iPhone 具有较高品牌号召力。苹果贸易公司认为侵权产品售价增值的 1000 元至少还包括了 iPhone 品牌的无形资产价值，该抗辩理由成立，经扣除 iPhone 品牌溢价力、合理营销成本及相应费用后，一审法院综合案情酌定 iPhone 7 Plus 因双摄模块产生净利润约 120 元。4. 关于技术贡献率。涉案发明专利涉及变焦数字摄影机技术，核心光电公司主张专利技术对 iPhone 7 Plus 双摄模块贡献率约 25%，不失一定的合理性，一审法院予以采纳。综上，可计算得出苹果贸易公司 2018 年 10 月 2 日起至 2022 年 1 月 1 日侵权获利约为 4074 万元（135.8 万部 ×120 元 / 部 ×25%），一审法院在此基础上综合案情酌定赔偿额为 4000 万元。

由此可见，法院在适用举证妨碍规则的后果也并非一概全额支持权利人的诉请，从审慎角度出发，综合案情和权利人的举证对权利人的诉讼主张进行修正更符合利益衡平的法治理念，但可以确定的是，无论是全额支持还是部分参考权利人的主张，都应当是对存在举证妨碍情形的侵权人不利的后果。

编写人：广州知识产权法院　郭小玲　邓文婷

（编辑：邓文婷）

4

巧儿宜公司与熊宝宝公司等
侵害发明专利权纠纷案

阅读提示：证据披露、举证妨碍制度在计算赔偿数额时如何适用？

【裁判要旨】

在案件审理中，权利人提出侵权赔偿并完成初步举证后，如果被诉侵权方拒绝提供其有关获利的证据，法院可以适用证据披露规则，认定被诉侵权方承担举证妨碍责任。

【案号】

一审：广州知识产权法院（2022）粤 73 知民初 198 号

【案情与裁判】

原告：巧儿宜公司

被告：熊宝宝公司

被告：可优比公司

起诉与答辩

巧儿宜公司起诉称：荷兰商伍轮公司于 2008 年 9 月 16 日向国家知识产权局申请名称为"摇椅"的发明专利，2015 年 4 月 8 日获得专利授权，专利号为 ZL200810148984.2，涉案专利目前合法有效。荷兰商伍轮公司与巧儿宜公司签署了专利许可协议，许可巧儿宜公司在中国境内使用涉案专利，授权巧儿宜公司单独以自己名义在中国境内对侵害涉案专利的侵权行为采取任何必要的法律措施。巧儿宜公司在可优比公司经营的网店"可优比旗舰店"购买了型号为BB009B的婴儿电动摇椅一台，该摇椅产品、产品包装盒、产品说明书显示产品由熊宝宝公司制造，并载有可优比公司的企业名称以及"kub"商标。熊宝宝公司网站介绍了包括BB005、BB006、BB007、BB008、BB009等型号在内的大量婴儿电动摇椅，熊宝宝公司还通过在线销售平台大量销售上述摇椅产品。熊宝宝公司、可优比公司对上述摇椅产品的生产、销售、许诺销售行为一直持续进行。经对比，上述摇椅产品与涉案专利权利要求具有相同或等同的技术特征，落入涉案专利权的保护范围，构成对涉案专利的侵害。熊宝宝公司、可优比公司为生产经营目的，制造、销售、许诺销售专利产品，给巧儿宜公司造成重大经济损失，应赔偿巧儿宜公司的经济损失以及维权合理开支。熊宝宝公司除了与可优比公司共同制造、销售、许诺销售被诉侵权产品外，还自行或者与其他主体共同制造、销售、许诺销售被诉侵权产品。因此提出诉讼请求：1. 判令熊宝宝公司立即停止制造、销售、许诺销售侵害专利号为ZL200810148984.2、名称为"摇椅"的发明专利权的产品，并销毁用于制造侵权产品的全部专用模具、设备以及侵权成品；2. 判令可优比公司立即停止制造、销售、许诺销售侵害专利号为ZL200810148984.2、名称为"摇椅"的发明专利权的产品，并销毁用于制造侵权产品的全部专用模具、设备以及侵权成品；3. 判令熊宝宝公司赔偿巧儿宜公司经济损失以及维权合理开支4400万元，可优比公司对其中2400万元承担连带赔偿责任；4. 判令本案的全部诉讼费用由熊宝宝公司和可优比公司承担。

熊宝宝公司答辩称：1. 涉案专利在修改权利要求书后未进行公告，权利基础不明确，处于专利无效状态；2. 巧儿宜公司仅是涉案专利的被许可人，对于发生在许可协议之前的侵权行为，巧儿宜公司无权主张任何权利；3. 被诉侵权产品不落入涉案专利权的保护范围；4. 巧儿宜公司主张的索赔金额没有事实和法律依据。

可优比公司答辩称：同意熊宝宝公司的答辩意见，另补充，被诉侵权产品均来源于熊宝宝公司，可优比公司获得被诉侵权产品来源合法，无需承担赔偿责任。

一审审理查明

专利号为ZL200810148984.2、名称为"摇椅"的发明专利（简称涉案专利），申请日为2008年9月16日，优先权日为2007年9月17日，授权公告日为2015年4月8日，专利权人为荷兰商伍轮公司，最近一期专利年费的缴纳时间为 2023 年 5 月 26 日。

2022 年 7 月 4 日，熊宝宝公司对涉案专利提起无效宣告请求。专利权人于 2022 年 9 月 30 日提交意见陈述书时修改了权利要求书，将权利要求 4、7 的附加特征补入权利要求 1 成为新的权利要求 1，并适应性地修改了其他权利要求的编号及引用关系。熊宝宝公司于 2023 年 3 月 3 日口头审理后撤回无效宣告请求。国家知识产权局于 2023 年 3 月 20 日作出无效宣告请求审查决定书，决定在专利权人于 2022 年 9 月 30 日提交的权利要求 1—10 的基础上，维持本案专利权有效。

2020 年 12 月 1 日，荷兰商伍轮公司与巧儿宜公司签订专利许可协议，约定荷兰商伍轮公司授予巧儿宜公司一项非独占的于有效期内在中国使用涉案专利的许可，以使用、行销、销售、许诺销售和进出口协议产品，专利许可协议有效期为 5 年，自 2020 年 12 月 1 日起生效，许可费用包括 100 万元的许可费用和销售协议产品营业收入 8% 的提成许可费。2021 年 7 月 7 日，该专利许可协议取得国家知识产权局备案。

巧儿宜公司明确本案专利权保护范围为 2022 年 9 月 30 日修改后的权利要求 1—10。

巧儿宜公司主张其 13 次公证购买的全部电动摇椅产品均为本案被诉侵权产品。熊宝宝公司除了与可优比公司共同制造、销售、许诺销售"可优比"品牌的被诉侵权产品，还制造了"GHZ""babycare""蒂爱""VALDERA""优呗"等其他品牌的被诉侵权产品，并且通过其经营的网店单独实施了销售、许诺销售"爱保蓓"品牌被诉侵权产品的行为。

对于被诉侵权产品的结构，各方当事人确认根据结构的不同，被诉侵权产品可分为三类，第一类为巧儿宜公司第 1、2、5、6（型号为 BB005C）、8—13 次公证购买的电动摇椅；第二类为巧儿宜公司第 3、4、7 次公证购买的电动摇椅，其与第一类产品的结构区别仅在于支撑件开口外形轮廓不同，其支撑件开口轮廓呈长方形，而第一类产品支撑件开口轮廓呈椭圆形；第三类为巧儿宜公司第 6 次公证购买的型号为 BB301 的电动摇椅，其与第一类产品的结构区别仅在于轴件和管部的位置关系上下对调。

巧儿宜公司主张，前述三类被诉侵权产品结构上的不同点与涉案专利限定的技术方案无关，上述被诉侵权产品均具备涉案专利修改后的权利要求 1—10 记载的全部技术特征，全部被诉侵权产品落入涉案专利权的保护范围。熊宝宝公司、可优比公司则主张被诉侵权产品未落入涉案专利修改后权利要求 1—10

的保护范围。

巧儿宜公司主张按熊宝宝公司、可优比公司的侵权获利计算赔偿数额，计算期间为 2018 年至 2023 年 5 月 11 日。熊宝宝公司的侵权获利为 220 万台 × 222 元 / 台 × 48.6%=2.37 亿元，巧儿宜公司在本案主张 4400 万元。可优比公司总共的侵权获利为 3232 万元 +6144 万元 =9376 万元，巧儿宜公司主张 2400 万元。

巧儿宜公司申请一审法院责令熊宝宝公司、可优比公司提交制造、销售被诉侵权产品的财务资料。熊宝宝公司提交了熊宝宝公司"金蝶精斗云"财务系统记载的交易账务信息，并陈述根据财务系统的账务信息统计，从 2018 年 1 月至 2023 年 3 月，熊宝宝公司与各涉案销售商的销售收入以及自有 HIBOB 零售品牌的销售收入为 305839352.83 元，营业利润为 2270405.02 元，其中涉及被诉侵权产品的摇椅的销售收入为 92736603.26 元，营业利润为 –1391582 元，熊宝宝公司处于亏损状态。被诉侵权产品营业收入占全部营业收入的 30.32% 以下，熊宝宝公司并非以侵权为业。

可优比公司陈述，其摇椅产品整体为亏损状态，其中销售全部摇椅的营业收入为 85564129.49 元，利润总额为 –6854519.05 元，并提交以下证据：1. 2018 年至 2023 年 5 月 21 日摇椅销售数据明细；2. 产品物料采购明细表；3. 销售平台摇椅扣点规则、平台系统费用明细；4. 房租、办公费、操作和物流成本等；5. 明星代言合同及付款凭证、达人推广服务合同及宣传物料；6. 京东触点、海投、快车、资源包等费用明细及系统截图；7. 阿里巴巴内部推广费等费用明细；8. 小红书等站外推广费用；9. 摇椅报损费用系统截图及明细；10. 委托生产协议、采购订单等。

巧儿宜公司为证明被诉侵权产品的利润率，提交了好孩子国际控股有限公司 2021 年年报，年报记载 2017 年至 2021 年，该公司的毛利分别为 2746780 元、3661333 元、3780658 元、3668037 元、3995228 元，收益分别为 7142566 元、8629115 元、8777142 元、8304967 元、9692137 元，经计算营业利润率分别约为 38%、42%、43%、44%、41%。

巧儿宜公司提交的由北京中经视野信息咨询有限公司编制的《中国婴儿电动摇椅行业市场前景分析预测报告（2022 年）》，第九章"企业研究"记载，可优比公司婴儿电动摇椅产品情况："科迪智能摇椅 BB005"，公司销售收入情况："2018—2021 年营业收入（万元）分别为 97564.82、110260.33、117113.76、128438.51，营业利润率分别为 37.63%、38.24%、35.71%、37.23%"；熊宝宝公司产品结构"智能婴儿秋千 BB002、BB005、BB006、BB007、BB008、

BB009、BB201、BB301",产销规模及经营情况:"公司目前年产量达 30 万台,月产值 500 万元以上",公司销售收入情况:"2021 年营业收入 4963 万元,营业利润率 25.2%"。第十七章"行业盈利能力分析"记载,2017—2021 年婴儿电动摇椅行业营业利润率分别为 30.47%、29.27%、36.49%、33.51%、23.60%。

另外,巧儿宜公司还主张熊宝宝公司、可优比公司存在恶意侵权,并且侵权情节严重,本案应适用惩罚性赔偿,基数为熊宝宝公司、可优比公司的侵权获利,倍数为 5 倍。

巧儿宜公司就涉案专利指控熊宝宝公司、厦门优优公主贸易有限公司制造、销售、许诺销售的电动摇椅产品侵害其专利权,向福建省厦门市中级人民法院提起诉讼,该案中,巧儿宜公司明确其主张的被诉侵权产品为熊宝宝公司生产的型号为"0086"的"丸丫"品牌婴儿摇椅,在本案中未主张该产品型号。厦门市中级人民法院于 2023 年 8 月 31 日判决熊宝宝公司停止制造、销售侵害巧儿宜公司该案专利权的被诉侵权产品,厦门优优公主贸易有限公司停止制造、销售侵害巧儿宜公司该案专利权的被诉侵权产品并赔偿巧儿宜公司经济损失及合理费用共计 150 万元,熊宝宝公司对其中 100 万元承担连带赔偿责任。

巧儿宜公司就专利号为 ZL201510009391.8、名称为"儿童座椅"的发明专利权指控熊宝宝公司、可优比公司制造、销售、许诺销售的该案被诉侵权产品侵害其专利权,向一审法院提起诉讼,一审法院立案案号为(2022)粤 73 知民初 253 号。

巧儿宜公司指控熊宝宝公司、杭州白贝壳实业股份有限公司(曾用名杭州贝咖实业有限公司)制造、销售、许诺销售的"babycare"品牌电动摇椅产品侵害其专利号为 ZL201510009391.8、名称为"儿童座椅"的发明专利权,向浙江省杭州市中级人民法院提起诉讼。杭州市中级人民法院于 2022 年 10 月 11 日判决熊宝宝公司停止制造、销售落入该案专利权保护范围的产品,杭州白贝壳实业股份有限公司停止制造、销售、许诺销售落入该案专利权保护范围的产品,熊宝宝公司赔偿巧儿宜公司经济损失及合理维权费用 50 万元,杭州白贝壳实业股份有限公司赔偿巧儿宜公司经济损失及合理维权费用 70 万元。

一审判理和结果

一审法院审理认为,本案的争议焦点有:第一,巧儿宜公司作为诉讼主体是否适格;第二,被诉侵权技术方案是否落入涉案专利权保护范围;第三,熊宝宝公司、可优比公司的被诉侵权行为是否成立;第四,熊宝宝公司、可优比公司应承担的民事责任。

一、关于巧儿宜公司作为诉讼主体是否适格的问题

根据涉案专利许可协议的约定，巧儿宜公司取得本案专利的普通许可，并经专利权人授权可以以自身名义，对发生于专利许可期间或者许可之前的涉嫌侵害涉案专利的行为提起诉讼。因此，巧儿宜公司作为本案诉讼主体适格。

二、关于被诉侵权技术方案是否落入涉案专利权保护范围的问题

本案中，一审法院对各方当事人没有争议的技术特征经审查予以确认。对各方当事人争议的"轴承""座椅可侧向地前后摆动""支撑件实质上呈壳状""支撑件在一般位置实质自该轴承在一往上朝向通过该基架的中心的垂直轴倾斜""支撑件可自由旋转地与该基架连接""该轴承的旋转轴通过该基架中心的垂直轴""该基架实质呈椭圆型、Y型、V型、方型、矩型或环型""该支撑件包含一安全带或缓冲杆""轴承连接支撑表面的较低部至该基架所放置的地板平面之间的距离小于20厘米"等技术特征，经审查，被诉侵权技术方案均具备前述争议技术特征。综上，被诉侵权产品包含涉案专利2022年9月30日修改后的权利要求1—10记载的全部技术特征，被诉侵权技术方案落入涉案专利权的保护范围。

三、关于熊宝宝公司、可优比公司的被诉侵权行为是否成立的问题

对于熊宝宝公司的被诉侵权行为。根据查明的事实，所有被诉侵权产品、产品外包装以及产品说明书上均标识熊宝宝公司为生产者，熊宝宝公司亦承认向涉案的"可优比""GHZ""babycare""蒂爱""VALDERA""优呗"等品牌供应商提供被诉侵权产品，故可以认定熊宝宝公司为所有被诉侵权产品的制造者。此外，熊宝宝公司在其经营的网店"爱保蓓旗舰店""爱保蓓企业店"展示、销售被诉侵权产品，巧儿宜公司通过该网店购买了被诉侵权产品，故可以认定熊宝宝公司销售、许诺销售了被诉侵权产品。

对于可优比公司的被诉侵权行为。根据查明的事实，可优比公司在其经营的天猫"可优比旗舰店"、京东商城"可优比官方旗舰店"、唯品会"可优比旗舰店"、抖音号"可优比官方旗舰店"等网店上展示、销售被诉侵权产品，巧儿宜公司在上述网店购买了被诉侵权产品，故可以认定可优比公司销售、许诺销售了被诉侵权产品。可优比公司销售的被诉侵权产品、产品外包装以及产品说明书均标识有可优比公司的名称以及"kub可优比"商标，结合可优比公司提交的委托生产协议记载的内容，可以证明上述被诉侵权产品系由可优比公司委托熊宝宝公司制造。因此，可以认定可优比公司制造、销售、许诺销售了被诉侵权产品。可优比公司主张被诉侵权产品具有合法来源，但其系被诉侵权

产品的制造者，不能提出合法来源抗辩。

对于熊宝宝公司、可优比公司的共同侵权行为。如前所述，可优比公司销售的被诉侵权产品系委托熊宝宝公司制造，故可认定熊宝宝公司、可优比公司共同制造了被诉侵权产品。巧儿宜公司还指控熊宝宝公司、可优比公司共同销售、许诺销售了被诉侵权产品，但熊宝宝公司、可优比公司系各自在其经营的网店销售、许诺销售被诉侵权产品，巧儿宜公司并未举证证明熊宝宝公司、可优比公司共同实施了销售、许诺销售行为，故一审法院对于巧儿宜公司的该项指控不予支持。

四、熊宝宝公司、可优比公司应承担的民事责任

熊宝宝公司、可优比公司未经许可，以生产经营为目的，制造、销售、许诺销售落入涉案专利权保护范围的被诉侵权产品，侵害涉案专利权，应当承担停止侵权及赔偿损失的民事责任。巧儿宜公司还诉请要求熊宝宝公司、可优比公司销毁用于制造被诉侵权产品的全部专用模具、设备以及侵权成品，但未提交充足的证据予以证明，一审法院对此不予支持。

关于赔偿数额。巧儿宜公司主张按熊宝宝公司、可优比公司的侵权获利计算赔偿数额，熊宝宝公司、可优比公司对巧儿宜公司提出的被诉侵权产品的销量、单价、利润率的计算方式提出异议。一审法院认为，巧儿宜公司主张的熊宝宝公司、可优比公司侵权获利计算方法均不能成立。

本案中，在巧儿宜公司申请责令熊宝宝公司、可优比公司提交被诉侵权产品有关财务资料后，熊宝宝公司、可优比公司均提交了相应的财务资料。经审查，熊宝宝公司、可优比公司提交的财务资料均不完整，不能据此确定赔偿数额，其据此主张的被诉侵权产品的获利情况不能成立。但此处需要说明的是，根据《最高人民法院关于知识产权民事诉讼证据的若干规定》第三十一条的规定，当事人提供的财务账簿、会计凭证、销售合同、进出货单据、上市公司年报、招股说明书、网站或者宣传册等有关记载，设备系统存储的交易数据，第三方平台统计的商品流通数据，评估报告，知识产权许可使用合同以及市场监管、税务、金融部门的记录等，可以作为证据，用以证明当事人主张的侵害知识产权赔偿数额。一审法院在确定本案赔偿数额时，会将涉案网店显示的销售量及熊宝宝公司、可优比公司提交的被诉侵权产品的部分销售数据等数据作为考量因素之一。

鉴于巧儿宜公司以及熊宝宝公司、可优比公司主张的侵权获利具体数额均不能成立，本案将参考巧儿宜公司的主张和当事人提供的证据确定赔偿数额，重点考虑以下因素：1.本案专利为发明专利，专利经无效宣告审查后依旧维持有效，专利稳定性强。考虑到本案专利的价值、熊宝宝公司及可优比公司的品牌价值、被诉侵权产品侵害巧儿宜公司两项专利等因素，酌定本案专利技术贡献率为50%。2.巧儿宜公司提交的第三方出具的电动摇椅行业报告记载，熊宝宝公司2021年的营业利润率为25.2%，可优比公司2018年至2021年平均营业利润率为37.2%，该行业报告为第三方公司出具，报告所涉的数据来源和研究方法有一定的科学性，报告得出的熊宝宝公司、可优比公司的营业利润率可作为参考。3.仅根据熊宝宝公司、可优比公司提交的不完整财务资料可知，熊宝宝公司、可优比公司制造及销售电动摇椅产品的营业收入分别为92736603.26元、85564129.49元，按前述的利润率和专利技术贡献率计算，熊宝宝公司的侵权获利不低于1159万元，可优比公司的侵权获利不低于1582万元。4.在巧儿宜公司申请责令提交被诉侵权产品财务资料后，熊宝宝公司、可优比公司提交了不完整的财务资料，导致无法确定熊宝宝公司、可优比公司的侵权获利，该事实可作为侵权情节在确定赔偿数额时予以考虑。5.熊宝宝公司与可优比公司共同制造了部分被诉侵权产品，并且通过各自渠道销售、许诺销售被诉侵权产品，熊宝宝公司还与其他品牌合作制造部分被诉侵权产品。6.涉案侵权时间从2018年持续至2023年，侵权时间长、销售渠道广。7.被诉侵权产品侵害了巧儿宜公司的两项专利，而且巧儿宜公司在另案中针对熊宝宝公司和部分品牌提起诉讼，本案在确定赔偿数额时应考虑关联案件的获赔情况。8.巧儿宜公司为维权支付了律师费、取证代理费、公证费、公证认证费等费用超过80万元，一审法院将根据上述费用的合理性和必要性，考虑本案的代理难度和律师的工作量酌情予以支持。综上所述，一审法院确定熊宝宝公司赔偿巧儿宜公司经济损失（含维权合理开支）1000万元，可优比公司对其中的300万元承担连带赔偿责任。可优比公司单独就销售、许诺销售被诉侵权产品赔偿巧儿宜公司经济损失（含维权合理开支）500万元。至于巧儿宜公司主张适用惩罚性赔偿的问题，仅凭熊宝宝公司的专利申请文件中记载涉案专利，不足以证明熊宝宝公司存在侵权恶意，本案现有证据不足以证明熊宝宝公司、可优比公司存在故意侵权，故对于巧儿宜公司的惩罚性赔偿诉请不予支持。

一审法院判决：1.熊宝宝公司于判决发生法律效力之日起立即停止制造、销售、许诺销售侵害专利号为ZL200810148984.2、名称为"摇椅"的发明专利权的产品；2.可优比公司于判决发生法律效力之日起立即停止制造、销售、许诺销售侵害专利号为ZL200810148984.2、名称为"摇椅"的发明专利权的产品；

3. 熊宝宝公司于判决发生法律效力之日起十日内赔偿巧儿宜公司侵权经济损失（含维权合理开支）1000万元（可优比公司对其中的300万元承担连带责任）；

4. 可优比公司于本判决发生法律效力之日起十日内赔偿巧儿宜公司侵权经济损失（含维权合理开支）500万元；5. 驳回巧儿宜公司的其他诉讼请求。

一审宣判后，双方当事人均不服，向最高人民法院提起上诉。二审正在审理中。

【法官评述】

涉案"摇椅"发明专利的权利人为荷兰商伍轮公司，授权巧儿宜公司使用。本案秉持平等保护理念，助力广州知识产权法院诉讼优选地建设。

本案双方对于技术比对虽然存在争议，但技术问题不是本案的难点。本案审理重点在于如何确定赔偿数额，由于侵权赔偿难的关键问题在于侵权损失或侵权获利的证据不足，因此，关于证据披露制度及举证妨碍制度的充分运用对赔偿数额的确定来说尤为重要。诉讼中，权利人提出侵权赔偿并完成初步举证后，如果被诉侵权方拒绝提供其有关获利的证据，此时，法院可以适用证据披露规则，认定被诉侵权方承担举证妨碍责任。具体到本案，巧儿宜公司主张依据侵权获利计算赔偿数额，并申请责令熊宝宝公司、可优比公司提交与被诉侵权产品有关的财务资料。经审查，熊宝宝公司、可优比公司提交的财务资料均不完整，不能据此确定侵权获利，但相应数据可以作为确定赔偿数额的参考，且现有证据表明熊宝宝公司、可优比公司的获利均超过法定赔偿数额上限。因此，合议庭在已有事实和数据的基础上，根据案情运用裁量权计算赔偿数额，并将熊宝宝公司、可优比公司未提交完整财务资料的事实作为侵权情节在确定赔偿数额时予以考量，综合考虑熊宝宝公司、可优比公司的侵权行为性质、期间、规模、维权开支及存在关联案件等情节，在法定赔偿限额之上确定了总额为1500万元的赔偿金额。

本案在现有证据的基础上，适用裁量权在法定赔偿限额之上精准计算赔偿数额，既体现了对创新者的保护，也表明了对源头侵权者的严厉打击。合议庭在案件审理中灵活运用证据披露制度，缓解了权利人的举证难题；同时，对于举证妨碍行为纳入侵权情节予以考量，提高侵权成本，实现对权利人的强化救济。

编写人：广州知识产权法院　蔡健和　王冠燕

（编辑：潘星予）

5

晶序达公司与视扬公司、视显公司
侵害发明专利权纠纷案

阅读提示： 权利人损失和侵权人获利均无法查明时，在法定赔偿数额之上确定赔偿数额应考虑哪些因素？

【裁判要旨】

一般情况下，专利权人无法举证证明其因侵权所受损失情况，往往主张按照侵权人的侵权获利确定赔偿数额或者适用法定赔偿。若根据专利权人的举证仍无法确定侵权获利时，赔偿数额的确定，一般应在涉案专利权的类型、被诉侵权人的侵权行为性质、情节及侵权持续时间、被诉侵权产品售价以及权利人支出的合理维权开支等方面重点予以考虑。虽然被诉侵权人的侵权获利无法确定，但涉案专利属于发明专利，对被诉侵权产品贡献率较大，被诉侵权人的侵权情节包括制造、销售、许诺销售，且侵权时间长，其中一单销售数额较大，若在法定赔偿范围内确定赔偿数额，一方面权利人不能适用填平原则获得其知识产权被侵权的应有数额，另一方面，法定赔偿上限明显低于被诉侵权人的侵权获利，则不能更好地规制侵权行为。此种情况下可以根据具体情况，在法定赔偿额之上确定赔偿数额，以达到遏制侵权的良好效果。

【案号】

一审：广州知识产权法院（2021）粤 73 知民初 140 号

【案情与裁判】

原告：晶序达公司

被告：视扬公司

被告：视显公司

起诉与答辩

晶序达公司起诉称：其于 2014 年 6 月 18 日向国家知识产权局申请名称为"一种 Mini-LVDS 通道复用接口及其通道信号分时复用方法"的发明专利，并于 2017 年 9 月 1 日获得授权，专利号为 ZL201410272843.7，至今合法有效。视扬公司在其营业场所内销售标注有视显公司商标、型号为"LK600D3HA27"的逻辑板；视显公司将其生产的型号为"LK600D3HA27"的逻辑板销售给视扬公司以及案外人等企业。上述型号的逻辑板产品落入涉案专利权的保护范围，视扬公司、视显公司在明知晶序达公司拥有涉案专利权的情况下，未经许可，擅自实施制造、销售和许诺销售被诉侵权逻辑板产品的行为侵害了涉案专利权。晶序达公司据此提出诉讼请求：1. 判令视扬公司、视显公司停止对涉案发明专利的侵权行为（权利要求 1 和 2）；2. 判令视扬公司赔偿其经济损失 50 万元，视显公司赔偿其经济损失 1000 万元；3. 判令视扬公司、视显公司赔偿其维权合理开支 10 万元；4. 判令视扬公司、视显公司承担本案全部诉讼费用和鉴定费用。

视显公司答辩称：1. 其研发的逻辑板与涉案专利权利要求相比，在卡板电路设计和芯片时序控制这两个关键环节有显著区别，晶序达公司主张视显公司侵害其涉案专利权无事实依据。2. 在晶序达公司涉案专利申请日前，视显公司有自己研发的、与涉案产品相似的逻辑板，依法有权继续使用自己的研发成果。3. 被诉侵权逻辑板是其基于国际通用的 Mini-LVDS 技术而研发，该技术是开源的基础性技术，况且视显公司研发的逻辑板应用 Mini-LVDS 技术的方式与涉案专利应用的方式有明显区别。4. 被诉逻辑板属于被淘汰的低端产品，其已不再生产和销售，并将该项技术转让给第三方，其已经不具备生产能力和条件。5. 晶序达公司所主张视显公司的侵权事实不成立，且其主张的赔偿金额无事实依据。6. 鉴于被诉侵权事实不成立，晶序达公司主张的所谓维权成本应由其自行承担。综上，请求驳回晶序达公司的全部诉讼请求。

视扬公司未答辩。

一审审理查明

一、涉案专利权利情况

晶序达公司是名称为"一种 Mini-LVDS 通道复用接口及其通道信号分时复用方法"、专利号为 ZL201410272843.7 发明专利的专利权人，该专利申请日为

2014年6月18日，授权公告日为2017年9月1日，现处于有效状态。该专利有3项权利要求，内容为：

1.一种Mini-LVDS通道复用接口，用m表示复用的总通道数、n表示一个通道包含的差分信号对数，其特征在于：硬件电路上通道1的时钟信号C1LVCLK、通道2的时钟信号C2LVCLK……通道m的时钟信号CmLVCLK全部与主控芯片的时钟输出信号CXLVCLK相连接，共同由CXLVCLK控制；通道1至m的第一对数据信号C1LV1、C2LV1……CmLV1分别与主控芯片的数据输出信号C1LV1、C2LV1……CmLV1相连接，分别由主控芯片的C1LV1、C2LV1……CmLV1控制；通道1至m的第二对数据信号C1LV2、C2LV2……CmLV2分别与主控芯片的数据输出信号CXLV2相连接，共同由CXLV2控制；以此类推，通道1至m的第n对数据信号C1LVn、C2LVn……CmLVn全部与主控芯片的数据输出信号CXLVn相连接，共同由CXLVn控制。2.根据权利要求1所述的一种Mini-LVDS通道复用接口，其特征在于：所述复用的总通道数m为2至16。3.一种如权利要求1所述的Mini-LVDS通道复用接口的通道信号分时复用方法，其特征在于：TP1信号上的正脉冲用于指示一行视频数据传输结束，两个TP1信号正脉冲之间为一行视频数据传输的时间即行时间窗口，根据复用的总通道数m将行时间窗口分成了通道1时间窗口、通道2时间窗口……通道m时间窗口；在通道1时间窗口，主控芯片首先通过C1LV1输出通道1的复位脉冲，然后主控芯片通过C1LV1、CXLV2～CXLVn共同输出通道1对应列的视频数据；在通道2时间窗口，主控芯片首先通过C2LV1输出通道2的复位脉冲，然后主控芯片通过C2LV1、CXLV2～CXLVn共同输出通道2对应列的视频数据；以此类推，在通道m时间窗口，主控芯片首先通过CmLV1输出通道m的复位脉冲，然后主控芯片通过CmLV1、CXLV2～CXLVn共同输出通道m对应列的视频数据。

晶序达公司明确其于本案中主张的保护范围为权利要求1和2。

二、被诉侵权行为情况

1.进达星公司采购经理王某某与"A视显阿宝"的微信聊天记录显示，双方于2019年2月26日开始沟通逻辑板采购事宜，聊天过程中"A视显阿宝"发送了被诉侵权逻辑板图片、视显公司的营业执照、账户信息以及"冯某某"名片等，名片显示冯某某为视显公司业务经理。最终双方签订销售合同，达成20片被诉侵权逻辑板的交易（型号"LK600D3HA27"，单价120元，总金额2400元），合同乙方落款为视显公司。进达星公司于3月4日向视显公司支付了 2400 元货款，冯某某于 3 月 11 日发送信息"顺丰：071618370628 进达星"。以上情况已予公证。

2. 2019 年 3 月 15 日，晶序达公司的委托代理人黄某某收取了运单号为"071618370628"的顺丰快递包裹，包裹内存有被诉侵权逻辑板 19 片及视显公司送货单 1 张，被诉侵权逻辑板上印有视显公司的注册商标"⚡"标识，送货单记载的货品名称为"逻辑板成品"、规格型号为"T-CON, SH7724D1A（FHD）版本 V1.0 18075SHAOV01-O8O（LK600D3HA27）VESA 2K"、送货数量为 19。以上情况已予公证。

3. 晶序达公司委托代理人刘某某于 2020 年 11 月 30 日，在广州市番禺区朝阳东路 162 号一标示有"视显光电 深圳市视显光电技术有限公司广州分公司 公司网址 www.gdsxgd.com"等字样的店铺支付 100 元，购买了被诉侵权逻辑板一片，并取得送货单 1 张，该店铺内悬挂有视扬公司营业执照。上述货款收款人为视显公司，送货单记载的"名称及规格"为"LK600D3HA27"，逻辑板上印有"⚡"标识。

4. 晶序达公司主张视显公司存在持续侵权行为，提交视显公司与案外人鼎科捷信公司签订的销售合同及相关微信聊天记录予以佐证。证据显示鼎科捷信公司于 2020 年 12 月 21 日向视显公司采购型号"LK600D3HA27"的逻辑板 5700 片，单价 88 元，总金额 501600 元。

晶序达公司根据以上事实，主张视扬公司实施了销售、许诺销售被诉侵权逻辑板的行为，视显公司实施了制造、销售、许诺销售被诉侵权逻辑板的行为。

三、侵权比对及技术鉴定情况

（一）侵权比对情况

晶序达公司当庭提交了其两次公证购买的被诉侵权逻辑板，并主张两次购买的逻辑板产品型号相同，均为被诉侵权产品；视显公司确认两次公证购买的产品外观一致。经比对，晶序达公司认为被诉侵权逻辑板实施的技术方案落入涉案专利权的保护范围；视显公司则认为被诉侵权逻辑板的电路设计和芯片时序控制完全按照 mini-LVDS 设计规范执行，与涉案专利权利要求显著不同，被诉侵权逻辑板实施的技术方案未落入涉案专利权的保护范围。

（二）技术鉴定情况

晶序达公司申请对两次公证购买的被诉侵权逻辑板进行技术鉴定。经晶序达公司、视显公司协商一致，一审法院委托国家工业信息安全发展研究中心（简称工信中心）作为本案的鉴定机构，并于 2022 年 6 月 16 日组织召开鉴定听证会。工信中心接受委托后，依法成立鉴定组进行鉴定。由于晶序达公司、视显公司均未提供被鉴定物中对应的液晶模组、液晶屏、FPC 类型，以及上电测试的测试环境要求，无法进行上电测试，并且涉案专利权利要求 1 和 2 的技术特征只涉及电连接关系而不涉及电信号和逻辑信号特征，鉴定组确定采取不上电的导通测试方案。经鉴定分析，工信中心作出两份《鉴定意见书》，鉴定结论均为被鉴定物中带有 4 个双通道 mini-LVDS 连接器，它们中的任意一个 mini-LVDS 连接器所具有的技术特征与专利号为 ZL201410272843.7（专利名称为"一种 Mini-LVDS 通道复用接口及其通道信号分时复用方法"）发明专利的权利要求 1 和 2 的技术特征完全相同。

视显公司对上述《鉴定意见书》提出异议，认为鉴定人员没有资质证明，也不是该鉴定机构的工作人员，该两份《鉴定意见书》不符合法定的司法鉴定要求，且仅片面、选择性地对部分连接方式做了鉴定，没有全面鉴定检材的数据传输和控制方法，缺乏整体性，另外，涉案专利不具备实现 mini-LVDS 的功能和特点，故该《鉴定意见书》不具备合法性，不能作为认定案件事实的依据。经查，工信中心系在人民法院对外委托专业机构专业人员信息平台注册的知识产权类专业机构，本案鉴定组成员郭某某和范某某系该中心的专业人员并注册于该平台，其中郭某某为北京交通大学聘任教授，范某某持有原中华人民共和国信息产业部颁发的高级工程师证书。

四、晶序达公司主张的经济损失及维权合理开支情况

晶序达公司主张按照视扬公司、视显公司的侵权获利计算赔偿数额，并主张维权开支 10 万元，提交了相关证据予以佐证。

五、视显公司的抗辩情况

视显公司提交了 Mini-LVDS 中英文介绍、销售合同及发票等证据，证明涉案专利基于公开开源的 mini-LVDS 基础技术所开发，以及视显公司在涉案专利申请日前已经开始研发相关类型产品等内容。

一审判理和结果

一审法院审理认为，争议焦点在于：1. 被诉侵权技术方案是否落入涉案专利权保护范围；2. 被诉侵权行为是否成立；3. 视显公司所提抗辩是否成立；4. 本案民事责任如何承担。

一、关于被诉侵权技术方案是否落入涉案专利权保护范围问题

（一）关于本案鉴定意见应否采纳问题

视显公司对工信中心出具的《鉴定意见书》提出异议，认为鉴定组人员没有资质证明，不是该鉴定机构的工作人员，不符合法定的司法鉴定要求，且仅片面、选择性地对部分连接方式做了鉴定，没有全面鉴定检材的数据传输和控制方法，鉴定内容和鉴定方式不全面、不客观，缺乏整体性，《鉴定意见书》不具备合法性，不能作为认定案件事实的依据。

首先，工信中心是由双方协商一致而确定的鉴定机构，该机构系在人民法院对外委托专业机构专业人员信息平台注册的知识产权类专业机构，具备本案鉴定事项的鉴定资质。鉴定书附件显示鉴定组人员分别为聘任教授或高级工程师，足以证明鉴定组人员的资质。双方经协商一致选择具备相应资质的鉴定机构所做出的鉴定意见具有合法性和中立性。

其次，涉案发明专利涉及信号传输技术领域，特别是一种用于液晶面板等的时序控制模块与液晶面板列驱动电路之间的视频数据传输用 Mini-LVDS 接口，以及一种所述 Mini-LVDS 接口通道信号分时复用方法。涉案专利共有 3 个权利要求，晶序达公司于本案中主张保护权利要求 1 和 2。结合说明书可以得出，权利要求 1 和 2 记载的技术特征只涉及电连接关系，并不涉及电信号和逻辑信号的特征，视显公司抗辩所称的数据传输和控制方法体现于权利要求 3 所记载的附加技术特征，故本案的侵权判定仅需考虑被诉侵权技术方案是否具备权利要求 1 和 2 的全部技术特征。鉴定机构采取不上电导通测试方案可以测量出逻辑板内部引脚之间的电连接关系，从而能够确定与涉案专利权利要求 1 和 2 记载的技术特征相关的技术特征。

再次，晶序达公司、视显公司均未提供被鉴定物中对应的液晶模组、液晶屏、FPC 类型，以及上电测试的测试环境要求，无法进行上电测试。在采取不上电测试即可测试出相应技术特征的情况下，鉴定组采取不上电导通测试方式进行鉴定并无不当，鉴定意见能够全面反映与涉案专利权利要求 1 和 2 相关的全部技术特征。

综上，鉴定组采取不上电导通测试方式进行的测试，能够客观、全面鉴定出被诉侵权技术方案中与涉案专利权利要求 1 和 2 相关的全部技术特征，采用该测试方法所做出的鉴定意见可以作为被诉侵权技术方案是否具有涉案专利权利要求 1 和 2 技术特征的判断依据，工信中心据此作出的《鉴定意见书》具备合法性、客观性和全面性，应采信作为认定案件事实的依据。

（二）关于被诉侵权产品是否具备涉案专利权利要求 1 和 2 的技术特征问题

将被诉侵权技术方案与权利要求进行对比，被诉侵权产品带有 4 个双通道 mini-LVDS 连接器，它们中的任意一个 mini-LVDS 连接器所具有的技术特征与涉案专利的权利要求1和2的技术特征全部相同，应认定被诉侵权技术方案落入涉案专利权利要求1和2的保护范围。

二、关于被诉侵权行为是否成立问题

1. 关于制造行为，根据涉案公证书所载事实及晶序达公司当庭提交的被诉侵权实物可知，被诉侵权逻辑板上印有视显公司的注册商标"己"，并且视显公司的官网宣传其具有制造能力并展示了生产线图片，结合其经营范围，在无相反证据的情况下，应认定被诉侵权逻辑板系由视显公司制造。

2. 关于销售、许诺销售行为，晶序达公司提交的视显公司与案外人鼎科捷信公司签订的销售合同盖有视显公司印章，同时，相关公证书显示，视显公司业务经理冯某某向进达星公司采购经理发送了被诉侵权逻辑板照片，并以视显公司名义向进达星公司销售了被诉侵权逻辑板。上述事实足以认定视显公司销售、许诺销售了被诉侵权逻辑板。另外，视扬公司在其经营的涉案店铺门楣上标示"视显光电 深圳市视显光电技术有限公司广州分公司 公司网址 www.gdsxgd.com"等信息，其在该店铺销售被诉侵权逻辑板，销售款项由视显公司收取，一审法院据此认定视扬公司、视显公司共同销售了被诉侵权逻辑板。

三、关于视显公司所提抗辩是否成立问题

视显公司于本案中提出了现有技术抗辩和先用权抗辩。至于现有技术抗辩，其认为涉案专利基于公开开源的 Mini-LVDS 基础技术开发。但是，其提交的证据"Mini-LVDS 中英文介绍"并未注明出处和发表时间，无法核实该证据的真实性以及所涉技术的具体公开时间，在晶序达公司对此不予认可的情况下，视显公司所提交的证据不符合现有技术抗辩的法定条件，一审法院对其所提现有技术抗辩不予支持。

至于先用权抗辩，视显公司基于其提交的销售合同及发票主张其在涉案专利申请日前已经开始研发相关类型产品。首先，销售合同及发票由视显公司单方提供，并没有原件以供核对，且发票与合同中的单价、金额均不相符，在晶序达公司对此不予认可的情况下，不应采纳作为本案的证据。其次，视显公司主张其在涉案专利申请日之前已开始研发相关类型产品，但其并未举证证明所谓相关类型产品与被诉侵权逻辑板实施的技术方案完全相同。因此，视显公司所提先用权抗辩不能成立，本院对此亦不予支持。

四、关于本案法律责任如何承担问题

视显公司制造、销售、许诺销售，以及视扬公司销售侵害涉案专利权的逻辑板，均未经专利权人许可，依法应停止侵权并赔偿损失。

至于赔偿数额。晶序达公司主张按照视扬公司、视显公司的侵权获利计算赔偿数额。但是，首先，晶序达公司根据相关公证书记载的通话记录，主张被诉侵权逻辑板的销售数量高达 20 万片，但该通话记录形成于冯某某推销被诉侵权逻辑板的过程中，鉴于销售人员在推销产品时夸大其销售数据从而提高对方对其认可程度属于常见现象，冯某某表示的销售量缺乏客观性，在视显公司对此不予认可的情况下，单凭该公证书记载的通话记录不足以证实被诉侵权逻辑板的销售数量。其次，晶序达公司未举证证明逻辑板产品的利润率情况，无法计算被诉侵权逻辑板的整体利润率。再次，晶序达公司用于证明涉案专利市场价值的涉案专利授权合作协议、送货单若干、银行流水单由其单方提供，在视显公司不予认可的情况下，不应采信。退一步讲，即便该组证据真实性可以确认，专利授权合作协议约定的授权使用费每件 50 元中应包括加密芯片费用，晶序达公司未举证证明加密芯片的价格，无法据此计算涉案专利的授权使用费。故此，晶序达公司就视显公司侵权获利的计算损失的方法缺乏事实依据。一审法院综合考虑涉案专利权的类型、贡献度、侵权规模和持续时间、被诉侵权产品销售数额、视显公司和视扬公司的侵权行为性质、晶序达公司需支出维权合理开支等因素，根据晶序达公司诉请，酌情确定视显公司赔偿晶序达公司经济损失 200 万元，视扬公司赔偿晶序达公司经济损失 20 万元；视显公司赔偿晶序达公司合理开支 76018 元，视扬公司赔偿晶序达公司合理开支 7602 元。

一审法院判决：1. 视显公司立即停止制造、销售、许诺销售侵害晶序达公司涉案发明专利权的产品；2. 视扬公司立即停止销售侵害晶序达公司涉案发明专利权的产品；3. 视显公司赔偿晶序达公司经济损失 200 万元；4. 视扬公司赔偿晶序达公司经济损失 20 万元；5. 视显公司赔偿晶序达公司维权合理开支 76018 元；6. 视扬公司赔偿晶序达公司维权合理开支 7602 元；7. 驳回晶序达公司的其他诉讼请求。

一审宣判后，视显公司不服，向最高人民法院提起上诉。二审正在审理中。

【法官评述】

本案系典型的专利侵权案件，诉请赔偿金额 1000 万元，涉案发明专利涉及平板显示领域，所涉产品为逻辑板，技术方案主要用于液晶面板时序控制模块与列驱动电路之间的视频数据传输，知识产权价值高，专利技术对成品技术贡献大。当事人双方均为在业内具有一定知名度的生产企业，案件社会关注度高。合议庭在审理过程中着重把握"厘清保护范围界定权利保护边界、引入专业力量准确进行侵权比对、综合考虑酌定情节确定赔偿数额"三个节点，着重做好以下三项工作：

1. 准确界定权利保护范围。涉案发明专利包含多项权利要求，其技术特征既涉及产品也涉及方法，不同的技术特征需要不同的方法进行比对。为厘清权利保护边界，合议庭引导当事人在其对侵权证据进行梳理的基础上精确主张权利要求，为后续侵权比对打好基础。

2. 引入专业力量进行侵权比对。鉴于涉案发明专利专业技术性强，合议庭积极引入技术调查官辅助进行侵权比对，并在初步判断出由于本院技术条件限制无法得出比对结果的情况下，及时启动鉴定程序。待鉴定意见做出后，除给予各方当事人充分阐述意见，对于当事人提出的异议要求鉴定机构予以进一步分析、说明外，还将双方争议较大的问题再次交由技术调查官进行多角度论证，最终在综合考虑上述意见的基础上审慎得出涉案被诉侵权产品具备涉案专利权利要求技术特征的结论。

3. 正确适用法定赔偿，加大对侵权行为的惩治力度。本案侵权行为发生在《专利法》修正之前，原告的举证既不足以证实其损失，也不足以证实被诉侵权人的侵权获利，也无许可费用可以参考。在此情况下，合议庭没有机械适用法定赔偿，而是在考虑到本案证据显示侵权人的侵权所得数额超过法定赔偿最高限可能性极大的情况下，最终在法定赔偿额之上判定赔偿数额，不仅体现出依法保护专利权人合法权益的司法导向，也告诫市场竞争主体尊重他人创新成果，彰显一审法院对高质量科技成果的保护力度。

编写人：广州知识产权法院　张姝　王俭君

（编辑：王俭君）

6

荣研会社与迪澳公司
侵害发明专利权纠纷案

阅读提示：对于跨越《民法典》实施之日的专利侵权行为，怎样合理适用惩罚性赔偿？

【裁判要旨】

对于跨越《民法典》实施之日的专利侵权行为采用分段计算的方式适用惩罚性赔偿。首先，本案厘清了《最高人民法院关于适用〈中华人民共和国民法典〉时间效力的若干规定》规定《民法典》适用溯及既往的例外情形，认定"有利溯及"并非仅保护一方当事人的合法权益，故在"有利溯及"判定上，应当限定在对各方当事人均更加有利或者至少对一方更加有利的同时不损害其他方权益的情形。故本案并不符合"有利溯及"的适用标准，在确定赔偿标准上采用分段计算。其次，本案确定"分段计算"方法，对于《民法典》施行前的侵权行为，适用 2008 年修正的《专利法》确定赔偿金额；对《民法典》施行后的侵权行为，适用《民法典》惩罚性赔偿原则，确定赔偿基数后，根据案件具体侵权情况，确定赔偿倍数，且赔偿倍数不含赔偿基数。综上，本案以"法不溯及既往"为原则，深入分析了专利侵权的行为性质以及能否适用"有利溯及""新增溯及"的例外情形，结合具体案情确定分段计算方法，以平衡双方当事人的合法权益，稳定当事人的合理预期，具有一定的典型意义。

【案号】

一审：广州知识产权法院（2021）粤 73 知民初 355 号

【案情与裁判】

原告：荣研会社

被告：迪澳公司

起诉与答辩

荣研会社起诉称：荣研会社为专利号为 ZL01819083.9、名称为"合成多核苷酸的方法"的发明专利权人。该专利是对 LAMP（环介导的等温扩增）法的改进，通过联合使用具有特定结构的模板多核苷酸以及能在此多核苷酸的特定位置处提供互补链合成起点的引物，可改善互补链合成反应的效率。荣研会社经多方取证，在迪澳公司公众号、政府中标公告、中标信息网页等均发现其采用恒温扩增技术制造、销售、许诺销售结核分枝杆菌复合群核酸检测试剂盒产品，构成对涉案专利权的侵害，给荣研会社造成严重损失，且迪澳公司具有侵权故意且情节严重，因此主张适用惩罚性赔偿，请求停止侵权并赔偿 2850 万元。

迪澳公司答辩称：确认本案被诉侵权产品为迪澳公司制造，但不确认销售、许诺销售行为。申请对荣研会社提交的被诉侵权产品实物进行鉴定以确定是否落入涉案专利权保护范围。

一审审理查明

荣研会社是专利号为 ZL01819083.9、名称为"合成多核苷酸的方法"的发明专利权人。该专利优先权日是 2000 年 9 月 19 日，申请日是 2001 年 9 月 19 日，授权公告日是 2005 年 10 月 12 日。

迪澳公司于 2019 年 3 月 21 日针对涉案专利权提出无效宣告请求，国家知识产权局于 2019 年 8 月 25 日作出无效宣告请求审查决定，维持涉案专利权有效。荣研会社在本案请求保护的范围为权利要求 1—5、7、11、19、20、23、24。

2021 年 3 月 31 日，通过手机查看迪澳公司的微信公众号，其多次推送消息包括："迪澳生物分子诊断平台"中展示"国械注准 20173401057""结核分枝杆菌复合群核酸检测解决方案""国家传染病重大专项支持产品"等。

2021 年 3 月 19 日，通过百度搜索一系列中标公告，具体包括中国政府采购网、青海政府采购网、亳州市公共资源交易网、广西政府采购网、江西公共资源交易网、福建省政府采购网等多个官方网站公示的迪澳公司关于被诉侵权测试盒的中标信息，具体包含中标时间、中标金额、采购单价等信息。

2021 年 4 月 26 日，北京市磐华律师事务所的委托代理人在公证人员的监督下于北京市一处快递取件区接收顺丰快递一件，该快递包裹内装有标示"结核分枝杆菌复合群核酸检测试剂盒（恒温扩增荧光法）"字样及迪澳公司名称的物品五件及标示"核酸提取或纯化试剂"及迪澳公司名称的物品五件，拍照并封存。其中，上述包裹上的邮单中无寄件人信息；上述"结核分枝杆菌复合群核酸检测试剂盒（恒温扩增荧光法）"物品包装盒上有"产品批号 C110S20210123、生产日期 20210119、有效期至 20220118"，该包装盒上还显示生产企业迪澳公司及其地址、电话等信息，以及注册证编号为国械注准 20193400313；该物品打开后，内有 DNA 提取液、反应液、密封液、Bst 聚合酶、阴性对照、阳性对照等多管液体。

国家药品监督管理局网页资料，内容显示注册证编号为国械注准 20173401057 的注册人为迪澳公司，产品名称为"结核分枝杆菌复合群核酸检测试剂盒（恒温扩增法）"，该注册证已于 2020 年 9 月 28 日根据企业申请而注销；注册证编号为国械注准 20193400313 的注册人为迪澳公司，产品名称为"结核分枝杆菌复合群核酸检测试剂盒（恒温扩增荧光法）"，批准日期为 2019 年 5 月 15 日，有效期至 2024 年 5 月 14 日。

荣研会社提出调取注册号为"国械注准 20193400313"医疗器械注册登记备案资料申请，一审法院依该申请，自国家药品监督管理局医疗器械注册管理司调取了以下证据：1. 结核分枝杆菌复合群核酸检测试剂盒（恒温扩增荧光法）综述资料；2. 结核分枝杆菌复合群核酸检测试剂盒（恒温扩增荧光法）主要原材料的研究资料；3. 结核分枝杆菌复合群核酸检测试剂盒（恒温扩增荧光法）产品说明书。

本案中，荣研会社主张以上述法院调取的备案资料作为比对依据，认为被诉侵权技术方案落入涉案专利权利要求 1—5、7、11、19、20、23、24 的保护范围。迪澳公司认为，本案具备鉴定条件，应当将被诉侵权产品交由法院确定的鉴定机构进行鉴定以确定是否落入涉案专利权的保护范围，并于 2022 年 7 月向一审法院提出鉴定申请。对此，荣研会社认为，本案无需进行实物鉴定，理由：1. 强制注册类产品的备案资料与产品的实际方案完全相同，备案资料的文字表述已足以完成技术比对；2. 实物比对在时间、技术难度及花费上极其高昂；3. 公证取得的实物已经超出有效期，不具备鉴定条件。

荣研会社主张根据迪澳公司的侵权获利确定赔偿数额，具体如下：1. 损害赔偿计算期间为 2019 年 1 月至 2021 年 9 月 18 日（涉案专利有效期届满）。2. 根据上述证据 2 中的第 10—25 项及证据 3 中的第 1—8 项中标公告中的中标金额计算该期间被诉侵权产品的销售额至少为 1993.04 万元。该金额为被诉侵权产品的最低销售额，实际销售额应远大于该数额。3. 根据财政部及国家卫生健康委员会的重大传染病防控经费预算，2019—2021 年的结核病防治经费预算分别为 110422 万元、112839 万元、114288 万元，据此估算上述侵权期间的结核病防治经费大约为 300000 万元。结核病分子检测大约占全部经费的 30%，即 80000 万—100000 万元。根据结核病分子检测市场竞争情况，迪澳公司大约占该经费的 1/8 即 10000 万—12500 万元。因此，被诉侵权产品的合理销售额区间为 1993.04 万—12500 万元。4. 关于营业利润率，可参考两家上市公司江苏硕世生物科技股份有限公司及北京九强生物技术股份有限公司 2019—2021 年的平均营业利润率，按 40% 计算。5. 关于专利贡献率，涉案专利的恒温扩增技术是核酸检测领域的开创性专利，也是被诉侵权产品的核心技术，是迪澳公司获取市场竞争优势的关键所在，故专利贡献率应为 100%。6. 关于惩罚性赔偿，迪澳公司实施侵权行为具有明显的主观恶意，且侵权时间长、侵权规模大、侵权获利高，故请求适用 5 倍惩罚性赔偿。7. 关于合理开支，本案公证费及律师费与（2021）粤 73 知民初 349 号案共同分摊，本案总计为 388000 元（公证费 8000 元、律师费 380000 元）。综上计算，迪澳公司的获利数额已远超荣研会社本案诉请的 2850 万元。

庭审后，双方确认本案被诉侵权产品 2019 年销售额为 998776.70 元，2020 年销售额为 12831550.49 元，2021 年至涉案专利有效期满之日的销售额为 10373539.22 元。荣研会社同意以此销售额作为侵权获利的计算基数。迪澳公司认为上述销售额包含核酸提取纯化试剂的销售额，应从中剔除。

迪澳公司提交了其自行委托审计机构出具的专项审计报告，双方均补充提交了多家同行业上市公司的 2019—2021 年度报告。

荣研会社曾以 20173401057 号注册证产品侵害其发明专利权以迪澳公司为被告向一审法院起诉（2018）粤 73 民初 3801、3802 号两案。其中，（2018）粤 73 民初 3801 号案所涉专利与本案专利相同，（2018）粤 73 民初 3802 号案所涉专利名称为"合成核酸的方法"、专利号为 ZL00818262.0。该两案中，一审法院推定迪澳公司的国家药监局备案资料为被诉侵权产品实际使用的技术方案，将其与 3801 号案专利权利要求 1—5、7、11、19、20、23、24 及 3802 号案专利权利要求 1、4、8—10 记载的技术方案进行对比，均认定迪澳公司构成侵权，并分别判决迪澳公司赔偿荣研会社经济损失和维权合理费用 100 万元。迪澳公司不服该两案判决，向最高人民法院提起上诉。最高人民法院二审维持了上述判决。

上述两案中，一审法院调取了注册号为"国食药监械（准）字 2013 第 3402079 号"及"国械注准 20173401057"医疗器械注册登记备案资料，经与本案调取的注册号为"国械注准 20193400313"医疗器械注册登记备案资料相比较，二者的主要区别在于后者采用了荧光显示的功能，但在被诉落入涉案专利权保护范围的技术方案方面一致，仅在个别表述上存在一定区别，如将"LAMP"改为"恒温核酸扩增"。

本案中，迪澳公司确认，若以国家药监局备案资料进行比对，则 20193400313 注册证产品与 20173401057 注册证产品在被诉落入涉案专利权保护范围的技术方案上是相同的，但其坚持认为应进行实物鉴定方能判断是否侵权。

荣研会社以迪澳公司为被告与本案同时起诉（2021）粤 73 知民初 349 号案，该案所涉专利与（2018）粤 73 民初 3802 号案相同，该案被诉侵权产品名称为"结核分枝杆菌复合群核酸检测试剂盒（恒温扩增法）"，该产品注册证编号为"国械注准 20173401057"。

一审判理和结果

一审法院审理认为，荣研会社是涉案名称为"合成多核苷酸的方法"、专利号为 ZL01819083.9 的发明专利权人。该专利申请日为 2001 年 9 月 19 日，于 2021 年 9 月 18 日专利权期限届满前处于有效状态，应受法律保护。

本案中，荣研会社提出调取注册号为"国械注准 20193400313"的医疗器械注册登记备案资料申请，一审法院依该申请自国家药品监督管理局调取了上述备份资料，并以此作为比对依据。迪澳公司确认若以该备份资料作为比对，则 20193400313 注册证产品与 20173401057 注册证产品在被诉落入涉案专利权保护范围的技术方案上是相同的。在前案即（2018）粤 73 民初 3801 号案中，当事人均与本案相同，所涉专利与荣研会社请求保护的权利要求与本案相同，该案被诉侵权产品即 20173401057 注册证产品，该案经比对认定被诉侵权产品落入涉案专利权保护范围，且经最高人民法院二审终审判决维持该认定结论。综上，本案的核心焦点问题为赔偿问题，主要在于以下三方面：

一是赔偿数额的确定。荣研会社主张按迪澳公司的侵权获利计算赔偿数额，计算期间为 2019 年 1 月至 2021 年 9 月 19 日（涉案专利有效期届满），双方当事人确认该期间的侵权销售额为 24203866.41 元，在被诉侵权产品总销售额可以确定的情况下，本案具备以侵权获利计算赔偿数额的基础。关于被诉侵权产品利润率，综合考虑迪澳公司提交的专项审计报告及其附赠核酸提取纯化试剂和同行业上市公司的整体经营利润率，酌定为25%。关于涉案专利的贡献率，考虑到其技术运用、市场优势、非核心部分的技术含量、涉案专利有效期届满、其他知识产权因素等，酌定为20%。

二是惩罚性赔偿是否适用。根据法律规定，适用惩罚性赔偿应同时满足侵权且情节严重两个构成要件。迪澳公司于2010—2011年经销荣研会社的LAMP法相关产品，并参加过荣研会社主办的LAMP研究会，可知迪澳公司对涉案专利明知且熟知，且20173401057号注册证产品于2018年被荣研会社起诉侵害涉案专利权后，于2019年申请注册本案被诉侵权产品继续实施侵权行为，可以认定迪澳公司具备侵权故意。另考虑侵权行为持续时间长、地域范围广、销售规模及侵权获利大的情形，可以认定其情节严重。因此，本案应适用惩罚性赔偿。

三是惩罚性赔偿如何适用。本案侵权期间为2019年—2021年9月，跨越《民法典》实施之日即2021年1月1日。对于2021年1月1日之后发生的侵权行为，当然可以适用《民法典》关于惩罚性赔偿的原则性规定，并参照或依照相关司法解释或《专利法》的具体规定，但对于2019—2020年间发生的侵权行为，是否可以适用《民法典》的上述规定，应依照《最高人民法院关于适用〈中华人民共和国民法典〉时间效力的若干规定》予以确定。该司法解释第一条第二款规定："民法典施行前的法律事实引起的民事纠纷案件，适用当时的法律、司法解释的规定，但是法律、司法解释另有规定的除外。"第三款规定："民法典施行前的法律事实持续至民法典施行后，该法律事实引起的民事纠纷案件，适用民法典的规定，但是法律、司法解释另有规定的除外。"上述第二款规定重申了法不溯及既往的一般原则，第三款则对跨越《民法典》施行前后的持续性法律事实作出了例外规定。民事法律事实可按其发生的形态分为瞬间性法律事实和持续性法律事实，瞬间性法律事实发生的时间是一个点，而持续性法律事实发生的时间是一条不断延伸的线。持续性法律事实不同于重复发生的相同法律事实，持续性法律事实是一个法律事实，而重复发生的相同法律事实是多个法律事实。本案中，迪澳公司实施的侵权行为包括制造、销售以及许诺销售。其中，制造、销售及许诺销售中的投标行为均为批量的、存在一定时间间隔的反复性侵权法律事实，而并非一个持续性侵权法律事实；微信公众号中的许诺销售行为可以构成持续性侵权法律事实，但该行为并不直接产生侵权获利，而本案惩罚性赔偿的计算基数为侵权获利。因此，总体而言，本案难以适用上述第一条第三款的规定对发生于 2019—2020 年间的侵权行为处以惩罚性赔偿。《最高人民法院关于适用〈中华人民共和国民法典〉时间效力的若干规定》第二条、第三条还规定了两种可以溯及既往的例外情形。第二条规定："民法典施行前的法律事实引起的民事纠纷案件，当时的法律、司法解释有规定，适用当时的法律、司法解释的规定，但是适用民法典的规定更有利于保护民事主体合法权益，更有利于维护社会和经济秩序，更有利于弘扬社会主义核心价值观的除外。"此为"有利溯及"的适用规则。第三条规定："民法典施行前的法律事实引起的民事纠纷案件，当时的法律、司法解释没有规定而民法典有规定的，可以适用民法典的规定，但是明显减损当事人合法权益、增加当事人法定义务或者背离当事人合理预期的除外。"此为"新增规定"的适用规则。于本案而言，2008 年修正的《专利法》对侵权赔偿已有规定，《民法典》第一千一百八十五条规定的惩罚性赔偿实质上是对现有法律规范的法律后果所增加的规定，属于修改了原有法律规定的"改变规定"，而非"新增规定"，不属于上述第三条所调整的范围。同时，本案能否适用上述第二条的"有利溯及"规则，则需要评价是否能够同时符合该条但书中所规定的"三个更有利于"标准。由于"有利溯及"改变了当事人的预期，故其标准应严格把握，否则会冲击法不溯及既往的基本原则。该条的第一个"更有利于"使用了"民事主体"的表述，显然并非仅保护一方当事人的合法权益，故在"有利溯及"判定上，应当限定在对各方当事人均更加有利或者至少对一方更加有利的同时不损害其他方权益的情形。本案的民事主体为荣研会社与迪澳公司双方当事人，若在惩罚性赔偿这一规定上适用"有利溯及"，当然对保护荣研会社的合法权益更为有利，但于迪澳公司而言，却严重背离了其合理预期，显著增加了其法定义务，明显减损了其既存权利。因此，本案并不符合"有利溯及"的适用标准，不能适用上述第二条的规定。

综上分析，在惩罚性赔偿的适用上应采用分段计算的方式，即对于 2019—2020 年间的侵权获利仍依照 2008 年修正的《专利法》计算赔偿数额，而对于 2021 年 1 月 1 日之后的侵权获利则适用惩罚性赔偿。综合考虑迪澳公司主观过错程度、侵权行为的情节严重程度等因素，酌定惩罚性赔偿的倍数以 2 倍为宜。据此计算，迪澳公司应赔偿荣研会社经济损失 1210193.32 元 +10373539.22 元 × 25% × 20% × 2=2247547.24 元。另有维权合理开支，荣研会社主张公证费 8000 元、律师费 380000 元，综合考虑全案情况，酌情支持 150000 元。

一审法院判决：1.迪澳公司于判决发生法律效力之日起十日内赔偿荣研会

社经济损失 2247547.24 元；2. 迪澳公司于判决发生法律效力之日起十日内赔偿荣研会社维权合理开支 150000 元；3. 驳回荣研会社的其他诉讼请求。

一审宣判后，各方当事人均不服，向最高人民法院提起上诉。二审正在审理中。

【法官评述】

本案的典型意义有三：第一，厘清了《最高人民法院关于适用〈中华人民共和国民法典〉时间效力的若干规定》规定《民法典》适用溯及既往的例外情形，认定"有利溯及"并非仅保护一方当事人的合法权益，故在"有利溯及"判定上，应当限定在对各方当事人均更加有利或者至少对一方更加有利的同时不损害其他方权益的情形。故本案并不符合"有利溯及"的适用标准，在确定赔偿标准上采用分段计算。第二，本案在确定损害赔偿时充分运用证据规则，积极引导双方举证，全面、客观审核计算赔偿的证据，对有关证据的真实性、证明力进行综合审查判定，最终确定本案营业利润率及涉案专利贡献度，因此对同类医药产品案件有很好的指导意义。第三，《民法典》第一千一百八十五条确立了知识产权恶意侵权的惩罚性赔偿制度，对于加强保护知识产权具有重要的历史意义。在专利侵权领域，对于跨越《民法典》实施之日的恶意侵权行为，适用惩罚性赔偿是否需要分段计算，在审判实践中存在一定的分歧。本案确定"分段计算"方法，对于《民法典》施行前的侵权行为，适用 2008 年修正的《专利法》确定赔偿金额；对《民法典》施行后的侵权行为，适用《民法典》规定的惩罚性赔偿原则，确定赔偿基数后，根据案件具体侵权情况，确定赔偿倍数，且赔偿倍数不含赔偿基数。综上，本案以"法不溯及既往"为原则，深入分析了专利侵权的行为性质以及能否适用"有利溯及""新增溯及"的例外情形，结合具体案情确定分段计算方法，以平衡双方当事人的合法权益，稳定当事人的合理预期。

本案为涉日、医药生物类重大案件，社会影响力大。因此，对此类案件的审理需要对法律效果、社会效果和政治风险等多重因素予以慎重把握。在案件审理过程中，注重引导双方理性、科学地围绕案件事实本身进行诉辩，尽量将舆论风险降至最低，本案亦为此类案件的审慎处理起到了良好的示范作用。

编写人：广州知识产权法院　官健　宋一鑫

（编辑：潘星予）

7

金永加工场与蓬江区市监局
专利侵权行政裁决案

阅读提示：行政裁决过程中的技术调查官是否可在后续的行政诉讼中作为诉讼代理人？

【裁判要旨】

专利法意义上的制造，既包括客观的亲为的制造行为，亦包括委托他人代为的制造行为。在行政裁决中，技术调查官不得超越职责范围，在口头审理中所提问的问题应限于技术问题，但技术调查官存在的此类工作瑕疵，不应构成案涉被诉裁决可撤销的理由。在行政裁决过程中曾经担任技术调查官的，因技术调查官应当保持客观、中立的地位，不应当在行政诉讼中再担任行政机关的诉讼代理人。

【案号】

一审：广州知识产权法院（2023）粤73行初1号

【案情与裁判】

原告：金永加工场

被告：蓬江区市监局

第三人：杨某某

起诉与答辩

2022年12月19日，蓬江区市监局作出粤江蓬知法裁字（2022）16号《专利侵权纠纷案件行政裁决书》，该裁决书认为被诉侵权产品与本案专利构成相同，被请求人金永加工场立即停止制造、销售、许诺销售侵害专利号为ZL202030296172.4、名称为"杯架（E008）"的外观设计专利权的产品，销毁库存侵权产品。

金永加工场认为：1.蓬江区市监局作出的处理结果超出了杨某某的请求事项范围。请求事项不包括许诺销售。2.蓬江区市监局存在严重的程序违法行为，在口审阶段明显偏帮杨某某，审查人员、技术调查官作出暗示性的提醒，与杨某某、金永加工场进行争论。3.技术调查官超越职责范围。在口审过程中，技术调查官角色错位，屡屡就非技术性的证据问题向金永加工场发问。4.蓬江区市监局没有对所谓的成交数量4000+的问题进行调查、了解、询问。金永加工场收到的公证书复印件没有成交数量4000+的字样。因此金永加工场向一审法院提出诉讼请求：1.撤销蓬江区市监局作出的粤江蓬知法裁字（2022）16号行政裁决；2.由蓬江区市监局承担本案的诉讼费用。

蓬江区市监局答辩称：1.蓬江区市监局有权审理本案的专利侵权纠纷。在口审过程中，请求人杨某某的代理人增加了"责令被请求人立即停止许诺销售侵权产品"的请求。2.蓬江区市监局在处理专利侵权纠纷过程中程序合法。技术调查官亦不存在超越职责范围的情形。3.关于成交数量4000+的问题，金永加工场并未对退货量与网上销售量不一致进行具体回应，称"都是肖某某退货的"，蓬江区市监局在金永加工场确认了案涉公证书的真实性、合法性、关联性的基础上认定金永加工场的销售量超过了退货量。

杨某某称：同意蓬江区市监局的裁决，不同意金永加工场的起诉意见。

在本案的庭前会议阶段，金永加工场对蓬江区市监局委托诉讼代理人的身份提出异议，其认为蓬江区市监局委托诉讼代理人利某某是行政裁决阶段的技术调查官，与本案有利害关系。第三人杨某某的案涉专利的评价报告、涉案专利都是由利某某所在的公司负责申请的。现在又作为市监局的代理人参加庭审是有利益冲突的。经合议庭合议研究，合议庭认为利某某不宜作为委托诉讼代理人参加诉讼。

一审审理查明

杨某某于2020年6月11日向国家知识产权局申请了名称为"杯架（E008）"的外观设计专利，并于2020年10月30日获得授权，专利号为ZL202030296172.4，目前处于有效状态。

申请人杨某某以被请求人金永加工场涉嫌侵害该外观设计专利权，请求蓬江区市监局处理。蓬江区市监局执法人员来到金永加工场的经营地进行现场勘验。蓬江区市监局执法人员向金永加工场直接送达了《勘验检查通知书》《答辩通知书》《专利侵权纠纷处理请求书》副本以及杨某某证据等材料。

现场勘验笔录记载，执法人员告知了申请回避的权利以及解释相关案件处理程序。金永加工场的经营者郭某某接受了调查，执法人员在该场所的生产区内发现与ZL202030296172.4的外观设计类似的产品。郭某某陈述，上述存放在现场的产品均为准备销毁的残次品；阿里巴巴网店"蓬江区金永五金加工场"为其开设的网店；上述产品其接单后自行购买原材料，按客户要求在其场所内加工成杯架半成品，然后委托另一家表面处理厂完成金色表层电镀后交货。

蓬江区市监局于2022年11月17日组织进行了口头审理。根据口头审理笔录记载：1. 在审理正式开始前，合议组已告知审理人员名单及技术调查官名单，并告知当事人的权利义务；2. 合议组询问请求事项，合议组要求杨某某的代理人明确其所主张的侵权行为，杨某某代理人陈述金永加工场存在制造、销售、许诺销售、库存行为，并在后续审理中表示增加责令金永加工场停止许诺销售侵权产品，确认金永加工场库存相关产品的请求；3. 杨某某代理人在口头审理中出示了证据，金永加工场代理人对出示的证据的真实性、合法性、关联性均无异议；4. 合议组在审理中出示了勘验笔录及调查取得的证据，金永加工场代理人对真实性认可；5. 金永加工场在审理中出示郭某某与杨某某丈夫肖某某的微信聊天记录，拟证实其有合法来源；6. 技术调查官在口头审理中曾经就被诉侵权产品如何证明是残次品、如何证明电镀不良、是否有库存等进行发问。

杨某某在口头审理中出示了公证书，该公证书记载：杨某某的代理人在2022年7月22日登录1688网站后搜索"蓬江区金永五金加工场"，进入该店铺页面，查看被诉侵权产品的商品详情页面并截屏。被诉侵权产品链接显示"镇店之宝"、成交量4000+等信息，并在该链接下购买商品2件。

审理过程中，金永加工场再次提交了郭某某与肖某某的微信聊天记录。金永加工场与杨某某对该聊天记录的真实性均无异议，该聊天记录显示：1. 郭某某与肖某某曾经就扁铁等有交易往来；2. 2021年9月12日，郭某某向肖某某催要货款，肖某某转账2万元给郭某某，并称"先给2万元，剩下的把问题解决再一起结"；3. 2021年10月14日，郭某某询问杯架黑胚如何处理，并发送一照片内容为手写字条给肖某某，该字条主要内容为"肖老板，你的钢珠杯架拉走2148个，……，看能不能把它结了"；4. 肖某某在2021年11月2日回复，发送一照片内容为手写字条给郭某某，该字条主要内容为"一、退货2148支，材料款……；二、电镀不良处理……等"；随后，双方就款项问题继续沟通，肖某某加上王某某的支付宝账号，认为应付 7844.60 元并随后向郭某某提供的支付宝账号支付了 7844.60 元。肖某某承认曾经委托王某某加工杯架，但并没有同意王某某将杯架交给金永加工场。金永加工场则认为其已经支付了加工费、材料费，产品应当由金永加工场处理。

金永加工场为证实被诉侵权产品销售并无 4000+，实际为刷单，一审法院组织各方当事人通过金永加工场代理人的电脑登录网店后台核实。蓬江区市监局认为，杨某某所提供的案涉公证书的取证时间是 2022 年 7 月 22 日，显示成交量为 4000+，而金永加工场提供的交易行为发生在 2022 年 7 月 25 日，是在公证书取证之后的销售行为，从材料所反映的信息也无法证实是刷单。

一审判理和结果

一、关于蓬江区市监局是否超越申请人请求处理范围的问题

一审法院认为，金永加工场认为杨某某在行政裁决程序的请求事项不包括许诺销售，蓬江区市监局超出杨某某请求处理的范围，超越职权，依据不足。在口头审理中，杨某某的代理人明确表示增加责令被请求人停止许诺销售侵权产品，确认被请求人库存相关产品的请求。

二、关于侵权事实方面的认定问题

蓬江区市监局根据杨某某的主张，以杨某某公证购买的实物进行比对。本案中，被诉侵权产品与涉案专利均为杯架产品，属相同类产品。本案中，涉案专利外观设计与被诉侵权产品比较，二者构成相同的外观设计。蓬江区市监局认定被诉侵权产品落入涉案专利权的保护范围，一审法院予以确认。蓬江区市监局在现场检查中对被取样的产品亦进行了拍照。根据照片所示的产品外观，与涉案专利比较，二者的外观设计亦属于相同。

对于金永加工场实施的行为。根据蓬江区市监局提交的证据显示，金永加工场在其 1688 网店中有展示被诉侵权产品及购买链接，杨某某的代理人亦通过该网店链接购买到了被诉侵权产品。故认定金永加工场实施了销售、许诺销售的行为。

对于制造行为，金永加工场否认有实施制造行为并主张合法来源抗辩。一审法院认为，金永加工场提供的郭某某与杨某某丈夫肖某某的微信聊天记录显示，肖某某表示对 2148 个杯架退货，并在结算中对材料款、加工费等进行了结算，肖某某亦承认委托案外人王某某对杯架进行加工，基于肖某某与杨某某的夫妻关系，一审法院有理由相信该退货的 2148 个杯架系加工者王某某根据杨某某的授权进行的制造。因此，对于退货的 2148 个杯架不属于未经专利权人许可而制造的，金永加工场对该 2148 个杯架具有合法的来源。但是，根据蓬江区市监局提供的现场勘验笔录，金永加工场经营者郭某某陈述，对于现场勘验中取样产品其接单后自行购买原材料，按客户要求在其场所内加工成杯架半成品，然后委托另一家表面处理厂完成金色表层电镀后交货。另一方面，根据杨某某所提交的公证书显示，在取证的 2022 年 7 月 22 日，被诉侵权产品链接上显示的销售量为 4000+，且将其标注为"镇店之宝"，而金永加工场所提交的所谓刷单的两笔交易，交易成功时间均显示为 2022 年 7 月 25 日，且现有证据亦不足以证实是刷单形成的虚假交易。在此情况下，蓬江区市监局结合金永加工场的经营范围包括五金加工，认定金永加工场实施了制造被诉侵权产品的行为，并无不当。

在被诉侵权产品落入涉案专利权保护范围的情况下，蓬江区市监局责令金永加工场停止制造、销售、许诺销售侵害案涉专利权的产品，并无不当。

对于销毁侵权产品的问题。根据蓬江区市监局的现场勘验笔录，在金永加工场的生产区有外观类似的被诉侵权产品 30 个，蓬江区市监局责令金永加工场销毁库存侵权产品，并无不当。

三、关于其他程序问题

蓬江区市监局在立案后，进行了现场检查和口头审理，在法定期限内履行了告知、送达等程序，对此程序无不当。

对于金永加工场认为蓬江区市监局的审理人员、技术调查官偏帮杨某某，与当事人进行争执，均无证据证实。

对于金永加工场认为技术调查官超越职责范围，直接参与案件调查，在口审过程中屡屡就非技术性的证据问题向金永加工场发问的问题。技术调查官在口头审理中曾就被诉侵权产品库存问题向金永加工场发问，该事实问题不属于技术问题，本应当由合议组成员询问，存在一定的工作瑕疵，但该瑕疵尚未达到严重违反法定程序的程度，不构成涉案被诉裁决可撤销的理由。

综上，一审法院认为蓬江区市监局作出的粤江蓬知法裁字（2022）16 号行政裁决认定事实清楚，适用法律正确、符合法定程序。

一审法院判决：驳回金永加工场的诉讼请求。

一审宣判后，双方当事人均未提起上诉，一审判决发生法律效力。

【法官评述】

本案为专利侵权行政裁决纠纷，侵权行政裁决是指由于作为平等主体一方当事人的涉及行政管理的合法权益受到另一方当事人侵害时，当事人依法申请行政机关进行制止，行政机关就此争议作出的制止侵权行为的裁决。行政裁决依照的是一种准司法程序，不同于一般具体行政行为程序，它要求行政主体客观公正地审查证据，调查事实，然后依法作出公正的裁决，不能偏袒任何一方当事人。本案即是典型的专利侵权行政裁决纠纷，作为裁决者的行政机关的程序是否符合法律规定，行政裁决是否公平公正，是本案应审查的重点。

一、对于外观设计产品而言，何为专利法意义上的制造行为

《专利法》第十一条规定，外观设计专利权被授予后，任何单位或者个人未经专利权人许可，都不得实施其专利，即不得为生产经营目的制造、许诺销售、销售、进口其外观设计专利产品。关于"制造"的含义，《现代汉语词典》将"制造"解释为"用人工使原材料成为可供使用的物品"。可见，制造是使产品从无到有的生产、加工过程。结合《专利法》第十一条的规定，专利法意义上的制造，对于外观设计专利而言，即在与专利产品相同或者相近类别产品上作出或者形成与专利图片或者照片中的专利产品外观设计相同或者近似外观产品的行为，即该外观设计在产品上得到再现。其可以是客观的亲为的制造行为，其次还包括委托他人代为的制造行为。对于委托制造的情形，是属于共同制造还是委托方制造或被委托方一方制造，一种情况是该外观设计方案是委托人提供，受托人根据委托人提供的技术方案制造，此种情况下，则应认定提供技术方案的委托人为制造者。还有一种情况，则是该外观设计技术方案为受托人提供，委托人选定外观造型后，由受托人制造。若证据无从显示技术方案的提供者，则可认定系委托人和受托人共同制造。因此，关键是查明该被诉外观设计方案的提供者。

在本案中，肖某某曾经向加工场购入原料并委托案外人进行加工，随后肖某某表示原料质量有问题，对2148个被诉侵权产品杯架进行退货，并对材料款、加工费等进行了结算，基于肖某某与杨某某的夫妻关系，一审法院有理由相信该退货的2148个杯架系案外人根据专利权人杨某某的授权进行的制造，属于专利法意义上的委托制造，即制造该2148个杯架的行为已得到经专利权人授权，不属于未经专利权人许可实施其专利的情形。而剩余的杯架，则根据金永加工场开办者郭某某的陈述系自行加工半成品后即外观造型已经完成后委

托他人完成电镀，故该部分杯架则应当认定为金永加工场实施的制造。

二、行政裁决过程中，技术调查官向当事人发问的问题是否不限于技术事实问题

（一）技术调查官的定位与职责

根据中共中央办公厅、国务院办公厅印发的《关于强化知识产权保护的意见》第三条第（七）项之规定，在知识产权行政执法案件处理和司法活动中引入技术调查官制度，协助行政执法部门、司法部门准确高效认定技术事实。国家知识产权局办公室印发的《关于技术调查官参与专利、集成电路布图设计侵权纠纷行政裁决办案的若干规定（暂行）》第三条、第七条、第九条之规定，技术调查官属于行政裁决辅助人员，对案件合议结果不具有表决权。技术调查官根据行政裁决办案人员的指派，为查明案件技术事实提供咨询、出具技术调查意见和其他必要技术协助。技术调查官可以参与询问、口头审理，并在参与询问、口头审理时，可以向当事人及其他相关人员发问。

（二）技术调查官发问的内容应当仅限于技术问题

显然，上述相关规定均明确了技术调查官在行政裁决案件中的基本职能定位是作为行政裁决的辅助人员，协助合议组理解和查明案件所涉的专业技术问题，为技术类案件的审理提供技术支持。技术调查官并非行政裁决的合议组成员，其向当事人及相关人员发问的内容，应当与其职责范围相对应，即仅能对技术问题进行发问，其余的案件事实问题应当交由合议组发问。在本案中，技术调查官超出其职责范围，向当事人询问非技术问题，违反了相关规定，存在一定的工作瑕疵。

三、行政裁决中的技术调查官，是否可在后续的行政诉讼中作为行政机关的诉讼代理人

在本案中，行政机关曾经委托在行政裁决程序中担任技术调查官的专利代理师为该机关的诉讼委托代理人。经本案原告提出异议，经合议庭研究，认为该专利代理师不宜在行政诉讼中为该机关的诉讼委托代理人，后该行政机关变更了委托诉讼代理人。

关于行政裁决中的技术调查官，是否可在后续的行政诉讼中作为行政机关的诉讼代理人的问题，现有的法律法规、司法解释并未对该问题明确作出规定，但通过对行政裁决制度及行政诉讼制度所设立的立法本意来理解，结合技术调查官的定位与职责，技术调查官不应当担任后续行政诉讼中行政机关的诉讼代理人。

（一）行政裁决制度

行政裁决程序不同于一般具体行政行为程序。传统上，民事纠纷是由法院裁判的，行政机关一般只行使行政权，通常情况下不能裁决属于司法权管辖范畴的民事争议案件。但为适应客观现实的需要，为实现行政管理的目标，法律特别规定，对个别种类的民事案件，授权行政主体先予裁决并保留法院对之进行司法审查的权力。行政裁决要求行政主体客观公正地审查证据，调查事实，然后依法作出公正的裁决。即在行政裁决程序中，行政机关并非是管理者，而是作为中立的裁判者，对双方当事人所争议的事项依法作出裁决。

（二）行政诉讼制度

行政诉讼制度，根据《行政诉讼法》第二条、第八条、第二十六条之规定，公民、法人或者其他组织认为行政机关和行政机关工作人员的行政行为侵害其合法权益，有权依照本法向人民法院提起诉讼。当事人在行政诉讼中的法律地位平等。公民、法人或者其他组织直接向人民法院提起诉讼的，作出行政行为的行政机关是被告。

根据《行政诉讼法》的上述规定，行政诉讼的裁判者是人民法院，行政诉讼原告是公民、法人或其他组织，被告是行政机关，即行政机关在行政诉讼阶段，定位与职能已经发生了根本性的变化。在行政裁决中，行政机关是中立的裁判者，依法对民事主体所涉及的民事纠纷进行裁决。而在行政诉讼中，行政机关不再是裁判者，而是作为当事人（被告一方）参与到诉讼中，民事主体与行政机关在行政诉讼中的法律地位平等，行政机关与行政诉讼的原告具有诉的利益冲突，其在行政诉讼程序中与原告进行对抗。

（三）技术调查官的客观独立地位

如前所述，行政裁决阶段的技术调查官是技术辅助人员，其职责范围仅限于协助解决行政裁决阶段所涉及的技术问题，技术调查意见由技术调查官独立出具并签名。显然，技术调查官的定位系根据其自身所掌握的科学知识，客观、中立地对技术问题发表技术调查意见，其立场不得偏袒任何一方当事人，更不能基于行政机关的指示作出不客观的技术调查意见。即技术调查官在行政裁决当中，其地位在一定程度上独立于行政机关，其发表技术调查意见不受行政机关的干扰、影响。

行政机关委托技术调查官作为行政诉讼的诉讼代理人，违背了行政裁决制度、行政诉讼制度设立的初衷及立法本意。从法律法规的相关规定来看，技术调查官的职责并不包含作为行政机关诉讼代理人参加行政诉讼，代理行政诉讼的行为已经超出了其职责范围。且在行政诉讼中，行政机关与行政诉讼原告有明显的诉的利益冲突，处于相互对立的地位。若技术调查官作为行政机关的诉讼代理人，势必会直接与行政诉讼的原告（行政裁决的其中一方当事人）发生对抗，与技术调查官要求保持客观、中立的立场不符，并且技术调查官作为诉讼代理人，为达到帮助行政机关胜诉的目的，有动机在行政裁决阶段根据行政机关的倾向要求出具技术意见，或在行政诉讼阶段发表不利于行政诉讼原告的技术意见，具有偏袒行政裁决的另一方当事人的嫌疑。显然技术调查官作为行政裁决阶段中立的一方，应当始终保持其客观、中立的立场，不宜担任后续行政诉讼中行政机关的诉讼代理人。

编写人：广州知识产权法院　刘宏　王厚权

（编辑：王厚权）

8

卡仕达公司与律点法商公司等
因恶意提起知识产权诉讼损害责任案

> **阅读提示**：如何审查知识产权恶意诉讼的诉讼主体资格及主观恶意？

【裁判要旨】

民事主体对于特定诉讼案件在实体上存在直接利害关系时，应认定该民事主体系该诉讼适格当事人。在制造商因其经销商被权利人恶意提起侵权之诉，且由此遭受损害的情形下，应认定该制造商与恶意提起侵权之诉的权利人存在直接利害关系，可作为因恶意提起知识产权诉讼损害责任之诉的适格原告。主观恶意审查标准包括认识要素要件和意愿要素要件。在权利人抢先将制造商在先近似设计申请为外观设计专利时，应认定该权利人明知其权利基础缺乏正当性。进而在权利人知悉该制造商掌握有足以否定其权利的证据，为避免败诉而只起诉其经销商的情形下，认定该权利人具有主观恶意。

【案号】

一审：广州知识产权法院（2020）粤 73 知民初 241 号
二审：广东省高级人民法院（2021）粤民终 3090 号

【案情与裁判】

原告：卡仕达公司
被告：律点法商公司
被告：朗讯公司

起诉与答辩

卡仕达公司起诉称：卡仕达公司是国内车载导航领域的著名企业，在好帮手公司授权下运营卡仕达品牌车载导航产品。好帮手公司以一款车载导航产品为基础申请了名称为"一种车载导航的显示屏组件"的实用新型专利。朗讯公司是好帮手公司车载导航产品塑胶部件的供应商，明知上述导航产品由好帮手公司研发，仍然抢先申请名称为"纯触屏汽车导航通用机"的相似外观设计专利。后朗讯公司将该外观设计专利排他许可给律点法商公司实施，并由后者针对卡仕达公司代理商、零售商提起大量专利侵权诉讼，造成卡仕达公司产品销量下降，产生了巨大经济损失，且卡仕达公司为此支付了律师费。故请求法院判令：1. 律点法商公司、朗讯公司连带赔偿因恶意诉讼给卡仕达公司造成的经济损失 50 万元；2. 律点法商公司、朗讯公司承担诉讼费。

律点法商公司答辩称：1. 律点法商公司未曾起诉卡仕达公司专利侵权。故卡仕达公司不是本案适格当事人。2. 律点法商公司主观上不具有恶意。律点法商公司针对卡仕达公司及销售商的诉讼全部败诉，并未给卡仕达公司造成损害。3. 涉案外观设计专利虽然被宣告无效，但仍处于二审行政诉讼中，本案需中止诉讼以等待涉案外观设计专利权无效决定的司法终审结果。

朗讯公司答辩称：同意律点法商公司答辩意见。

一审审理查明

法院经审理查明，ZL201521093294.3 "一种车载导航的显示屏组件"实用新型的发明人是殷某、芦某和关某，该实用新型专利申请日是 2015 年 12 月 25 日，授权公告日是 2016 年 8 月 10 日。2018 年 8 月 21 日，该专利的专利权人由好帮手公司变更为卡仕达公司。该实用新型专利说明书附图分别展示了其结构示意图、主视图和侧视图，其中主视图呈倒梯形，侧视图是三层阶梯式设计。ZL201630019862.9 "纯触屏汽车导航通用机"外观设计的专利权人是朗讯公司。该外观设计专利申请日是 2016 年 1 月 20 日，授权公告日是 2016 年 6 月 1 日。根据该外观设计专利授权公告图片，主视图呈倒梯形，左右视图是三层阶梯式设计。

好帮手公司曾向朗讯公司、案外人启辰公司采购塑胶件。好帮手公司芦某于 2015 年 12 月 3 日向陈某发送附有公司新设计的车载导航显示屏设计图的电子邮件，其中主视图呈倒梯形，侧视图是三层阶梯式设计。关某于 2015 年 12 月 9 日发给好帮手公司陈某一封主题名称为"通用面框"的邮件，附件是产品设计图。该邮件中，关某称："请转发易比王某。"陈某当日将该邮件转发给

"511709200"的收件人王某，同时抄送关某。该转发邮件中，陈某称："王工，通用面框资料请查收，如有问题请找我司关工。"附件是一种车载导航的通用面框设计图，其中主视图呈倒梯形，侧视图是三层阶梯式设计。庭审中，关某当庭向律点法商公司、朗讯公司展示了上述邮件。上述"王工"即王某，自2015年7月1日至2016年6月11日为启辰公司的技术类员工。后王某离职与他人共同投资设立案外人朗多公司。朗多公司系朗讯公司的关联公司。

2017年8月22日，朗讯公司与律点法商公司签订《专利许可使用合同》，约定前者将涉案外观设计专利许可给后者排他实施。2018年8月13日，律点法商公司登记的营业范围由原先的企业管理咨询、商标注册代理等咨询代理业务拓展包括销售塑胶产品、车载导航、电子产品等。同年11月10日，汽车用品报网站题为《百变车机双十一前再迎变局，朗多召集数十家厂商谋破局》的报道载明，此前朗讯公司在行业掀起了一场"维权风暴"，并重点介绍了朗讯公司和朗多公司的知识产权情况。

2019年3月25日、7月23日，卡仕达公司分别与广东群豪律师事务所签订两份《民事委托代理合同》，约定因律点法商公司所起诉的8宗侵害外观设计专利权纠纷中的被告均系卡仕达公司的经销商，且被诉侵权产品来自卡仕达公司，故卡仕达公司聘请该律师事务所为其提供法律服务。卡仕达公司于签约当日支付相应律师费共46000元。经卡仕达公司统计，律点法商公司就涉案外观设计专利针对卡仕达公司经销商、零售商共向一审法院提起11宗专利侵权系列案件（含上述8案），抗辩理由均包括被诉卡仕达品牌导航产品是从卡仕达公司或其经销商合法购入，其中部分案件认定合法来源抗辩成立。

前述11宗案件中的9名被告于2019年11月25日出具《权利转让声明》称：其是卡仕达公司车载导航产品零售商；在律点法商公司起诉其的相应案件中，被诉产品来源于卡仕达公司；卡仕达公司为相应案件支付了律师费、诉讼费等案件所有费用；其同意将对律点法商公司因恶意提起知识产权诉讼损害责任纠纷的一切实体和诉讼权利，转让给卡仕达公司；卡仕达公司有权以自己名义对律点法商公司等主体起诉，并有权接受一切赔偿。

一审判理和结果

一审法院经审理认为，本案争议焦点在于：卡仕达公司是否是适格原告以及律点法商公司、朗讯公司是否构成恶意诉讼。

关于卡仕达公司是否是适格原告的问题。首先，从当事人的真实意思表示分析。根据卡仕达公司销售商出具的《权利转让声明》，卡仕达公司销售商明确将其因律点法商公司、朗讯公司恶意诉讼损害责任纠纷的一切实体和诉讼权利转让给卡仕达公司。卡仕达公司据此起诉,符合当事人的真实意思表示。其次,从法律规定和司法实践分析。因恶意诉讼产生的损害是侵权之债。法律没有规定侵权之债不能转让。相反,在知识产权侵权诉讼中,权利人将其对侵权人享有的实体和诉讼权利一并转让给他人行使的案例并不鲜见。再者,从公平原则分析。被恶意起诉的一方会产生损害后果,但恶意起诉行为造成的损害有时并不限于被起诉的一方当事人。本案中,卡仕达公司销售商因销售卡仕达公司产品被诉侵权,卡仕达公司为此支付律师费,且律点法商公司、朗讯公司同时针对卡仕达公司十余家销售商提起侵权之诉,可以合理推定卡仕达公司产品销量将受影响,故卡仕达公司有损害后果。另外,尽管相关诉讼中的被诉侵权产品明确指向卡仕达公司,卡仕达公司销售商也为此提供了证据,甚至有的案件中法院认定被诉侵权产品具有合法来源,但律点法商公司、朗讯公司一直未起诉卡仕达公司。而且,卡仕达公司还直接掌握着可能认定律点法商公司、朗讯公司恶意诉讼的证据。在此情况下,如果仅因卡仕达公司不是相关诉讼当事人而否定其本案起诉资格,卡仕达公司的损失将难以弥补,可能存在的恶意诉讼行为将难以追究,公平正义也将难以实现。综上,卡仕达公司在本案的诉讼主体适格。

关于律点法商公司、朗讯公司是否构成恶意诉讼。本案卡仕达公司所主张的恶意诉讼行为是律点法商公司、朗讯公司明知卡仕达公司具有在先设计仍抢先申请专利并起诉卡仕达公司销售商侵权,不同于明知自己专利权无效仍提起侵权之诉的常见恶意诉讼模式。故其审理无须审查涉案外观设计专利是否无效,亦无须中止诉讼以等待该专利权无效决定的司法终审结果。具体而言,首先,卡仕达公司涉案实用新型专利的附图设计与涉案外观设计专利在整体上构成近似设计,且卡仕达公司涉案实用新型专利申请日早于涉案外观设计专利申请日,故卡仕达公司涉案实用新型专利的附图设计构成涉案外观设计专利的在先近似设计。其次,卡仕达公司提交的其发给客户陈某的邮件、关某和陈某发给王某的邮件、王某在启辰公司任职并使用相关工作邮箱的证据、启辰公司和朗讯公司与好帮手公司具有业务关系的证据、王某投资设立朗多公司的事实,以及朗多公司与朗讯公司是关联公司的事实,能够相互印证,形成完整证据链,足以证明朗讯公司通过王某明知卡仕达公司具有在先近似设计仍抢先申请涉案外观设计专利,具有恶意。再次,朗讯公司教唆或帮助了律点法商公司的起诉行为,具有恶意。在朗讯公司许可律点法商公司排他实施涉案外观设计专利并有权以自己名义起诉时，后者登记的经营范围并不包括销售产品。后律点法商公司增加登记了销售的经营范围，但并未提交生产销售专利产品方面的证据。并且《百变车机双十一前再迎变局，朗多召集数十家厂商谋破局》的报道提及朗讯公司掀起"维权风暴"和介绍知识产权等内容，但朗讯公司并未解释，既然后续维权由律点法商公司提起，为什么由其召集并提醒同行。再者，在卡仕达公司销售商均抗辩被诉侵权产品来源于卡仕达公司，且法院在相关案件也予以认定的情形下，律点法商公司一直未起诉作为产品源头厂家的卡仕达公司，亦可证明其与朗讯公司具有共同恶意。故应认定律点法商公司、朗讯公司构成共同恶意诉讼。

据此，一审法院判决：律点法商公司及朗讯公司连带赔偿卡仕达公司经济损失 256000 元。案件受理费 8800 元由卡仕达公司负担 4200 元，律点法商公司及朗讯公司连带负担 4600 元。

一审宣判后，律点法商公司及朗讯公司不服，向广东省高级人民法院提起上诉。二审法院判决：驳回上诉，维持原判。

【法官评述】

我国现行法律尚未对恶意诉讼进行明确界定及规制。在知识产权领域，虽然《专利法》《商标法》规定权利人恶意造成他人损失的应予赔偿，但较为原则笼统、缺乏具体认定标准，实务中故而争议不断。

一、知识产权恶意诉讼司法认定的现状及问题

以"因恶意提起知识产权诉讼损害赔偿责任纠纷"为案由，以"判决书"为文书类型，不限定审理法院及案件审结时间，通过中国裁判文书网共检索到 2014—2023 年裁判文书 76 篇。① 该组裁判文书基本涵盖我国法院在 2011 年新增恶意诉讼案由后的相关司法实践。主要呈现出以下特点：

第一，在恶意诉讼提起主体方面，诉讼主体基本为前诉的当事人。以笔者所选样本为例，76 件案件的原告均为前诉案件中被起诉侵权的被告，尚未出现本案所涉非前诉当事人提起恶意诉讼损害赔偿责任纠纷案的情形。

第二，在前诉的权利基础方面，外观设计专利及实用新型专利占比高。以笔者所选样本为例，在前提起的知识产权侵权诉讼的权利基础为专利权的案件

---

① 检索时间为 2023 年 7 月 8 日，共导出裁判文书 107 篇。剔除一、二审重复案件后为 76 篇。

有 57 件。其中，外观设计专利及实用新型专利为 53 件，占比 70%。在最终认定构成恶意诉讼的案件中，以外观设计专利及实用新型专利为权利基础的为 12 件，占比 67%。

第三，在恶意诉讼构成要件认定上，主观恶意认定是关键要件。司法实践中普遍认为恶意诉讼属于特殊侵权行为，并通过侵权行为构成四要件对恶意诉讼成立与否予以法律评判。其中的主观恶意要件，以笔者所选样本为例，仅 23.7% 的案件中权利人被认定具有主观恶意，而上述被认定具有主观恶意的权利人均无一例外被认定构成恶意诉讼。此外，样本中案件被改判的理由均在于两审法院对于主观恶意认定标准及结论的不同。

第四，在主观恶意认定方面，大多是从权利基础是否正当以及是否具有侵害对方合法权利的不正当的诉讼目的两方面论述。关于权利基础正当性，在以外观设计专利及实用新型专利为权利基础的案件中，基本是因外观设计专利或实用新型专利在申请前已经公开而丧失新颖性，即专利事实上应被无效，进而认定权利人明知自己的诉讼请求缺乏事实和法律依据。[①] 在以商标权为权利基础的案件中，基本是因权利人采取"拿来—修改—注册—维权"的操作模式，恶意抢注他人未注册商标或行业内通用名称，而认定权利人明知自己的权利基础不具有正当性。[②] 关于不正当诉讼目的，基本考虑权利人恶意提起的诉讼标的额是否畸高，是否不当申请采取行为保全、财产保全等来予以综合判定。

二、完善知识产权恶意诉讼司法认定的相关考量因素

（一）非被恶意起诉的一方能否作为恶意诉讼的适格原告

当事人适格，是指对于具体的诉讼，有作为本案当事人实施诉讼，要求本案判决的资格。[③] 一般表现为该特定诉讼案件作为基础的法律关系之相对方，并由此而具有作为该案件确定的权利义务之承受者的资格。[④] 司法实践中，法院亦通常将争议法律关系所涉主体认定为适格当事人。本案中，原告并非被恶意起诉的一方，不属于在前侵权案件的当事人，即前述争议法律关系主体，能

---

① 参见（2022）粤民终 668 号民事判决书等。

② 参见（2018）浙民终 37 号、（2021）陕 01 知民初 2030 号及（2019）最高法民申 366 号民事判决书。

③ 张卫平：《民事诉讼法》，法律出版社 2019 年版，第 136 页。

④ 王亚新、陈杭平、刘君博：《中国民事诉讼法重点讲义》，高等教育出版社 2021 年版，第 153 页。

否作为恶意诉讼的适格原告在实务中存有争议。可从以下两个方面予以评判。

1. 是否具有直接利害关系。我国《民事诉讼法》第一百二十二条规定:"起诉必须符合下列条件:(一)原告是与本案有直接利害关系的公民、法人和其他组织。"而目前当事人适格理论虽然存在着以争议的法律关系的主体作为适格当事人的"争议法律关系主体说",但以双方是否在法律上具有利害关系的"利害对立说"作为主流学说。① 故可以认为,现有法律及学说是将两者之间存有直接利害关系作为认定当事人适格的实质要件,并未将适格当事人限于争议法律关系所涉主体。只是因争议的法律关系主体之间通常亦具有直接的利害关系,故而司法实务中形成适格当事人仅限于所争法律关系主体的错误评判标准外观。事实上,我国《民法典》第五百三十五条及第五百三十八条所规定的债权人作为代位权诉讼或撤销权诉讼的适格原告,即为非法律关系主体作为适格当事人的典型范例。

本案中,原告销售商因销售其产品被诉侵权,其为此支付律师费,且被告同时针对原告十余家销售商提起侵权之诉,可以合理推定原告产品销量将受影响。因此,恶意起诉行为造成的损害并不限于被起诉的一方当事人。本案原告在其因被告恶意诉讼遭受损害的情形下,应认定其与被告在本诉讼中存在直接的利害关系,进而亦应享有相应诉权及作为本案适格原告,以实质解决争议化解纠纷。

2. 是否符合私法自治原则。我国《民法典》第五条在承继原《民法通则》和《合同法》第四条的基础上直接规定"民事主体从事民事活动,应当遵循自愿原则,按照自己的意思设立、变更、终止民事法律关系",进一步明确了意思自治原则统摄民事私法领域的基础地位。基于该基本原则,作为实现私法自治工具的法律行为制度则应包含行为自由与效果自主两方面内容,具体体现为法律行为之实施由当事人自由选择与法律行为之效果由当事人意志自决。② 当然,伴随着现今社会发展,各国法律不同程度基于公共利益等考量对私法自治范畴予以限缩。在我国,相关权利人让与自身权利的处分行为在不违反法律、行政法规的强制性规定及不违背公序良俗的情形下,其效力应予认可。

本案中,由于原告销售商出具的《权利转让声明》明确载明将其因被告恶意诉讼损害责任纠纷的一切实体和诉讼权利转让给原告,且涉案侵权之债并非

---

① 张卫平:《民事诉讼法》,法律出版社 2019 年版,第 136–138 页。

② 朱庆育:《民法总论》,北京大学出版社 2016 年版,第 112–113 页。

我国法律法规所禁止转让类型，故该转让行为效力应予肯定。因此，根据当事人的意思表示，原告作为依法对其销售商与被告因侵权诉讼所涉民事权利享有支配权的人，可以作为本案的适格当事人。

（二）关于主观恶意认定的考量因素

在民事侵权理论中，主观恶意并非独立的过错类型。一般认为主观恶意应属于直接故意而不包括间接故意。[①] 因此，根据直接故意概念，"恶意"可以理解为行为人明知其行为会发生侵害他人民事权益的后果，仍主动追求的一种主观心理态度，包括认识因素，即对行为损害他人权益的后果有所认识，以及意愿要素，即对行为之后果的所欲之态度。[②] 在知识产权恶意诉讼实务中，可以将认识要素具体化为是否明知自己的诉讼请求缺乏事实和法律依据，将意愿要素具体化为是否具有侵害对方合法权利的不正当的诉讼目的作为具体评判标准。因一般侵权领域中直接故意与间接故意的法律后果相同，司法实务中鲜有对直接故意与间接故意区分的情形，而"恶意"仅包括直接故意，故应注意到"恶意"的认定标准应高于一般侵权领域中"故意"的认定标准。关于认识要素要件及意愿要素要件的相关考虑因素，具体分析如下：

1. 认识要素要件。关于权利人是否明知自己的诉请缺乏事实和法律依据，可从权利人的权利基础是否具有瑕疵以及从权利人的认知能力是否认识到该权利基础具有瑕疵的角度评判。基于开篇司法判例实证研究可知，目前司法实务中以专利权为权利基础的案件，基本以该专利权已被无效作为判定权利人权利基础具有瑕疵的前提。在以商标权为权利基础的案件中，基本以权利人恶意抢注他人未注册商标或行业内通用名称，而认定权利人明知自己的权利基础具有瑕疵。笔者认为，针对"抢注"专利类的恶意诉讼形式，即权利人抢先将他人拥有合法权益或权利的在先设计或技术申请为专利的行为，可参照我国《商标法》第三十二条所禁止的"恶意抢注"规定对其权利基础的正当性进行审查。具体而言，应当审查被恶意起诉一方是否具有在先设计、权利人对此是否明知以及是否抢先申请专利等要件。而与所涉专利权是否无效并无关联，亦无需中止诉讼以等待专利权无效决定的司法终审结果。故其与因专利不符合确权授权要件而被无效类恶意诉讼的审理思路存在差异。

---

① 王静、张苏柳：《知识产权恶意诉讼疑难问题探析——以腾讯诉谭发文案为例》，载《法律适用》2021年第4期。

② 程啸：《侵权责任法》，法律出版社2021年版，第291-293页。

在本案中，根据原告提交的其研发人员将涉案实用新型专利设计图纸发给原告合作公司员工王某的邮件，以及后该员工王某成立被告关联公司朗多公司，再以被告朗讯公司名义申请涉案外观设计专利等证据，可以证明被告通过关联公司股东王某明知原告具有在先近似设计仍抢先申请涉案外观设计专利，属于明知自己的权利基础缺乏正当性的情形。

2.意愿要素要件。关于权利人是否具有侵害对方合法权利的不正当的诉讼目的多通过外在诸多行为的间接证据来审视认定。可审查权利人提起的前侵权之诉的诉讼标的额是否畸高，是否不当申请采取行为保全及财产保全措施，是否存在应撤诉而不撤诉等情形予以个案认定。

在本案中，在法院已经认定原告作为产品源头厂家的情形下，被告在后续侵权诉讼中一直避开起诉作为制造商的原告，亦是被告知悉原告掌握有涉案外观设计专利的在先权利，为避免案件败诉而选择仅起诉原告销售商，可认定被告具有侵害对方合法权利的不正当诉讼目的。故在"恶意"所涉认识要素与意愿要素均符合条件的情形下，应认定被告具有主观恶意。

编写人：广州知识产权法院　龚麒天　齐柳

（编辑：王俭君）

9

立品公司、明鸿公司与万特公司
申请海关知识产权保护措施损害责任纠纷案

> **阅读提示：** 如何参照知识产权行为保全申请错误的认定标准，判定海关知识产权保护措施申请错误？

【裁判要旨】

海关知识产权保护措施与知识产权诉前行为保全具有多个层面的一致性以及程序上前后衔接的密切关系，可以参照知识产权行为保全申请错误的认定标准进行判定。根据《民事诉讼法》第九章"保全和先予执行"中的第一百零八条规定，申请有错误的，申请人应当赔偿被申请人因保全所遭受的损失；《最高人民法院关于审查知识产权纠纷行为保全案件适用法律若干问题的规定》第十六条规定："有下列情形之一的，应当认定属于民事诉讼法第一百零五条规定的'申请有错误'：（一）申请人在采取行为保全措施后三十日内不依法提起诉讼或者申请仲裁；（二）行为保全措施因请求保护的知识产权被宣告无效等原因自始不当；（三）申请责令被申请人停止侵害知识产权或者不正当竞争，但生效裁判认定不构成侵权或者不正当竞争；（四）其他属于申请有错误的情形。"据此，申请海关知识产权保护措施后，生效裁判认定不构成知识产权侵权的，即属于海关保护措施的申请错误，无需考量当事人主观状态。

【案号】

一审：广州知识产权法院（2022）粤 73 民初 1312 号

【案情与裁判】

原告：立品公司

原告：明鸿公司

被告：万特公司

起诉与答辩

立品公司、明鸿公司起诉请求：1. 判令万特公司赔偿其经济损失及合理维权费用共计300万元；2. 判令万特公司承担本案的全部诉讼费用。事实和理由：2021年5月初，万特公司通过非法、不正当手段获取立品公司涉案产品的出口信息后，向广州海关申请查扣涉案产品。2021年5月25日，立品公司向广州海关提供了17866个涉案产品等值416010元的反担保后，海关放行了相关货物。万特公司于2021年6月16日再次申请查扣立品公司出口的涉案产品35200个，价值950400元，并向法院就涉案产品侵害其专利号为ZL201110406592.3、名称为"一种分体式电机定子及一种电机"发明专利提起侵权诉讼。该案经一、二审程序审结，作出（2022）最高法知民终101号生效判决，认定涉案产品不落入涉案专利保护范围，不构成侵权。综上，万特公司在明知涉案产品不构成专利侵权的情况下，仍然多次请求海关扣留立品公司产品，直接导致客户订单损失，以及产品价值贬损，进一步给立品公司合法经营造成毁灭性、难以弥补的损失，请求判赔506.47357万元。

万特公司答辩称：1. 第一批报关出口的17866个电机并未因为万特公司的申请而实际扣留，因此也不存在万特公司的行为导致立品公司损失的事实；2. 立品公司没有证据证明其客户已实际取消第二批35200个电机的订单，即使其客户确实已经取消，也不足以证明该订单取消完全归咎于万特公司申请海关扣留的行为，因为立品公司在万特公司申请扣留之前就已经逾期近4个月；3. 立品公司也没有证据证明其客户取消第二批35200个电机给其造成的经济损失，其提供的费用证据不足以证明与本案存在关联，因此，立品公司所提的经济损失没有事实依据；4. 立品公司、明鸿公司主张的合理费用不合理。

一审审理查明

一、涉案专利权的基本情况

涉案专利号为ZL201110406592.3、名称为"一种分体式电机定子及一种电机"的发明专利，申请日为2011年12月8日，授权公告日为2016年3月9日，专利权人为万特公司。万特公司按期缴纳了年费，该专利目前仍在保护期内。

国家知识产权局于 2020 年 2 月 27 日作出第 43488 号《无效宣告请求审查决定书》，决定维持专利有效。

二、海关查扣产品的情况

广州海关于 2021 年 5 月 26 日出具扣留（封存）决定书，决定对明鸿公司涉嫌侵害万特公司专利权的 17866 个电机产品进行扣留，扣留期限为 20 个工作日。当日，广州海关出具解除扣留（封存）通知书，决定解除对上述货物的扣留，予以放行。

广州海关于 2021 年 6 月 16 日出具扣留（封存）决定书，决定对明鸿公司涉嫌侵害万特公司专利权的 35200 个电机产品进行扣留，扣留期限为 20 个工作日。2021 年 9 月 8 日，广州海关出具解除扣留（封存）通知书，决定解除对上述货物的扣留，予以放行。

三、立品公司发送律师函的情况

2021 年 5 月 31 日，立品公司委托代理人向万特公司发送律师函，主要内容是：1. 声明其制造、出口的电机产品未落入涉案专利保护范围，具体理由是缺少权利要求 1 的必要技术特征。2. 告知万特公司的投诉行为，给立品公司造成了严重的损失和负面影响。3. 请万特公司立即撤回海关投诉，或者立即通过司法途径解决争议。并要求万特公司在 3 日内联系立品公司进行协商。该邮件于 2021 年 6 月 1 日妥投。

四、双方侵权诉讼的情况

2021 年 6 月 23 日，万特公司向一审法院提起诉讼，案号为（2021）粤 73知民初 616 号。该案中，万特公司诉请判令立品公司、明鸿公司停止侵犯上述专利权、销毁库存侵权产品和专用工具设备并赔偿损失，主张保护的权利要求范围为权利要求 1。该案一审法院认定被诉侵权技术方案不落入涉案专利保护范围。二审法院于 2022 年 3 月 23 日判决维持一审法院认定。

五、立品公司、明鸿公司指控的侵权行为及赔偿数额

第一，第一批货物反担保金的利息损失。立品公司、明鸿公司提交证据7、16 证明自 2021 年 5 月 25 日向海关提供担保至 2022 年 7 月 5 日退回，共计 406 天。按照中国银行 2021 年 5 月 LPR 利率 3.85% 计算，该利息损失为17815 元。第二，立品公司、明鸿公司因海关扣押造成客户取消订单的损失。立品公司、明鸿公司提交证据拟证明因万特公司申请海关查扣行为给立品公司造成的订单损失。根据立品公司与其国外客户往来的邮件记载，2021 年 5 月21 日，客户要求立品公司发送原计划于 5 月 20 日开始运输的货物正本文件寄件的单号，并表示不想再一次迟收到文件。立品公司表示因海关未放行货柜，正在处理中。5月31日立品公司表示其已经交了一大笔保证金释放其中1个货柜并将于本周安排运输，但海关还是扣留了2个货柜未释放。6月3日，客户再次催促确认发货和运输情况，立品公司未提交证据证实其回复情况。7月29日，客户明确表示取消订单号为1120110084和1120110085的两个订单，根据两个订单对应的合同记载，两个订单的产品名称均为16寸风扇电机，数量均为17600个，每个订单货款合计均为475200元，明鸿公司、立品公司主张上述两订单记载的货款总价值950400元为其损失。经查，明鸿公司、立品公司提交的该证据系EML文件，此类文件系将电子邮件归档并转化格式后形成的文件，并非原始邮件，考虑到相关电子邮件未经公证且相关邮箱属于企业域名下的电子邮箱而非公共邮箱，无法确认该证据真实性、合法性以及未经篡改的事实，在万特公司不认可该证据真实性、合法性和关联性的情况下，对此不予采信。第三，海关扣留、转运等措施产生的运输费、仓储费和卸柜费等损失明鸿公司、立品公司提交证据拟证明因海关查扣产生的各项费用。第四，立品公司为应对海关查扣程序、专利侵权程序及专利无效宣告程序所支出的律师费。1.委托律师处理海关查扣、专利侵权一审程序和无效宣告程序共支付律师费80000元。2.委托律师处理专利权侵权二审诉讼支付律师费40000元。3.专利侵权诉讼风险奖励金150万元。第五，立品公司主张其因海关查扣行为迟延交货，造成商业信誉、可得利益及停工停产、人员流失、员工工资等直接损失和间接损失共243.64067万元。

一审判理和结果

一审法院认为，根据双方当事人的诉辩意见，本案为因申请海关知识产权保护措施损害责任纠纷，争议焦点为：1.海关知识产权保护措施申请错误的认定；2.万特公司申请海关知识产权保护措施是否存在错误；3.立品公司是否因海关知识产权保护措施错误而遭受损失，若确实遭受损失，具体赔偿数额如何确定。

一、关于海关知识产权保护措施申请错误的认定问题

从当前司法实践看，认定海关知识产权保护措施申请错误的关键问题在于是否应当考虑申请人主观状态，对该问题的不同理解，直接影响裁判结果。应在现有法律法规框架下，从海关知识产权保护措施的基本属性和行为结果进行考量，明确申请错误行为的归责原则和法律依据，在此基础上对当事人是否构成申请错误进行判定。

（一）海关知识产权保护措施与知识产权诉前行为保全的关系

在我国知识产权行政和司法双轨制保护的现状下，海关依据行政管理职能对进出口货品采取保护措施，人民法院则依据审判职能对暂未进入诉讼的被诉侵权行为采取临时措施。二者实施主体和法律依据不同，但从措施的特征、性质和结果上考量，二者具有多个层面的一致性：首先，从措施的特征上看，二者均为临时性的法律保护手段，对争议法律关系的判定和当事人的实体权益不产生实质性影响，而是由于情势紧迫将强制措施从执行阶段提前到诉讼前，需要等待人民法院的终局裁决，均具有紧迫性、临时性和附属性。其次，从措施性质上看，二者均属于强制措施，均对当事人行为产生强制力，海关保护措施通过扣押货品实现限制被申请人进出口货物的效果，而行为保全措施则通过要求被诉侵权人为或者不为某种行为达到遏制侵权的效果。二者在性质上根本区别于财产保全制度，财产保全仅保障生效裁判履行，而海关保护措施和诉前行为保全则实质上是生效裁判的提前强制执行。再次，从措施结果上看，在涉及被诉侵权产品进出口的情况下，权利人可以选择申请海关保护措施或者诉前行为保全，二者对于阻止涉嫌侵权产品进入流通领域和遏制侵权行为的保护作用一致。并且，无论是海关知识产权保护措施还是知识产权诉前行为保全，均可以使申请人的请求得到及时保护，同时会对被申请人利益产生重大影响，应当谨慎申请和适用。最后，从案由归类上看，根据《民事案件案由规定》，二者均属于"知识产权权属、侵权纠纷"大类中"因申请知识产权临时措施损害责任纠纷"项下具有并列关系的子案由。民事案由是民事案件名称的重要组成部分，直接反映案件所涉及的民事法律关系性质，是对相似诉争法律关系性质进行的概括。由此可见，二者在民事法律关系性质和类别划分上亦具有一致性，加之二者在程序上前后衔接的密切关联性，海关知识产权保护措施申请错误可以参照知识产权行为保全申请错误的认定标准进行判定。

（二）海关知识产权保护措施申请错误的认定

根据《民事诉讼法》第九章"保全和先予执行"中的第一百零八条规定，申请海关知识产权保护措施后，生效裁判认定不构成知识产权侵权的，即属于海关保护措施的申请错误，无需考量当事人主观状态。该认定标准亦与《知识产权海关保护条例》第二十八条第二款中"人民法院判定不侵犯知识产权权利人的知识产权的，知识产权权利人应当依法承担赔偿责任"的规定一致。

二、关于万特公司申请海关知识产权保护措施是否存在错误的问题

根据前述的认定原则，即可认定万特公司申请海关知识产权保护措施存在错误。退一步讲，本案中即使考虑万特公司主观状态，万特公司也未尽谨慎判定侵权状况的注意义务。就本案而言，关联案件的一审判决认为"被诉产品不具备涉案专利为实现发明目的所限定的技术特征，反而具备涉案专利所要克服的现有技术的不足，被诉侵权技术方案明显不落入涉案专利保护范围"。二审判决认为"上述两个技术特征显然采用了不同的技术手段……故不构成等同"。从一、二审判决的认定来看，侵权判定过程是显而易见的，而万特公司作为权利人，对于专利所克服的技术不足理应完全知晓。在侵权诉讼过程中，一审法院在庭审中已经释明被诉产品采取与涉案专利所克服的技术缺陷一致的技术方案，与涉案专利存在明显差异。万特公司却未及时采取措施，积极减少申请行为可能造成的损失，而是继续进行诉讼并提起上诉，主观上亦存在过错。

三、关于立品公司是否因涉案货物被扣留而遭受损失以及损失数额确定的问题

海关知识产权保护措施申请错误，申请人需要赔偿的是海关知识产权保护措施造成的实际损失，且该损失的发生应与申请行为具有直接因果关系。本案中，立品公司主张赔偿金额共计506.47357万元。万特公司则认为立品公司主张的损失与万特公司无关。对此，分述如下：

第一，关于两批货品扣留时间和责任问题。前后两批货物的扣留和解除扣留时间均由广州海关扣留（封存）通知书、解除扣留（封存）通知书明确记载，在双方当事人无其他证据推翻上述记载的情况下，采信上述通知书中的扣留和解除扣留时间。经查，第一批货物在扣留当天即因立品公司担保放行，明鸿公司、立品公司主张以扣留之前海关的查验时间起算货物扣留时间，无事实和法律依据，不予支持。第二批货物于2021年6月17日扣留，于2021年9月8日解除扣留。万特公司虽辩称该行为系海关职权行为，但其自行提交的广州海关解除扣留（封存）通知书上记载，"佛山市万特电机有限公司：根据你司申请，我关于2021年6月17日扣留了佛山市顺德区明鸿进出口有限公司申报出口的涉嫌侵害你司专利权的电机35200台"。据此，海关系依万特公司申请扣留第二批货品，万特公司主张海关依职权扣留，与事实不符，不予支持。

第二，立品公司所主张赔偿金额的认定问题。1.关于第一批货物反担保金的利息损失。第一批货物是在扣押当天放行，但立品公司确实支付了担保金，产生了利息损失。立品公司提交证据证实其因海关扣留产品而提供的反担保金，从提交到退回共计406天，按照中国银行2021年5月同期银行利率3.85%计算利息，其主张该笔支出的利息损失17815元，对此予以支持。万特公司辩称该笔支出为海关要求，但海关扣留程序系因其申请而启动，从而造成立品公司该笔资金被占用的损失，在万特公司申请有误的情况下，应当赔偿立品公司该笔利息损失。2. 立品公司因海关扣押造成的货物价值损失。立品公司提交的其与国外客户往来的邮件由于真实性、合法性无法确认，不予采信。依据海关作出的查封和解封通知书的记载，本案可以确认的事实是，海关因万特公司的申请，将立品公司原计划出口销售的共计 35200 台、总价值 950400 元的货品进行查封，立品公司因此中止了销售进程，查封时间共计 84 天。立品公司以海关查封导致客户取消订单为由，主张订单全额为其损失数额，对此，一审法院认为，立品公司并无充分证据证实该批货物被取消，退一步讲，即使该批货物确被取消，因其非季节性或生鲜产品，在海关解封后并未灭失，仍可转售，立品公司主张以订单全价进行赔偿，证据不足亦不合常理，对此不予支持。结合市场交易惯例和日常生活常理，该批货物虽未灭失，但被海关查扣必然导致产生额外交易成本，货物的电子元器件经过较长时间仓储亦确有可能产生相应损耗，在双方均未提交证据证明立品公司因此导致的损失确切数额的情况下，一审法院酌情认定其中的 10 万元为损失数额。3. 海关扣留、转运等措施产生的运输费、仓储费和卸柜费等损失共计 6764 元。根据查明的事实，立品公司提交的对账单和收据不应采信，对该项赔偿数额不予支持。4. 立品公司主张其证据中三张单据上记载的卸柜费 2000+1600+800=4400 元作为损失金额。经查，该项证据为单方制作出具的手写收据，未记载收款主体，在万特公司不认可该证据真实性、合法性和关联性且明鸿公司、立品公司未提交转账凭证等证据予以佐证的情况下，对此不予采信，立品公司该项主张证据不足，不予支持。5. 海关扣留造成的滞柜费和修改提单费共 22350 元。由于立品公司证据足以证明实际产生了海关扣留货物导致的滞柜费和修改提单费，对其该项主张予以支持。6. 涉案货物从广州运至怀集的运费 6600 元。该项支出无法确认与涉案货品有关，不予支持。

第三，立品公司为应对海关查扣程序、专利侵权程序及专利无效宣告程序所支出的律师费。包括委托律师处理海关查扣、专利侵权一审程序和无效宣告程序共支付律师费 80000 元、处理专利权侵权二审诉讼支出律师费 40000 元以及专利侵权诉讼风险奖励金 150 万元，共计 162 万元。对此，一审法院认为，申请海关知识产权保护措施损害责任纠纷中，对于损失数额的认定，应当严格审查该损失的发生是否与海关保护措施直接相关。就本案而言，立品公司聘请律师处理海关查扣流程属于与海关保护措施相关的支出，而专利侵权和专利无效程序并非海关保护措施的必经程序，不应一并纳入赔偿数额。在（2022）最高法知民终 101 号案诉讼阶段和专利无效宣告阶段支出的律师费并非因海关知识产权保护措施而造成的损失，即使万特公司未申请海关知识产权保护措施，亦同样有权提起侵权诉讼，并且 150 万元奖励金额超出诉讼代理费的正常标准。由于立品公司明确 12 万元的基础代理费用系针对无效、侵权诉讼和海关保全程序进行的打包付费，无法准确区分各个程序代理费用，酌情认定万特公司赔偿律师费 10 万元。

第四，明鸿公司、立品公司主张其因海关查扣行为迟延交货，造成商业信誉、可得利益及停工停产、人员流失、员工工资等直接损失和间接损失共243.64067 万元。该部分损失立品公司并未提交充分证据证实，对此不予支持。

综上，本案万特公司需赔偿明鸿公司、立品公司因申请海关知识产权保护措施错误而导致的损失共计 240165 元。

一审法院判决：1. 万特公司自判决生效之日起十日内赔偿明鸿公司、立品公司经济损失 240165 元；2. 驳回明鸿公司、立品公司的其余诉讼请求。

一审宣判后，明鸿公司、立品公司和万特公司不服，向广东省高级人民法院提起上诉。二审正在审理中。

【法官评述】

本案系申请海关知识产权保护措施损害责任纠纷。该类型案件在上海市高级人民法院和浙江省高级人民法院均有生效判决，在广东尚无先例。由于缺乏法律依据、案情复杂并与行政保护机制密切相关，一直以来广受关注。此类案件中涉及海关知识产权保护措施申请错误的构成要件、诉讼主体资格的确认以及损失范围的认定标准等问题，在我国民事法律和司法解释中尚无明确规定，司法实践亦尚未统一认识。本案从海关知识产权保护措施的本质出发，全面分析了其与知识产权行为保全措施的关系，在认定二者具有本质上的相似性和关联性的基础上，得出海关知识产权保护措施可以适用知识产权行为保全制度相关规定的结论。在此基础上，确定了海关知识产权保护措施申请错误的构成要件以及损害赔偿的范围。

具体而言，本案判决创新性地解决了以下几个问题：1. 法律适用问题。《知识产权海关保护条例》明确了海关知识产权保护措施申请错误的情形和责任，但司法实践中对该条款的法律适用存在争议。本案判决从该条例的法律位阶和民事纠纷适用法律的相关规定等角度进行分析，明确了民事纠纷中不能直接引用上述行政法规作为裁判依据。2.认定申请错误时是否应当考虑主观状态的问题。目前涉及海关知识产权保护措施损害赔偿的案例中，主流做法是从归责原则的角度，认定应当适用过错原则，进而得出应当查明主观状态的结论。但是这种审理思路不合理地加重了原告的举证责任，且主观状态在不同阶段的变化状况增加了查明事实的难度，亦与知识产权行为保全措施和《知识产权海关保护条例》的规定相冲突。因此，本案另辟蹊径，从知识产权行为保全措施与海关知识产权保护措施之间的深刻关联性出发，认定海关知识产权保护措施应当适用知识产权行为保全措施的相关规定，人民法院在侵权纠纷中认定不构成专利侵权的，即属于申请错误的范畴。3.损害赔偿范围的确定问题。本案判决认为，应当从损失性质和产生时间两个维度对损害赔偿进行界定，但无论是损失性质或产生时间，其认定标准均应遵循与海关知识产权保护措施的申请行为具有直接因果关系的基本原则。

本案判决回归知识产权海关保护措施的根本目的和属性，合理平衡知识产权人和社会公众合法权益，对知识产权海关保护措施申请错误的认定、构成要件、法律适用以及损害范围确定等问题进行了深入分析，明确此类纠纷的认定规则和裁判思路。对推动此类纠纷的整体解决、确立具有统一性和协调性的裁判思路和法律适用规则、回应相关行业和社会公众司法期待具有积极意义。

编写人：广州知识产权法院　石静涵

（编辑：王俭君）

著作权案件

10

林某某与杨某、精典博维公司等侵害著作权及不正当竞争纠纷案

阅读提示：如何认定同人作品中的人物形象侵权？

【裁判要旨】

人物名称、性格特征和人物关系构成一个有机的整体，是作品的有机组成部分。作品中多个人物组成的人物群像，能够体现作者在角色的名称、性格特征、人物关系、人物背景等方面的选择、安排，可以认定为已经充分描述、足够具体到形成一个内部各元素存在强烈逻辑联系的结构，属于《著作权法》保护的"表达"。停止侵害、赔偿损失是知识产权侵权民事责任的基本方式，但民事责任的承担有其灵活性，可以根据案件具体情况进行利益衡量，在采取充分切实的全面赔偿或者支付经济补偿等替代性措施的前提下，可不判决停止侵权行为。

【案号】

一审：广东省广州市天河区人民法院（2016）粤 0106 民初 12068 号
二审：广州知识产权法院（2018）粤 73 民终 3169 号

【案情与裁判】

上诉人（一审原告）：林某某

上诉人（一审被告）：杨某

上诉人（一审被告）：精典博维公司

被上诉人（一审被告）：联合出版公司

被上诉人（一审被告）：广州购书中心

起诉与答辩

查某某起诉称：查某某系海内外知名作家，创作并发表了《射雕英雄传》《天龙八部》《笑傲江湖》《神雕侠侣》等15部武侠小说。2015年其发现在中国大陆地区出版发行的小说《此间的少年》所描写人物的名称均来源于《射雕英雄传》《天龙八部》《笑傲江湖》《神雕侠侣》，且人物间的相互关系、人物的性格特征及故事情节与上述作品实质性相似。该小说由杨某署名"江南"发表，由联合出版公司出版统筹、精典博维公司出版发行。查某某认为，其作品中的人物名称、人物关系、人物形象、故事情节等元素均系其所独创，受《著作权法》的保护。杨某未经许可，照搬其作品中的经典人物，包括人物名称、人物关系、性格特征等，在不同环境下量身定做与其作品相似的情节，对其作品进行改编后不标明改编来源，擅自篡改作品人物形象，严重侵害了其著作权，包括改编权、署名权、保护作品完整权及应当由著作权人享有的其他权利（人物角色商品化权）。同时，权利作品拥有很高的知名度，作品中人物名称、人物关系等独创性元素为广大读者耳熟能详，杨某通过盗用上述独创性元素并在2002年版本中添加副标题"射雕英雄的大学生涯"吸引读者、谋取竞争优势，获利巨大，违背了诚实信用原则，严重妨害了其对作品的利用，构成不正当竞争。联合出版公司、精典博维公司对小说《此间的少年》存在的侵权情形未尽审查职责，应就其策划出版《此间的少年》十周年纪念版给查某某所造成的经济损失与杨某承担连带责任。广州购书中心销售侵权图书，也应承担停止侵权的法律责任。请求法院判令：1.杨某、联合出版公司、精典博维公司、广州购书中心立即停止侵害查某某著作权及不正当竞争的行为，停止复制、发行小说《此间的少年》，封存并销毁库存图书；2.杨某、联合出版公司、精典博维公司在《中国新闻出版广电报》、新浪网刊登经法院审核的致歉声明，向查某某公开赔礼道歉，消除影响；3.杨某赔偿查某某经济损失500万元，联合出版公司、精典博维公司就策划出版《此间的少年》十周年纪念版给查某某所造成的经济损失1003420元承担连带责任；4.杨某、联合出版公司、精典博维公司、广州购书中心共同赔偿查某某为维权所支出的合理费用20万元。

杨某答辩称：1.单独的人物名称、人物关系、人物性格或形象不是受著作权法保护的"独创性表达"，而故事情节也需要具体到一定程度才会被认定为属于独创性表达。2.《此间的少年》没有侵害涉案作品的改编权。3.《此间的少年》并未侵害查某某的署名权。4.《此间的少年》没有侵害查某某的保护作品完整权。5.“人物角色商品化权”不构成著作权保护的客体，且《此间的少年》未侵害所谓的商品化权。

精典博维公司答辩称：其作为出版社在本案中不具有过错，不具有行为上的违法性，不承担连带责任。

联合出版公司答辩称：其作为出版社在本案中不具有过错，不具有行为上的违法性，不承担连带责任。

广州购书中心答辩称：广州购书中心有图书销售的资质，作为《此间的少年》纪念版的销售者具有合法来源，已尽到注意义务；而且在一审应诉后已经停止销售行为，主观上没有过错，不构成著作权侵权和不正当竞争。

一审审理查明

查某某所著《射雕英雄传》《笑傲江湖》《天龙八部》《神雕侠侣》四书（简称查某某作品）由三联书店于1994年5月在内地出版。查某某作品曾多次入选内地、香港及外国教材，并曾被多次改编为电影、电视剧。杨某于2000年创作《此间的少年》并发表于网络。2002年，该作品由西北大学出版社出版，书名为《此间的少年：射雕英雄的大学生涯》。《此间的少年》另有华文出版社2003年、2004年、2007年三版，联合出版公司2001—2011十周年纪念珍藏版、2012年版以及《此间的少年2》（网络版）。《此间的少年》中出现的绝大多数人物名称来自查某某涉案四部小说，且主要人物的性格特征、人物关系、人物背景都有较多相似之处，但故事情节不同。

一审判理和结果

一审法院认为，从整体上看，虽然《此间的少年》使用了涉案四部作品中的大部分人物名称、部分人物的简单性格特征、简单人物关系以及部分抽象的故事情节，但上述人物的简单性格特征、简单人物关系以及部分抽象的故事情节属于小说类文字作品中的惯常表达，《此间的少年》并没有将情节建立在涉案作品的基础上，基本没有提及、重述或以其他方式利用涉案作品的具体情节，而是在不同的时代与空间背景下，围绕人物角色展开撰写故事的开端、发展、高潮、结局等全新的故事情节，创作出不同于涉案作品的校园青春文学小说，且存在部分人物的性格特征缺失，部分人物的性格特征、人物关系及相应故事情节与涉案作品截然不同，情节所展开的具体内容和表达的意义并不相同，二者并不构成实质性相似。因此，《此间的少年》是杨某重新创作的文字作品，并非根据涉案作品改编的作品，无须署上查某某的名字，并未侵害查某某所享有的改编权、署名权、保护作品完整权。

杨某未经查某某许可在其作品《此间的少年》中使用涉案作品人物名称、人物关系等作品元素并予以出版发行，其行为构成不正当竞争，依法应承担相应的侵权责任。联合出版公司、精典博维公司理应知晓杨某出版发行《此间的少年》并未经查某某许可，若再次出版发行将进一步损害查某某的合法权益，且在收到明河社出版有限公司发送的律师函要求停止出版、发行后仍未予以停止，其对于策划出版《此间的少年》纪念版这一行为主观上存在过错，其行为已构成帮助侵权，亦应承担相应的民事责任。广州购书中心作为《此间的少年》纪念版的销售者，该销售行为具有合法来源，且广州购书中心在应诉后停止销售，其主观上并无任何过错，查某某诉请其停止侵权、赔偿合理支出缺乏依据，对此一审法院不予支持。

一审法院判决：1. 杨某、联合出版公司、精典博维公司于判决发生法律效力之日立即停止涉案不正当竞争行为，停止出版发行小说《此间的少年》并销毁库存书籍；2. 杨某、联合出版公司、精典博维公司于判决发生法律效力之日起十五日内在《中国新闻出版广电报》中缝以外的版面刊登声明，同时在新浪新闻网首页显著位置连续七十二小时刊登声明，向查某某公开赔礼道歉，并消除不正当竞争行为所造成的不良影响；3. 杨某于判决发生法律效力之日起十日内赔偿查某某经济损失168万元，联合出版公司、精典博维公司就其中30万元承担连带责任；4. 杨某于判决发生法律效力之日起十日内赔偿查某某为制止侵权所支付的合理开支20万元，联合出版公司、精典博维公司就其中3万元承担连带责任；5. 驳回查某某的其他诉讼请求。

一审宣判后，查某某、精典博维公司不服，向广州知识产权法院提起上诉。查某某在二审期间死亡，其继承人林某某参加诉讼。

二审判理和结果

二审法院审理认为：1.《此间的少年》中出现的绝大多数人物名称来自查某某涉案四部小说，且主要人物的性格特征、人物关系、人物背景都有较多相似之处。虽然就单个人物形象来说，难以都认定获得了充分而独特的描述，但整体而言，郭靖、黄蓉、乔峰、令狐冲等60多个人物组成的人物群像，无论是角色的名称、性格特征、人物关系还是人物背景，都体现了查某某的选择、安排，可以认定为已经充分描述、足够具体到形成一个内部各元素存在强烈逻辑联系的结构，属于《著作权法》保护的"表达"。人物名称、性格特征和人物关系构成一个有机的整体，是涉案四部作品的有机组成部分。《此间的少年》抄袭《射雕英雄传》《天龙八部》《笑傲江湖》《神雕侠侣》四部作品中人物名称、性格特征、人物关系的行为属于《著作权法》所禁止的剽窃行为，杨某侵害了涉案四部作品的著作权。精典博维公司经授权取得《此间的少年》出版、发行、销售的专有权利，与联合出版公司一同作为《此间的少年》纪念版的策划出版方，两公司对其出版发行的作品是否侵权应该负有较高的注意义务。联合出版公司、精典博维公司理应知晓杨某出版发行《此间的少年》并未经查某某许可，且在收到明河社出版有限公司发送的律师函后仍未停止出版、发行，其行为已构成帮助侵权，亦应承担相应的民事责任。2.《此间的少年》故事情节与涉案四部作品相比，两者故事发生的时空背景不同，推动故事发展的线索与事件、具体故事场景的设计与安排、故事内在逻辑与因果关系皆不同，两者的表达不构成实质性相似。故《此间的少年》没有侵害涉案四部作品中对应故事情节的著作权。3.《此间的少年》2002 年首次出版时将书名副标题定为"射雕英雄的大学生涯"，蓄意将《此间的少年》与《射雕英雄传》进行关联，引人误认为两者存在特定联系，其借助《射雕英雄传》的影响力吸引读者获取利益的意图明显，杨某的该行为构成不正当竞争。现有证据并未表明联合出版公司、精典博维公司参与 2002 年版《此间的少年》的出版、发行，故林某某关于该两公司构成不正当竞争的主张没有依据。林某某关于《此间的少年》抄袭《射雕英雄传》《天龙八部》《笑傲江湖》《神雕侠侣》中人物名称、性格特征、人物关系等独创性元素的诉讼主张依据《著作权法》已经得到支持，故二审法院对该被诉侵权行为是否构成不正当竞争不再进行审查。4. 停止侵害、赔偿损失是知识产权侵权民事责任的基本方式，但民事责任的承担有其灵活性，可以根据案件具体情况进行利益衡量，在采取充分切实的全面赔偿或者支付经济补偿等替代性措施的前提下，可不判决停止侵权行为。

二审法院判决：1. 撤销一审判决第五项。2. 变更一审判决第一项为：杨某于判决发生法律效力之日立即停止涉案不正当竞争行为。3. 变更一审判决第二项为：杨某于判决发生法律效力之日起十五日内在《中国新闻出版广电报》中缝以外的版面刊登声明，同时在新浪新闻网首页显著位置连续七十二小时刊登声明，消除不正当竞争行为所造成的不良影响（内容需经二审法院审核，逾期不履行，二审法院将在相关媒体公布判决书主要内容，费用由杨某负担）。4. 变更一审判决第三项为：杨某于判决发生法律效力之日起十日内赔偿林某某经济损失 168 万元，联合出版公司、精典博维公司就其中 30 万元承担连带责任。5. 变更一审判决第四项为：杨某于判决发生法律效力之日起十日内赔偿林某某为制止侵权所支付的合理开支 20 万元，联合出版公司、精典博维公司就其中 3

万元承担连带责任。6.驳回林某某的其他诉讼请求。

【法官评述】

同人作品是对已有作品二次创作的结果,同人作品往往在角色、背景、情节等方面与原作品既有联系又有区别,这也是同人作品备受争议的主要原因。本案判决通过对涉案几部作品的梳理,对同人作品是否构成侵权的法律适用做了有益的探讨。同人作品的人物角色、情节与原作品有关联,是否侵害原作品的著作权,也需要从这两方面进行对比。而情节的比对相对比较容易判断,复杂的是人物形象的判断。

一、人物形象的定义

人物形象是指作品中塑造的具有个性特征的艺术形象。它通过名称、容貌、装束、谈吐、动作等外部形象特征,性格、习惯、能力、背景、经历等内在个性特征创造并非真实存在的虚拟人物角色。人物角色可以区分为文学角色和视听角色。文学角色是指小说、剧本、评书等文学作品中通过文字、语言虚构出来的角色。视听角色是指电影、话剧、戏剧、戏曲、电视剧中的角色。

本案中,查某某主张权利的角色形象系其创作的《射雕英雄传》《天龙八部》《笑傲江湖》《神雕侠侣》四部小说中的文学角色形象。不同于具有可视性的视听角色形象,小说中的人物角色形象是通过文字描述的,无法直接被读者进行视觉感知。虽然对人物角色的名称、容貌、装束、动作等外部特征的描写往往是在该人物角色出场时一次性完成,以便读者对该人物角色有个大致的认知,但对人物角色的性格、习惯、能力等内在个性特征和特定经历、各种社会关系的刻画通常是在各种具体故事场景中逐渐展开。读者只有在对小说进行完整的阅读,并结合各章节的故事情节中对人物角色形象的具体描写加以综合分析后才能在意识中形成一个完整的文学角色形象。然而,囿于语言文字的抽象性,无论作者如何工于描述,纵有生花妙笔,但人物角色的整体形象或者说各个组成方面仍然难免存在模糊之处。以文字相对容易描述的外貌为例,《射雕英雄传》中对黄蓉的外貌描写为"郭靖见这少女一身装束犹如仙女一般,不禁看得呆了。那船慢慢荡近,只见那女子方当韶龄,不过十五六岁年纪,肌肤胜雪,娇美无比,笑面迎人,容色绝丽"。《射雕英雄传》中对穆念慈的描绘为"郭靖看那少女时,见她十七八岁年纪,玉立亭亭,虽脸有风尘之色,但明眸皓齿,容颜娟好"。读者固然可以从上述文字描写中感知黄蓉、穆念慈美貌非凡,但这种感知毕竟不如视听角色、卡通角色形象那么直观、固定,黄蓉、穆念慈具体样貌还得读者脑补。换言之，阅读是一个主观与客观交互作用的过程。读者在阅读过程中会不自觉地将自身对事物的认知和情感偏好代入到具体的人物描述、故事场景、情节中，基于自身年龄、生活阅历、思维方式、感知能力以及阅读时心境的差异，对人物所形成的具体认知与情感亦有差别，因而最终在读者脑海中所形成的人物角色形象也各不相同。正所谓，一千个读者就有一千个哈姆雷特。

二、文学角色形象的法律地位

我国《著作权法》没有明确规定文学角色形象是否受保护，从《著作权法》保护独创性表达这一基本原理出发，文学角色形象能否受《著作权法》保护的关键在于其是否同时满足"构成表达"和"具有独创性"两个要件。

第一，文学角色形象要得到《著作权法》的保护，前提必须是一种可被客观感知的外在表达。

首先，思想与表达是《著作权法》上的一对概念。思想指抽象的构思、创意等，表达则是将上述思想固定并外化展示给他人感知的手段、形式。不同类型的作品，其表达不同，比如文字作品的表达是文字，美术作品通过线条、色彩进行表达。但表达不仅指作品呈现的最终形式，当内容成为表达思想的形式时，该内容也是表达。

其次，在判断文学角色形象是否构成表达时，应着眼于角色形象本身。角色形象由名称、容貌等外部形象特征和性格、经历等内在个性特征组成，故角色形象的表达就体现于创作者对该角色形象的外部形象特征和内在个性特征两方面的描绘与刻画。表达必须被感知，但文字描述被读者主观上如何感知并不能作为判断该文字描述是否表达的依据。对文学角色形象来说，应该从客观上去判断描述该角色形象的外部形象特征、内在个性特征的相关文字是否表达了创作者的某种构思、意图，而不是从读者的角度去判断相关文字描述表达了创作者的何种构思、意图。不能因为读者的不同认知而当然地认定相关文字描述的文学角色形象具有不确定性，属于抽象的思想范畴，进而否定其可版权性。以同样具有模糊性的现代诗歌流派中的"朦胧诗"为例，其作品多采用整体形象象征从而使诗歌文本处在表现自己和隐藏自己之间，呈现出诗境模糊朦胧，诗意隐约含蓄、富含寓意，主题多解多义等一些特征。读者对"朦胧诗"的解读也是多样化的，具有不确定性，但显然并不能以此否认该诗歌是创作者思想的外在表达。

最后，角色的刻画程度对判定文学角色形象是否属于表达的范畴具有重要意义。文学角色形象不是角色的名称、容貌、性格、经历等文字描述的简单相加，还包括相对抽象地存在于这些描述性文字背后的人物特征，兼有思想与表达的部分特点。名称、容貌等外部形象特征赋予文学角色形象直观的识别性，性格、经历等内在个性特征则赋予其丰富的内涵。单个的外部形象特征或内在个性特征并不能组成一个完整的角色，既包括外部形象特征又包括内在个性特征的多个元素才能共同组成一个完整的角色。因此，当角色形象的刻画、描述包括了容貌、性格、能力、背景、经历等外部形象特征和内在个性特征，且刻画足够充分、清晰、具体时，便可以认定该角色形象已经脱离思想层面而进入了表达的范畴。

第二，具有独创性是文学角色形象得到《著作权法》保护的另一要件。

首先，独创性是作品获得《著作权法》保护的前提条件之一，但我国《著作权法》并没有对独创性的概念及其标准做出明确规定。只要作品是作者独立创作，且体现了作者一定的技能、判断、选择等智力创造活动，就符合独创性的要求。

其次，文学角色形象应具备较高的创造性。作品的创造性高度，法律没有明确的量化规定。不同类型的作品由于其表达方式各异，很难比较其创造性的高低。比如用文字进行表达的文字作品与通过线条、色彩进行表达的绘画、书法、雕塑等美术作品，两者间就缺少进行创造性比较的基础。但是可以比较的同一类型作品，其创造性高度的要求应有所差别。文学作品中的人物传记等非虚构类作品，受人物、事实、事件、时间顺序等限制，作者的创作空间较小，创造性要求不宜过高，否则将会限制公众对该题材进行创作。而虚构的文学作品的创作空间较大，相对来说其创造性要求就应高些。文学角色形象是虚构类文学作品的组成部分，相对前述其他类型的文学作品，其创造性要求显然要高。

最后，较高的创造性要求意味着对角色的刻画程度要达到充分、具体，并能为观众所辨识。一部作品中通常有多个角色，除了主角，还有配角和龙套，作者对不同角色的刻画程度显然是不同的。如《此间的少年》中值班门卫彭莹玉、卖乐器的莫大，均只有寥寥数笔描写，外部形象特征和内在个性特征均不清晰，而告诉乔峰传言康敏风骚的师兄连名字都没有。上述这些角色显然创造性不高，不属于文学角色形象。那创造性要达到何种程度的高度，才能认定为虚构文学角色形象？文学角色形象由外部形象特征、内在个性特征两个方面的多个元素组成，当一个角色的各种特征，尤其是内在个性特征，比如角色的性格、习惯、能力、背景、特定经历、行为模式等被描绘得足够充分、清晰、具体，在脱离作品之外读者仍然能够对该角色形成"可辨识"的较固定印象时，可以认定其符合创造性的高度要求。比如一提到守财奴，就会想到葛朗台；一说起曹操，读者头脑中就能浮现出乱世枭雄的形象。

综上所述，文学角色形象是文字作品中的角色，但角色并不必然构成文学角色形象。文学角色形象作为一种在文学领域内具有较高独创性的可被客观感知的外在表达，在达到描绘足够充分、清晰、具体，具备较完整的外部特征和内部特征组合，在原作品外可独立辨识等条件时，可以获得《著作权法》的独立保护。本案中，《此间的少年》中出现的绝大多数人物名称来自查某某涉案四部小说，且主要人物的性格特征、人物关系、人物背景都有较多相似之处。虽然就单个人物形象来说，难以都认定获得了充分而独特的描述，但整体而言，郭靖、黄蓉、乔峰、令狐冲等60多个人物组成的人物群像，无论是角色的名称、性格特征、人物关系还是人物背景都体现了查某某的选择、安排，可以认定为已经充分描述、足够具体到形成一个内部各元素存在强烈逻辑联系的结构，属于《著作权法》保护的具有独创性的"表达"。

编写人：广州知识产权法院　江闽松

（编辑：林新宇）

11

天泓公司与上海电影公司
著作权许可使用合同纠纷案

阅读提示： 如何确定电影角色形象著作权授权许可使用合同中许可人合同义务的解释规则及合同的履行原则？

【裁判要旨】

电影角色形象著作权授权许可使用合同中，许可人的合同义务不仅应保证电影角色形象的著作权不存在权利瑕疵，还应保证电影的正面宣传效果和正常曝光量。合同履行原则不仅包括全面履行原则，还包括诚信履行原则。

【案号】

一审：广东省广州市天河区人民法院（2021）粤 0106 民初 29861 号
二审：广州知识产权法院（2022）粤 73 民终 4305 号

【案情与裁判】

上诉人（一审被告）：上海电影公司

被上诉人（一审原告）：天泓公司

起诉与答辩

天泓公司起诉请求：1.确认天泓公司与上海电影公司签订的《电影〈阴阳师·晴雅集〉形象使用授权合同》（简称涉案合同）于 2021 年 3 月 8 日解除；2.上海电影公司协助天泓公司处置（销售或附赠方式）因履行涉案合同而定制的库存授权产品；3.上海电影公司向天泓公司退还保底授权费 26 万元；4.上海电影公司赔偿天泓公司违约金 20 万元。上海电影公司是电影《阴阳师·晴雅集》的出品方、知识产权的授权使用人，于 2020 年 12 月与天泓公司签订《电影〈阴阳师·晴雅集〉形象使用授权合同》，将《阴阳师·晴雅集》中角色形象及附属衍生形象转授权给天泓公司在涉案合同约定的相关商品上及在授权地区使用，授权期限为 2020 年 12 月 1 日至 2021 年 5 月 31 日。合同签订后，天泓公司向上海电影公司支付了保底授权费并依约策划开发授权商品、宣传物料。但电影《阴阳师·晴雅集》上映仅 10 日即因主创涉抄袭等负面信息而被下架，并且网络上充斥着该影片及制作团队的负面信息，直接导致天泓公司不能实现合同目的，天泓公司作为授权商品的代理商，也将面临品牌商的巨额索赔。依据合同约定，天泓公司有权解除涉案合同，并要求上海电影公司赔偿相关损失。

上海电影公司答辩称：1. 天泓公司没有实质证据证明电影《阴阳师·晴雅集》的授权权利存在瑕疵，新闻报道和网友评论内容均为主观猜测，不足以证明事实情况。天泓公司所称的"主创抄袭等负面信息"均属于未经证实的内容。2. 本案中并不存在天泓公司不能合法使用授权形象的情况，天泓公司已经取得并使用相关权利，合同目的已经实现。故天泓公司要求解除合同并要求上海电影公司退还款项支付违约金的主张没有事实基础，也没有法律依据。3. 电影《阴阳师·晴雅集》已于 2020 年 12 月 25 日上映，不存在无法上映或延后上映的情形，上海电影公司已经按约履行合同义务。天泓公司借助电影市场热度促进授权商品销售存在商业风险，天泓公司应当自行承担。

一审审理查明

天泓公司与上海电影公司签订《电影〈阴阳师·晴雅集〉形象使用授权合同》约定上海电影公司授权天泓公司在授权产品上使用授权标的（电影《阴阳师·晴雅集》中角色形象及其附属衍生形象），授权期限为 2020 年 12 月 1 日至 2021 年 5 月 31 日。许可使用费由保底授权费 26 万元及分成授权费相结合。当授权商品销售总量超过 3 万份时，超出部分天泓公司按授权商品销售额的 10% 向上海电影公司支付分成授权费。双方另约定：1. 如因电影《阴阳师·晴雅集》（简称涉案电影）作品的知识产权或上海电影公司的转授权行为存在瑕疵而造成天泓公司无法合法使用授权标的，本合同目的无法实现的，上海电影公司应退还天泓公司所支付的全部许可费用并赔偿违约金 20 万元以及全部经济损失。2. 若因其他原因导致电影无法上映或延后上映，或者影片中的主要演职人员在影片上映前后因发表不当言论或行为不检点被公开批评的，由此导致影响天泓公司产品销售的，则上海电影公司需提前 30 天通知天泓公司并全额退还许可使用费，如与天泓公司沟通一致的，也可迟延履行合同。由于以上所述不可抗力事件导致本合同全部不能履行或履行不再具有意义的，或上述不可抗力事件持续超过 45 日，则任何一方均有权书面通知对方提前终止本合同，且双方在不可抗力范围内于彼此间不承担任何违约责任。由于以上所述不可抗力事件导致本合同部分不能履行的，双方可协商是否提前终止本合同。天泓公司向上海电影公司转账支付 26 万元授权费用，合同双方通过微信协商涉案商品设计及宣传细节。天泓公司在授权商品的外包装及产品宣传海报、视频上使用了涉案合同约定的形象及内容，并已上架销售。

2021 年 3 月 5 日，天泓公司向上海电影公司发函称：涉案电影于 2020 年 12 月 25 日在全国院线上映，但因该影片演职人员涉及负面问题，全国院线自 2021 年 1 月 5 日起将该电影下映，并且网络媒体充斥着对该影片及相关制作团队的负面评价，导致天泓公司无法继续使用授权标的实现商业目的，严重影响授权商品的销售和推广。要求解除涉案合同，上海电影公司向天泓公司全额退还保底许可使用费 26 万元并支付违约金 50 万元，赔偿产品生产成本 857702 元，传播推广费用 117599 元。上海电影公司签收该函件后向天泓公司回复电子邮件称，其履行涉案合同无误且不存在违约行为，不同意退还费用等要求。

天泓公司明确要求解除涉案合同的理由为涉案电影被下架无法继续上映，影片主要演职人员行为不检点被公开批评。并提交网页截图一组，显示腾讯网登载名为《郭某某新片〈晴雅集〉从购票网站下架 多个平台现已无法购票》的文章，文中称"两大购票平台上已检索不到该片排场……在猫眼专业版上，《晴雅集》票房数据也已被移除""对此《晴雅集》官方没有做出正面回应""之前已有业内人爆料，从 1 月 4 日起影院将不再给《晴雅集》排片。此次下架的原因目前没有明确说法，有人猜测跟郭某某涉嫌抄袭，遭抵制事件等有关"等，网易网登载名为《"晴雅集被下线"，热搜第一！》的文章，文中称"近日，郭某某执导的东方奇幻大片《阴阳师之晴雅集》被传将下线""……在猫眼、淘票票两大购票平台上检索发现，已无法搜到《晴雅集》相关排期，在淘票票上检索'晴雅集'，甚至已无法显示该片资料页""另据此前报道，该片导演郭某某曾在 2020 年 12 月 21 日被琼某等 156 名影视从业者实名联署公开信抵制其在综艺节目当导师……""……12 月 31 日 0 点，郭某某发长微博对《圈里圈外》作者庄某道歉……"等。

另查明，涉案电影的发行公司为上海电影公司及禾和公司，导演为郭某某。因郭某某与庄某的著作权纠纷，2006 年 5 月 22 日，北京市高级人民法院作出判决认定郭某某创作的小说《梦里花落知多少》在整体上对庄某创作的《圈里圈外》构成了抄袭。2020 年 12 月 22 日，多名影视编剧、制片人等影视从业者联名发表《抄袭剽窃者不应成为榜样》，文中称"郭某某……拒绝执行法院的道歉判决，未对自己的违法行为做出任何检讨……"等内容，呼吁停止对"劣迹从业者"的宣传炒作，对相关节目做出修改调整，主动拒绝这些有劣迹且不加悔改的创作人，不给抄袭剽窃者提供舞台等。2020 年 12 月 31 日，郭某某发文向庄某道歉。

涉案电影于 2020 年 12 月 25 日上映，2021 年 1 月 5 日之后全国院线未继续排片放映。

一审判理和结果

一审法院审理认为，根据涉案合同约定，涉案电影中的主要演职人员在电影上映前后发表言论或行为不检点被公开批评，由此导致影响天泓公司产品销售的，上海电影公司应当提前 30 天通知天泓公司并全额退还使用费，上述事件持续超过 45 日的，任何一方有权书面通知对方提前终止本合同。郭某某系涉案电影导演，显然属于该电影的主要演职人员，涉案电影因导演抄袭并被呼吁抵制而提前停止放映，天泓公司要求解除涉案合同符合上述约定，天泓公司于 2021 年 3 月 8 日向上海电影公司送达解除涉案合同函件，一审法院对天泓公司要求确认涉案合同于 2021 年 3 月 8 日解除的诉讼请求予以支持。

关于天泓公司以涉案电影提前停止放映要求上海电影公司全额退还使用费的诉讼请求。一审法院认为，首先，涉案电影导演及其此前因抄袭等事实在双方签订涉案合同时已经发生，天泓公司明知该事实，应当预计该项事实可能导致的风险，在此情况下发生涉案电影提前停止放映影响天泓公司产品销售，天泓公司亦存在一定过错，应当承担一定责任。其次，虽然涉案合同约定的授权标的为涉案电影相关的形象，但天泓公司通过上海电影公司授权在相关产品上使用涉案电影的形象并通过微博和视频及海报进行宣传，目的显然在于通过涉案电影的宣传、发行和上映促进涉案产品的销售。上海电影公司授权天泓公司使用的相关形象，不仅应当保证权利没有瑕疵，还应当保证涉案电影的正面宣传推广效果和正常的曝光量。现涉案电影在 2021 年 1 月 5 日停止放映亦未继续进行宣传推广，此后无法实现应有的正面宣传推广行为及曝光量，亦将影响涉案产品宣传推广和知名度，天泓公司使用涉案电影形象及文字所获取的销售收益亦受到较大影响。故上海电影公司自 2021 年 1 月 5 日起无法对涉案产品起到宣传及促销作用，未能继续履行部分合同义务，应当退还相应的合同款项。最后，根据上海电影公司提交的证据及双方当庭陈述，上海电影公司确已向天泓公司提供 IP 授权，并进行官方微博互动，天泓公司亦当庭确认其已在产品海报及宣传使用上使用人物形象及文字，并实际销售涉案商品。故在 2021 年 1 月 5 日前，双方已经进行授权及宣传推广行为，实际履行涉案合同多项权利义务。且上海电影公司根据涉案合同向天泓公司授权的事实始终持续，涉案电影及其演职人员的形象与涉案产品所使用的形象也存在一定区别，关联性较弱。天泓公司称其继续使用涉案电影形象将遭受联合抵制并无事实依据，一审法院对此不予采纳。综合上述理由，一审法院根据涉案合同约定的期限及双方履行涉案合同的事实酌定上海电影公司向天泓公司退还合同款项 8 万元。

关于天泓公司要求上海电影公司同意天泓公司继续销售或附赠使用涉案授权标的库存涉案产品的诉讼请求。一审法院认为，涉案合同已经解除，上海电影公司亦向天泓公司退还部分合同费用，双方的权利义务即已终止。天泓公司要求上海电影公司退还授权费用同时要求继续销售涉案产品的诉讼请求违背涉案合同解除的法律后果，亦不符合权利义务对等的法律原则，对此不予支持。

至于天泓公司要求上海电影公司支付违约金的诉讼请求。一审法院认为，涉案合同约定因涉案电影的知识产权或上海电影公司的转授权行为存在瑕疵导致天泓公司无法合法使用授权标的，无法实现合同目的的，上海电影公司应向天泓公司赔偿违约金 20 万元，现上述情况并未发生，天泓公司据此要求上海电影公司支付违约金 20 万元没有事实依据。上海电影公司未尽合同义务导致天泓公司遭受损失，确有违约事实，一审法院根据上海电影公司的违约程度，结合天泓公司主观过错及其宣传推广和涉案产品的生产成本，酌定上海电影公司向天泓公司支付违约金 2 万元。

一审法院判决：1. 天泓公司与上海电影公司签订的《电影〈阴阳师·晴雅集〉形象使用授权合同》于 2021 年 3 月 8 日解除；2. 上海电影公司于判决发生法律效力之日起十日内向天泓公司返还款项 8 万元；3. 上海电影公司于判决发生法律效力之日起十日内向天泓公司支付违约金 2 万元；4. 驳回天泓公司的其他诉讼请求。案件受理费 8200 元，由天泓公司负担 5900 元，上海电影公司负担 2300 元。

上诉与答辩

一审宣判后，上海电影公司不服，向广州知识产权法院提起上诉，请求：1. 撤销一审判决，驳回天泓公司的全部诉讼请求；2. 本案一、二审诉讼费由天泓公司承担。理由：第一，一审法院事实认定不清。1. 根据合同约定出品方的义务仅是使影片取得上映资格，院线的放映计划及排片，出品方无权安排，一审法院直接认定上海电影公司有义务保证上映播放时间，臆断该片在 11 天后在全国下架，均没有证据和推断的理由。2. 一审法院认定合同内容错误。所谓的抄袭发生在 10 余年前，所谓的抵制并非针对演职人员，一审认定的事实在时间和主体上都与上海电影公司或电影主创没有关系，不能认定根据合同应由上海电影公司承担责任。同时，合同内容明确约定，有关事实还需产生影响产品销售的后果，但没有证据显示产品受到何种影响。3. 一审法院认定授权合同的授权方必须保证正面宣传效果和正常曝光量，没有依据。一审法院将授权方义务扩大到了合同本身未做约定的范围。4. 一审法院认定被授权方可以解除合同并认定合同自 3 月 8 日起解除错误，本案合同缔结方可解除合同的情形被严格限定于因不可抗力及主创人员负面言论等情形，本案未出现该等情形，被授权 IP 著作权未受到任何阻碍，不能认定合同在 3 月 8 日解除。5. 一审法院未对是否存在损失进行充分调查，如何计算也没有进行合理论证。第二，一审判决在逻辑推理上也存在根本错误。本案并不适用过错责任原则，原因在于缔结合同时影片和主创团队成员的情况已经发生，可以认定天泓公司愿意承担可能发生的风险，合同的固有风险是商业交易的本质，合同固有风险和一方违约行为是完全不同的概念。一审法院将合同签署时已经存在的风险认定为上海电影公司的违约行为，由此导致了事实认定错误和推理的逻辑矛盾。

天泓公司答辩称：一审判决事实认定清楚，上海电影公司的上诉缺乏事实和法律依据，应予驳回。理由：1. 一审判决对双方授权合同目的的认定并无错误。从授权合同对授权标的的约定，以及不可抗力条款均可以看出双方签订授权合同的目的并不仅是许可使用电影作品的著作权，而是开发联名产品，借助电影宣传、发行以及持续影响力进行联名产品的营销，上海电影公司有义务维护影视作品的正面形象。一审判决认定双方合同目的在于通过涉案电影的宣传、发行和上映促进涉案产品的销售，该认定正确。上海电影公司认为双方签订的授权合同只是对电影角色形象的授权许可使用，是对该合同商业实质的故意曲解。2. 一审判决确认涉案电影因导演抄袭并被呼吁抵制而停止公映的事实无误。上海电影公司并未提供证据证明涉案电影上映 11 日后不再排片与导演郭某某被抵制的负面评价无关。3. 涉案电影由于主创人员涉负面评价，导致电影被下架，天泓公司的授权商品无法按照既定宣传物料、营销策略推广、销售，天泓公司有权行使涉案合同约定的单方解除权。4. 涉案合同解除后，上海电影公司应当退还许可费。上海电影公司在涉案电影下架前，既未向天泓公司提前预告下架风险，也未交涉后续合同继续履行情况，置天泓公司的合作利益于不顾，应当承担违约责任。涉案影片导演被公开批评，不属于固有商业风险，在双方签订授权合同之前，该导演并未遭受行业联合抵制的负面事件，且涉案电影仍取得了发行许可、院线排片，即在合同签订前，导演遭到公开批评和抵制、电影因此被下架均不是必然发生的事件。

二审审理查明

对一审法院查明的事实，双方当事人均无异议，二审法院经审查予以确认。

二审判理和结果

二审的争议焦点为：1. 涉案形象使用授权合同是否应解除；2. 上海电影公司是否应返还 8 万元授权费并赔偿 2 万元的违约金。

关于涉案形象使用授权合同是否应解除的问题。《民法典》第五百六十二条第二款规定，当事人可以约定一方解除合同的事由。解除合同的事由发生时，解除权人可以解除合同。本案中，合同双方对于涉案电影是否因导演的抄袭行为导致下线以及该情形是否属于合同约定解除事由产生争议。对此，二审法院分述如下：其一，根据一审查明的事实，涉案电影《阴阳师·晴雅集》的上映期为 2020 年 12 月 25 日至 2021 年 1 月 5 日，即上映 11 天后不再通过全国院线继续排片；2020 年 12 月 22 日，多名影视编剧、制片人联名发文抵制抄袭剽窃者，其中提及涉案电影的导演拒绝执行法院的道歉判决、未对违法行为作出检讨；2020 年 12 月 31 日，该导演发文向庄某道歉。上述事实能相互印证，证明涉案电影的上映排片时间受到涉案电影导演的抄袭事件影响的事实具有高度可能性。上海电影公司作为涉案电影的著作权人，享有该电影的发行权、放映权，涉案电影的发行情况直接影响其著作财产权的实现，故上海电影公司有权利也有义务掌握涉案电影的发行情况。在涉案电影因导演的抄袭事件影响排片时间的情况下，上海电影公司既未作出合理解释，也未举证证明其主张的涉案电影下线系市场行为导致。因此，可以认定涉案电影因电影导演的抄袭行为导致下线。其二，《民法典》第一百四十二条第一款规定，有相对人的意思表示的解释，应当按照所使用的词句，结合相关条款、行为的性质和目的、习惯以及诚信原则，确定意思表示的含义。具体于本案而言，涉案合同的内容系在授权商品上使用电影《阴阳师·晴雅集》中角色形象及其附属衍生形象，双方签订合同的目的在于借助涉案电影的影响力促进授权商品的营销。为实现授权商品销量的持续增长，需要借助涉案电影作品的持续上映、宣传推广。另外，从合同中约定的授权商品销量超 3 万份时收取额外的分成授权费，以及合同约定因电影主要演职人员在电影上映前后发表言论或行为不检点被公开批评，影响产品销量时可解除合同等内容来看，涉案电影的上映情况与涉案合同的履行存在重要关系。因此，保证涉案电影正面宣传效果和正常曝光量，属于授权方应有的合同义务。基于合同条款的上述解释，合同约定的电影主要演职人员在电影上映前后发表言论或行为不检点被公开批评，影响产品销量的解除条款，应当包含因电影导演的抄袭行为导致电影下线的情形，上海电影公司主张该情形为固有商业风险，不符合合同约定，亦与事实不符。综上，天泓公司可根据上述合同约定解除事由解除涉案形象使用授权合同。上海电影公司上诉主张一审认定涉案电影导演抄袭事件的发生时间和实施主体都与涉案电影上映无关。二审法院认为，虽然认定涉案电影导演因抄袭行为需承担侵权责任的生效判决是在 2006 年作出，但该导演遭到联名抵制批评是发生在涉案电影上映前 3 天，该导演的发文道歉也是发生在涉案电影上映后 6 天，此后涉案电影不再排片放映。因此，涉案电影导演的抄袭行为与涉案电影的上映时间存在关联性，上海电影公司的该项上诉理由不能成立。上海电影公司还主张天泓公司未举证证明因影片下线导致授权商品销量减少，但如前所述，授权商品的销售需借助涉案电影的持续上映和宣传推广，涉案电影的非正常下线必然影响授权商品的销量，故上海电影公司的该项上诉理由亦不能成立。

关于上海电影公司是否应返还 8 万元授权费并赔偿 2 万元的违约金的问题。《民法典》第五百零九条规定，当事人应当按照约定全面履行自己的义务。当事人应当遵循诚信原则，根据合同的性质、目的和交易习惯履行通知、协助、保密等义务。第五百六十六条第一款规定，合同解除后，尚未履行的，终止履行；已经履行的，根据履行情况和合同性质，当事人可以请求恢复原状或者采取其他补救措施，并有权请求赔偿损失。本案中，天泓公司行使解除权解除了涉案合同。合同解除后，一审法院根据合同履行情况和合同性质，判决上海电影公司返还 8 万元授权费，符合上述法律规定。根据涉案合同约定，在合同履行过程中如果发生主要演职人员在电影上映前后发表言论或行为不检点被公开批评的，上海电影公司应当提前 30 天通知天泓公司，但上海电影公司在涉案电影因导演的负面行为被联合抵制不再排片放映后，并未通知天泓公司协商沟通合同履行相关情况。因此，一审法院认定上海电影公司存在违约行为，并据此判令上海电影公司赔偿 2 万元违约金并无不当，应予维持。

二审法院判决：驳回上诉，维持原判。

【法官评述】

1. 本案涉及电影角色形象著作权授权许可使用合同中许可人合同义务的解释。《民法典》第一百四十二条第一款规定，有相对人的意思表示的解释，应当按照所使用的词句，结合相关条款、行为的性质和目的、习惯以及诚信原则，确定意思表示的含义。本案合同不同于一般著作权授权许可合同，被许可人签订该类合同，目的在于通过电影角色形象的引流，增加授权产品的销量以实现盈利。而电影角色形象引流作用的发挥，有赖于角色所涉电影的正面宣传效果和曝光量。因此，在电影角色形象著作权授权许可合同中，许可人除了对授权的著作权承担权利瑕疵担保责任外，还应当承担保证电影的正面宣传效果和正常曝光量的合同义务。涉案合同约定有电影主要演职人员在电影上映前后发表言论或行为不检点被公开批评，影响产品销量的解除条款。本案依法适用合同条款解释原则，对许可人的合同义务作出符合当事人真实意思表示的解释，将导演的抄袭行为导致电影下线的情形归入被授权方可依约解除合同的情形。该认定有利于规范影视、娱乐相关行业的健康发展，引导从业人员诚信、守法。

2. 诚信原则被称为民法的"帝王条款"，《民法典》明确将诚信原则作为民法的基本原则。合同履行原则不仅包括全面履行原则，还包括诚信履行原则。当事人除应当按照合同约定履行自己的义务外，也要履行合同未作约定但依照诚信原则应当履行的附随义务。《民法典》就附随义务列举了通知、协助、保密这三项比较典型的义务，但附随义务的范围不局限于此。在某一合同的履行中，当事人应当履行哪些附随义务，应当依照诚信原则，根据该合同的性质、目的和交易习惯作具体判断。本案中，合同约定因演职人员的不当言行而解除合同属于不可抗力，合同双方无需承担违约责任。但当出现该情形时，知悉的合同一方应本着诚信原则及时向另一方告知，并协商清理合同权利义务，防止损失扩大。上海电影公司在出现涉案电影因导演的负面行为被联合抵制不再排片放映的约定不可抗力情形后，未履行通知天泓公司并协商沟通的附随义务，违反了诚信履行原则，应承担违约赔偿责任。

编写人：广州知识产权法院　蔡健和　王冠燕

（编辑：潘星予）

12

网之易公司与华多公司、虎牙公司等
著作权侵权及不正当竞争纠纷案

> **阅读提示**：如何确定游戏类案件中游戏整体画面及游戏玩法规则等的侵权判定标准？

【裁判要旨】

游戏整体画面作为《著作权法》规定的视听作品，判断是否构成实质性相似，必须基于视听画面表达的异同，且要排除非画面内容的干扰，不能以游戏元素的相似性直接推定游戏视听画面构成实质性相似。游戏玩法规则的相似性认定，应以游戏元素具体设计比对为基础，从游戏元素组合所形成的要素系统上加以分析，并考虑玩家在游戏中经历的步骤流程，从而判断游戏整体玩法的相似性。

【案号】

一审：广东省广州市天河区人民法院（2018）粤 0106 民初 13437 号
二审：广州知识产权法院（2021）粤 73 民终 883 号

【案情与裁判】

上诉人（一审原告）：网之易公司
上诉人（一审被告）：华多公司
上诉人（一审被告）：虎牙公司
上诉人（一审被告）：太平洋公司

起诉与答辩

网之易公司起诉称：《我的世界》是由网之易公司在中国大陆地区独家代理运营的一款顶级游戏，在国内外均具有较高的知名度。华多公司在其研发运营的《奶块》游戏中，大量抄袭《我的世界》所属美术资源，将《我的世界》中包括生物、建筑方块、道具、各游戏基础设计与交互设计的外观、功能、组合规则等游戏内容，整体移植到其《奶块》游戏中，导致两款游戏无论是游戏机制、方块设计、元素设计、交互设计等高度相似，以致游戏呈现的整体画面高度相似，侵害《我的世界》的著作权。同时，华多公司在《奶块》游戏内容中实施混淆行为，整体抄袭《我的世界》核心玩法，致使玩家误认为两游戏存在特定联系。虎牙公司是《奶块》官方微博及官方微信企业公众号认证企业，也是《奶块》游戏收费主体，为华多公司的《奶块》游戏提供推广、宣传、下载、收费服务，太平洋公司为《奶块》游戏提供推广、下载服务，与华多公司属于联合运营，构成共同侵权。故诉请判令：1. 华多公司、虎牙公司及太平洋公司立即停止著作权侵权行为；2. 华多公司、虎牙公司及太平洋公司立即停止不正当竞争行为；3. 华多公司、虎牙公司及太平洋公司连带赔偿经济损失及合理维权费用共2000万元。

华多公司答辩称：两游戏呈现的整体游戏画面不构成实质性相似，网之易公司的诉请没有事实和法律依据。

虎牙公司答辩称：从判断侵权的接触加实质性相似的方法出发，两游戏的游戏画面和元素，从色彩、图案到线条均不存在实质性相似。从规则而言，网之易公司所称的游戏规则也不具有独创性，属于公有领域，网之易公司主张的侵权不成立。

太平洋公司答辩称：太平洋公司未参与《奶块》游戏的开发、运营、推广，仅提供软件下载信息，未实施著作权侵权和不正当竞争行为。网之易公司未提供证据证明太平洋公司与华多公司、虎牙公司是联合运营关系。

一审审理查明

Mo jang Synergies AB 享有《我的世界》游戏的著作权，网之易公司经著作权人授权，可以自己名义进行维权。《我的世界》游戏经著作权人持续推广、宣传，在游戏行业内具有较高的知名度。

华多公司享有《奶块》游戏的著作权，虎牙公司确认系《奶块》游戏官方网站、官方微信公众号及官方微博的运营主体，太平洋公司确认太平洋官网提供下载的《奶块》游戏包是通过爬虫技术从豌豆荚获取的。

网之易公司提交多份公证书等相关证据证明《奶块》游戏公证保全情况。

网之易公司主张华多公司等被告在《奶块》游戏中抄袭了《我的世界》游戏共计122处游戏元素设计，包括37种道具元素、7个基础设置元素、24个基础材料元素、29个建筑材料元素、8个生物元素、17个食物元素。上述方块设计、生物设计及数值结构设计是《我的世界》游戏的核心竞争力所在，同时也是吸引玩家游戏的最重要因素。华多公司等抄袭的内容具体至道具名称、道具美术设计、道具功能设置、合成规则、生物名称及美术设计，且无论是道具名称、外形乃至相应的数值都完全一致。即《奶块》游戏在道具、基础设置、基础材料、建筑材料、生物、食物等游戏设置中所使用的元素与 Minecraft 和中国版《我的世界》对应游戏设置所使用的122个游戏元素完全一致，因此，华多公司等被告既构成著作权侵权，也构成不正当竞争。

著作权侵权行为具体表现为：1.《我的世界》游戏中猪、羊、僵尸、骷髅射手、草方块5个游戏元素构成美术作品，《奶块》游戏中的5个美术元素侵害上述5个美术作品的复制权、改编权和信息网络传播权；2.《我的世界》游戏整体画面构成类电作品，《奶块》游戏整体画面侵害《我的世界》类电作品的复制权、改编权和信息网络传播权。

不正当竞争行为具体表现为：1. 使用与《我的世界》别名"麦块"相似的"奶块"作为中文名称，且英文名称"Netcraft"也与《我的世界》英文名称"Minecraft"相似；2. 在《奶块》官方微博中称《奶块》为"MC类游戏"，使用"绝对颠覆MC的世界！相对于MC开房间的形式，《奶块》真正意义上做到了万人同服"等宣传语，误导大量玩家误认为《奶块》是《我的世界》正版授权游戏；3.《奶块》大量仿冒《我的世界》的游戏内容，导致其游戏的操作方式、交互方式、游戏道具、游戏生物等各方面均与《我的世界》过于近似，使玩家对其与《我的世界》游戏产生混淆。网之易公司均主张上述仿冒混淆行为违反了《反不正当竞争法》第六条第（四）项规定，同时还主张华多公司等被告整体抄袭《我的世界》游戏核心内容的行为违反了《反不正当竞争法》第二条的规定。

经比对，《奶块》游戏在道具、基础设置、基础材料、建筑材料、生物、食物等游戏设置中所使用的元素与《我的世界》游戏设置中所使用的122个元素基本相同。

一审判理和结果

一审法院经审理认为，涉案《我的世界》游戏整体画面构成类电作品，网之易公司经著作权人 Mo jang Synergies AB 授权，依法享有对在中国地区侵害《我的世界》游戏著作权及不正当竞争行为提起诉讼的权利。

关于著作权侵权的问题。虽然权利作品作为涉案权利游戏外在可感知表达体现为整体动态运行的游戏画面，但因涉案权利游戏是一款以方块为基石的游戏，设计了基础元素方块、合成元素方块等数百种方块，并对游戏内的生物元素及数值结构进行了复杂精巧的设计，而网之易公司也列举了 122 个核心游戏元素，故可以通过将 122 个游戏元素与《奶块》游戏加以比对，作为判断彼此是否构成实质性相似的路径。通过比对，网之易公司列举的 122 个游戏元素与《奶块》游戏中对应的游戏元素，无论是名称、来源、功能、合成规则都存在高度近似，甚至完全相同，足以认定《奶块》游戏在运行中所展现的动态游戏画面与权利作品构成实质性相似。

关于不正当竞争行为的问题。如前述已认定华多公司著作权侵权的情况下，与网之易公司主张《奶块》游戏整体抄袭权利作品的不正当竞争行为与之存在竞合，故不再重复支持。另外，由于 *Minecraft* 在全世界享有极高知名度，因此《奶块》游戏使用与"麦块"相近的"奶块"作为游戏中文名，以及使用与"Minecraft"相近的"Netcraft"作为游戏英文名，并在游戏宣传中使用"MC 的世界""MC 类手游"等词语，确实会使公众误认为《奶块》游戏与 *Minecraft* 存在特定联系而产生混淆，故网之易公司关于华多公司等实施混淆的不正当竞争行为的主张成立。

华多公司是《奶块》的开发者和曾经的运营单位，虎牙公司则是《奶块》游戏当前的运营单位以及《奶块》官网、官方微博、官方微信的运营者，应当对《奶块》侵害权利作品的行为共同承担责任。至于太平洋公司，由于现有证据不足以证明其为《奶块》的联合运营单位，其仅作为《奶块》游戏的下载平台在一定范围内与华多公司、虎牙公司承担连带责任。

一审法院判决：1. 华多公司、虎牙公司、太平洋公司自判决发生法律效力之日起停止对《我的世界》游戏整体画面的侵权行为（包括删除 122 个游戏元素和删除《奶块》游戏、官方网站、官方微博、官方微信公众号中被控侵权的游戏整体画面）；2. 华多公司、虎牙公司、太平洋公司自判决发生法律效力之日起停止在《奶块》的游戏内容及宣传中实施混淆行为（包括但不限于不再继续使用"奶块""Netcraft""MC 的世界""MC 类手游"等作为游戏名称或宣传用语）；3. 华多公司、虎牙公司于判决发生法律效力之日起十日内共同赔偿网之易公司经济损失及合理开支共 2000 万元；4. 太平洋公司在 10 万元范围内对上述债务承担连带清偿责任；5.驳回网之易公司的其他诉讼请求。

上诉与答辩

一审宣判后，各方当事人均不服，向广州知识产权法院提起上诉。

网之易公司上诉请求：1.撤销一审判决第五项判决，判令华多公司、虎牙公司、太平洋公司立即停止在各平台运营《奶块》（包括 Lusoricraft）游戏；2.判令华多公司、虎牙公司、太平洋公司连续十天在《奶块》官网（网址：nk.huya.com）、官方微信公众号"奶块手游"（微信号：nextstudio）及"奶块手游"官方微博（网址：weibo.com/u/6107864627）醒目位置刊登声明，以消除侵权及不正当竞争行为给网之易公司带来的不利影响。

虎牙公司上诉请求：撤销一审判决，依法改判驳回网之易公司的全部诉讼请求。网之易公司诉讼主体不适格。涉案游戏的连续画面不构成类电作品。一审法院认定两款游戏构成实质性相似缺乏依据，关于游戏元素的认定错误，认定构成不正当竞争没有根据，判定的赔偿损失也没有依据。1.一审法院仅以122个游戏元素相似而推定游戏连续画面构成实质性相似没有事实依据；2.从游戏情节、任务、技能、武器装备等方面进行比对，两款游戏连续画面不构成实质性相似，两款游戏的角色、场景、装备、技能等设计均不同；3.《奶块》游戏内有很强的社交系统，而《我的世界》并不具备；4.本案中的游戏元素名称大量属于自然界存在的生物和物体名称，属于公有领域，不具有独创性，游戏元素的来源、功能、合成规则属于思想范畴，显然不是著作权保护的客体；5.如果认定侵害复制权、信息网络传播权，也就是说被诉侵权游戏连续画面与权利游戏连续画面是实质性相似的，那么游戏画面中的游戏元素也应当是相同的，不会侵害游戏元素的改编权；6.《奶块》游戏名称"Netcraft"与"Minecraft"在字形、拼读等各个方面明显不同，普通玩家不可能认为两者存在特定联系，从而构成混淆，华多公司宣传上用的是"类似 MC 游戏"，既不会造成混淆，也不是"搭便车"的违反商业道德行为。

华多公司上诉请求：撤销一审判决，依法改判驳回网之易公司的全部诉讼请求。除与虎牙公司上诉状一致的意见外，另主张华多公司作为游戏资讯网站媒体，仅提供《奶块》游戏资讯、推广与下载服务，未实施著作权侵权和不正当竞争行为，主观无侵权故意，也无证据证明华多公司与虎牙公司存在联合运营关系。

太平洋公司上诉请求：撤销一审判决第四项，驳回网之易公司对太平洋公司的诉讼请求。一审查明事实不清、认定证据不足，判决太平洋公司承担连带赔偿责任没有依据且数额过高。

虎牙公司、华多公司及太平洋公司针对网之易公司的上诉请求，答辩意见均与各自的上诉意见相同；对其他被告的上诉请求均无异议。

网之易公司答辩称：1.《奶块》游戏在整体上采用了与《我的世界》游戏极其近似的方块像素美术风格，具体组成画面的各个单元方块元素外形、数值、获取方式、交互方式均高度近似，且是游戏最基础最核心的内容，一审法院综合整体动态视听效果及细节设计认定两款游戏画面构成实质性相似并无不当。网之易公司均未将游戏元素单独作为作品进行主张，所主张的权利基础是游戏整体画面，而游戏元素是游戏整体画面的基础和重要组成部分，上述游戏元素具有独创性，能够体现游戏整体画面的独创性。游戏具体细节设计决定游戏画面具体表达的根基，高度近似的游戏元素在高度近似的操作方法和规则下所形成的游戏画面必然高度近似，因此在比对时不可避免要对游戏元素进行比对，以确定两款游戏画面的具体相似之处。2.关于公有领域问题，任何创作都不可能完全脱离现实，不能仅以现实生活中存在该类事物为由就认定游戏中出现的一切与该事物相关的元素设计均落入公有领域。根据虎牙公司等举证，自然界的生物、植物、矿产、道具等内容不同游戏均有不同表达形式，能反映作者的个性化取舍。《奶块》游戏，无论美术外观、动态效果、元素的产生或合成规则，乃至具体的合成数值均与《我的世界》游戏高度近似，必然导致游戏动态画面特征一致，整体画面高度近似；3.《奶块》游戏中英文名均与《我的世界》在玩家中所熟知的通用名称近似，且进行了大量贴靠宣传行为，实际已造成玩家误认，应构成不正当竞争。

二审审理查明

二审查明事实与一审查明事实基本一致。

二审中，根据一审各方提交的证据，二审对网之易公司主张保护的122个游戏元素从外观、名称、操作界面、获得或使用方式、材料的获取或合成规则等不同角度进行详细比对陈述，并进一步从游戏元素组合体系的方面进行详细比对陈述。

二审判理和结果

二审法院认为，关于著作权侵权的问题，涉案游戏整体画面构成类电作品，应当按照类电作品相应的著作权保护范围进行审理和裁判。首先，需根据类电作品的独创性所在来确定其著作权保护范围。类电作品是集合多种艺术表现的综合形式，最终表现形式为连续动态画面。与表现形式相对应的是表达内容，即视听画面所要展示、表达、呈现的过程事件或对象（如故事情节、角色形象、人物关系、舞台表演等），有些内容要素本身可能单独构成与类电作品不同性质的作品。类电作品通过特定顺序的画面衔接和串联来表达某个孤立静止画面难以表达的内容，其独创性源于作者将各式作品或非作品的内容要素转化为连续动态画面的创作过程，而非来自内容要素本身。画面可能构成对内容的演绎，但两者之间的独创性没有必然关系。因此，判断视听作品是否构成实质性相似，必须基于视听画面表达上的异同，且要排除非画面内容的干扰。

其次，要厘清游戏玩法规则与游戏视听画面的关系。游戏玩法规则内化于游戏开发者预设的软件程序，并在游戏程序与玩家的交互过程中以文字、图案、声音等形式组合对外叙述表达，而游戏连续动态画面是其中一种综合视听表达。但是，游戏玩法规则能被视听画面具体表达，并不意味着其当然涵盖于游戏画面著作权的保护范围。游戏中某些玩法属于简单、基础、抽象的思想，或者某些通用、常规的规则本身属于公有领域，这部分不受《著作权法》保护。但是，即使对于游戏玩法规则范畴内已经形成独创性表达的那一部分内容，如其构成作品，也可能与游戏画面作为类电作品的独创性表达有所不同，两者属于不同性质的客体，不可混为一谈。以涉案游戏为例，游戏玩法规则的具体设计既有视听表达（如游戏资源/元素的平面图标、立体造型、动画特效等），也存在非视听表达内容（如游戏资源/元素的功能用途、获得方式、合成规则、数值属性等）。若简单、笼统地将画面表达与非画面内容合二为一，实则将性质不同的独创性表达在同一作品的范畴内予以等同替换，超出了游戏画面著作权的保护范围。

再次，不能以游戏元素的相似性直接推定游戏视听画面构成实质性相似。游戏开发者按照相同的玩法规则来设计游戏资源/元素时，可以形成不同的表达。两款游戏中存在多处游戏元素及其组合的设计相同、相似但画面表达却有较大差异的情形。比如，《奶块》"皮革"与《我的世界》"皮革"相比，两者在美术形象上存在较大差异，且选定《奶块》"皮革"图标时会显示"皮革，击败动物可获得，也可由腐肉烧制而成，用于合成和修理皮革套装，用于合成兽皮"的文字描述表达，而选定《我的世界》"皮革"并无相应文字描述表达，其功能作用这部分设计内容系通过玩家杀死牛和马等动物掉落 0~2 块皮革的画面变化来表达。显然，游戏元素是游戏视听画面的内容要素之一，由内容的相似性不能当然得出画面相似的结论。

最后，应着眼于游戏视听表达来判断游戏整体画面是否实质性相似。从两款游戏的整体视听效果来看，《我的世界》游戏画面偏暗、色温偏冷，整体呈现像素方块的风格；《奶块》游戏画面明亮、色温偏暖，整体呈现卡通可爱的风格。聚焦于游戏画面中具体视听表达来分析，《我的世界》游戏资源/元素在形象上较方正且边缘锐利，大部分建模造型简单粗糙、细节较少；《奶块》游戏资源/元素在形象上较圆润且边缘柔和，大部分建模造型丰富立体、细节较多。两款游戏中大量游戏资源/元素在平面图标、建模造型、动画效果上有较大差异，仅有个别相近，但两者基本参照现实中相应物品、动植物等的形象和动作所设计，各有独创性视听表达。两款游戏中合成台/工作台、储物箱/箱子、炉/熔炉、附魔台/附魔台、饱食度/饱食度、氧气值/氧气值等有单独操作界面，虽然展示的合成、烧炼、附魔或修理过程存在相似之处，但在美术形象及动画效果上有较大差异。综合来看，两款游戏整体画面不构成实质性相似。

关于不正当竞争行为的问题。网之易公司主张的不正当竞争行为包括使用其具有一定影响的游戏名称以及抄袭《我的世界》游戏玩法规则。

第一，关于游戏名称的混淆行为。首先，网之易公司主张的《我的世界》别名"麦块""MC"经持续推广、宣传、使用，在我国内地具有相当高的知名度，已具有区别商品来源的作用，应当认定为有一定影响的商品/服务名称。其次，《奶块》官方微博中有关于"奶块为MC类手游""彻底颠覆MC的世界"的宣传内容，上述使用属于对《奶块》游戏类型的介绍，使玩家能尽快了解《奶块》游戏类型、玩法系沙盒类游戏，并不属于将"MC"作为《奶块》游戏名称或别称的使用行为。玩家并不会以此产生《奶块》游戏来源于《我的世界》游戏权利人、服务商或与之有一定联系等混淆误认。再次，"Netcraft"是在下载《奶块》游戏时其安装包显示其英文名为"Netcraft"，"下载"页面显示有"文件名：netcraft-neststudio-latest.apk"、保存路径等信息，上述标识方式不足以证明《奶块》游戏对应的英文名称为"Netcraft"，网之易公司亦未举证证明《奶块》游戏登录界面或宣传中使用"Netcraft"为游戏英文名称，其亦未提交证据证明《奶块》游戏以"Netcraft"为英文名在海外发行，且网之易公司确认其未主动使用"麦块"作为《我的世界》游戏的别称，因此，现有证据不足以证实华多公司、虎牙公司主动使用"Netcraft"作为《奶块》游戏的英文名。最后，"奶块"和"麦块"虽然都有相同的汉字"块"，但是两个词的读音、含义均不相同，以相关公众的一般注意力为标准，不会导致相关公众将《奶块》误认为《我的世界》游戏或与其存在特定联系。综上，华多公司、虎牙公司的行为不构成仿冒混淆。

第二，关于游戏玩法规则的相似性。首先，从单一游戏元素分析，虽然两款游戏存在大量名称相同的单一游戏元素，但其获取方法、功能用途、合成规则均不相同，如"金苹果""金胡萝卜""附魔台"等元素；虽然两款游戏部分单一元素名称、美术形象、功能用途高度相似，但属于网络游戏的"常规设计"或符合游戏设计的"映射理论"，在判断游戏相似性时应予以排除，如"血量""氧气值""台阶"等元素；虽然部分单一元素的合成规则相同，但由于两款游戏对应元素的操作页面存在差异，亦难以使玩家产生相同的游戏体验，如"羊毛""沙石""木板"等元素。其次，从游戏元素组合体系分析，两款游戏在农作物资源、树木资源、16色染料等方面存在部分相似之处，但是整体设计、组合及玩法存在不同，如"小麦""马铃薯""胡萝卜""橡树"等资源。再次，从游戏的整体玩法分析，两款游戏世界维度不同；核心人物及特色系统不同；玩家性别、职业设置不同，玩家就不同性别、职业的皮肤、装备选择及升级玩法等方面不同。最后，两款游戏玩法规则的表达形式不同。游戏玩法规则内化于游戏开发者预设的软件程序，并在游戏程序与玩家的交互过程中以文字、图案、声影等形式组合对外叙述表达，有多种表达形式。但是游戏规则并非简单的游戏元素的整合，从整个游戏运行过程来看，游戏规则程序是玩家操纵游戏流程。对于玩家而言，游戏规则分为可直接阅读的文字表达以及无法直接阅读，需要从与计算机软件的互动及其反馈中识别和理解游戏的限制。《奶块》游戏，玩家直接通过阅读的文字表达理解游戏玩法规则，点击不同的游戏元素图标会出现文字说明该元素的获取规则、合成规则、使用方法、功能效果等，使得玩家更容易理解游戏玩法规则并迅速进行操作，而《我的世界》游戏，玩家无法直接通过阅读的文字表达理解游戏玩法规则，点击不同的游戏元素图标并不会出现文字说明，对游戏元素的获取规则、合成规则、使用方法、功能效果等游戏玩法要从与计算机软件的互动及其反馈中识别和理解。综合来看，两款游戏虽然存在相同的游戏元素、合成规则及数值设计等，但游戏元素组合所形成的多个要素系统并不完全相同，且玩家角色设定、游戏特色系统、游戏任务设置等均不同，玩家以此为基础的游戏体验也不相同，故难以认定《奶块》游戏整体抄袭了《我的世界》游戏玩法规则。

二审法院判决：撤销一审判决，驳回网之易公司的诉讼请求。

【法官评述】

近年来，随着大型网络游戏的开发、推广以及产生的巨大收益，游戏类案件也日益成为著作权侵权的高发领域。虽然游戏作品的发展进步难免借鉴已有游戏的创意、美术元素、玩法规则等，但仍应以不侵害在先游戏作品的著作权为限。本案中涉及的游戏是一款沙盒游戏，整个游戏没有剧情，玩家通过对游戏元素从外形、交互方式、合成规则到获取规则等进行取舍和设计，自己创造作品，该作品是游戏整体动态画面独创性的体现。

一、对游戏整体画面的侵权判定如何判断

游戏整体画面的侵权判定以"接触＋实质性相似"作为判定标准，而判断两个作品是否构成实质性相似，必须基于视听画面表达上的异同，且要排除非画面内容的干扰，不能以游戏元素的相似性直接推定游戏视听画面构成实质性相似。首先，要厘清游戏玩法规则与游戏视听画面的关系。游戏玩法规则能被视听画面具体表达，并不意味着其当然涵盖于游戏画面著作权的保护范围，游戏中某些玩法属于简单、基础、抽象的思想，或者某些通用、常规的规则本身属于公有领域，这部分不受《著作权法》保护。但是，即使对于游戏玩法规则范畴内已经形成独创性表达的那一部分内容，如其构成作品，也可能与游戏画面作为类电作品的独创性表达有所不同，两者属于不同性质的客体，不能混为一谈。如简单、笼统地将画面表达与非画面内容合二为一，实则将性质不同的独创性表达在同一作品的范畴内予以等同替换，超出了游戏画面著作权的保护范围。其次，应着眼于游戏视听表达来综合判断，不能以游戏元素的相似性直接推定游戏视听画面构成实质性相似。

二、对游戏玩法规则的侵权判定如何把握

涉案两款游戏均以游戏元素及其组合设计呈现玩法规则，故分析玩法规则的相似性，不能孤立看待单一游戏元素或其某一方面的属性设计来进行比对，否则将割裂由多个游戏元素组合所形成的玩法要素系统。具体比对时，不仅要综合考虑游戏元素的名称叫法、美术形象、功能用途、获得方式、合成规则、数值属性（如有）等方面的设计，也要考虑游戏元素之间的关联及耦合关系（即游戏元素组合体系）。此外，对玩法规则层面的相似性分析不能脱离玩家的游戏体验，尤其是对于涉案这一类型游戏而言，玩家的游戏体验依存于游戏中所要经历的收集、合成、烧炼、建造等一系列游戏行为，故还需考虑玩家体验某一玩法的必经步骤或流程——常体现为游戏中从低级资源/元素到高级资源/元素的逐步发展脉络。同时也要注意，该类型游戏通用、必要、基础的玩法或者直接来源于现实世界经验规律总结的规则等公有领域要素，应剔除在判断两者玩法规则相似性的考虑范围之外，以免在先使用者垄断游戏基础玩法规则，禁锢后来者的创新空间。

　　本案涉及的游戏整体画面及游戏玩法规则的侵权判断标准，对该类案件的处理具有指导意义，亦能够规范游戏开发者在开发游戏时的审慎注意和积极规避义务。

编写人：广州知识产权法院　彭盎　耿照阳

（编辑：邓文婷）

13

网易杭州公司与微字节公司等
侵害著作权纠纷案

> **阅读提示**：广告主利用落地页建站工具实施著作权侵权行为时，该建站工具提供者是否承担责任以及承担何种责任？

【裁判要旨】

关于广告主利用落地页建站工具实施著作权侵权行为时，该建站工具提供者的责任承担问题。在广告发布平台自行开发建站工具的情况下，应从广告发布平台对所发布内容审查能力的强弱、是否因所发布内容直接获得经济利益、侵权信息显著程度等因素予以判断广告发布平台是否尽到其合理注意义务。在广告发布平台对侵权行为未尽到合理注意义务，对被诉侵权行为构成明知或应知时，应认定该广告发布平台（建站工具提供者）构成帮助侵权。

【案号】

一审：广州互联网法院（2020）粤 0192 民初 27790 号
二审：广州知识产权法院（2021）粤 73 民终 5227 号

【案情与裁判】

上诉人（一审原告）：网易杭州公司
上诉人（一审被告）：微字节公司
被上诉人（一审被告）：州叶公司
被上诉人（一审被告）：骏比高公司

被上诉人（一审被告）：淘进公司

起诉与答辩

网易杭州公司起诉称：网易杭州公司作为国内知名的游戏开发商，开发了知名度极高的《梦幻西游》《梦幻西游无双版》《迷你西游》手游，并就游戏相关的美术资源享有完整的著作权。被诉侵权游戏《大圣轮回》手游的宣传下载页面使用涉案 14 幅美术作品，侵害了网易杭州公司就上述美术作品享有的复制权、信息网络传播权，并造成了巨大的损失，故请求判令微字节公司、淘进公司等停止侵害网易杭州公司著作权侵权行为，赔偿网易杭州公司经济损失及合理支出 100 万元。

微字节公司答辩称：微字节公司运营的橙子建站为用户提供互联网信息空间存储服务与建站工具，并非涉侵权内容发布者。

一审审理查明

涉案公证书及附件截屏显示：2019 年 3 月 29 日，网易杭州公司委托代理人浏览《大圣轮回》游戏网页相关信息并下载安装游戏，微信充值显示收费主体为淘进公司。对《大圣轮回》游戏下载宣传页面进行浏览，被诉侵权的美术图案占页面较大的比例，其余多个被诉侵权的图标图案也多次出现。在该宣传网页中点击下载游戏，所下载安装的游戏名称为《大圣轮回》，对该游戏进行充值，其中支付宝充值收费主体为骏比高公司，微信充值收费主体为州叶公司。据 ICP/IP 信息备案管理系统显示，网站 www.chengzijianzhan.com（网站名称为"橙子建站"）的主办单位为微字节公司。

网易杭州公司主张发布《大圣轮回》游戏广告页面上的 14 幅美术图案侵害了其作品的复制权、信息网络传播权。

经比对，网易杭州公司主张权利的 14 个美术图案与被诉侵权图案在构图、色彩、形象、配饰等方面基本一致，尽管有画面明暗度、分辨率等区别，但根据一般公众的认知，应构成实质性相似。

微字节公司确认运营橙子建站网站，但认为其作为网络平台服务提供者，仅为用户提供信息存储空间服务，涉案侵权内容由用户自主编辑，自主上传，自主控制，并通过淘进公司实名注册账号发布。微字节公司与案外人巨量引擎公司存在合作关系，微字节公司为该司客户提供建站技术服务，该司客户在使用橙子建站服务之前，需签订《服务协议》方可登录，在发布落地页时还需签订《用户协议》。广告发布页面对于广告审核的提示，属于广告发布平台的要求而非橙子建站的要求，橙子建站并非广告发布平台。并且微字节公司从未收取淘进公司任何利益，双方也无合作协议，微字节公司不对广告内容进行审核。微字节公司提交的公证书显示：查看网络的数据载明，淘进公司发布于2010年6月20日—2019年6月23日期间的多条广告状态为"审核通过""审核封禁"。一审法院责令微字节公司提交其与巨量引擎公司合作的协议，微字节公司未举证。

一审判理和结果

一审法院认为，微字节公司、州叶公司、骏比高公司、淘进公司系共同实施相关游戏推广行为，且未经网易杭州公司的授权或许可，使用与涉案美术作品实质性相似的美术图案作为游戏宣传素材，并在互联网上投放进行推广，侵害了网易杭州公司对涉案美术作品依法享有的信息网络传播权，判决微字节公司、州叶公司、骏比高公司、淘进公司连带赔偿网易杭州公司70000元等。

上诉与答辩

一审宣判后，微字节公司不服，向广州知识产权法院提起上诉：微字节公司仅提供建站技术服务并非涉案侵权广告发布者，无直接侵权行为，亦不构成间接侵权行为，不应就涉案侵权责任承担连带责任。请求撤销一审判决第一、二项，驳回网易杭州公司全部诉讼请求。

网易杭州公司答辩称：1.微字节公司与其他侵权主体分工合作共同参与侵权广告发布，应当承担侵权责任；2.微字节公司明知应知涉案广告存在侵权内容，且其就涉案侵权广告获取了直接经济利益，应当承担侵权责任。

二审审理查明

1.时间戳截图。该截图载明，在抖音、火山视频、今日头条以及西瓜视频等头条系App网站主页点击"投放广告"均跳转至巨量引擎网站。

2.橙子建站、巨量引擎网站服务器IP地址查询截图。该截图显示两者域名后缀均为"oceanengine.com"，拟证明橙子建站与巨量引擎二者实际为同一服务器后台，后台数据互通。

3.橙子建站、巨量引擎公司官网相关功能介绍。IP360真相取证内容载明：（1）巨量引擎广告投放平台是聚合抖音、今日头条、西瓜视频等产品营销服务平台，其作为广告发布单位，有权对广告予以审核。（2）巨量引擎根据人工智能算法向特定用户群组推送相关广告，并存在CPC（按照广告点击收费）、CPM（按照广告展示收费）等方式收费。（3）橙子建站是巨量引擎广告投放平台专属的落地页制作工具，可根据广告主需求制作和修改广告。（4）橙子建站向广告主提供智能建站转化组件、程序化落地页功能、信息统计功能。智能建站组件包括展示组件和转化组件。展示组件有文本、图片、组图和元素组件，可由用户上传相应类型素材，其中图片部分包括橙子建站提供的免费图库。转化组件有表单、在线咨询、电话、下载按钮、多线沟通、卡券和微信组件，可由用户自主添加转化组件类型。程序化落地页功能是指全自动识别出表现优异的落地页、智能分配更多流量给优质落地页以提升整体转化率和计划竞争力，并且方便广告主作跑量和转化分析。信息统计功能是指统计落地页平均阅读比例、平均阅读时长等数据。（5）巨量引擎公司官网载明相关落地页审查要求。

4. 橙子建站通知。该建站通知告知用户落地页内容必须与实际下载应用保持一致，如游戏名称一致、游戏画风一致、应用信息一致等，否则可能被拒审。

5. 网易杭州公司历史维权电邮。该邮件显示2017年起网易杭州公司已向微字节公司及其关联公司对被诉侵权游戏广告进行多次投诉，但侵权行为仍持续存在。

二审判理和结果

二审法院认为，微字节公司并非仅提供中立的技术服务，而是与案外人巨量引擎公司进行分工合作，共同提供广告发布服务，且微字节公司作为广告发布者未尽到合理注意义务，对被诉侵权行为发生存有过错，构成广义共同侵权中的帮助侵权。

一、微字节公司所提供的建站服务的具体内容及性质

在本案中，要判断微字节公司是否构成侵权以及构成何种侵权的关键在于明确橙子建站服务的具体内容及其性质认定。根据橙子建站和巨量引擎公司官网介绍可知，橙子建站是巨量引擎广告投放平台的转化工具，其主要服务内容包括以下四个方面：（1）提供智能建站组件，包括展示组件和转化组件。其中展示组件有文本、图片、组图和元素组件，可由用户上传相应类型素材。转化组件有表单、在线咨询、电话、下载按钮、多线沟通、卡券和微信组件，可由用户自主添加转化组件类型。（2）提供程序化落地页功能，全自动识别出表现优异的落地页、智能分配更多流量给优质落地页以提升整体转化率和计划竞争力，并且方便广告主作跑量和转化分析。（3）提供信息统计功能，统计落地页平均阅读比例、平均阅读时长等数据。（4）其他功能。橙子建站发布页面载明如在发布类型中选择落地页，在使用场景中选择广告投放，则审核方式为提前审核广告，审核快过审率高，并且针对应用下载的落地页，告知广告主其应用五要素信息应与落地页内容一致，如游戏名称一致、游戏画风一致、应用信息一致等，否则可能被拒审。微字节公司在后台数据中可直接查看广告发布者所发布多条广告的审核状态，如"审核通过""审核封禁"等。

微字节公司在本案中提供的服务主要是为巨量引擎广告用户提供落地页广告制作工具，包括文本、图片、视频等广告内容的添加及优化，表单、咨询、多线沟通等广告功能的增加，广告转化服务、流量分配、广告效果统计等，该服务并非简单的仅为用户提供信息存储，亦不属于法律明确规定的自动传输、自动接入、搜索链接、文件分享的网络服务，故不适用上述网络服务提供者的归责和免责原则。即微字节公司不能据此主张免责。但与此同时，虽然《橙子建站服务协议》中明确橙子建站获得二次编辑及优化作品的授权，但橙子建站中的个性化广告素材来自广告主的自行上传、自行设置，故在案证据尚不足以证明微字节公司所提供的建站服务内容涉及被诉侵权内容的提供或制作，即微字节公司并非侵权内容提供者。关于其他功能是否属于广告发布者，将在下文结合橙子建站与案外人巨量引擎公司的合作模式予以论述。

二、微字节公司与案外人巨量引擎公司分工合作、共同实施广告发布事务，共享相应经济利益

根据《互联网广告管理暂行办法》第十一条规定，互联网广告发布者是具备能够核对广告内容并对是否发布广告有决定能力的主体。在本案中，首先，微字节公司与巨量引擎公司合作模式紧密。橙子建站是巨量引擎公司官方落地页制作工具，巨量引擎公司是头条系 App 的广告发布平台，并且两者共用同一服务器后台。微字节公司亦确认橙子建站为合作方巨量引擎公司投放广告。其次，微字节公司未举证证明其与巨量引擎的具体合作模式。在一审中，网易杭州公司基于微字节公司提交的证据中所载明的被诉侵权广告的具体投放流程、橙子建站发布页面在选择落地页广告投放时存在对广告审核的提示等内容，主张微字节公司与巨量引擎公司共同向广告主提供广告服务并基于侵权素材直接获得经济利益，再结合微字节公司提供的后台数据可直接查看广告发布者所发布多条广告的审核状态，如"审核通过""审核封禁"等，在认定上述证据已经初步证明微字节公司对被诉侵权广告的内容能够核对，且对广告内容的发布有决定能力的基础上，责令微字节公司提交其与巨量引擎公司的具体合作模式，但微字节公司未予提交。据此，一审法院根据《最高人民法院关于民事诉讼证据的若干规定》第九十五条，认定微字节公司参与广告发布事务并从中直接获得相应利益，适用法律准确。微字节公司主张网易杭州公司并未提交证据说明微字节公司与巨量引擎公司的合作关系，故一审法院对此举证责任分配错误。二审法院认为，在民事诉讼中，当事人一方提交的证据属于在案证据，另一方当事人亦可据此主张相应事实存在。因此，虽然网易杭州公司在一审中提交的关于微字节公司的证据仅为被诉侵权网页网址以及 ICP 备案主体，但网易杭州公司根据微字节公司提交的相关证据已初步证明微字节公司与巨量引擎公司共同提供广告发布服务。故一审法院在责令微字节公司提交其与巨量引擎公司具体合作模式证据而其未予提交的情况下，对微字节公司作出不利推定，不属于举证责任分配错误。综上，二审法院认定，微字节公司与案外人巨量引擎公司分工合作、共同实施广告发布事务，共享相应经济利益。

三、微字节公司未尽到其合理注意义务，构成帮助侵权

因在案证据尚不足以证明微字节公司、巨量引擎公司作为广告发布者与作为被诉侵权广告内容提供者的淘进公司存在分工合作或存有共同侵权的意思联络，故一审法院认定微字节公司与州叶公司、骏比高公司、淘进公司构成分工合作的共同侵权属于适用法律不当，予以纠正。根据《侵权责任法》第九条规定，教唆、帮助他人实施侵权行为的，应当与行为人承担连带责任。《广告法》（2018 年修正）第三十四条规定，广告经营者、广告发布者应当按照国家有关规定，建立、健全广告业务的承接登记、审核、档案管理制度。广告经营者、广告发布者依据法律、行政法规查验有关证明文件，核对广告内容。对内容不符或者证明文件不全的广告，广告经营者不得提供设计、制作、代理服务，广告发布者不得发布。第六十九条规定，广告发布者违反本法规定，有其他侵犯他人合法民事权益的，应依法承担民事责任。因此，作为广告发布者，其对广告内容负有相应的法定审查义务，如未尽到相应的审查义务，在其所发布广告内容侵犯他人合法民事权益时，将依法承担民事责任。具体到本案中，如微字节公司未尽到其合理注意义务，则其将因对被诉侵权行为的发生提供发布渠道而构成帮助侵权。关于微字节公司是否尽到合理注意义务，二审法院具体论述如下。

首先，微字节公司同时作为落地页制作工具提供者和广告发布者，理应具有更强的审查能力。不同落地页形态下的广告发布者对落地页控制能力存在差异。通常而言，落地页的承载页面往往由广告主或其合作伙伴控制，广告主有权利且有能力随时调整、变更落地页具体内容，故普通广告发布者对落地页的控制能力较弱。但在本案中，微字节公司为落地页广告制作提供工具，广告主基于其提供的工具制作广告，广告内容亦存储于微字节公司服务器内，故微字节公司对落地页内容享有较之普通广告发布者更强的控制能力。

其次，微字节公司在享有相应经济利益的同时，理应承担与其获利相应的审查义务。微字节公司与巨量引擎公司分工合作，共同实施广告发布服务，且巨量引擎公司根据其与用户的协议基于 CPC（按照广告点击收费）、CPM（按照广告展示收费）等计费方式向用户收取广告费，故事实上微字节公司基于其广告发布行为直接获得经济利益。因此，对于广告发布者而言，虽然著作权侵权审查较之商标权可能需要更大投入，但其在选择作为广告发布者来获取巨大收益的同时，就应当尽到核查广告发布内容是否侵犯信息网络传播权的义务，并为此支付相应的成本。微字节公司以网络广告信息数量庞大及广告内容难以审查而逃避审核等义务，放任侵权行为发生，以此来拒绝承担与其权利相应的义务的做法，将造成权利义务的不相适配甚或广告发布者与著作权人利益的失衡，不应得到支持。

最后，被诉侵权广告的侵权信息明显。一是涉案权利作品知名度高。现被诉侵权广告即《大圣轮回》游戏下载宣传页中的侵权图案在宣传页中的占比达 60% 以上，应认定在同类游戏客户群体中，涉案权利作品的知名度高且侵权信息明显。二是权利人多次维权。网易杭州公司向微字节公司及其关联公司发送近百封的《梦幻西游》维权邮件，虽然绝大部分维权邮件均是发送至微字节公司的关联公司，但在如此大规模维权活动发生的情形下，微字节公司理应对《梦幻西游》游戏赋予更高注意。

综上，微字节公司作为广告发布者，具有法定审查义务，且在本案中，微字节公司具有较强审查能力，又从被诉侵权广告直接获得经济利益，加之被诉侵权广告的侵权信息明显，故应认定微字节公司未尽到其合理注意义务，对被诉侵权广告内容侵害网易杭州公司信息网络传播权构成应知，进而应认定其构成帮助侵权。

二审法院判决：驳回上诉，维持原判。

【法官评述】

随着互联网广告从 PC 端转移至移动端（智能手机、平板电脑），广告样式也从 PC 时代跳转式和链接式的广告主自有落地页发展到以原生和封闭的 App 内部广告落地页为主。[①] 为实现形式统一和落实更严格的广告监管职责，移动 App 平台经营者为客户提供自有广告落地页建站工具的模式日益兴起，并

---

① 李帅：《平台建站类移动广告落地页的法律责任》，发表于微信公众号"网络法实物圈"，2018 年 10 月 22 日。

逐渐成为移动广告新业态。① 比如腾讯系的枫叶平台、头条系的橙子建站等。本案即主要涉及广告主利用头条系的落地页建站工具"橙子建站"发布侵权广告时，该建站工具提供者微字节公司的责任承担问题。

要判断建站工具提供者是否构成侵权以及构成何种侵权的关键在于明确建站工具其具体建站服务内容及性质认定。实践中存在以下两类基本建站工具提供者。其一，在建站工具提供者仅提供中立的建站技术服务的情形下，应认定其因技术中立而不构成侵权，比如第三方建站工具提供者通常属于此种情形；其二，在建站工具提供者不仅提供落地页制作工具技术服务并能实际核对广告内容对广告发布具有决定能力的情形下，应认定该建站工具提供者亦为广告发布者。对于作为广告发布者的建站工具提供者的责任认定，应从其对所发布广告内容审查能力的强弱、是否因所发布广告内容直接获得经济利益、侵权信息是否显著以及显著程度等因素予以动态系统考量，以最终判断建站工具提供者对侵权行为是否尽到合理注意义务。具体到本案中，在微字节公司同时作为落地页制作工具提供者和广告发布者具有更强审查能力，又从所发布侵权广告直接获得经济利益，且侵权信息明显的情形下，应认定其对侵权行为未尽到合理注意义务，对被诉侵权行为构成明知或应知，进而认定其构成帮助侵权。

二审审理思路弥补了一审法院在认定微字节公司提供服务行为的定性方面论理的不足与偏差，避免了简单化地全盘否定新兴商业模式，有利于规范引导移动广告新业态有序发展，持续推动文化创意产业繁荣，实现知识产权保护与新型经济发展的利益平衡。

编写人：广州知识产权法院　龚麒天　齐柳

（编辑：王俭君）

---

① 《建站工具在移动端广告场景中的法律责任初探》，发表于微信公众号"WELEGAL公司法务联盟"，2019年4月18日。

14

新数公司与美易搜公司等
侵害计算机软件著作权纠纷案

阅读提示：如何准确认定计算机软件侵权纠纷中的"接触"？

【裁判要旨】

由于计算机软件自身固有的特点，相同的运行界面可以通过不同的计算机语言进行表达，是否具有接触涉案软件源代码的可能性，通常是判断接触要件的重要环节。如果有确凿的证据证明，被告实际接触了原告的软件源代码，则对于软件实质性相似的证明要求会相应降低，反之则通常通过软件源代码的比对，判断软件是否实质性相似。

【案号】

一审：广州知识产权法院（2021）粤 73 知民初 586 号

【案情与裁判】

原告：新数公司

被告：美易搜公司

被告：立创质量公司

被告：立创检测公司

被告：花木草公司

起诉与答辩

新数公司向一审法院提出诉讼，请求判令美易搜公司、立创质量公司、立创检测公司及花木草公司：1. 立即停止侵害其《美业颜究院》计算机软件系统著作权行为以及不正当竞争行为，立即停止使用、销售、许可他人使用《大麦星球》（或相同、类似）计算机软件系统，并销毁《大麦星球》（或相同、类似）计算机软件系统；2. 连带赔偿因上述行为给其造成的经济损失200万元；3. 承担新数公司因维权所支出合理费用，暂计为5万元；4. 在其官方网站、微信公众号、全国性报刊和网络媒体上刊登公开道歉声明，消除影响；5. 承担本案诉讼费用、保全费用。事实与理由：新数公司是涉案《新数智能科技美业品类数据分析系统》（简称《美业品类数据分析系统V1.0》）《找原料电子商务化妆品大数据分析系统》（简称《化妆品大数据分析系统V1.0》）计算机软件的著作权人。经调查发现，美易搜公司在其微信公众号、官方网站、大型展会上向与新数公司相同的客户群体宣传、许诺销售、销售的名为《大麦星球》的侵权软件与新数公司的涉案软件系统完全一致，界面功能设计、结构布局、图形标志均相同。新数公司据此向法院提起诉讼。

美易搜公司答辩称：1. 美易搜公司自行开发的《大麦星球》软件不构成侵害涉案《美业颜究院》计算机软件系统的著作权行为。2.《大麦星球》软件未构成不正当竞争行为。3. 美易搜公司、立创质量公司、立创检测公司及花木草公司之间有关联，但不构成公司混同。综上，请求驳回新数公司的诉讼请求。

立创检测公司、立创质量公司、花木草公司共同答辩称：同意美易搜公司的答辩意见。

一审审理查明

一、涉案软件权属相关情况

软著登字第6909777号计算机软件著作权登记证书记载，新数公司是《找原料电子商务化妆品大数据分析系统》软件的著作权人，权利取得方式为受让取得，开发完成日期为2019年7月7日，首次发表日期为2019年7月7日，登记号为2021SR0185460。

软著登字第7251086号计算机软件著作权登记证书记载，新数公司是《新数智能科技美业品类数据分析系统》软件的著作权人，权利取得方式为原始取得，开发完成日期为2020年8月7日，首次发表日期为2020年8月7日，登记号为2021SR0528460。

新数公司另提交设计软件"墨刀"的页面截图，记载"美业数据官—正式线第一版"提交时间为2019年4月25日，"初始化项目""添加axios""Initial commit"提交时间为2019年3月21日。

二、新数公司主张被诉侵权行为相关情况

2021年5月10日，新数公司向公证处申请证据保全。取证过程显示，新数公司的委托代理人彭某某使用该公证处电脑登录了www.damaixq.com网站，通过输入"体验账号154"和密码登录相应账号，并对登录后的相关界面进行截图。

新数公司主张美易搜公司、立创质量公司、立创检测公司及花木草公司均接触过涉案软件，具体包括：1.花木草公司法定代表人孔某于2017年到访新数公司交流，2021年再次联系新数公司申请试用账号；2.美易搜公司法定代表人黄某某以立创质量公司销售经理身份到新数公司交流，表示有合作意向，其间接触涉案软件系统；3.2020年11月，花木草公司股东刘某某多次接触新数公司工作人员，申请试用账号，获取服务合同和报价方案，新数公司工作人员也两次邀请其到公司，向其展示涉案软件系统。为证实上述主张，新数公司提供与相关人员的微信聊天记录。

新数公司明确其在本案中主张被诉侵权软件为《大麦星球》软件，其主张被诉侵权软件与涉案软件《化妆品大数据分析系统V1.0》《美业品类数据分析系统V1.0》构成实质性相似，依据为《大麦星球》软件界面截图的101页中有49页界面相同，同时《大麦星球》软件的介绍文案与新数公司"美业颜究院"的文案一致。

一审庭审中，美易搜公司陈述可以提供被诉侵权软件前端代码进行比对，并于庭后向一审法院提交《鉴定申请书》，申请对《大麦星球》软件与涉案《美业品类数据分析系统V1.0》软件源代码进行比对，新数公司认为源程序及代码涉及核心技术秘密、商业秘密，并且以源程序的比对并非判断被诉侵权软件是否侵害涉案软件的必备条件和必需环节为由，明确表示不同意进行鉴定。

三、相关抗辩事实

软著登字第5279104号计算机软件著作权登记证书记载：美易搜公司是《美易搜化妆品运营管理智能工具》管理软件（简称《美易搜网页版V1.0》）的著作权人，权利取得方式为原始取得，开发完成日期为2019年4月30日，首次发表日期为2019年5月31日，登记号为2020SR0400408。经软著变补字第202144778号《计算机软件著作权登记事项变更或补充说明》记载，该软件变更后著作权人为美易搜公司。

软著登字第7803381号计算机软件著作权登记证书记载：美易搜公司是《大麦星球V1.0》软件的著作权人，权利取得方式为原始取得，开发完成日期为 2021 年 4 月 10 日，首次发表日期为 2021 年 4 月 10 日，登记号为 2021SR1080755。

美易搜公司主张《美易搜网页版 V1.0》为被诉侵权软件《大麦星球》的第一版，早于涉案《美业颜究院》软件的登记及发表时间。另提交"大麦星球"系统代码截图，拟证明《大麦星球》软件与涉案《美业颜究院》软件代码逻辑、编程语言、框架完全不一致。

四、新数公司主张不正当竞争的事实

新数公司称涉案《美业颜究院》软件形成时间早于被诉侵权软件《大麦星球》，且《大麦星球》软件升级之前的《美易搜网页版 V1.0》仅具有辅助备案检测业务，美易搜公司、立创质量公司、立创检测公司及花木草公司在接触涉案软件后开发的《大麦星球》软件与涉案《美业颜究院》软件在组织结构上高度一致，细节处理上莫名重合，其开发被诉侵权软件即具有抄袭意图，故新数公司认为《大麦星球》软件对涉案《美业颜究院》软件的模仿已经超出了合理借鉴范围，构成抄袭，该种抄袭行为有违诚实信用原则和商业伦理，具有明显搭便车特征，构成不正当竞争。

五、新数公司主张侵权赔偿的相关案件事实

关于赔偿数额，新数公司主张根据美易搜公司被诉侵权软件的售价为 5000 元及其宣称的客户数量超过 8000 来计算其侵权获利。

新数公司主张本案的维权合理费用包括律师费 45000 元、公证费 3000 元，差旅费 1927.73 元。

一审判理和结果

一审法院认为，本案为侵害计算机软件著作权纠纷。根据各方当事人的诉辩意见，争议焦点为：1.新数公司是否是涉案软件的著作权人；2.美易搜公司、立创质量公司、立创检测公司及花木草公司是否实施销售、使用和许可他人使用被诉侵权软件的行为；3.美易搜公司、立创质量公司、立创检测公司及花木草公司是否侵害涉案软件著作权；4.美易搜公司、立创质量公司、立创检测公司及花木草公司是否构成不正当竞争；5.若构成侵权，民事责任如何认定。

关于新数公司是否是涉案软件的著作权人的问题。本案中，根据新数公司提交的涉案软件的著作权登记证书，结合其提交的《美业颜究院》软件前端代码提交记录及相关报道等证据，足以证明新数公司是涉案《化妆品大数据分析系统 V1.0》《美业品类数据分析系统 V1.0》软件的著作权人。新数公司主张涉案软件早在 2019 年 4 月 25 日即已创建，并主张其于 2019 年 4 月 25 日在"墨刀"

软件中提交"美业数据官"为涉案软件的原型,并未提交充分证据予以证明,不予采纳。综上,认定新数公司是涉案《化妆品大数据分析系统 V1.0》《美业品类数据分析系统 V1.0》软件的著作权人,其发表和完成日期以其著作权登记证书记载为准。

关于美易搜公司、立创质量公司、立创检测公司及花木草公司是否实施销售、使用和许可他人使用被诉侵权软件的行为的问题。首先,关于美易搜公司的被诉侵权行为。根据新数公司提交的证据及美易搜公司的当庭自认,认定美易搜公司实施了销售被诉侵权软件的行为。其次,关于使用及许可他人使用的行为。根据在案证据,美易搜公司使用被诉侵权软件的行为与计算机软件保护条例中规定的侵权行为无法对应,新数公司亦未提交证据证实美易搜公司存在使用及许可他人使用的行为,对此不予支持。再次,关于立创检测公司及立创质量公司的被诉侵权行为。根据查明事实,可以认定美易搜公司、立创质量公司、立创检测公司在经营、宣传上存在混同,属于关联公司,结合案件事实,可以认定立创质量公司、立创检测公司与美易搜公司共同实施了前述销售被诉侵权软件的行为。最后,新数公司主张花木草公司实施被诉侵权行为无事实与法律依据,不予支持。

关于美易搜公司、立创质量公司、立创检测公司及花木草公司是否侵害涉案软件著作权的问题。

第一,是否存在接触涉案软件的可能性。

对于计算机软件接触行为的认定,不能简单等同于日常生活中的接触或仅从接触的字面含义出发进行界定,对于短时间感知运行界面、经许可试操作运行界面或在系统展示过程中了解到公开信息等行为,不能一概认定为接触行为,还需结合具体情况判断相关行为是否足以达到对涉案软件进行研究、破解、修改或复制的程度,从而获取公开信息之外的与软件编写直接相关的深层信息。本案中,美易搜公司、立创质量公司和立创检测公司的工作人员除到访新数公司交流期间,经由新数公司展示了解过涉案软件系统相关公开信息外,并无证据证实曾有机会接触涉案软件系统。花木草公司法定代表人孔某和股东刘某某确实与新数公司销售人员进行沟通,并申请过相关系统的试用账号。但是,试用账号作为新数公司向潜在客户公开展示系统的方式,新数公司作为开发者,理应已经采取必要措施对用户体验过程中的泄密风险进行合理掌控,花木草公司正常申请试用账号的事实仅能证明其曾经以普通用户身份接触过涉案软件运行界面的相关信息,而运行界面只是计算机软件运行结果的一部分,仅以此证据不足以证明花木草公司存在侵权判定意义上接触涉案软件的可能性。换言之，新数公司并未举证证实美易搜公司、立创质量公司、立创检测公司及花木草公司存在接触涉案软件源代码的可能性，如前所述，需结合举证责任分配及证明标准等情况，进一步对双方软件相同或实质性相似的问题进行判定。

第二，涉案软件与被诉侵权软件是否构成相同或实质性相似。

在一审法院多次释明的情况下，新数公司仍坚持以保护商业秘密为由拒绝鉴定亦拒绝提交源程序或目标程序进行鉴定，仅主张以软件运行界面的截图进行比对。在此情形下，应从公平和诚实信用原则出发，合理把握证明标准的尺度，对新数公司提供的现有证据能否形成高度盖然性优势进行综合判断。如前所述，本案新数公司并未证明美易搜公司、立创质量公司、立创检测公司及花木草公司存在接触涉案软件源代码的可能性，亦不应降低其对软件实质性相似的证明标准。首先，新数公司明确主张不提供源程序或目标程序代码，无法对涉案软件和被诉侵权软件进行鉴定，新数公司应承担不利法律后果。其次，新数公司主张对软件运行界面截图进行比对，但由于《著作权法》仅保护计算机软件的程序和文档，不保护开发软件所使用的思想、概念、处理过程和运行方法，软件运行界面仅为软件运行的最终结果而非软件程序本身，该最终结果的呈现，可以经由不同路径实现，而这种实现最终结果的路径，才是计算机软件著作权所要保护的表达的核心内容，而运行界面中包含的软件结构、顺序和组织等内容，既可能包含思想，亦可能包含表达，不能一概而论。就本案现有证据而言：1.涉案软件运行界面中的页面布局、数据分类、图表形态和操作流程等内容，受到涉案软件与被诉侵权软件本身搜索分析特性、行业数据同源性、类似软件设计普遍性以及页面布局功能性的限制，其可选择的表达形式有限且功能性突出，不宜认定为表达进而予以保护。退一步讲，即使上述内容构成作品，也属于文字、图形作品而非计算机软件作品，新数公司仅能主张文字、图形作品著作权。2.二者软件运行界面存在页面布局、图表形式等方面的相似之处，但也同时在导航栏设置、数据分类等方面存在差异，仅从页面整体相似性来考虑，亦无法证实二者构成实质性相似。

第三，举证责任的分配及转移。

新数公司负有证明涉案软件和被诉侵权软件构成实质性相似的举证责任，但新数公司既不提交涉案软件全部源程序和目标程序代码，亦拒绝提交技术鉴定。而其提交的软件运行界面既不属于《著作权法》保护的表达范畴，亦因存在导航栏设置、数据分类和页面排列等方面的差异，未达到高度相似的程度。

因此，新数公司并未完成其初步举证责任，举证责任未发生转移，在其举证不足的情况下，应承担不利法律后果。

关于美易搜公司、立创质量公司、立创检测公司及花木草公司是否构成不正当竞争的问题。新数公司主张美易搜公司、立创质量公司、立创检测公司及花木草公司抄袭涉案软件并低价销售，根据《反不正当竞争法》第二条的规定，构成不正当竞争。首先，法律法规已经对抄袭计算机软件并出售的行为作出特别规定。《著作权法》《计算机软件保护条例》均明确规定了侵害计算机软件著作权的法律责任。本案中，新数公司主张的抄袭、销售计算机软件的被诉侵权行为，完全可以在上述法律法规的框架下得到及时回应和准确认定。事实上，新数公司在本案亦已提出相应诉请。故新数公司在主张计算机软件著作权侵权的同时，就完全相同的事实，以《反不正当竞争法》的一般规定主张美易搜公司、立创质量公司、立创检测公司及花木草公司构成不正当竞争，显然是不恰当的。其次，被诉侵权行为不具有反不正当竞争法意义上的可责性。美易搜公司、立创质量公司及花木草公司到新数公司进行业务交流，获取试用账号，属于市场主体正常的业务范畴，在《反不正当竞争法》上不具有可责性；美易搜公司、立创质量公司、立创检测公司自行登记、使用、销售被诉侵权软件，即便软件售价低于涉案软件，在新数公司未充分举证证明其价格超出市场价格合理区间的前提下，该行为不能认定为低价竞争行为，在《反不正当竞争法》上不具有可责性；被诉侵权软件运行界面与新数公司涉案软件存在部分相似的事实，需要在《著作权法》框架下进行判定，该行为不具备《反不正当竞争法》上的可责性。最后，其他经营者的合法权益未因被诉侵权行为受到损害。本案中，被诉侵权软件与涉案软件属于相同行业，不可避免地存在竞争关系，新数公司的市场利益可能因被告发行软件的行为受到损害，但在被诉侵权行为不具有反不正当竞争法意义上可责性的前提下，新数公司仅以其市场利益受损为由主张适用《反不正当竞争法》第二条，主张对方构成不正当竞争，于法无据。

本案中，对于美易搜公司、立创质量公司、立创检测公司登记、复制和发行被诉侵权软件的行为，新数公司应寻求《著作权法》《计算机软件保护条例》框架下的救济，而非《反不正当竞争法》，故其关于对方构成不正当竞争的主张于法无据，不予支持。

一审法院判决：驳回新数公司的诉讼请求。

一审宣判后，新数公司不服，向最高人民法院提起上诉。二审正在审理中。

【法官评述】

本案对被诉侵权软件与涉案软件之间"接触＋实质性相似"的比对原则适用问题进行了充分论述，为类似案件的审理提供了有益参考。

首先，关于如何界定构成接触涉案计算机软件的问题。《著作权法》和《计算机软件保护条例》均未有明确规定，结合计算机软件著作权侵权判定的一般方法，可以认定接触是指被告存在研究、修改或复制原告软件的机会或者可能性。包括在原告处工作、代理销售软件等可以直接认定接触的机会或者可能性。由于计算机软件的运行界面属于其软件运行的最终结果而非计算机软件本身，不同的计算机软件可以完成相同功能亦可以展现出相同运行界面，故对于计算机软件接触行为的认定，不能简单等同于日常生活中的接触或仅从接触的字面含义出发进行界定，对于短时间感知运行界面、经许可试操作运行界面或在系统展示过程中了解到公开信息等行为，不能一概认定为接触行为，还需结合具体情况判断相关行为是否足以达到对涉案软件进行研究、破解、修改或复制的程度，从而获取公开信息之外的与软件编写直接相关的深层信息。值得注意的是，由于计算机软件自身固有的特点，相同的运行界面可以通过不同的计算机语言进行表达，故被告是否具有接触涉案软件源代码的可能性，通常是判断接触要件的重要环节。如果有确凿的证据证明，被告实际接触了原告的软件源代码，则对于软件实质性相似的证明要求会相应降低，反之则通常通过软件源代码的比对，判断软件是否实质性相似。

其次，关于软件构成相同或实质性相似的判定问题。当事人仅主张以软件运行界面的截图进行比对的情形下，应从公平和诚实信用原则出发，合理把握证明标准的尺度，对现有证据能否形成高度盖然性优势进行综合判断。1. 对于源程序和目标程序代码的比对。计算机软件侵权纠纷中，首先应当确定比对对象。由于计算机软件相比一般著作权作品，功能性和实用性更为突出，对于实现相同功能的应用软件，其界面差异不大，属于思想层面的软件架构通常差异有限，故在判定计算机软件实质性相似方面，源代码比对是最为重要和最为准确的判定方式，应首先就双方软件的源程序或目标程序之间是否构成实质性相似进行判定。2. 对于软件运行界面的比对。由于《著作权法》仅保护计算机软件的程序和文档，不保护开发软件所使用的思想、概念、处理过程和运行方法，软件运行界面仅为软件运行的最终结果而非软件程序本身，该最终结果的呈现，可以经由不同路径实现，而这种实现最终结果的路径，才是计算机软件著作权所要保护的表达的核心内容，而运行界面中包含的软件结构、顺序和组织等内容，既可能包含思想，亦可能包含表达，不能仅凭运行界面进行侵权判定。

再次，关于举证责任的分配与转移问题。一般而言，原告主张被告侵害其软件著作权，需举证证明双方软件的源程序或目标程序之间构成相同或者实质性相似，但由于存在客观上的困难，原告无法提供被诉侵权软件的源程序或目标程序，进而无法直接证明两者的源程序或目标程序构成相同或实质性相似，则由被告提供被诉侵权软件源程序或目标程序进行比对。特殊情况下，原告在已经举证证明被诉侵权软件与涉案软件界面中受《著作权法》保护的表达内容高度近似，或者被诉侵权软件存在与涉案软件相同的设计缺陷、冗余信息等识别标记，可以认为原告完成了初步举证责任，此时举证责任转移至被告。在原告负有证明涉案软件和被诉侵权软件构成实质性相似的举证责任的情况下，既不提交涉案软件全部源程序和目标程序代码，亦拒绝提交技术鉴定，仅提交软件运行界面进行比对，在软件界面不属于《著作权法》保护的表达范畴，亦未达到高度相似程度的情况下，应当认定原告并未完成其初步举证责任，举证责任未发生转移，在其举证不足的情况下，应承担不利法律后果。

最后，关于软件著作权侵权是否适用《反不正当竞争法》规制的问题。维护公平竞争环境需有合理限度。自由竞争和公平竞争是市场经济的两个基本法则，二者各有侧重，互为平衡。自由竞争有效地优化市场资源配置、降低价格、提高质量和促进物质进步，从而使全社会受益，而公平竞争则可以保障市场经营规则和净化市场经营环境，作为自由竞争的基本规则对自由竞争进行约束和校正。需要注意的是，没有无限度的自由，通过法律途径维护公平竞争亦并非没有界限，过度注重公平竞争往往会使自由竞争丧失活力。因此，人民法院虽然可以适用《反不正当竞争法》第二条的一般条款来维护市场公平竞争，但同时应当注意严格把握适用条件，避免不当干预阻碍自由竞争。只有在法律未作特别规定、经营者合法权益受到实际损害和竞争行为确属违反诚实信用原则和公认商业道德而具有不正当性的前提下，才可适用《反不正当竞争法》第二条予以规制。

编写人：广州知识产权法院　石静涵

（编辑：王俭君）

15

维诗康公司与朗诗公司侵害著作权纠纷案

阅读提示：如何判定工业产品外观设计的著作权属性？

【裁判要旨】

虽然工业产品的外观可寻求获得专利权的保护，工业产品如具有独创性的艺术美感也可主张著作权保护，但当事人主张其工业产品为实用艺术作品时，该工业产品应兼具实用性和艺术性的双重属性，且对其独创性的判断应注重于艺术性，作品应具有审美意义，达到一定的艺术创作高度，可表现作者在美术领域的独特创作和思想。基于实用艺术作品的著作权保护期限长、确权程序及失权公示程序缺失等因素考量，在认定具体的工业产品是否因具有审美意义的独创性而受到著作权保护时，据以判定审美意义独创性的艺术创作标准应略高于外观设计专利产品的新颖性标准。否则，将容易导致未能获得外观设计专利权的工业产品通过主张著作权的方式，规避外观设计专利制度审查，反而获得期限更长的著作权保护，这不仅易使外观设计专利制度被架空，而且违背了专利保护制度的法旨，也不利于工业产品创新发展。

【案号】

一审：广东省广州市越秀区人民法院（2020）粤 0104 民初 29232 号
二审：广州知识产权法院（2021）粤 73 民终 4810 号

【案情与裁判】

上诉人（一审原告）：维诗康公司
被上诉人（一审被告）：朗诗公司

起诉与答辩

维诗康公司起诉称:维诗康公司创作了"Clark""Boyd"两款墙纸,于2018年9月7日完成著作权登记。两款墙纸有强烈的艺术感和时尚感,构成《著作权法》保护的极简主义美术作品。朗诗公司生产销售的两款墙纸与"Clark""Boyd"两款墙纸基本完全一致,其行为涉嫌侵害"Clark""Boyd"两款墙纸的复制权及发行权。请求法院判令:1.朗诗公司立即停止一切侵害维诗康公司著作权的行为,包括立即停止生产、存储、展示、预售和销售产品型号为KR8及其他采用同样设计的墙布产品(简称被诉侵权产品);2.朗诗公司销毁库存被诉侵权产品、销毁制造被诉侵权产品的专用模具;3.朗诗公司赔偿维诗康公司经济损失100万元及合理支出35809.6元。

朗诗公司答辩称:维诗康公司的两款墙纸与其发表之日前的现有设计要素并无特别之处,压纹、块状分布、凹凸都是一般公众所熟知的。两款涉案墙纸未达到作为美术作品应有的创作高度及审美意义,不构成《著作权法》保护的美术作品。维诗康公司不是涉案墙纸的著作权人,其只是将关联公司"vescom B.V"在先发表的作品登记在自己名下。即便维诗康公司和"vescom B.V"存在控股关系,但也不能混淆著作权归属。

一审审理查明

国家版权局颁发的《作品登记证书》,载明作品名称分别为"Clark"及"Boyd",作品类别均为美术作品;作者和著作权人均为维诗康公司;创作完成时间均为2017年7月1日,登记日期均为2018年9月7日。维诗康公司的《作品说明书》称,"Clark"从砖墙里获得了灵感,将长方形做了凹凸处理,并增加了下线条,使得立体感突出,造型独特。"Boyd"从石块状的建筑外墙和织物获得了灵感,将宽度不等的长方形的立体图案随机组合,用细腻的布纹增加了画面的柔和度。

"VESCOM 维诗康"微信公众号于2016年10月24日发布的文章中展示了"Boyd"墙纸,并记载"VESCOM总部在10月向全球推出了三款胶面墙布系列产品"。2016年5月3日发布的文章中展示了"Clark"墙纸,并记载"VESCOM总部在2016年春季向全球推出了全新的七种墙布系列产品"。上述微信公众号的账号主体为维诗康公司。朗诗公司主张涉案墙纸的作者是"VESCOM"公司总部,不是维诗康公司。

朗诗公司抗辩称其售出的涉案墙纸产品合法来源于案外人九泰公司。

一审判理和结果

一审法院审理认为，涉案墙纸是否构成美术作品，取决于其能否满足《著作权法》对美术作品的独创性要求。涉案两款墙纸的色彩均为单一颜色，其中"Clark"墙纸由大小一致的、凹凸不平的小长方形组成；"Boyd"墙纸由大小不一的、宽度不等的、厚度相同的类似石块的立体图案组成。上述墙纸图案的色彩单调，组成元素为一般公众所熟知的图形，色彩和图形的整体构图亦属于简单搭配组合，并未展现出独立于其实用功能的艺术成分，未达到作为美术作品应有的创作高度及审美意义。故对维诗康公司关于涉案墙纸构成美术作品的主张不予支持，维诗康公司要求朗诗公司停止侵权并赔偿损失，无事实和法律依据。一审法院判决：驳回维诗康公司的诉讼请求。

上诉与答辩

一审宣判后，维诗康公司不服，向广州知识产权法院提起上诉。维诗康公司请求判令：1. 依法撤销一审法院判决，改判朗诗公司立即停止侵害维诗康公司对"Clark"及"Boyd"作品享有的著作权，包括停止生产、存储、展示、预售和销售产品型号为 KR8 及其他采用同样设计的墙布产品；2. 朗诗公司销毁库存被诉侵权产品、销毁制造被诉侵权产品的专用模具；3. 朗诗公司赔偿维诗康公司经济损失 100 万元及合理支出 35809.6 元，共计 1035809.6 元；4. 朗诗公司承担本案的一、二审诉讼费用。事实和理由：1. 维诗康公司是涉案作品"Clark"及"Boyd"的著作权人。维诗康公司创作涉案作品"Clark"及"Boyd"，并曾通过维诗康公司运营的微信公众号以及集团公司的官方网站发布作品初稿，其后从艺术美感角度进一步修改细节并最终于 2018 年 9 月 7 日在国家版权局完成作品登记，作品创作完成日期统一登记为 2017 年 7 月 1 日。2. 维诗康公司创作完成的涉案作品"Clark"及"Boyd"均构成我国《著作权法》所保护的美术作品。3. 朗诗公司生产、销售的两款被诉侵权产品与维诗康公司作品基本完全一致。被诉侵权产品 KR8-19 侵害美术作品"Clark"的复制权及发行权，被诉侵权产品 KR8-06 侵害美术作品"Boyd"的复制权及发行权。朗诗公司实施的侵权行为无免责事由。

朗诗公司答辩称：1. 维诗康公司诉称的涉案作品，并非著作权法意义上的作品。一审判决认定维诗康公司的"Clark"和"Boyd"墙纸并未展现出独立于其实用功能的艺术成分，未达到作为美术作品应有的创作高度及审美意义，充分考虑了维诗康公司的作品构成和表达，认定事实清楚，适用法律正确。2. 维诗康公司不是涉案作品的著作权人，维诗康公司明显是将"vescom B.V"在先发表的作品登记在自己名下。即使其和"vescom B.V"存在控股关系，也不能混淆著作权归属。3. 维诗康公司所诉的被诉侵权行为非朗诗公司实施。4. 朗诗公司的复制品有合法来源，不应当承担法律责任。

二审审理查明

维诗康公司于一审诉讼中提交的《作品说明书》载明，维诗康公司出于公司发展需要，为开发一种适用于酒店、商业空间及高端家装的用作背景的墙面，创作了涉案"Clark"及"Boyd"设计。

朗诗公司于一审诉讼中提交的名称为"墙纸（74）"、专利号为 ZL201230297258.4 的外观设计专利文献显示，该专利的申请日为 2012 年 6 月 27 日，授权公告日为 2012 年 10 月 10 日，产品为方形墙砖凹凸相接的设计。

二审判理和结果

二审法院认为，墙纸产品获得著作权保护的前提是具有著作权法中审美意义的独创性，属于美学领域的独特创作并表达独特思想。维诗康公司的涉案"Clark"墙纸相对于 ZL201230297258.4 外观设计专利产品的长方形墙砖图案做凹凸处理的形状、图案及颜色等相结合的设计而言，尚未具有著作权法中审美意义的独创性，也未达到一定的艺术创作高度，未能体现作者在美术领域的独特创作和思想，维诗康公司关于"Clark"墙纸属于受著作权法保护的实用艺术作品的意见依据不足。著作权法保护的是对思想的表达，而非思想或感觉本身。维诗康公司认为属于极简主义作品，墙纸表现出城墙的质感，涉案"Boyd"墙纸由大小及宽度不一的单一颜色石块立体图案随机组合而成。而将方形墙砖图案做凹凸处理的墙纸类产品的同类外观设计专利 ZL201230297258.4，已于 2012 年获专利授权，"Boyd"墙纸设计与在先外观设计专利产品的区别仅在于"Boyd"墙纸中的部分长方形较长且外凸略明显，其设计未达到著作权法意义上的在美术领域的独创性和艺术创作高度。维诗康公司关于"Boyd"墙纸产品属美术作品的意见不能成立。如无相反证明，在作品上署名的公民、法人或者其他组织为作者。涉案墙纸产品于 2018 年在国家版权局进行作品登记，但涉案墙纸早已被维诗康公司的关联公司于 2016 年进行公开展示，因此，仅进行版权登记尚不足以证明该墙纸产品设计的真正权利人。

二审法院判决：驳回上诉，维持原判。

【法官评述】

随着商品市场的多元化，越来越多的工业产品意图通过著作权诉讼来获取对其产品外观的垄断性保护，部分无法获得外观设计专利授权的工业产品外观通过主张著作权的方式，反而获得期限更长的著作权保护。工业产品的著作权保护标准过于宽泛，容易导致工业产品外观谋求著作权与专利权的叠加保护，更容易导致外观设计专利审查制度被架空和著作权的滥用，不仅违背专利保护制度的法旨，也不利于工业创新发展。本案兼顾有效规制现代商业模式下著作权的滥用以及加大对文化创作的司法保护力度的衡平，对工业产品外观设计的著作权保护与专利权保护的异同与边界问题进行探讨，提供一个典型的探讨样本。

一、工业产品外观获取著作权及专利权之法律基础及保护异同

（一）关于著作权及外观设计专利权保护客体之关联性

《专利法》（2008 年修正）第二条第四款规定："外观设计，是指对产品的形状、图案或者其结合以及色彩与形状、图案的结合所作出的富有美感并适于工业应用的新设计。"亦即，外观设计专利保护的客体为形状、图案及色彩相结合的美感设计。

《著作权法》（2010 年修正）第三条第一款规定："本法所称的作品，包括以下列形式创作的文学、艺术和自然科学、社会科学、工程技术等作品：（一）文字作品；（二）口述作品；（三）音乐、戏剧、曲艺、舞蹈、杂技艺术作品；（四）美术、建筑作品；（五）摄影作品；（六）电影作品和以类似摄制电影的方法创作的作品；（七）工程设计图、产品设计图、地图、示意图等图形作品和模型作品；（八）计算机软件；（九）法律、行政法规规定的其他作品。"鉴于上述规定所列举的作品种类未包括实用艺术作品，因此，对于受《著作权法》保护的实用艺术作品的认定应依据上述规定中的美术作品标准进行判定。

《著作权法实施条例》第二条规定："著作权法所称作品，是指文学、艺术和科学领域内具有独创性并能以某种有形形式复制的智力成果。"第四条第（八）项规定："美术作品，是指绘画、书法、雕塑等以线条、色彩或者其他方式构成的有审美意义的平面或者立体的造型艺术作品。"因此，虽实用艺术作品兼具实用性和艺术性的双重属性，但实用艺术作品在寻求获得著作权保护时，对其独创性的判断应注重于艺术性。亦即，美术作品的独创性，要求实用艺术作品由作者独立完成且作品应具有审美意义，达到一定的艺术创作高度，表现作者在美术领域的独特创作和思想。

由以上分析可见，实用艺术作品同样是基于其形状、图案或者其结合以及色彩与形状、图案的结合所作出的富有美感的设计而成为著作权保护的客体。

相对而言，实用艺术作品在类型上更接近外观设计专利产品。因此，在判定实用艺术作品是否达到具有审美意义的独创性问题上，外观专利设计产品的新颖性及可专利性判定标准具有一定的参考价值。

（二）关于著作权及外观设计专利权的保护期限之差异

《著作权法》（2010年）第二十一条第二款规定："法人或者其他组织的作品、著作权（署名权除外）由法人或者其他组织享有的职务作品，其发表权、本法第十条第一款第（五）项至第（十七）项规定的权利的保护期为五十年，截止于作品首次发表后第五十年的12月31日。"亦即，著作权的财产权利保护期不低于五十年。《专利法》（2008年）第四十二条规定："发明专利权的期限为二十年，实用新型专利权和外观设计专利权的期限为十年，均自申请日起计算。"亦即，外观设计专利权的保护期为十年。

由以上分析可见，对于有效保护期而言，获得著作权保护的实用艺术作品的保护期，远长于外观设计专利的保护期。因此，相应地，实用艺术作品具有独创性的艺术美感部分所达到的艺术创作高度也应高于外观设计专利产品。

（三）关于著作权及外观设计专利权的授权审查程序及失权宣告程序

关于外观设计专利的确权程序、失权程序及其法律后果。《专利法》（2008年）第四十五条规定："自国务院专利行政部门公告授予专利权之日起，任何单位或者个人认为该专利权的授予不符合本法有关规定的，可以请求专利复审委员会宣告该专利权无效。"第四十六条第一款规定："宣告专利权无效的决定，由国务院专利行政部门登记和公告。"第四十七条第一款规定："宣告无效的专利权视为自始即不存在。"由此可见，对于外观设计专利产品而言，外观设计专利的取得需经授权程序，且其可能因缺乏新颖性而被宣告无效，外观设计专利权被宣告无效后，有相应专利权失权的公示制度。此外，外观设计专利的授权保护范围仅限于指定的产品类别。

二、关于工业产品外观获取著作权保护的必要条件

在现有的《著作权法》框架中，对于实用艺术作品的确权程序、失权程序及其法律后果并无明确规定。若权利人意图使其工业实用艺术作品作为美术作品获取《著作权法》的保护，往往选择通过在侵害著作权纠纷案件中请求法院认定侵权行为的程序，来确认其工业实用艺术作品属于《著作权法》保护的客体，亦即，通过侵权诉讼来完成其对实用艺术作品的著作权确权程序。然而，如工业实用艺术作品在诉讼程序中获得著作权的确认，则其法律效果包括权利人对该工业设计的实用艺术作品享有不少于五十年的绝对权利。而且，在现行法律制度中，实用艺术作品的著作权确权并未设置相应的失权程序及失权公示程序，故即使在具体案件中该实用艺术作品被认定为非美术作品，也缺乏相应的登记程序对著作权失权的状态进行公示，该认定也不必然导致作品登记撤销程序的启动。由此可见，相对于外观设计专利而言，实用艺术作品的著作权易于通过个案诉讼获取，缺乏失权登记程序，且获得保护的类别范围更广。亦即，当事人通过在侵害著作权纠纷中来确认实用艺术作品的著作权，不仅可实现其作品确权的目的，还可免去专利相关审查程序，并可以较少的成本获取对工业实用艺术作品的最大保护。

本案中，维诗康公司主张墙纸著作权实质是对作为立体工业产品的墙纸外观设计主张以著作权进行保护。实用艺术作品兼具实用性和艺术性的双重属性，但对其独创性的判断应注重于艺术性，实用艺术作品应具有审美意义，达到一定的艺术创作高度，可表现作者在美术领域的独特创作和思想。

基于实用艺术作品的著作权保护期限长、确权程序及失权公示程序缺失等因素考量，在认定具体的工业产品是否因具有审美意义的独创性而受到著作权保护时，据以判定审美意义独创性的艺术创作标准应略高于外观设计专利产品的新颖性标准。否则，将容易导致未能获得外观设计专利权的工业产品通过主张著作权的方式，规避外观设计专利制度审查，反而获得期限更长的著作权保护，这不仅易使外观设计专利制度被架空，而且违背了专利保护制度的法旨，不利于工业产品创新发展。

编写人：广州知识产权法院　黄彩丽

（编辑：王厚权）

16
网之易公司与奇炫欢享公司等
计算机软件著作权侵权纠纷案

阅读提示： 如何把握刑民交叉类案件中刑事处罚和民事赔偿的平衡？

【裁判要旨】

知识产权侵权类案件，往往易同时引发刑事诉讼及民事诉讼，存在责任主体多元化和责任类型多样性的特点。基于同一自然事实的刑事责任与民事责任认定之间，既有关联性，也有独立性，应兼顾刑事案件的处罚与民事案件的赔偿的区别与联系，力求在平衡两者方面实现社会效果和法律效果的统一。

【案号】

一审：广州知识产权法院（2023）粤 73 知民初 1634 号

【案情与裁判】

原告：网之易公司

被告：陈某某、陈某、吕某、王某某、吴某某、王某、刘某某、徐某某、黄某某、范某甲、范某乙、濮某某、雷震公司

起诉与答辩

网易公司起诉称：《我的世界》是由网之易公司在中国大陆地区独家代理运营的一款顶级游戏，在国内外均具有较高的知名度。江苏省张家港市人民法院作出生效判决认定：奇炫欢享公司未经网之易公司许可，与陈某某等被告合谋，开发《地球都市》《斗罗大陆》等16款《我的世界》私服游戏，上传至

《快吧我的世界盒子》网络平台，非法运营。经鉴定，上述《我的世界》私服游戏与网之易公司享有的《我的世界》游戏具有实质同一性；奇炫欢享公司等的行为严重侵害网之易公司对《我的世界》计算机软件享有的复制权和信息网络传播权；奇炫欢享公司等因非法运营上述16款《我的世界》私服游戏，违法经营所得数额总计为8912398元。2023年7月5日，奇炫欢享公司注销，其股东为濮某某及雷震公司。因奇炫欢享公司等的违法所得已经查明，故网之易公司请求应当按照奇炫欢享公司等的违法所得全额支持网之易公司要求赔偿损失的诉请，即判令濮某某等赔偿网之易公司经济损失合计8912398元。

濮某某等未作答辩。

一审判理和结果

一审法院受理案件后，承办法官团队对案情进行了仔细梳理，认为本案具有良好的调解基础后，即与一审法院特约调解员积极配合，制订了相应的调解工作方案。在奇炫欢享公司等收到起诉状副本、开庭传票，但案件尚未进行开庭的情况下，承办法官团队主动联系黄某某等被告询问调解意向，并由特约调解员采取"背靠背"的调解方式，分组建立微信群充分了解各个被告的具体调解方案及需求。主持调解过程中，承办法官团队结合刑事生效判决向黄某某等被告进行释法说理，对本案相关的民事法律问题进行答疑解惑，使各被告充分理解已承担的刑事责任不影响民事赔偿责任的承担。此外，承办法官团队前期根据网之易公司申请，依法对各被告进行了财产保全，并将保全结果告知网之易公司，使得网之易公司基本了解了各被告的赔偿能力现状，结合黄某等被告在刑事案件中已经退赔了470余万元的违法所得的情况，承办法官团队从法与情的角度努力协调，引导网之易公司根据现实情况尽可能调整其预期调解金额。经过承办法官团队与特约调解员在近三个月持之以恒、反复多次与双方当事人的沟通下，双方当事人最终以65万元的数额达成调解协议，各被告在签订调解协议当日即支付了全部赔偿款。

网之易公司向一审法院申请撤回起诉。一审法院裁定：准许网之易公司撤回起诉。

【法官评述】

加强知识产权调解工作，是全面加强知识产权司法保护的重要环节，在有效化解知识产权纠纷的同时，有助于提升知识产权保护水平、提高社会治理能力，营造良好营商环境。广州知识产权法院以诉源治理作为综合提升司法质效的突破口，在联动解纷、诉前调解、诉中调解等各阶段持续发力，做实多元解纷、服判息诉工作，推动大量知识产权纠纷案件妥善化解。

本案系广州知识产权法院践行能动司法，积极贯彻落实创新发展新时代"枫桥经验"的典型案件，不仅有助于提升司法质效，也为做好做实诉中调解工作起到了良好的示范作用。本案通过引入特邀调解员调解，坚持"抓前端、治未病"理念，推动矛盾纠纷源头实质性化解，既坚持打击知识产权侵权行为，又传递了司法温情，防止过激行为的发生，在平衡刑事处罚与民事赔偿方面实现了社会效果和法律效果相统一。同时，也展示了广州知识产权法院在保护创新、打击知识产权侵权方面多想多做、先试先行的决心和魄力，为护航粤港澳大湾区数字经济高质量发展提供助力。

本案为侵害游戏软件著作权纠纷，因涉及知名游戏《我的世界》而受到广泛关注。案件审结后广州知识产权法院收到了当事人赠送的锦旗和感谢信，该案的调解情况也被《中国知识产权报》《南方都市报》《南方法治报》，以及广东省高级人民法院微信公众号等多家新闻媒体单位宣传报道，取得了较好的社会效果。

编写人：广州知识产权法院　彭盎　耿照阳

（编辑：林新宇）

17
锐视公司与奥特公司合同纠纷案

阅读提示：如何把握知识产权许可合同中"转让不破许可"规则？

【裁判要旨】

由于专利权、商标权、著作权等知识产权具有无形性的共同特性，所涉及的授权许可等处分行为不同于有形物以交付、占有为要件，因此知识产权交易不可避免地存在多次许可冲突、在先许可与在后转让冲突等争议；也正是由于这种共同的无形性特征，故知识产权许可冲突解决规则也应当具有共通之处。因此，包括著作权在内的其他知识产权领域虽然对于在先许可与在后转让的冲突问题没有明确规定，但可参照适用《专利法》《商标法》以及技术秘密相关司法解释的规定。

【案号】

一审：广东省广州市越秀区人民法院（2019）粤 0104 民初 11370 号
二审：广州知识产权法院（2021）粤 73 民终 2070 号

【案情与裁判】

上诉人（一审本诉原告、反诉被告）：锐视公司
上诉人（一审本诉被告、反诉原告）：奥特公司（原名为采耀公司）

起诉与答辩

锐视公司起诉请求：1.确认锐视公司与奥特公司之间签订的《合作协议》合法有效；2.奥特公司最晚于 2020 年 12 月 31 日交付合同约定的项目成果（新奥特曼系列动画片，共 52 集），否则，应退回锐视公司支付的全部投资

款 316430.1 美元及违约金、汇率损失（按照中国人民银行同期贷款利率计算）；
3. 奥特公司返还合作过程中锐视公司为奥特公司垫付的款项共计 742614 元；
4. 奥特公司向锐视公司支付违约金暂计为 2364162 元（以锐视公司已支付的合同款 316430.1 美元，折合为人民币 2618934 元，以及垫付的费用 742614 元的金额共计 3361548 元为基础，自违约之日即 2006 年 9 月 1 日起按照中国人民银行同期贷款利率计算）；5. 奥特公司向锐视公司支付为本案花费的合理费用，包括调查费用 3000 元、翻译费 8620 元、律师费 31068 元；6. 奥特公司承担本案的全部诉讼费用。

奥特公司反诉请求：1. 确认奥特公司与锐视公司在 2005 年 5 月 24 日签订的《合作协议》及所有附件已经于 2008 年 1 月 15 日解除；2. 确认奥特公司与锐视公司在 2005 年 9 月 17 日签订的《更改协议》已经于 2008 年 1 月 15 日解除；3. 锐视公司向奥特公司支付 2008 年 1 月 15 日至 2017 年 7 月 14 日期间 5 部经典奥特曼作品（包括《巨人对詹伯 A》《哈卢曼和 7 个奥特曼》《奥特曼 1 "奥特曼 Q"》《奥特曼 2》《奥特曼·赛文》《奥特曼归来》《奥特曼·艾斯》《奥特曼·泰罗》《詹伯格·艾斯》）的许可使用费共计 158569.9 美元（折合人民币为 1111812.85 元）（9.5 年 × 50000 美元 / 年 –316430.1 美元）；4. 锐视公司向奥特公司支付音像权许可费共计 48600 美元（折合人民币为 340758.9 元）；5. 锐视公司向奥特公司支付播映权许可费共计 60750 美元（折合人民币为 425948.63 元）；6. 锐视公司承担本反诉案件的诉讼费用。

一审审理查明

2005 年 5 月 24 日，锐视公司与采耀公司签署《合作协议》。《合作协议》签订后，2005 年 6 月 2 日，采耀公司及其首席执行官彼特·桑登猜（Perasit Saengduenchai）向锐视公司签署授权书，授权锐视公司在 2007 年 12 月 31 日至 2017 年 12 月 31 日于中华人民共和国境内使用奥特曼角色人物形象（源自奥特曼电视系列片：宇宙超人、超人赛文、超人杰克、超人艾斯、超人泰罗）的独占性播映权、音像权、商品化权、出版权及上述权利的转分权。

2005 年 9 月 17 日，双方对《合作协议》部分内容进行修改签订《更改协议》，主要内容是："因锐视公司对合同的履行，采耀公司应于完成移交项目交付予锐视公司之日起，独占性授予锐视公司在本土区域内的分配权，期限为锐视公司取得系列片的播放批文之日起 15 年。"

一审判理和结果

一审法院审理认为，辛波特授权给奥特公司在中国境内使用前述 9 部奥特曼作品的期限为自 2002 年 1 月 15 日起之后的 6 年，即授权使用期限于 2008 年 1 月 15 日届满。2005 年 5 月 28 日，辛波特签署《授权书》，就 5 部经典奥特曼作品中的奥特曼角色形象独家使用权授予奥特公司，授权期限从 2005 年 8 月 28 日至 2018 年 12 月 31 日。其后，辛波特又发表声明，将《1976 年合同》中的所有权利于 2008 年 12 月 24 日转让给 UM 公司。显然，奥特公司在 2008 年 12 月 24 日之后已无权利授权锐视公司使用奥特曼形象。于此而言，奥特公司与锐视公司于 2005 年 5 月 24 日签订的《合作协议》，在 2008 年 12 月 24 日之后已无履行之可能。

《合同法》（已废止）第九十四条规定，当事人一方迟延履行债务或者有其他违约行为致使不能实现合同目的，当事人可以解除合同。奥特公司在 2008 年 12 月 24 日之后未能获得奥特曼形象的独占使用权，致使《合作协议》合同目的无法实现。作为合同当事人，奥特公司主张解除《合作协议》及《更改协议》，一审法院予以准许，亦即确认锐视公司与奥特公司签订的《合作协议》及《更改协议》于 2008 年 12 月 24 日解除。

一审法院判决：1. 确认锐视公司与奥特公司签订的《合作协议》（2005 年 5 月 24 日签订）及《更改协议》（2005 年 9 月 17 日签订）于 2008 年 12 月 24 日解除；2. 奥特公司于判决发生法律效力之日起十日内，向锐视公司返还第一期投资款 2618933.72 元；3. 奥特公司于判决发生法律效力之日起十日内，向锐视公司返还垫付款项 675314 元；4. 奥特公司于判决发生法律效力之日起十日内，向锐视公司赔偿利息损失（以 3294247.72 元为计算基数，自 2006 年 9 月 1 日至 2019 年 8 月 19 日的利息按照中国人民银行同期同类贷款利率计算，自 2019 年 8 月 20 日至实际清偿日止的利息按照同期全国银行间同业拆借中心公布的贷款市场报价利率计算）；5. 奥特公司于判决发生法律效力之日起十日内，向锐视公司支付律师费、翻译费 42688 元；6. 驳回锐视公司的其他诉讼请求；7. 驳回奥特公司的其他反诉请求。

上诉与答辩

一审宣判后，锐视公司、奥特公司不服，向广州知识产权法院提起上诉。

锐视公司上诉请求：1. 撤销一审判决第一项，改判为确认锐视公司与奥特公司签订的《合作协议》合法有效；2. 奥特公司承担一审、二审的诉讼费用及律师费、翻译费。

奥特公司答辩称：不同意锐视公司的上诉请求，一审判决第一项应该维持，涉及费用部分由法院依法处理。

奥特公司上诉请求：1. 撤销一审判决第二、三、四、五、七项；2. 判令锐视公司向奥特公司支付 2009 年 1 月 15 日至 2017 年 7 月 14 日期间 5 部经典奥特曼作品（包括《奥特曼 2》《奥特曼·赛文》《奥特曼归来》《奥特曼·艾斯》《奥特曼·泰罗》）的许可使用费共计 108569.9 美元（折合人民币为 761237.85 元）（8.5 年 × 50000 美元 / 年 −316430.1 美元）；3. 判令锐视公司向奥特公司支付音像权许可费 48600 美元（折合人民币为 340758.90 元）；4. 判令锐视公司向奥特公司支付播映权许可费共计 60750 美元（折合人民币为 425948.63 元）；5. 锐视公司承担本案全部诉讼费用。

锐视公司答辩称：1. 锐视公司与奥特公司签订合同后，支付了合同约定的首期投资款 316430.1 美元以及垫付了新片合作拍摄项目的部分费用，在 2006 年期间为奥特公司在杭州奥特曼世界巡演活动项目中垫付 670 余万元，奥特公司主张支付 2008 年至 2017 年期间的许可费用没有事实和法律依据；2. 奥特公司主张锐视公司支付音像权许可费及播映权许可费没有依据，一审法院对该事实的认定无误，应予维持。

二审判理和结果

二审法院认为，二审的争议焦点为：1. 锐视公司与奥特公司之间涉案协议的效力以及锐视公司获得相关授权许可内容及期限的认定；2. 一审判决奥特公司应向视锐公司支付的款项是否正确以及奥特公司二审上诉请求锐视公司支付的款项能否支持。

一、锐视公司与奥特公司之间涉案协议的效力以及锐视公司获得相关授权许可内容及期限的认定

（一）关于涉案"辛波特—奥特公司—锐视公司"授权链条的认定

根据辛波特于 2002 年将《1976 年合同》第 4—8 部奥特曼作品中包含商品化权利和著作权等在中华人民共和国领域内（台湾地区除外）的独占使用权授权许可给奥特公司 6 年，2005 年又将上述给予奥特公司的授权延长期限至 2018 年 12 月 31 日的事实；以及奥特公司于 2002 年将《1976 年合同》第 4—8 部奥特曼作品中包含商品化权利和著作权等在中华人民共和国领域内（台湾地区除外）的独占使用权转授权许可给锐视公司，2005 年双方约定将上述给予锐视公司的授权延长期限至 2017 年 12 月 31 日，同时 2005 年又再次约定将上述授权期限延长至与新制作的系列片授权期限同一终止日等事实，足以证明以上关于《1976 年合同》第 4—8 部奥特曼作品涉案权利的授权链条是"辛波特—奥特公司—锐视公司"，授权内容包括《1976 年合同》第 4—8 部奥特曼作品在中华人民共和国领域内（台湾地区除外）所涉及的商品化权利、著作权等独占使用权及转分权（即转授权）；其中商品化权利所涉及的财产及权利内容在 2002 年双方的《商品权授权合约》中予以详细约定。并且，根据奥特公司的法定代表人是辛波特的儿子彼特·桑登猜、辛波特父子二人在奥特公司的持股比例达到 60.87% 为实际控制人、彼特·桑登猜代表其父亲辛波特在《法制日报》2005 年 3 月 4 日的声明、锐视公司与奥特公司 2005 年签署涉案协议时辛波特也在场的若干照片以及广东省高级人民法院（2010）粤高法民三终字第 63 号民事案件的认定等事实，二审法院认定辛波特应当知道奥特公司与锐视公司之间通过签订涉案协议进行转授权的事实。

（二）关于授权链条中奥特公司与锐视公司约定的授权截止期限的认定

关于上述转授权的截止期限，鉴于奥特公司与锐视公司通过 2005 年的《合作协议》约定，将《1976 年合同》第 4—8 部奥特曼作品在中华人民共和国领域内（台湾地区除外）的独占使用权转授权许可给锐视公司的授权期限延长至与新制作的系列片授权期限同一终止日，而双方签订的《更改协议》又约定将新制作的系列片的授权期限更改为取得系列片的播放批文之日起 15 年，因此奥特公司与锐视公司双方约定的《1976 年合同》第 4—8 部奥特曼作品在中华人民共和国领域内（台湾地区除外）的独占使用权期限本应截至新制作的系列片的播放批文取得之日起 15 年。

由于奥特公司提交了 2008 年 2 月 5 日宣判的泰国最高法院的判决，泰国最高法院认定辛波特不享有《1976 年合同》的权利；根据该判决，奥特公司在 2008 年 2 月 5 日后已无法根据《1976 年合同》的权利履行 2005 年本案《合作协议》约定的在泰国制作奥特曼新系列片的义务，且该情形属于《合作协议》约定的"不可抗力因素：包括但不限于被迫接受法律、判决、命令、法令等"。但是，依据《合同法》（已废止）第一百一十七条关于"因不可抗力不能履行合同的，根据不可抗力的影响，部分或者全部免除责任，但法律另有规定的除外。当事人迟延履行后发生不可抗力的，不能免除责任"之规定，由于合同约定奥特公司应当完成新系列片全部工作交付给锐视公司的时间是 2006 年 8 月，奥特公司迟延履行已构成违约，在奥特公司违约后发生不可抗力的，不能免除其已产生的违约责任。至于双方约定的奥特公司将《1976 年合同》第 4—8 部奥特曼作品在中华人民共和国领域内（台湾地区除外）的独占使用权转授权许可给锐视公司的内容由于在中国履行，不存在不可抗力因素的影响，双方在 2008 年 2 月 5 日之后应继续履行。关于双方约定的上述许可使用权的授权期限,按合同约定本应至少延至 2021 年(即 2006 年 +15 年),但由于奥特公司发生延期履行的违约行为,根据合同的约定,在奥特公司发生迟延履行违约时,锐视公司获得的涉案许可授权截止期限自动向后顺延到锐视公司取得新系列片的播放批文之日起 15 年;而在奥特公司违约后泰国最高法院又于 2008 年 2 月 5 日作出判决导致新系列片已无法在泰国完成拍摄并交付锐视公司。这意味着,不可抗力因素是在奥特公司违约后产生的,即涉案授权许可截止期限顺延 15 年的起算条件"奥特公司向锐视公司交付后,锐视公司取得新系列片的播放批文之日"因 2008 年 2 月 5 日泰国最高法院的判决而无法在泰国拍摄完成是由于奥特公司迟延履行违约在先才导致的,因此奥特公司与锐视公司约定的《1976 年合同》第 4—8 部奥特曼作品的许可使用权的授权截止期限应当延至 2008 年 2 月 5 日(合同约定的不可抗力发生之时即泰国最高法院判决生效之日)之后 15 年即 2023 年 2 月 5 日之前。

(三)关于辛波特 2008 年 12 月 24 日向 UM 公司全部转让《1976 年合同》权利的事实对于锐视公司权利的影响

本案中,锐视公司通过"辛波特—奥特公司—锐视公司"的授权许可链条获得《1976 年合同》第 4—8 部奥特曼作品在中华人民共和国领域内(台湾地区除外)的独占使用权在先;其中,辛波特授权许可奥特公司在中华人民共和国领域内(台湾地区除外)的独占使用权至 2018 年 12 月 31 日止,奥特公司与锐视公司约定的转授权期限根据前述认定应至 2023 年 2 月 5 日之前,此外锐视公司也在中国国家版权局进行了许可备案登记,关于著作权许可的授权期限仅登记至 2017 年 12 月 31 日。因此,辛波特 2008 年 12 月 24 日向 UM 公司全部转让《1976 年合同》权利的事实,不影响本案争议的奥特公司与锐视公司之间授权许可合同的效力。若 UM 公司属于善意第三人,根据登记对抗原则,则锐视公司在登记备案的 2017 年 12 月 31 日之前享有《1976 年合同》第 4—8 部奥特曼作品在中华人民共和国领域内(台湾地区除外)的许可使用权;若 UM 公司在受让《1976 年合同》权利时存在明知或应知锐视公司在先许可使用权的事实,存在主观过错,2008 年 UM 公司受让《1976 年合同》权利的事实不能对抗锐视公司在先许可使用权,并且锐视公司享有的许可使用权期限应根据在先许可合同来确定,而非仅限于登记备案的 2017 年 12 月 31 日。

根据现有证据,第一,辛波特于 2008 年 12 月 24 日向 UM 公司转让《1976 年合同》权利时,没有证据证明 UM 公司向辛波特支付了相应的转让对价,也没有证据证明辛波特或奥特公司在上述权利转让发生前已通知了锐视公司,而且 UM 公司的董事及股东也是辛波特的儿子彼特·桑登猜，根据 UM 公司后续给予奥特公司的授权书也证明彼特·桑登猜后续担任 UM 公司的董事长、法定代表人。因此，现有证据不能证明在后受让《1976 年合同》权利的 UM 公司相对于在先许可的锐视公司而言属于善意的受让人，故锐视公司享有的许可使用权期限应根据在先授权许可合同来确定，而非仅限于登记备案的 2017 年 12 月 31 日。第二，在"辛波特—奥特公司—锐视公司"的授权链条中，前述已认定奥特公司与锐视公司约定的《1976 年合同》第 4—8 部奥特曼作品的许可使用权的授权截止期限延至 2008 年 2 月 5 日之后 15 年即 2023 年 2 月 5 日之前，因此确定授权链条是否完整的关键在于奥特公司从《1976 年合同》权利人处获得的授权许可期限是否满足截至 2023 年 2 月 5 日的时间节点。经查，2005 年，辛波特授权许可奥特公司在中华人民共和国领域内（台湾地区除外）的独占使用权至 2018 年 12 月 31 日止，这意味着 2018 年 12 月 31 日之前的"辛波特—奥特公司—锐视公司"授权链条是完整的。由于 2008 年辛波特已将《1976 年合同》权利转让给 UM 公司，因此 2018 年 12 月 31 日后辛波特已经不可能继续给予奥特公司授权许可；但是，由于 2020 年 7 月 7 日新权利人 UM 公司向奥特公司再次出具了授权书，授权内容包括处理奥特公司与锐视公司此前授权许可相关合同的权利、奥特公司向锐视公司主张著作权许可费用和违约金等的权利、奥特公司向锐视公司（或其他主体）获取因前述授权许可合同而产生的商标权及其他相关知识产权的所有权利、奥特公司向锐视公司（或其他主体）获取因前述授权许可合同而产生的所有知识产权使用费、超期使用费、违约金、滞纳金等所有费用的权利、奥特公司向锐视公司主张《商品权授权合同》所涉许可费用等，而且授权人 UM 公司和被授权人奥特公司双方的法定代表人均是辛波特儿子彼特·桑登猜的事实也证明了 UM 公司与奥特公司属于关联公司，以上授权特别是其中奥特公司可获取相关知识产权、主张授权许可费用等内容（事实上奥特公司已在本案中向锐视公司反诉主张涉案合同的许可费），明显属于合同实体权利范畴，根据合同权利义务相对等原则，二审法院认为新权利人 UM 公司向奥特公司所出具的授权书属于延续原权利人辛波特给予奥特公司的授权范围，因此奥特公司从《1976 年合同》权利人处获得的授权许可期限已涵盖至 2023 年 2 月 5 日的时间节点，故锐视公司在 2023 年 2 月 5 日之前可根据其与奥特公司的约定享有《1976 年合同》第 4—8 部奥特曼作品在中华人民共和国领域内（台湾地区除外）的独占使用权，故二审法院确认双方的涉案合同权利义务于 2023 年 2 月 5 日终止；一审法院认定涉案协议于 2008 年 12 月 24

日解除，认定错误，二审法院予以改判。

二、一审判决奥特公司支付的款项是否正确以及奥特公司二审上诉请求锐视公司支付的款项能否支持

依据《合同法》第一百一十七条关于"当事人迟延履行后发生不可抗力的，不能免除责任"之规定，奥特公司迟延交付新系列片的违约责任不能免除，但是合同约定的第一部分即授权许可部分锐视公司仍应依约向奥特公司支付合同权利义务终止前相应的许可费用，互相折抵后剩余43235.85元，锐视公司应向奥特公司支付。

二审法院判决：1.撤销一审判决；2.确认锐视公司与奥特公司签订的涉案合同权利义务于2023年2月5日终止；3.锐视公司于判决发生法律效力之日起十日内向奥特公司支付43235.85元；4.驳回锐视公司的其他一审本诉请求；5.驳回奥特公司的其他一审反诉请求。

【法官评述】

本案的关键争议之一在于辛波特2008年12月24日向UM公司全部转让《1976年合同》权利的事实对于锐视公司上述被许可权利的影响。考虑到本案合同法律关系争议源于双方2002年、2005年的约定以及2008年辛波特转让《1976年合同》权利等事实，因此二审法院结合法律关系、法律事实发生时的法律规定予以评判。

首先，《最高人民法院关于审理技术合同纠纷案件适用法律若干问题的解释》（法释〔2004〕20号）第二十四条规定："订立专利权转让合同或者专利申请权转让合同前，让与人自己已经实施发明创造，在合同生效后，受让人要求让与人停止实施的，人民法院应当予以支持，但当事人另有约定的除外。让与人与受让人订立的专利权、专利申请权转让合同，不影响在合同成立前让与人与他人订立的相关专利实施许可合同或者技术秘密转让合同的效力。"据此，对于在先签订的专利许可合同，专利权在后转让不影响在先专利许可合同的效力；同理，在后的专利申请权转让合同也不影响在先技术秘密转让合同的效力。对此规定，2021年适用的《最高人民法院关于审理技术合同纠纷案件适用法律若干问题的解释》（2020年修正）第二十四条亦继续沿用。

其次，《最高人民法院关于审理商标民事纠纷案件适用法律若干问题的解释》（法释〔2002〕32号）第二十条规定："注册商标的转让不影响转让前已经生效的商标使用许可合同的效力，但商标使用许可合同另有约定的除外。"第

十九条规定:"商标使用许可合同未在商标局备案的,不得对抗善意第三人。"根据以上两条规定,就负担行为即合同效力的角度而言,对于在先签订的商标许可合同,商标权在后转让不影响在先商标许可合同的效力;就处分行为即针对许可使用权而言,对于在先许可合同是否能够继续履行即在先被许可人是否继续享有商标使用权的问题,则适用登记对抗原则,当在先商标许可合同在商标局登记备案的,视为已然符合公示公信的要求,即使此后商标权发生转让,在先被许可人依然可以对抗受让人,继续享有在先约定的商标许可使用权。因此,上述商标许可冲突解决规则相比专利许可的规则而言更为完善,不仅规定了在后转让对于在先合同效力的影响,也进一步规定了在先被许可人可以基于登记对抗原则适用"转让不破许可"的例外,继续享有在先约定的许可使用权。此外,以上规定在《商标法》(2019年修正)第四十三条第三款"许可他人使用其注册商标的,许可人应当将其商标使用许可报商标局备案,由商标局公告。商标使用许可未经备案不得对抗善意第三人"以及《最高人民法院关于审理商标民事纠纷案件适用法律若干问题的解释》(2020年修正)第二十条"注册商标的转让不影响转让前已经生效的商标使用许可合同的效力,但商标使用许可合同另有约定的除外"亦继续沿用。

综合以上《专利法》和《商标法》及其司法解释的相关规定,由于专利权、商标权、著作权等知识产权具有无形性的共同特性,所涉及的授权许可等处分行为不同于有形物以交付、占有为要件,因此知识产权交易不可避免地存在多次许可冲突、在先许可与在后转让冲突等争议。也正是由于这种共同的无形性特征,故知识产权许可冲突解决规则也应当具有共通之处。因此,除了前述的专利权、商标权和技术秘密以外,包括著作权在内的其他知识产权领域虽然对于在先许可与在后转让的冲突问题没有明确规定,但可参照适用以上《专利法》《商标法》以及技术秘密相关司法解释的规定。例如著作权领域,对于在先签订的著作权许可合同,著作权在后转让不影响在先著作权许可合同的效力。至于在先被许可人是否能够继续享有许可使用权,则应当适用登记对抗原则,未经登记不得对抗善意的著作权受让人;但对于具有主观过错的著作权受让人,即使在先被许可人没有进行许可登记备案也得以对抗,继续享有在先许可使用权。

编写人:广州知识产权法院　朱文彬

(编辑:杨博)

商标权案件

18

抖音公司与今日油条公司等
侵害商标权及不正当竞争纠纷案

> **阅读提示**：如何合理划定驰名商标"跨类"保护界限，衡平驰名商标保护与公共利益保护？

【裁判要旨】

对驰名商标的"跨类保护"需慎防将其扩张为"全类保护"，应综合驰名商标显著性、驰名商标与被诉侵权标识所使用的商品服务关联类似度、相关公众的重合度等因素判断二者是否处于"相当程度关联"的领域，并以被诉侵权标识"误导公众"为限合理划定保护范围，维持商标权利与自由竞争之间利益平衡的格局。

【案号】

一审：广州知识产权法院（2020）粤 73 民初 2332 号
二审：广东省高级人民法院（2023）粤民终 1063 号

【案情与裁判】

原告：抖音公司
被告：今日油条公司
被告：烧烤者公司
被告：赵某某

起诉与答辩

抖音公司诉称：抖音公司系第 11752793 号**今日头条**、第 13563638 号 **头条**、第 23130298 号 头条 、第 23130299 号 今日头条 四个注册商标权利人。抖音公司独立研发的"今日头条"手机 App 是国内知名聚合型新闻客户端，累计下载量高达数十亿次，曾获"2014 年度十佳应用"等多个奖项，涉案注册商标持续使用在"今日头条"手机 App 上，迅速积累起极高知名度。北京市高级人民法院在（2021）京民终 89 号民事判决中认定抖音公司第 11752793 号 今日头条 商标在其核定使用的"计算机程序（可下载软件）"商品上构成驰名商标。今日油条公司等开设早餐店售卖油条、豆浆等食品，在餐馆招牌、菜单、食品包装、店铺装潢、员工服装、微信公众号、网站、招商加盟广告及展览会等多处大量使用 油条 、今日油条 等标识，共同实施了侵害其商标权的行为并构成不正当竞争。应以加盟费总额、品牌保证金总额及两家直营店净利润为依据计算今日油条公司等的侵权获利，并以此为基数适用五倍惩罚性赔偿。请求法院判令：1. 今日油条公司、赵某某、烧烤者公司立即停止侵害抖音公司注册商标专用权的行为，即立即停止通过网站（www.jryoutiao.com）、微信公众号（今日油条 YT）、店铺装潢、员工服装、食品包装、纸质及电子版宣传资料等一切途径使用 油条 、今日油条 标识，销毁或移除载有被诉侵权标识的全部广告宣传资料及电子信息；2. 今日油条公司、赵某某立即停止不正当竞争行为，即立即停止使用"今日油条"作为企业字号并变更现有企业名称，变更后的企业名称不得包含"头条""今日头条"或与之近似的字样；3. 今日油条公司、赵某某、烧烤者公司立即停止使用与抖音公司有一定影响的商品装潢近似的装潢的不正当竞争行为；4. 今日油条公司、赵某某、烧烤者公司就其实施的商标侵权及不正当竞争行为在《法治日报》《河南日报》非中缝显著位置、烧烤者公司网站（www.jryoutiao.com）及今日油条公司微信公众号（今日油条 YT）、腾讯网、新浪网及搜狐网首页显著位置上连续 15 日发表公开声明、消除影响；5. 适用惩罚性赔偿，今日油条公司、赵某某、烧烤者公司共同连带赔偿抖音公司经济损失及诉讼合理支出共计 200 万元。

今日油条公司和赵某某共同辩称：1. 被诉行为不构成商标侵权。其一，被诉侵权标识描述性说明商品的名称和主要特征，难以发挥识别商品来源的作用，不构成商标性使用，属于正当使用。其二，被诉侵权标识在读音、外形和含义上均与涉案注册商标存在明显差别，不构成近似商标，且二者使用的商品亦并非类似商品，不会导致消费者混淆。其三，抖音公司的证据不足以证明涉案注册商标在计算机程序等商品及通过计算机软件提供信息传送等服务上具有极高知名度，且被诉侵权标识并未对其商标进行复制、摹仿或翻译，对涉案注册商标不能给予全领域保护。2. 被诉行为不构成不正当竞争。原被告之间不存在反不正当竞争法意义上的竞争关系，今日油条公司、赵某某没有主观恶意，被诉行为无法导致误认为被诉"油条"商品是抖音公司的商品或与抖音公司存在特定联系，亦不违背诚实信用原则和商业道德。

烧烤者公司辩称：1. 烧烤者公司仅向今日油条公司提供油条面坯产品，双方仅为买卖合同法律关系，没有参与今日油条公司的运营和宣传。2. 抖音公司所诉网站、微信公众号、店铺装潢等均非烧烤者公司所使用、制作，烧烤者公司没有实施被诉行为。3. 今日油条早餐店不是烧烤者公司开设，相关展会资料均为今日油条公司单方制作，与烧烤者公司无关。4. 烧烤者公司与今日油条公司、赵某某没有任何关联关系，主观上没有共同意思联络，客观上也没有分工合作，不构成共同侵权。

一审审理查明

抖音公司系第 11752793 号**今日头条**、第 13563638 号**头条**、第 23130298 号**头条**、第 23130299 号**今日头条**四个注册商标专用权人，上述商标分别使用在第 9 类"计算机软件"及第 38 类"通过计算机软件提供信息传送服务"等商品、服务上。抖音公司对**头条**、**今日头条**等商标的主要使用方式为向手机用户提供"今日头条"手机 App 下载与使用，在该手机 App 页面上使用**头条**、**今日头条**等商标，"今日头条"手机 App 截至 2020 年 7 月在各大平台累计下载量已达数十亿次，2019 年 6 月至 2020 年 6 月期间用户月活数长期稳定保持在近 3 亿。抖音公司持续对**头条**、**今日头条**等商标进行宣传，北京市高级人民法院生效判决认定抖音公司第 11752793 号**今日头条**商标在其核定使用的"计算机程序（可下载软件）"商品上在相关公众中已享有较高的知名度与市场影响力，构成驰名商标。

今日油条公司等开设早餐店售卖油条、豆浆等食品，在餐馆招牌、菜单、食品包装、店铺装潢、员工服装、微信公众号、网站、招商加盟广告及展览会等多处大量使用**油条**、**今日油条**标识，在广告语、宣传材料、海报中使用"关心你的，才是好油条""信息创造价值，油条给你力量"等广告语及**油**图样。

今日油条公司确认截至一审开庭时（2021 年 4 月 20 日）在全国范围内共开设营业了 11 家今日油条门店，其中 3 家直营店，8 家加盟店。今日油条公司在不同时期对加盟费存在多种收费标准，根据城市类别加盟费为 49800 元至 99800 元不等，一线城市区域代理费为 100 万元。

一审判理和结果

今日油条公司等在制售油条等食品过程中，以及在宣传"今日油条"加盟项目过程中使用画、**今日油条**标识，属于商业性、识别性使用行为，可以产生识别商品或服务来源的作用，属于《商标法》规定的商标性使用行为。涉案四个注册商标核定使用的商品或服务分别属于《类似商品和服务区分表》第9类和第38类，与被诉侵权标识使用的第30类、第43类商品服务类别既不相同也不类似。被诉侵权标识与涉案注册商标在文字、含义、颜色等构成要素上不构成相同或相似，相关公众施以一般注意力易于区分，现有证据未能证实今日油条公司等具有混淆故意或已造成公众实际混淆，故今日油条公司等不构成普通商标侵权。

涉案注册商标使用的文字"头条""今日头条"属于常用词汇，使用在新闻资讯领域固有显著性较弱，被诉侵权标识与涉案注册商标分别使用在完全不同的市场，抖音公司在餐饮领域不具有现实利益，双方在该市场上没有直接或间接的竞争关系，今日油条公司等未对驰名商标造成弱化、贬损或丑化，亦不存在不正当利用驰名商标市场声誉的情形。故即使涉案注册商标中的部分商标可以认定为驰名商标，今日油条公司等亦不构成对驰名商标的侵害，本案中对涉案四个注册商标是否驰名没有审查的必要性。

今日油条公司使用的企业字号"今日油条"与"今日头条"区别明显，其在微信公众号、网站等使用的被诉侵权标识与"今日头条"手机App的运行界面不构成相同或近似，二者的广告语及海报存在差异，故今日油条公司等的行为亦不构成不正当竞争。

一审法院判决：驳回抖音公司的诉讼请求。

二审判理和结果

一审宣判后，抖音公司不服，向广东省高级人民法院提起上诉，后主动申请撤回上诉。二审法院裁定：准许抖音公司撤回上诉。一审判决已发生法律效力。

【法官评述】

本案涉及**今日头条**、头条等知名商标，且抖音公司系国内知名自媒体公司，自立案起即受到社会高度关注，并引起业界对合理划定驰名商标跨类保护范围问题的广泛讨论。本案从混淆及淡化两个维度对被诉行为是否构成商标侵权进行了详细论证，进一步明确了驰名商标淡化构成的认定标准，对"显著性"判断、"相当程度的联系"、"相关公众"、"误导公众"内涵以及淡化行为具体类型等重点问题的考量因素及定性进行了详细阐述，为互联网经济环境下驰名商标保护提供了探讨样本。

一、驰名商标保护的基本原则

（一）宽严适度的高质量保护原则

驰名商标系通过市场主体长期使用、宣传，以其优质产品或服务为基石建立起良好商业信誉的载体，承载巨大的商业价值，并可转化为市场竞争优势。提供高质量的驰名商标保护，对培育高质量中国品牌、优化市场营商环境、引领经济高质量发展具有重要意义。以习近平同志为核心的党中央多次强调要全面加强知识产权保护工作[①]，从近年来国家发布的一系列纲领性文件来看，新格局下的知识产权保护由"强化保护"转化为"全面加强保护"，既包括对拓展保护链条、保护手段及参与主体覆盖面的要求，亦包括对提高知识产权保护质量实现社会普惠的要求，而不仅着眼于保护强度的增加。因此，司法中对涉及驰名商标保护的审理，也应同时兼顾保护权利和防止权利滥用，一方面要把握好驰名商标认定必要性的宽严程度，另一方面要全面考量个案因素确定跨类保护的范围。

（二）诚实信用原则

诚实信用原则是一切市场活动参与者均应遵循的基本准则，要求当事人在不损害他人合法权益和社会公共利益的前提下，善意、审慎地行使自己的权利，其具有两重含义：其一，诚实信用原则鼓励市场经营主体诚信经营，不得不正当利用他人劳动成果、攫取他人的经营利益；其二，诚实信用原则亦要求权利人不得滥用驰名商标权利，肆意扩大保护范围、限制合理使用，避免导致市场自由和公平竞争空间受到过度挤压，损害他人利益乃至公共利益。

（三）利益衡平原则

驰名商标的知识产权属性，决定了其追求权利人个人利益与社会公共利益平衡的价值取向，驰名商标保护制度是一种有别于普通商标的特殊保护制度，但给予驰名商标特殊的保护并不意味着驰名商标是"特权商标"，仍需考虑到驰名商标权扩张必然使得权利人与竞争者、消费者之间的利益天平失衡[②]，应当遵循利益平衡原则对驰名商标的特殊保护进行限制，在合理划定的边界内巩

---

① 习近平：《全面加强知识产权保护工作　激发创新活力推动构建新发展格局》，载《求是》2021年第3期。

② 张斌：《论现代立法中的利益平衡机制》，载《清华大学学报（哲学社会科学版）》2005年第12期。

固利益平衡的格局。依法维护公平竞争的市场秩序,切实维护消费者、经营者合法权益和社会公共利益,是司法审判的重要任务。

二、驰名商标跨类混淆的认定

随着互联网经济步入高速发展阶段,"互联网+"商业模式进一步成为新业态,市场主体"跨界"经营已不鲜见,尤其是大型互联网公司借助其竞争优势广泛拓展其业务范围,行业竞争边界逐渐趋于模糊。因此,即使被诉侵权标识使用在与驰名商标不相类似的商品或服务上,仍可能导致相关公众对二者的来源产生混淆误认。判断是否构成跨类混淆时,应从以下五个方面进行考量:

（一）商标性使用的认定

商标的实际使用就是将特定商业标识与特定商品或服务建立联系,并且不断强化这种联系的动态过程。因此,保护商标实质上是要保护商品生产者、服务提供者经过经营而建立起来的自身与商标的唯一联系,而非保护商业标识本身。商标性的使用必须是具备真实的使用意图和在真实使用意图统摄下的实际使用,而真实使用意图就是指引导相关公众知晓商品来源的意图,此为判断商标性使用的核心。今日油条公司等在制售油条、宣传加盟项目等经营活动中使用被诉侵权标识,其使用意图即在于使得相关公众在消费时将其产品与其他同类产品予以区分,即识别商品服务来源于今日油条公司,实质上亦起到识别商品来源的效果,属于商标性使用行为。

（二）关联类似度

从日常生活经验出发,相关公众施以一般注意力对被诉侵权标识和注册商标产生来源相同或具有特定联系的误认或混淆,往往是由于二者所使用的商品、服务类别相同或类似,又或是存在产业周边、供应链上下游等相当程度的关联所导致,"近似混淆"的可能性大小与商品类别关联程度的高低相关。《最高人民法院关于审理商标民事纠纷案件适用法律若干问题的解释》（简称《商标民事纠纷司法解释》）对类似商品、服务的判断标准进行了详细列举,在此不再赘述。根据该判断标准,今日油条公司等将被诉侵权标识使用于食品商品及餐饮服务,与核定使用在计算机软件、通过计算机软件或互联网提供信息传送服务等商品服务上的权利商标在功能、用途、服务目的、内容、方式上均区别明显,在生产部门、销售渠道、服务场所等方面亦存在较大差异,二者关联类似程度较低,构成"近似混淆"的可能性较小。

（三）商标构成要素的近似程度

《商标民事纠纷司法解释》对商标比对原则进行了规定,即以相关公众的一般注意力为主体判断标准、隔离比对原则、整体及要部相结合原则、显著性及知名度因素考量原则。本案中，文字部分是涉案商标标识的主要识别部分，其中"头条"与"油条"、"今日头条"与"今日油条"均非臆造词，均具有特定含义，且"今日油条"直接描述了"油条"这一商品的名称和主要特征，属于在其第一层含义上描述性使用词汇，且与"今日头条"的含义截然不同。被诉侵权标识与权利商标的文字含义具有显著区别，且相关公众不存在对该文字的理解偏差，结合二者在读音、颜色、背景图案等各要素上亦存在区别，难以认为二者构成相同或近似商标。

（四）权利商标的显著性及相关公众关注度

商标的显著性是商标所具有的标示商品或服务出处并使之区别于其他主体提供的商品或服务的属性。一般而言，商标固有的显著性越强，其区分商品服务来源的能力就越强，消费者据此产生联想的可能性也越大，获得保护的范围就有可能越大。同时，对于商标通过使用获得的显著性，亦即商标知名度，也应当予以考量。权利商标的文字识别部分"今日""头条""今日头条"并非抖音公司原创，而是公有领域的常用词汇，且三者拆分或组合使用均具有特定的使用语境和固定含义，老百姓在日常生活中早已广泛、长期使用。因此，当上述词汇作为商标使用在新闻资讯领域时，其本身固有的显著性难免薄弱。虽然涉案注册商标通过抖音公司的使用而为公众所知，但抖音公司将公有领域的常用词汇注册为自己的商标，在行使商标禁止权时必定受到一定的限制。被诉侵权标识的文字部分"今日""油条"两词亦系公有领域的常用词汇，具备明确的实际含义，其二者组成的"今日油条"意在说明其名称和主要特点，相关公众对其含义不存在理解难度或歧义，施以一般注意力即可对被诉侵权标识与涉案注册商标加以区分。

（五）混淆的主观过错或实际产生混淆后果

认定商标是否构成混淆时，通常也要考虑行为人的主观意图以及是否造成实际混淆的后果，如果行为人有明显的混淆故意，并且有明确的证据证明市场的实际混淆已然发生，此时一般应认定构成混淆。但本案中，被诉侵权标识与权利商标在构成要素上既不相同也不近似，权利商标的固有显著性亦较弱，被诉侵权标识使用于与权利商标完全不同的商品、服务领域，难以认为被诉侵权人具有混淆的主观故意。另外，抖音公司也并未举证证明被诉侵权行为已造成相关公众对二者商标之间的混淆实际发生。

三、驰名商标保护范围及淡化认定

从《商标法》及相关司法解释的规范功能来看，商标受保护的本质并非仅源于商标的合法注册，更重要的是通过商标使用而建立起来的商业信誉。相较于普通商标而言，商标权人花费于建立良好商业信誉的成本更高，相对人侵害或不当利用驰名商标所能获得的效益更大，导致驰名商标更易遭受侵害且造成的权利人及社会公众的损害后果亦更大，因此需要为驰名商标提供力度更强的保护，以维护商标权人的合法权益，"跨类保护"制度亦出于此等考量。但需要指出的是，知识产权作为一种合理的垄断，应当是在平衡社会公共利益之下的有限垄断，而不是无限扩张的，应当遵循利益平衡原则对驰名商标的特殊保护进行限制，在合理划定的边界内维持利益平衡的格局。因此，驰名商标的"跨类保护"并非跨越到各个商品和服务领域的"全类保护"，原则上只能跨越到具有"相当程度关联"的领域，并以被诉侵权标识"误导公众"为限，实行适度的"跨类保护"。

总体上，驰名商标跨类保护范围的大小受驰名商标的显著程度、知晓程度、商品之间的关联程度等因素的影响，但需要指出的是，对驰名商标与被诉侵权商标之间的近似度要求应当达到足以使得相关公众产生联想并认为二者具备相当程度联系的高度。当相关公众在看到被诉侵权商标时仅有与驰名商标产生简单联想的可能性而无法建立相当程度的联系时，则难以认定其对驰名商标的显著性造成了削弱。

（一）驰名商标的显著程度

一般而言，驰名商标的跨类保护范围大小与驰名商标的知名度与显著性高低成正比，[①] 商标的驰名程度越高，其知名度辐射范围越宽，跨类保护的范围越大；商标的显著性越强，其保护范围越宽。商标的显著性既包括该商标构成要素的固有显著性，亦包括该商标通过使用积累的获得显著性，其中固有显著性在较长一段时间的同一社会环境下基本稳定，获得显著性则可能因产品质量、宣传推广、市场环境等变化而发生改变，固有显著性及获得显著性共同起到动态影响商标显著性的作用。因此，在判断商标是否达到受反淡化保护的显著性标准时，应当综合考量固有显著性及获得显著性分别产生的影响，不能进行简单区分、割裂理解。本案权利商标的主要识别部分是"头条"和"今日头

---

① 孔祥俊:《商标与不正当竞争法：原理和判例》，法律出版社 2009 年版，第 459—460 页。

条"文字，该两词汇系公有领域中被长期、广泛使用的通用词汇，其固有显著性较弱。即使认为涉案注册商标经抖音公司使用在计算机软件等商品服务上具备了相当程度的获得显著性，其在与资讯类交易环境完全不同的其他领域仍不能对该通用词汇的使用进行垄断。更何况，被诉侵权标识使用的"油条""今日油条"文字与涉案注册商标并不相同或近似，其同样是将公有领域中早已存在的通用词汇进行组合和选用，若涉案注册商标对此进行严格限制，显然有失公平。

（二）商品关联程度

只有当相关公众认为被诉侵权标识与涉案注册商标存在相当程度的联系时，涉案注册商标才有被弱化的可能，故既要准确划定"相关公众"的范围，也要确定"相当程度联系"所需达到的高度。驰名商标淡化认定中的"相关公众"应与认定驰名商标的"相关公众"要件区分开来，认定驰名商标中的"相关公众"是知名度的影响范围，而商标淡化认定中的"相关公众"则是造成误导的范围。由于驰名商标淡化保护是在其所使用的商品或者服务类别之外主张权利，故而亦应以被诉商标所使用的商品或服务类别的相关公众作为判断的对象。因为只有以被诉商标所使用的商品或服务类别的相关公众作为判断主体，才能对被诉商标是否"误导公众"这一结果进行判断。具体到本案中，被诉侵权标识使用在油条等食品以及早餐餐饮服务上，理论上其相关公众系一般普通公众。但从日常经验上判断，早餐餐饮服务所提供的油条等食品通常是当日现做并现场提供售卖，其作为实体服务还受到经营场所区域的严格限制，故其相关消费者主要是该经营场所有限覆盖区域内的上班族、学生或邻近住户，且通常因通勤等需要对该餐饮服务的便捷性具有更高要求，而对其使用的商标标识的注意程度较低。

（三）"相当程度关联"的"误导公众"标准

驰名商标之所以应给予跨类保护，是因为驰名商标的影响已经超出了其原本注册或使用的商品或服务类别，因此在跨类保护时不仅要求驰名商标在其使用商品服务的相关公众领域内达到驰名的程度，还要求在主张跨类保护的商品服务领域相关公众中亦具备一定的知名度。但若驰名商标本身的显著性有限、二者使用商品服务类别相差过大，或二者存在相关公众易于识别的因素，相关公众即使对二者之间的关系产生一般联想，也不足以建立起"相当程度的关联"，从而导致误认。本案中即是此种情形，被诉侵权标识与权利商标分别使用在食品、餐饮服务以及计算机软件等完全不同的类别上，二者分属完全不同的市场，彼此不存在重合或关联关系，相关公众不易对二者之间的关系产生联想。因此，今日油条公司等使用被诉侵权标识不足以使相关公众认为被诉商标与驰名商标具有相当程度的联系，并不会产生"误导公众"的效果，不存在削弱权利商标与计算机软件等商品（服务）之间的联系，从而弱化驰名商标的情形。

总而言之，无论是从保护勤勉、鼓励创新、维护公平的层面，还是从维护消费者合法权益的层面出发，对驰名商标进行特殊保护都是必要和正当的。但是，对于驰名商标的特殊保护，应当基于利益平衡原则合理划定保护界限，既要防止对自由表达、适度模仿的过度限制，更要避免对市场自由和公平竞争空间的随意挤压。

编写人：广州知识产权法院　韦晓云　林新宇

（编辑：林新宇）

19

健合公司、诗微仕公司与旭饮公司等
侵害商标权及不正当竞争纠纷案

> **阅读提示：** 在恶意侵害驰名商标权的案件中，如何适用惩罚性赔偿？

【裁判要旨】

权利人涉案商标的知名度高，侵权人侵权故意明显，侵权情节严重，获利巨大，对权利人的商誉造成严重损害的，权利人可主张适用惩罚性赔偿，并以侵权人的侵权获利作为适用惩罚性赔偿的计算依据。侵权人利用权利人商标的知名度在全国各地开展招商加盟，在选择惩罚性赔偿计算依据时，可采用加盟商的数量乘以授权加盟费用来计算侵权人的侵权获利。

【案号】

一审：广州知识产权法院（2021）粤 73 民初 2661 号

【案情与裁判】

原告：健合公司

原告：诗微仕公司

被告：旭饮公司

被告：健澳公司

被告：从某某

起诉与答辩

健合公司、诗微仕公司起诉称：健合公司、诗微仕公司系"Swisse"商标的被许可人，负责"Swisse"品牌在我国大陆地区的商业宣传、商品销售。诗微仕公司曾与旭饮公司合作，约定旭饮公司使用"Swisse"品牌产品调制并推广健康茶饮，后合作终止，旭饮公司仍持续使用"Swisse"品牌开展茶饮门店的经营、招商加盟、宣传推广及"授权"加盟商在茶饮门店上使用"Swisse"商标。健合公司、诗微仕公司认为旭饮公司、健澳公司侵害其"Swisse"商标专用权，实施了不正当竞争行为。故请求判令：1. 旭饮公司、健澳公司、从某某立即停止侵害其第 5 类注册号 G1195880 的注册商标专用权的行为；2. 旭饮公司、健澳公司、从某某立即停止不正当竞争行为，即停止虚假及误解宣传的行为；3. 旭饮公司、健澳公司、从某某在《中国知识产权报》《南方都市报》及新浪微博的醒目位置上连续 2 个月刊登声明，就其侵权行为为原告消除不良影响（声明内容需经法院审核）；4. 旭饮公司、健澳公司连带赔偿其经济损失及合理维权费用 1000 万元，从某某对上述费用在 50 万元范围内承担连带赔偿责任；5. 旭饮公司、健澳公司、从某某承担本案诉讼费用。

健澳公司答辩称：1. 其行为不构成商标侵权。其一，其使用商标的商品与涉案商标的商品类别不相同且无关联。其二，使用的"Swisse"商标经合法授权。诗微仕公司与旭饮公司签订《品牌特别合作合同》，约定双方为推广"Swisse"品牌产品调制并推广健康茶饮等。健澳公司与旭饮公司签订的《代理销售协议》约定，旭饮公司授权健澳公司为 Swisse 项目在中国指定的外部招商服务商，对 Swisse 项目进行市场推广、开发经营商、品牌代理运营指导等事宜。其三，健合公司、诗微仕公司商标并未达到驰名的程度且无认定驰名的必要性。2. 健澳公司在招商加盟过程中不存在虚假宣传及对招商加盟的权利来源作虚假陈述，不构成不正当竞争。3. 健合公司、诗微仕公司请求赔偿 1000 万元没有依据。4. 目前线上侵权门店无法看出与健澳公司的关系。

旭饮公司与从某某未提答辩意见。

一审审理查明

一、健合公司、诗微仕公司及其请求保护的注册商标相关事实

斯维仕公司核准注册第 G1195880 号商标。该商标核定使用商品类别为第 5 类，有效期自 2013 年 8 月 22 日至 2023 年 8 月 22 日。其作为许可人与健合公司、诗微仕公司等公司签署《知识产权许可协议》，约定将第 G1195880 号等商标与商标相关的品牌无形资产许可被许可人在中国使用，被许可人有权以自己的名义独立提起知识产权民事诉讼。斯维仕公司将第 G1195880 号"SWISSE"商标许可广州市合生元公司与诗微仕公司使用，许可使用期限为 2013 年 8 月 22 日至 2023 年 3 月 22 日；将第 G1195880 号商标许可健合公司使用，许可使用期限为 2019 年 9 月 5 日至 2023 年 8 月 22 日。

斯维仕公司在澳大利亚成立，现控股公司为合生元中国公司。2018 年 7 月 27 日，经原国家工商总局核准，合生元公司的企业名称变更为现企业名称，即健合公司。2017 年 5 月 12 日合生元集团变更为健合集团。健合公司与诗微仕公司均系健合集团的全资子公司。

二、G1195880 号注册商标驰名的事实

该商标自核准注册以来持续使用，在中国大陆地区以线上、线下渠道持续销售标注该商标的商品包括美容营养等 5 个系列共 55 款产品。健合公司于 2017 年至 2021 年对外销售"Swisse"多款产品，销售区域覆盖全国多个省、市的连锁超市、药店，销售金额非常高。健合公司与诗微仕公司均系健合集团的全资子公司，负责"Swisse"品牌在我国大陆地区的商业宣传、销售。诗微仕公司涉及"Swisse"品牌广告投入（支出）的专项审计报告显示，2016 年至 2020 年该公司在中国境内广告投入超 4 亿元。

三、被诉侵权事实

（一）诗微仕公司与旭饮公司签订合同及解除合同的事实

2019 年 9 月 5 日，诗微仕公司与旭饮公司签订《品牌特别合作合同》，约定由旭饮公司使用诗微仕公司"Swisse"品牌产品调制并推广健康茶饮。2021 年 4 月 6 日，双方签订《补充协议》，约定诗微仕公司向旭饮公司提供 Swisse 产品，旭饮公司开发、经营茶饮品。

2021 年 3 月至 5 月，诗微仕公司先后向旭饮公司发送《函件》《终止合作的告知函》以及《律师函》，明确告知旭饮公司解除上述合同并停止使用"Swisse"商标和利用 Swisse 名义开展 Swisse 饮品店招商加盟等行为。另外，诗微仕公司通过官方微博公开发布声明。

（二）旭饮公司和健澳公司共同实施商标侵权及不正当竞争行为的事实

1. 旭饮公司和健澳公司申请注册相关商标的事实

旭饮公司于 2020 年 5 月在第 35 类"为特许经营的商业管理"等服务上申请注册第 46431377 号商标，2021 年 2 月获准注册。2021 年 3 月在第 43 类"果汁吧"等服务上申请注册第 54684285 号"SWISSEBEVERAGE"商标。2021 年 5 月在第 43 类"住所代理"等服务上申请注册第 55980767 号"SWISSELAND"商标。

健澳公司于 2017 年 3 月在第 43 类"住所代理"等服务上申请注册第

23227725 号"CITY HONEY DRINK"商标，2018 年 3 月获准注册。2021 年 6 月 16 日在第 43 类"咖啡馆"等服务上申请注册第 56929713 号"营养颜究美茶馆"商标。2021 年 7 月 29 日在第 35 类"广告"等服务上申请注册第 58079359 号"营养颜究美茶馆"商标。

2. 旭饮公司和健澳公司存在合作关系的事实

2021 年 2 月 1 日旭饮公司和健澳公司签订《代理销售协议》约定，旭饮公司授权健澳公司作为"Swisse 旭饮营养颜究美茶馆"项目的唯一指定外部招商销售代理商，健澳公司为旭饮公司宣传、推广 Swisse 旭饮营养颜究美茶馆项目。旭饮公司向健澳公司出具"Swisse 营养颜究美茶馆"唯一指定授权签约服务中心的证书。

3. 旭饮公司和健澳公司授权他人加盟"Swisse"饮品店的事实

健澳公司的相关工作人员以"Swisse"名义向社会招商加盟"Swisse"饮品店，且这些招商加盟宣传资料、加盟合同及授权证书与旭饮公司和健澳公司签订《代理销售协议》约定的内容以及旭饮公司向健澳公司出具的证书等资料基本一致。"Swisse"饮品加盟店有旭饮公司出具的授权书或健澳公司出具的荣誉证书，部分加盟店有"旭饮 No.…"等标识。已有数十名"Swisse"加盟店经营者起诉旭饮公司和健澳公司解除相关特许经营合同，并退还特许加盟费。上海市静安区市场监督管理局作出的《行政处罚决定书》证实健澳公司自行经营"Swisse"饮品店。健澳公司对其与旭饮公司对外招商加盟"Swisse"饮品店的事实亦无异议。综上，旭饮公司和健澳公司及其加盟商在 2021 年 5 月 22 日后并未停止使用涉案商标的行为。

4. 从某某实施的商标侵权及不正当竞争行为

从某某设立并经营"斯味诗饮品店"，店铺悬挂有"Swisse"等字样招牌，在店铺招牌、店铺装潢、商品价目单以及茶饮饮品的包装袋、纸杯上均使用上述标识，店铺内的商品海报及明星代言人海报上使用"Swisse"标识。鉴于该店铺已被注销，健合公司、诗微仕公司不再追究从某某不正当竞争行为的责任，并撤回要求从某某立即停止实施不正当竞争行为的诉讼请求。

四、健合公司、诗微仕公司主张经济损失赔偿的事实

健合公司、诗微仕公司明确主张旭饮公司和健澳公司连带赔偿其经济损失及合理开支共 1000 万元，从某某在上述赔偿数额的 50 万元范围内承担连带赔偿责任，并主张按照旭饮公司和健澳公司因侵权行为所获得的利益为基数适用 5 倍的惩罚性赔偿。

（一）关于旭饮公司和健澳公司的侵权获利情况

健合公司、诗微仕公司主张以下列计算依据和计算方式确定旭饮公司和健澳公司因侵权行为所获得的利益。

1. 旭饮公司和健澳公司授权加盟"Swisse"饮品店的数量

旭饮公司和健澳公司使用的微信小程序"营养颜究美茶"显示正在营业的"Swisse"饮品店155家；大众点评App系统显示正在营业的"Swisse"饮品店53家；美团App系统显示正在营业的"Swisse"饮品店52家；健澳公司涉及"Swisse"饮品店招商加盟项目与各"Swisse"茶饮加盟商正在发生的特许经营合同纠纷等诉讼共计33件，即旭饮公司和健澳公司至少授权33个"Swisse"经营者加盟"Swisse"饮品店；根据健合公司、诗微仕公司于2021年5月22日后对广东省、浙江省两省的"Swisse"饮品加盟店经营现场的公证取证，两省正在营业的"Swisse"茶饮店共22家。因此，对上述"Swisse"茶饮加盟店进行汇总、筛选，并剔除可能重合的数据，计算侵权的"Swisse"茶饮店总计176家。另外，根据上海市静安区市场监督管理局作出的《行政处罚决定书》，健澳公司对外经营1家"Swisse"饮品店。

2. 旭饮公司和健澳公司每家"Swisse"加盟店的获利情况

（1）旭饮公司和健澳公司对外宣传推广的加盟费。旭饮公司和健澳公司自行或授权他人发布"Swisse"茶饮店招商加盟信息显示：省会城市/直辖市旗舰店加盟费合计45万元/年，地级城市旗舰店加盟费合计39万元/年，县级城市及乡镇加盟费26.7万元/年。2021年"Swisse"奶茶店加盟费新标准显示：标准店加盟费12.07万元，旗舰店加盟费18万元。

（2）旭饮公司和健澳公司向"Swisse"茶饮店加盟商提供的《项目服务内容及费用》显示：旭饮公司和健澳公司对授权加盟的"Swisse"饮品店的加盟费设有统一收费标准，其中单店费用12.5万元，一线城市（北上广深天津）费用42.5万元，代理二线及三线城市费用22.5万元。

（3）健澳公司与"Swisse"茶饮加盟商特许经营合同纠纷诉讼公开信息显示，在这33件诉讼中，各加盟商要求被告健澳公司退还的加盟费用为12.5万元、15.165万元、22.5万元、23.4万元、26.76万元不等。

相关证据可认定旭饮公司和健澳公司授权加盟"Swisse"饮品店的单店最低加盟费用为12.5万元，且旭饮公司和健澳公司还按每笔销售额1%收取品牌系统管理费。

3. 涉案《品牌特别合作合同》约定的违约金计算侵权获利

诗微仕公司与旭饮公司签订的《品牌特别合作合同》约定，旭饮公司每次违约需支付 50 万元违约金。因此，本案可以每家加盟店违约金 50 万元作为计算被告侵权所获得利益的计算依据。

4. 按照上述方法计算旭饮公司和健澳公司的侵权获利

（1）按旭饮公司和健澳公司授权加盟"Swisse"饮品店总计 176 家作为加盟店数量，以"Swisse"茶饮店单店最低加盟费用 12.5 万元或者以旭饮公司每一次违约的违约金 50 万元作为侵权获利，计算旭饮公司和健澳公司的侵权获利分别为 2200 万元（12.5 万元/家 ×176 家）和 8800 万元（50 万元/家 ×176 家）。

（2）按健澳公司涉及"Swisse"茶饮店特许经营许可合同纠纷诉讼 33 家计算，以"Swisse"茶饮店单店最低加盟费用 12.5 万元或者以旭饮公司每一次违约的违约金 50 万元作为侵权获利，计算旭饮公司和健澳公司的侵权获利分别为 412.5 万元（12.5 万元/家 ×33 家）和 1650 万元（50 万元/家 ×33 家）。

（3）以健合公司、诗微仕公司于 2021 年 5 月 22 日以后在广东省和浙江省"Swisse"加盟饮品店以及上海市静安区市场监督管理局查获的健澳公司自行经营的"Swisse"饮品店计算，以"Swisse"茶饮店单店最低加盟费用 12.5 万元或以旭饮公司每一次违约的违约金 50 万元作为侵权获利，旭饮公司和健澳公司的侵权获利分别为 287.5 万元（12.5 万元/家 ×23 家）和 1150 万元（50 万元/家 ×23 家）。

（二）健合公司、诗微仕公司主张本案适用惩罚性赔偿的事实

1. 旭饮公司和健澳公司存在侵权故意

诗微仕公司与旭饮公司合作终止后，诗微仕公司多次函告旭饮公司解除上述合同并停止相应侵权行为，并通过官方微博公开发布声明。旭饮公司明知其与诗微仕公司的合同约定及"Swisse"商标的知名度，超越合同约定内容使用侵权标识，且在诗微仕公司书面通知及催告停止侵权行为后，仍伙同健澳公司持续实施涉案侵权行为，主观上具有实施侵权行为的恶意。

2. 旭饮公司和健澳公司的侵权情节严重

旭饮公司和健澳公司授权加盟的"Swisse"饮品店遍布全国，数量共 176 家，侵权获利巨大。两者长期以侵权为业，"Swisse"饮品加盟门店不断增加，侵权受害的加盟商及消费者持续新增，在网络上出现大量健合公司和诗微仕公司及其"Swisse"商标的负面评价，对其商誉造成重大损害。旭饮公司和健澳

公司开展虚假"Swisse"饮品店招商加盟活动,诱导大量社会公众与其签署加盟合同,目前已至少发生33件涉及"Swisse"品牌的特许经营合同纠纷诉讼,严重损害社会公众的利益。

(三)健合公司、诗微仕公司主张为制止本案侵权行为支付的合理开支情况

健合公司、诗微仕公司主张为制止涉案侵权行为支付的维权费用共430689元,并提交了相应证据。

一审判理和结果

本案争议焦点:1.旭饮公司和健澳公司的行为是否构成商标侵权和不正当竞争行为以及是否构成共同侵权;2.从某某的行为是否构成商标侵权行为及是否与旭饮公司和健澳公司构成共同侵权;3.如被诉侵权行为成立,应如何确定旭饮公司、健澳公司、从某某的责任。

一、旭饮公司和健澳公司的行为是否侵害涉案商标专用权

(一)G1195880号注册商标是否有认定驰名商标的必要以及是否达到驰名程度

健合公司、诗微仕公司请求保护G1195880号商标,并请求认定该注册商标为驰名商标。我国驰名商标的司法认定采取"因需认定"的原则。首先,涉案注册商标核定使用在第5类"医用营养食物及营养品;膳食补充剂"等商品上。被诉侵权标识使用在第32类"果汁、奶茶"等商品以及第43类"咖啡馆、饮品店"等服务上,两者不属相同商品;且在功能、用途、生产部门、销售渠道或服务方式、消费对象等方面存在差异,亦不属于类似商品或服务。因此,本案有必要审查涉案侵权行为发生时G1195880号注册商标是否达到驰名程度。

根据证据显示,G1195880号商标自2013年申请注册后一直持续使用至今;健合公司、诗微仕公司为该商标的商品长期投入资金进行了多种形式的广告宣传推广,销售区域遍布全国,销售渠道广泛,销售金额非常大,缴纳利税高,具有很高的市场份额,并获得较高的市场声誉。因此,G1195880号商标在2021年5月22日旭饮公司和健澳公司收到律师函后在中国境内已为相关公众所熟知的商标,应当认定该商标在第5类"医用营养食物及营养品;膳食补充剂"等商品上已达驰名程度。

(二)被诉侵权标识的使用是否侵害健合公司、诗微仕公司G1195880号商标专用权

首先,旭饮公司及其"Swisse"饮品店加盟商应停止使用诗微仕公司涉案商标的行为。

呈前所述，诗微仕公司与旭饮公司原有合作，但后来诗微仕公司向旭饮公司发送《函件》《终止合作的告知函》以及《律师函》，明确告知旭饮公司解除上述合同并停止使用 Swisse 商标和利用 Swisse 名义开展"Swisse"饮品店招商加盟等行为。《品牌特别合作合同》及《补充协议》自通知到达旭饮公司时即解除。旭饮公司及其加盟商应立即停止使用诗微仕公司商标及其他与诗微仕公司有关标识的行为。

其次，旭饮公司和健澳公司及其加盟商未停止使用"Swisse"商标的行为。

旭饮公司和健澳公司签订《代理销售协议》约定，其授权健澳公司为"Swisse 旭饮营养颜究美茶馆"项目的唯一指定外部招商销售代理商，健澳公司为旭饮公司宣传、推广 Swisse 旭饮营养颜究美茶馆项目，旭饮公司向健澳公司出具"Swisse 营养颜究美茶馆"唯一指定授权签约服务中心的证书。健澳公司的相关工作人员以"Swisse"名义向社会招商加盟"Swisse"饮品店。"Swisse"饮品加盟店有旭饮公司出具的授权书或健澳公司出具的荣誉证书，部分加盟店有"旭饮 No.⋯"等标识。已有数十名"Swisse"加盟店经营者起诉旭饮公司和健澳公司解除相关特许经营合同，并退还特许加盟费。前述《行政处罚决定书》证实健澳公司自行经营"Swisse"饮品店。健澳公司对其与旭饮公司对外招商加盟"Swisse"饮品店的事实亦无异议。综上，旭饮公司和健澳公司及其加盟商在 2021 年 5 月 22 日后并未停止使用"Swisse"商标的行为。

最后，被诉标识的使用侵害健合公司、诗微仕公司 G1195880 号商标专用权。

旭饮公司和健澳公司以"Swisse 旭饮营养颜究美茶馆"项目的名义开展招商加盟活动，授权他人加盟开设"Swisse"饮品店，并向加盟的"Swisse"饮品店出售、提供含有"Swisse"标识的饮品店所涉物料。上述标识的使用能起到识别商品或服务来源的功能，属于商标性使用。在上述被诉侵权标识中，部分与涉案商标相同，部分将"Swisse"处于整个标识的最上部，且字体更大，更具显著性。因此，旭饮公司和健澳公司复制、摹仿健合公司、诗微仕公司注册的驰名商标在不类似商品或服务上作为商标使用，足以使相关公众认为被诉侵权标识与健合公司、诗微仕公司驰名商标具有相当程度的联系，而减弱该驰名商标的显著性，或不正当利用该驰名商标的市场声誉，损害健合公司、诗微仕公司的利益，属于《商标法》第五十七条规定的侵害涉案注册商标专用权的行为。因此，健合公司、诗微仕公司主张旭饮公司和健澳公司侵害其 G1195880 号商标专用权，予以支持。

（三）旭饮公司与健澳公司是否构成共同侵权

健合公司、诗微仕公司主张旭饮公司和健澳公司分工合作，共同经营"Swisse 旭饮营养颜究美茶馆"项目，以"Swisse"名义开展招商加盟活动，授权他人加盟开设"Swisse"饮品店。

首先，旭饮公司和健澳公司分别申请注册相关商标，并同时使用该商标标识。旭饮公司在第 35 类"为特许经营的商业管理"等服务上申请注册第 46431377 号商标。健澳公司在第 43 类"住所代理"等服务上申请注册第 23227725 号"CITY HONEY DRINK"商标，在第 43 类"咖啡馆"等服务上申请注册第 56929713 号"营养颜究美茶馆"商标，在第 35 类"广告"等服务上申请注册第 58079359 号"营养颜究美茶馆"商标。旭饮公司向健澳公司出具的授权证书以及旭饮公司和健澳公司在对外招商加盟"Swisse 旭饮营养颜究美茶馆"项目活动中，同时使用了旭饮公司和健澳公司申请注册的上述商标。

其次，旭饮公司与健澳公司具有合作关系。2021 年 2 月 1 日旭饮公司与健澳公司签订《代理销售协议》约定，旭饮公司同意授权健澳公司作为"Swisse 旭饮营养颜究美茶馆"项目的外部唯一指定代理商及战略合作伙伴；健澳公司在收到单店经营商支付的费用后，应按照业务利润分配标准支付给旭饮公司；单店及区域专营店所需保健品均由旭饮公司统一提供；健澳公司可在中国使用旭饮公司 Swisse 旭饮营养颜究美茶馆品牌旗下的宣传制品、海报等。

最后，健澳公司与旭饮公司共同招商加盟了多家"Swisse"饮品店，并授权各加盟商使用上述标识。

（四）健澳公司的抗辩意见是否成立

健澳公司辩称其合法使用被诉侵权标识，提交了两份《商标授权声明书》。一审法院认为：首先，两份声明书中的商标申请号或核定使用的商品类别与本案请求保护的商标申请号或核定使用的商品类别不同。其次，两份声明书授权使用范围与本案被诉侵权标识使用范围不同。最后，诗微仕公司向旭饮公司发送的《函件》等，明确告知旭饮公司和健澳公司停止使用诗微仕公司"Swisse"商标。因此，健澳公司主张其合法使用被诉标识的抗辩意见，不予采纳。

综上，健合公司、诗微仕公司主张旭饮公司和健澳公司分工合作，共同经营"Swisse 旭饮营养颜究美茶馆"项目，并授权他人加盟开设"Swisse"饮品店，并向"Swisse"饮品加盟店出售、提供含有"Swisse"标识的茶饮商品所涉包装袋、纸杯等物料，共同侵害健合公司、诗微仕公司 G1195880 号商标专用权，予以支持。

二、旭饮公司和健澳公司是否构成不正当竞争行为

旭饮公司与健澳公司侵害 G1195880 号商标专用权，法院对此已作认定，对于健合公司、诗微仕公司再主张旭饮公司和健澳公司组合使用上述标识的行为构成不正当竞争，不予支持。

健合公司、诗微仕公司主张旭饮公司和健澳公司构成虚假宣传的不正当竞争行为。旭饮公司和健澳公司授权"Swisse"饮品加盟店使用含有健合公司、诗微仕公司"Swisse"品牌代言人的海报及"Swisse"产品的海报进行宣传，系对其商品或服务作虚假宣传，欺骗、误导消费者，其行为构成虚假宣传的不正当竞争。

至于健合公司、诗微仕公司主张旭饮公司和健澳公司实施的其他不正当竞争行为，不予支持。

三、从某某的行为是否构成商标侵权

从某某设立并经营"斯味诗饮品店"，悬挂"Swisse"等字样招牌以及使用上述标识，侵害了健合公司、诗微仕公司涉案商标专用权。旭饮公司和健澳公司以"Swisse 旭饮营养颜究美茶馆"项目对外开展招商加盟经营活动。旭饮公司和健澳公司未举证否定从某某经其招商加盟经营该店铺并使用上述标识的事实，一审法院认定旭饮公司和健澳公司授权从某某使用上述标识，与从某某构成共同商标侵权。

健合公司、诗微仕公司在庭审中已撤回要求从某某停止不正当竞争行为的诉请，因此，对从某某是否实施不正当竞争行为不再审查。

四、旭饮公司、健澳公司、从某某的侵权责任如何确定

旭饮公司、健澳公司、从某某的行为侵害健合公司、诗微仕公司 G1195880 号商标专用权，同时旭饮公司和健澳公司虚假宣传的行为构成不正当竞争，依法应承担停止侵权，并赔偿健合公司、诗微仕公司经济损失等民事责任，因此，健合公司、诗微仕公司提出旭饮公司和健澳公司立即停止侵害其 G1195880 号商标专用权及虚假宣传的不正当竞争行为，并赔偿其经济损失的诉讼请求，于法有据，予以支持。鉴于从某某经营的店铺已被注销，健合公司、诗微仕公司亦未举证证实该店铺注销后仍继续实施侵权行为，因此，对于健合公司、诗微仕公司主张从某某立即停止侵害其 G1195880 号商标专用权的诉讼请求，不予支持，但从某某仍应对其曾实施的商标侵权行为承担赔偿经济损失的责任。

（一）健合公司、诗微仕公司的经济损失如何确定

健合公司、诗微仕公司主张以旭饮公司和健澳公司因侵权所获得的利益确

定其经济损失的赔偿数额，并主张了确定旭饮公司和健澳公司因侵权所获得利益的计算依据和计算方式。分析认定如下：

第一，对于旭饮公司和健澳公司招商加盟"Swisse"饮品店的数量。根据前述查明事实，对于健合公司、诗微仕公司主张的"Swisse"饮品加盟店176家的数量，一审法院认为：首先，健合公司、诗微仕公司主张的上述"Swisse"加盟店数量来源于网络，不能证实上述176家加盟店是否仍继续经营。其次，2019年9月5日诗微仕公司与旭饮公司签订《品牌特别合作合同》，约定诗微仕公司授权旭饮公司及其加盟商使用"Swisse"产品调制的茶饮饮品名称中使用"Swisse"字样，因此，健合公司、诗微仕公司不能举证证实上述176家加盟店非依《品牌特别合作合同》的约定进行加盟使用该"Swisse"标识，并持续经营至《品牌特别合作合同》及《补充协议》解除后。最后，上述来源数据有重合，最终数据难以确定。因此，对于旭饮公司和健澳公司招商加盟"Swisse"饮品店176家，不予支持。同理，健合公司、诗微仕公司主张按涉及"Swisse"茶饮店特许经营许可合同纠纷诉讼33家计算，亦不予支持。

但是，2022年5月22日后，在广东省和浙江省仍有22家"Swisse"饮品加盟店（包括从某某设立的店铺）仍在经营，并继续使用被诉侵权标识。旭饮公司和健澳公司确有招商加盟"Swisse"饮品店并使用被诉侵权标识的事实，且未举证否定该22家"Swisse"饮品店与其的加盟关系，因此，认定旭饮公司和健澳公司在广东省和浙江省两省就招商加盟22家"Swisse"饮品店。根据健合公司、诗微仕公司举证及生活常理，以及健澳公司在庭审中确认至今仍有78家加盟店在经营的事实，可认定旭饮公司和健澳公司在全国多个省、自治区、直辖市招商加盟"Swisse"饮品店，即健合公司、诗微仕公司公证取证的该22家"Swisse"饮品店仅是旭饮公司和健澳公司对外招商加盟店的一部分，即旭饮公司和健澳公司对外招商加盟的"Swisse"饮品店应远超22家。另外，根据前述《行政处罚决定书》，健澳公司在2022年5月22日以后在经营有店招"Swisse"的店铺，并获得相应的利益。因此，健合公司、诗微仕公司主张仅以23家"Swisse"饮品店计算旭饮公司和健澳公司的侵权获利，予以支持。

第二，对于旭饮公司和健澳公司招商加盟店的获利情况。首先，健合公司、诗微仕公司主张以涉案《品牌特别合作合同》约定的每一次违约的违约金50万元确定每家"Swisse"饮品加盟店的获利，但该合同由诗微仕公司与旭饮公司签订，约定双方的违约责任，而本案商标侵权及不正当竞争纠纷不涉及诗微仕公司或旭饮公司的违约责任，因此，健合公司、诗微仕公司主张以50万元违约金标准计算旭饮公司和健澳公司每家饮品加盟店的侵权获利，依据不足，不予采纳。

其次，对于旭饮公司和健澳公司每家"Swisse"饮品加盟店收取的加盟费。根据旭饮公司和健澳公司自行或授权他人发布"Swisse"饮品店招商加盟的信息，省会城市/直辖市旗舰店加盟费合计45万元/年，地级城市旗舰店加盟费合计39万元/年，县级城市及乡镇加盟费26.7万元/年；根据2021年"Swisse"奶茶加盟费新标准，标准店加盟费12.07万元，旗舰店加盟费18万元。旭饮公司和健澳公司提供的《项目服务内容及费用》显示，旭饮公司和健澳公司对授权加盟"Swisse"饮品店的加盟费设有统一收费标准，其中单店费用12.5万元，一线城市费用42.5万元，代理二线及三线城市费用22.5万元。在上海市青浦区人民法院（2021）沪0118民初23930号服务合同纠纷案中的《服务合同书》及《承认函》《收据》等证据显示，健澳公司向张某某收取加盟费用共计12.5万元。健澳公司与33件"Swisse"饮品店经营者的特许经营合同纠纷诉讼的公开信息显示，各"Swisse"饮品店经营者要求健澳公司退还加盟费用12.5万元、15.165万元、22.5万元、23.4万元及26.76万元等。根据上述证据和事实，旭饮公司和健澳公司授权对外招商每家加盟费用为每年12.5万元至45万元，同时还要按门店每笔销售额1%收取品牌系统管理费；且下一年度仍会继续收取相关费用。因此，旭饮公司和健澳公司对"Swisse"饮品加盟店收取的平均加盟费用应远超12.5万元。旭饮公司和健澳公司亦未举证证明其对加盟店的成本或支出，因此，现健合公司、诗微仕公司主张按每家加盟店最低加盟费12.5万元计算旭饮公司和健澳公司的侵权获利，予以支持。

如上，健合公司、诗微仕公司主张以2021年5月22日后旭饮公司和健澳公司在广东省、浙江省和上海市自行经营的"Swisse"饮品加盟饮店23家，以及"Swisse"茶饮店每家最低加盟费12.5万元，计算旭饮公司和健澳公司因侵权所获的利益为287.5万元（12.5万元/家×23家），旭饮公司和健澳公司招商加盟的"Swisse"饮品店数量与每家加盟店的加盟费用应远超出健合公司、诗微仕公司主张的数量，因此，健合公司、诗微仕公司主张旭饮公司和健澳公司的侵权获利为287.5万元（12.5万元/家×23家），予以支持。

（二）本案是否应适用惩罚性赔偿

健合公司、诗微仕公司主张以旭饮公司和健澳公司的侵权获利为基数适用5倍的惩罚性赔偿。

第一，旭饮公司和健澳公司是否存在故意侵害健合公司、诗微仕公司涉案商标专用权的行为。诗微仕公司与旭饮公司曾存在合作关系。诗微仕公司向旭饮公司和健澳公司多次发函及声明告知终止与其合作，并告知其停止使用"Swisse"商标标识的行为，但旭饮公司和健澳公司于2022年5月22日收到《律师函》后，仍实施涉案商标侵权及不正当竞争行为。旭饮公司、健澳公司利用健合公司、诗微仕公司及其涉案商标的知名度大量授权他人使用涉案商标标识，可认定旭饮公司和健澳公司具有非常明显的侵权故意。

第二，旭饮公司和健澳公司侵权行为是否情节严重。首先，旭饮公司和健澳公司在2022年5月22日后仍授权他人加盟"Swisse"饮品店，且加盟店铺遍布全国，店铺数量众多，侵权获利非常大。其次，旭饮公司和健澳公司进行"Swisse"饮品店招商加盟活动，已发生至少33件特许经营合同纠纷诉讼，无疑会损害健合公司、诗微仕公司及其G1195880号商标的商誉和"Swisse"饮品加盟店经营者的利益。最后，健澳公司于2021年8月26日被上海市静安区市场监督管理局作出行政处罚决定后，仍实施涉案商标侵权及不正当竞争行为。因此，可认定旭饮公司和健澳公司侵权行为情节严重。

第三，对于适用惩罚性赔偿的倍数。旭饮公司和健澳公司的主观过错程度和侵权情节严重，侵权范围非常广，因侵权所获的利益非常高，酌情确定以健合公司、诗微仕公司主张的侵权获利287.5万元为基数，适用2.5倍的惩罚性赔偿，对健合公司、诗微仕公司主张适用5倍惩罚性赔偿不予支持。

（三）健合公司、诗微仕公司为本案侵权行为支付的合理费用

一审法院综合考虑健合公司、诗微仕公司为本案诉讼支付的维权费用的合理性和必要性，故对其主张的为制止侵权行为支付的合理开支430689元予以全额支持。

综上，旭饮公司和健澳公司应当赔偿健合公司、诗微仕公司经济损失共计10493189元［2875000元（23家×125000元/家）+7187500元（23家×125000元/家×2.5倍）+430689元］，该经济损失及为制止侵权行为支付的合理开支总额超过健合公司、诗微仕公司主张的经济损失赔偿数额1000万元，一审法院对健合公司、诗微仕公司请求旭饮公司和健澳公司赔偿经济损失1000万元可全额支持，酌情确定从某某在上述经济损失的5万元范围与旭饮公司和健澳公司承担连带赔偿责任。

旭饮公司和健澳公司对健合公司、诗微仕公司及其涉案商标的商誉无疑会造成损害，因此，对于健合公司、诗微仕公司要求旭饮公司、健澳公司在《中国知识产权报》《南方都市报》及新浪微博的醒目位置上连续2个月刊登声明

的诉请，予以支持；对健合公司、诗微仕公司要求从某某刊登声明、消除影响等诉请，不予支持。

一审法院判决：1.旭饮公司、健澳公司立即停止侵害健合公司、诗微仕公司享有的 G1195880 号商标专用权的行为；2.旭饮公司、健澳公司立即停止涉案虚假宣传的不正当竞争行为；3.旭饮公司、健澳公司连带赔偿健合公司、诗微仕公司经济损失及为制止侵权行为支付的合理开支共计 1000 万元；4.从某某在旭饮公司、健澳公司应承担的上述赔偿金额的 5 万元范围内与旭饮公司、健澳公司承担连带赔偿责任；5.旭饮公司、健澳公司在《中国知识产权报》与新浪微博首页显著位置刊登声明（新浪微博连续刊登声明十日）（声明内容须经一审法院审核），就其涉案商标侵权行为及不正当竞争行为消除影响；如不履行，一审法院将在《中国知识产权报》与新浪微博首页上公布判决的主要内容，费用由旭饮公司、健澳公司负担；6.驳回健合公司、诗微仕公司的其他诉讼请求。

一审宣判后，双方当事人均未上诉，一审判决发生法律效力。

【法官评述】

本案涉及恶意侵害驰名商标权的行为。准确审理此类案件，要注意此类案件是否适用惩罚性赔偿及被告的侵权获利赔偿的计算依据。

首先，本案是否适用惩罚性赔偿。健合公司、诗微仕公司主张以旭饮公司和健澳公司的侵权获利为基数适用 5 倍的惩罚性赔偿，一审法院对健合公司、诗微仕公司该项主张予以审查。第一，旭饮公司和健澳公司是否存在故意侵害涉案商标专用权的行为。诗微仕公司曾与旭饮公司存在合作关系，约定由诗微仕公司向旭饮公司提供"Swisse"饮品产品原材料用于调制茶饮品，在双方合作终止后，诗微仕公司多次自行或委托律师书面函告旭饮公司解除上述合同并停止相应侵权行为。另外，诗微仕公司通过官方微博公开发布声明。旭饮公司明知其与诗微仕公司的合同约定及"Swisse"商标的知名度，超越合同约定内容使用侵权标识，而且在诗微仕公司书面通知及催告停止侵权行为后，仍伙同健澳公司持续实施涉案侵权行为，主观上具有实施侵权行为的恶意。第二，旭饮公司和健澳公司的侵权情节严重，两者授权加盟的"Swisse"饮品店遍布全国，数量共计 176 家，侵权获利特别大。旭饮公司和健澳公司长期以侵权为业，"Swisse"饮品加盟门店不断增加，侵权受害的加盟商及消费者持续新增，在网络上出现大量有关健合公司、诗微仕公司及其"Swisse"商标的负面评价，对健合公司、诗微仕公司及其商誉造成重大损害。旭饮公司和健澳公司开展虚假"Swisse"饮品店招商加盟活动，诱导大量社会公众与其签署加盟合同，目前已至少发生33件涉及"Swisse"品牌的特许经营合同纠纷诉讼，严重损害了社会公众的利益。

其次，本案中因健合公司、诗微仕公司侵权所受到的实际损失难以确定，健合公司、诗微仕公司主张以旭饮公司和健澳公司的侵权获利作为适用惩罚性赔偿的计算依据，列出了"两被告'授权'加盟'Swisse'饮品店176家、涉及'Swisse'茶饮店特许经营许可合同纠纷诉讼33起、现场公证取证及被市场监管局查获的'Swisse'加盟饮品店23家"三种计算方式和依据。一审法院对健合公司、诗微仕公司主张的三种计算方式逐一进行分析，最后采用了"现场公证取证及被市场监管局查获的'Swisse'加盟饮品店23家"计算，以及"Swisse"茶饮店每家最低加盟费用12.5万元，计算出旭饮公司和健澳公司因侵权所获得的利益为287.5万元（12.5万元/家×23家），并以287.5万元为基数，适用2.5倍的惩罚性赔偿，加上健合公司、诗微仕公司合理维权费用，健合公司、诗微仕公司请求赔偿金额未超出相应数额，最终判决全额支持健合公司、诗微仕公司请求赔偿的1000万元。

编写人：广州知识产权法院　刘小鹏　徐晓霞

（编辑：徐晓霞）

20

金雪儿公司与靓白堂公司等侵害商标权纠纷案

> **阅读提示**：商标权人所注册和使用的商标系违反诚信原则而取得，其专用权能否受到保护？

【裁判要旨】

诚实信用原则是民法的基本原则。申请注册和使用商标，应当遵循诚实信用原则。违反诚实信用原则而取得的注册商标，其专用权不应受到保护。

【案号】

一审：广东省广州市白云区人民法院（2023）粤 0111 民初 4163 号

二审：广州知识产权法院（2023）粤 73 民终 1233 号

【案情与裁判】

上诉人（一审原告）：金雪儿公司

被上诉人（一审被告）：靓白堂公司

被上诉人（一审被告）：肖某某

被上诉人（一审被告）：雅太兰公司

起诉与答辩

金雪儿公司起诉请求：1. 靓白堂公司、雅太兰公司立即停止使用"SHICUNDO"注册商标；立即停止生产、销售含有"SHICUNDO"注册商标的资春堂温泉光润焕亮六合一系列产品；2. 靓白堂公司、雅太兰公司、肖某某连带赔偿金雪儿公司经济损失及维权合理开支共计 100 万元；3. 靓白堂公司、雅太兰公司、肖某某在《中国青年报》及网站、《知识产权报》及网站、《广州日报》及网站非中缝位置公开向金雪儿公司赔礼道歉、消除影响；4. 靓白堂公司、雅太兰公司、肖某某承担本案全部诉讼费用。金雪儿公司是涉案第53521323号"SHICUNDO"注册商标的权利人。靓白堂公司、雅太兰公司等未经许可，擅自生产、销售涉案系列化妆品，假冒"SHICUNDO"注册商标，使相关公众产生混淆和误认，构成商标侵权。肖某某系靓白堂公司的唯一股东，若肖某某不能提供证据证明公司财产独立于股东自己财产，应对靓白堂公司债务承担连带赔偿责任。

靓白堂公司答辩称：1. 第11231532号"SHICUNDO"商标已经于2018年10月23日被国家知识产权局裁定无效，而第53521323号"SHICUNDO"商标与之完全一致，注册类别均为第3类，故第53521323号"SHICUNDO"商标也具有无效事由，其不应享有商标专用权。2. 金雪儿公司于2021年10月14日取得第53521323号"SHICUNDO"商标权，而靓白堂公司早在2020年10月15日就已经使用被诉标识，是第53521323号"SHICUNDO"商标的在先权利人，不构成侵权。3. 即便构成侵权，金雪儿公司主张100万元赔偿缺乏事实和法律依据，依法予以驳回。

肖某某答辩称：靓白堂公司、肖某某财产互相独立，其不应当对靓白堂公司承担连带责任。

雅太兰公司未答辩。

一审审理查明

一、涉案商标注册情况

金雪儿公司明确在本案中主张第53521323号"SHICUNDO"注册商标的商标专用权，该商标注册人为金雪儿公司，核定使用商品/服务项目为第3类，注册日期2021年10月14日，有效期至2031年10月13日。另外，金雪儿公司系第11231532号"SHICUNDO"商标独占许可使用人，该商标的注册人为卢某，核定使用商品/服务项目为第3类，注册日期为2013年12月14日，有效期至2023年12月13日，许可期限为该商标有效期限，并特别授权金雪儿公司可就商标维权行为直接提起诉讼并维权。

二、被诉侵权行为表现

2022年8月25日，金雪儿公司的委托代理人通过公证保全将以下证据固定：（1）在拼多多App进入"怡品资春堂官方旗舰店"查看该网店的相关网页信息并购买相关产品；（2）进入"怡品靓白堂化妆品旗舰店官方"店铺，查看该店铺的相关信息及销售页面。两店铺套装产品宣传图片一致，包装瓶上均使用有"SHICUNDO"标识。公证收货的产品包装盒背面信息内容包括：委托方靓白堂公司，被委托方雅太兰公司，显示限用日期为2024年8月16日。靓白堂公司确认是拼多多两个涉案店铺的经营者，确认靓白堂公司委托雅太兰公司进行过生产行为，但公证书及实物当中未体现快递单号，无法确认快递单号是否与订单互相对应，不确认公证封存实物为公证购买订单的实物；被诉侵权产品包装的正面、背面包装均显示有"怡品资春堂"字样，被诉侵权商标是"资春堂"中文标识的英文翻译名称，靓白堂公司使用该标识的时候，金雪儿公司还未取得商标权利，靓白堂公司的使用行为属于在先使用行为，享有在先权利，不存在侵权的故意，未侵害任何权利主体的商标权利；虽然公证书体现平台的店铺销量较高，并非真实销售的数据。

三、靓白堂公司、肖某某的举证情况

靓白堂公司主张涉案第11231532号商标已经于2018年10月23日被裁定无效，第53521323号商标标识与第11231532号商标标识及类别均一致，金雪儿公司不应取得商标专用权；靓白堂公司于金雪儿公司取得第53521323号商标权利之前就已经投入生产销售，是在先权利人。但金雪儿公司质证认为第11231532号商标虽被宣告无效，但其在2021年的10月14日已经取得了第53521323号商标专用权，该商标一直处于有效状态；且从注册之日起，金雪儿公司一直在使用该涉案商标，金雪儿公司使用该商标的时间远远早于靓白堂公司。

四、其他查明事实

金雪儿公司在本案中主张经济损失及合理费用100万元，并提供金额为1894元的公证费发票、民事委托代理合同及金额为10000元的律师费发票。

另查，金雪儿公司系有限责任公司（法人独资），成立日期为2011年7月21日，法定代表人张某，经营范围为化学原料及化学制品制造业。靓白堂公司系有限责任公司（自然人独资），成立日期为2018年6月6日，法定代表人肖某某，经营范围包括互联网商品销售，化妆品批发等；雅太兰公司系有限责任公司（自然人投资或控股），成立日期为2011年5月6日，经营范围包括化妆品制造、化妆品及卫生用品零售等。

原国家工商行政管理总局商标评审委员会于2018年8月27日作出《关于第11231532号"SHICUNDO"商标无效宣告请求裁定书》认定：该商标与印证商标"SHISEIDO"首尾字母构成相同，整体构成近似，印证商标具有较高知名度，争议商标与印证商标核定使用商品属于同一种或类似商品，二者共同使用在类似商品上，易使得相关公众造成混淆和误认，对争议商标予以无效宣告。2018年10月23日上述裁定书"实审裁文发文"，后被退回后，于2019年5月27日"宣告无效公告排版"。

金雪儿公司确认上述裁定书的真实性，但主张是商标权利人卢某错过时间未参与异议答辩，其未实际收到上述裁定书，查询知悉后，再次以金雪儿公司的名义继续申请第53521323号商标并获准注册，金雪儿公司生产销售的涉案商品在全国市场上具有较高的知名度和较大的市场影响力，靓白堂公司是恶意抄袭、复制金雪儿公司产品。即使第11231532号商标被异议宣告无效，金雪儿公司于2013年12月14日注册后一直在涉案商品上使用该商标，远远早于靓白堂公司主张的在先使用时间2020年10月15日，金雪儿公司享有在先使用权。

一审判理和结果

一审法院审理认为，金雪儿公司在本案中主张的第53521323号"SHICUNDO"商标的注册日期为2021年10月14日，金雪儿公司同时为第11231532号"SHICUNDO"商标独占许可使用人，第11231532号商标于2018年8月27日被宣告无效，金雪儿公司亦确认第11231532号商标的权利人卢某为金雪儿公司的实际控制人的事实。第53521323号"SHICUNDO"商标标识与第11231532号"SHICUNDO"商标标识字母组成完全相同，只存在字体的细微差异。即金雪儿公司在明知"SHICUNDO"商标标识与在先注册的有一定影响的商标标识构成近似，侵害在先注册商标专用权，被无效宣告的前提下，申请注册与被无效商标标识"SHICUNDO"字母构成完全相同，整体视觉上无差别的"SHICUNDO"商标，金雪儿公司的该商标注册行为违反了《商标法》第七条规定的诚实信用原则；同时，金雪儿公司在申请注册第53521323号"SHICUNDO"注册商标后，并未忠实使用其注册商标标识，现金雪儿公司在实际生产商品上使用与靓白堂公司在先生产使用的"SHICUNDO"标识视觉上无差别的"SHICUNDO"商标标识，并向靓白堂公司行使权利，难言正当；结合靓白堂公司生产的涉案商品实际于2020年12月16日已经备案，且公证购买的商品的生产日期早于涉案第53521323号注册商标的申请日期，亦早于该商标的注册日期，金雪儿公司主张在先使用"SHICUNDO"标识并未提供证据证明，故靓白堂公司的在先使用抗辩成立，予以采纳。根据上述分析和认定，金雪儿公司对靓白堂公司的涉案使用行为主张第53521323号"SHICUNDO"注册商标专用权，缺乏正当权利基础，一审法院对于金雪儿公司在本案的诉讼请求不予支持，予以驳回。

一审法院判决：驳回金雪儿公司的诉讼请求。

上诉与答辩

一审判决后，金雪儿公司不服，向广州知识产权法院提起上诉，请求：1. 撤销一审判决，改判支持金雪儿公司的全部诉讼请求；2. 靓白堂公司、雅太兰公司、肖某某负担一审、二审的诉讼费用。事实与理由：1. 一审法院认定金雪儿公司注册第53521323号商标违背诚实信用原则，没有事实与法律依据。金雪儿公司使用的第11231532号、第53521323号"SHICUNDO"商标都是合法注册的，不存在恶意注册的行为。第11231532号商标被株式会社资生堂宣告无效时，商标权人卢某不在国内错过答辩导致该商标宣告无效。卢某以金雪儿公司名义申请注册第53521323号商标，现该商标有效，一审法院无权认定第53521323号注册商标无效，涉案商标应受法律保护。2. 第11231532号商标于2013年12月14日注册，卢某授权金雪儿公司一直在产品上使用该商标并申请了化妆品备案，即使该商标被裁定无效，金雪儿公司对该商标享有的在先使用权亦早于靓白堂公司、雅太兰公司。一审法院认定金雪儿公司侵害靓白堂公司、雅太兰公司的在先使用权是错误的。3. 靓白堂公司、雅太兰公司恶意摹仿、抄袭金雪儿公司产品的外观、装潢设计，构成不正当竞争。

靓白堂公司答辩称：1. 第11231532号商标与第53521323号商标字母组成完全相同，只存在字体差异，在第11231532号商标因侵害在先注册商标专用权被宣告无效的情况下，金雪儿公司仍注册第53521323号商标，其行为违反诚实信用原则，存在主观恶意。金雪儿公司取得第53521323号商标三年内并未实际投入使用，其行为属于权利滥用，其基于此提出的主张缺乏权利基础，其恶意主张不应得到支持。2. 靓白堂公司最早可查明的使用被诉标识的时间为2020年10月15日，早于第53521323号商标的注册日期，靓白堂公司享有在先使用权，依法有权继续使用被诉标识，其生产、使用被诉标识合法合理，具有正当性。

肖某某答辩称：其财产独立于靓白堂公司，无需承担连带责任。其他同意靓白堂公司的答辩意见。

雅太兰公司未答辩。

二审审理查明

一审查明的事实二审予以确认。二审另查明，第135752号"SHISEIDO"商标的注册人为株式会社资生堂，核定使用商品项目为第3类，包括化妆品等，注册日期为 1980 年 3 月 5 日。该商标处于有效状态。

二审判理和结果

二审法院审理认为，诚实信用原则是民法的基本原则，在整个民商事法律体系中发挥基础性和全局性的作用。同时，诚信也是社会主义核心价值观的重要组成部分。《商标法》第七条第一款规定，申请注册和使用商标，应当遵循诚实信用原则。该规定是诚实信用原则在商标法领域的具体体现，从商标的注册和商标权的行使两个方面对行为人产生规范作用。商标权系经注册而取得的一种财产权，当该权利与其他权益发生冲突时，法律保护通过诚实劳动形成的财产性权益，而不保护通过侵害他人合法权益的方式取得的权益。诚实信用原则要求申请注册商标不能侵害他人的在先权利或其他合法权益。本案中，案外人株式会社资生堂的注册商标"SHISEIDO"经过长期使用，具有较高知名度。作为同业经营者，卢某与金雪儿公司对此不可能不知情。尤其是原国家工商行政管理总局商标评审委员会于 2018 年 8 月 27 日作出的商评字〔2018〕第 168543 号《关于第 11231532 号"SHICUNDO"商标无效宣告请求裁定书》，宣告第 11231532 号"SHICUNDO"商标因与"SHISEIDO"注册商标构成近似商标而无效的情况下，卢某再次以金雪儿公司名义在同一商品类别上申请注册与前述被宣告无效的商标基本相同的第 53521323 号"SHICUNDO"商标，在没有证据显示其申请注册时，该商标已与"SHISEIDO"注册商标不再构成容易导致相关公众混淆的近似商标的情况下，其主观上明显存在恶意。因此，金雪儿公司违反诚实信用原则而取得注册的第 53521323 号"SHICUNDO"商标，其专用权不应受到法律保护。一审判决据此驳回金雪儿公司的全部诉讼请求并无不当，应予以维持。至于金雪儿公司与靓白堂公司、雅太兰公司，哪一方更早使用"SHICUNDO"标识，不影响本案的上述认定。另外，金雪儿公司认为靓白堂公司、雅太兰公司恶意摹仿、抄袭金雪儿公司产品的外观、装潢设计而构成不正当竞争，不属于本案的审理范围。

二审法院判决：驳回上诉，维持原判。

【法官评述】

本案为涉化妆品侵害商标权纠纷，涉案商标"SHICUNDO"与株式会社资生堂的注册商标"SHISEIDO"构成近似商标，且"SHISEIDO"经过资生堂长期使用，具有较高知名度。作为同业经营者，金雪儿公司对此不可能不知情。因此，金雪儿公司虽然是"SHICUNDO"注册商标的权利人，但申请注册和使用商标，应当遵循诚实信用原则。违反诚实信用原则而取得的注册商标，其专用权不应受到保护。

诚实信用原则是民法的基本原则，在整个民商事法律体系中发挥基础性和全局性的作用。同时，诚信也是社会主义核心价值观的重要组成部分。合议庭在本案审理过程中，着眼于发挥该原则在商标侵权案件中的价值引导作用，调整市场竞争秩序，明确司法态度，体现出积极引导诚信诉讼的良好价值导向。

编写人：广州知识产权法院 官健 余梦

（编辑：潘星予）

21

中海化公司与恒榆泰公司等侵害商标权纠纷案

> **阅读提示**："三无产品"上的商标是否属于商标法意义上的使用？

【裁判要旨】

商品包装上未标明生产者等信息以及是否应当认定为"三无产品"，属于行政机关管理规范的范围；即使认定属于"三无产品"，产品上的商标依然能发挥识别功能，亦应当属于商标法意义上的使用行为。

【案号】

一审：广东省广州市黄埔区人民法院（2022）粤 0112 民初 2102 号
二审：广州知识产权法院（2022）粤 73 民终 3881 号

【案情与裁判】

上诉人（一审原告）：中海化公司

被上诉人（一审被告）：恒榆泰公司

被上诉人（一审被告）：黄某某

一审被告：恒昇公司

起诉与答辩

中海化公司起诉请求：1. 判令恒榆泰公司、恒昇公司立即停止对中海化公司享有的第 13219034 号商标专用权的侵害，停止销售侵权产品并销毁库存产品；2. 判令恒榆泰公司、恒昇公司赔偿中海化公司经济损失及维权合理费用（包括但不限于中海化公司为调查、制止本案侵权行为所支出的调查取证费用、侵权商品购买费、公证费、律师代理费等费用）共计20万元；3.判令黄某某对恒榆泰公司的债务承担连带责任；4.本案诉讼费由恒榆泰公司、黄某某、恒昇公司承担。

恒榆泰公司、黄某某、恒昇公司共同答辩称：1.恒榆泰公司只是一家贸易公司，并不是生产厂家，被诉侵权产品有合法来源，是通过正规合法的途径购进，根据《商标法》第六十四条第二款有关合法来源的规定，没有侵害中海化公司商标专用权的故意，无需承担任何侵权责任。至于中海化公司的证据，并不能当然作为商标侵权故意的依据。2.中海化公司诉求20万元赔偿没有任何依据，不应得到支持。中海化公司并未提供任何依据说明其损失赔偿额是如何计算而来的，应承担举证不利的后果。中海化公司不能证明其自称的商标侵权所遭受到的损失，就应按恒榆泰公司、黄某某、恒昇公司侵权所得利益进行赔偿。即使恒榆泰公司、黄某某、恒昇公司真若构成中海化公司认为的销售侵害其商标专用权的产品，被诉侵权产品售价475元，利润仅40元不到，恒榆泰公司、黄某某、恒昇公司的侵权赔偿数额也只有40元。3.恒昇公司不具备本案主体资格，中海化公司不能证明恒昇公司与恒榆泰公司是同一民事主体或者隶属关系，同时中海化公司与恒昇公司未实际发生交易，仅凭黄某某名片上的信息视为或认定恒昇公司为本案被告之一，无法可依。4.中海化公司构成权利滥用。中海化公司在本案起诉之际已称氯化锌为危险品，其经营范围为化工类产品技术开发与销售（不含易燃、易爆、剧毒、危险化学品及其他国家限制项目），从经营范围可以看出，中海化公司也是一家贸易公司，没有生产涉案商标产品的行为，出现虚假陈述，根据《企业法人登记管理条例》第三十条的规定，中海化公司属于违法经营。中海化公司在广州地区及其他地区起诉化工类公司已知不低于十家公司，借以谋取高额暴利才是其真正目的。5.《商标法》第六十四条规定：注册商标专用权人请求赔偿，被控侵权人以注册商标专用权人未使用注册商标提出抗辩的，人民法院可以要求注册商标专用权人提供此前三年内实际使用该注册商标的证据。注册商标专用权人不能证明此前三年内实际使用过该注册商标，也不能证明因侵权行为受到其他损失的，被控侵权人不承担赔偿责任。故中海化公司需提供三年内有使用的证据。综上，恳请驳回中海化公司的诉求。

一审审理查明

中海化公司是第13219034号注册商标的注册人，核定使用商品项目为第1类：氯化物；硫酸盐；镍盐（截止）。注册日期2015年1月7日，有效期至

2025 年 1 月 6 日。

2021 年 5 月 17 日，中海化公司代理人陈某某进行微信登录，联系微信名"恒昇化工（恒榆泰）133×××××3"的微信用户购买 1 桶中旗氯化锌，聊天内容涉及"恒昇化工（恒榆泰）133×××××3"，答称"仓库在东莞""我们不是生产原料的厂家，在广东地区是很有优势的""我们是做批发的，很多产品是我们代理来的"、氯化锌桶装外观图片、恒榆泰公司盖章的送货单、中海化公司购买花费 472 元的工行汇款单，一张包含恒榆泰公司、黄某某、恒昇公司名称及电话、地址等信息在内的名片，运单详情。以上微信聊天内容及相关照片，记载于相关公证书中。同年 5 月 19 日，在公证人员的监督下，中海化公司代理人陈某某签收一件快递包裹，随后，陈某某将其所取包裹交由公证人员保管，公证人员对包裹详情单及包裹内的商品进行了拍照、封存。以上过程，记载于相关公证书中。经当庭查看，公证封存实物包装完整，并有覆盖公证处封条，同时，中海化公司还当庭带来其正品包装用桶，正品与被诉侵权产品在外观上基本相同，中海化公司出具了书面真假比对说明，真假产品体现在防伪标签中的防伪码不同，正品防伪码为"RvA C0024"，被诉侵权产品则是"RvA C024"。恒榆泰公司、恒昇公司当庭陈述称是恒榆泰公司销售了 1 桶被诉侵权产品，恒昇公司没有销售，恒昇公司是恒榆泰公司的合作企业，不清楚被诉侵权产品的生产者是谁。

关于中海化公司涉案注册商标的知名度情况。中海化公司仅列举相关微信聊天记录的可信时间戳证据予以证明，该相关微信聊天的双方一方是中海化公司代理人，另一方是微信名为"恒榆泰"，昵称为"Ben"的微信用户，聊天内容主要是中海化公司代理人询问氯化锌价格后，该微信用户"恒榆泰"向中海化公司代理人互加微信及报价以销售"中旗"氯化锌。经质证，恒榆泰公司、黄某某、恒昇公司对该证据无异议。一审法院认为，该证据仅能证明双方之间对氯化锌进行询价及沟通买卖"中旗"氯化锌，并不能证明"中旗"注册商标的市场知名度。

关于中海化公司涉案"中旗"注册商标的使用情况。中海化公司举证了上述正品包装用桶，该正品用桶上带有"中旗®"标志，但中海化公司当庭承认该正品上没有厂家信息。经恒榆泰公司、黄某某、恒昇公司质证认为，该正品无生产厂家、无厂址、无生产日期，属于"三无产品"。经一审法院释明后，中海化公司又补充提交了相关 2019 年至 2022 年的六份购销合同及配套货款转账银行单、销售发票等，以上均为复印件，在购销合同的第 4 条写明"包装：40 公斤纸板桶包装，包装印有'中旗'商标"。经恒榆泰公司、黄某某、恒昇公司质证认为，因无原件，对该证据三性不予认可，退一步讲假如有原件，因为无生产厂家、无生产地址及生产日期，产品也无标注危险品，无法证明就是中海化公司自己的正品，对关联性无法认可。一审法院认为，鉴于中海化公司明确说明了正品用桶与被诉侵权产品的防伪标签上的区别点，对正品的真实性予以采信，但对补充提交的购销合同及配套货款转账银行单、销售发票等证据，因恒榆泰公司、黄某某、恒昇公司不予认可，且无原件核对，不予采信。在质证笔录中，中海化公司陈述称有关没有厂家信息的问题，是由于氯化锌属于工业原料，购销方在中海化公司处买入后会进行二次包装或者加工，按交易习惯，中海化公司会向购销方提供不加印生产信息的包装，如附图二正品照片所示，部分购销方会加印购销方的名称。关于交易惯例，除了上述购销合同第 4 条的规定外无其他证据证明。

经比对发现：被诉侵权产品突出使用的"中旗®"标志中"中旗"文字，与中海化公司第 13219034 号注册商标除了"旗"字的"方"字旁的红点外，基本一致，但与中海化公司正品突出使用的"中旗®"文字一致；带有"红旗图案＋中旗®"标志中的"中旗"文字，与中海化公司第 13219034 号注册商标一致。

庭审中，中海化公司明确经济损失由法院酌定，维权开支主张公证费 1600元、购买花费 472 元、快递费 45 元，律师费 5000 元，中海化公司提交了公证费发票及公证书记载的购买花费、快递费等证据，未提交相关律师费发票。

另查，中海化公司成立于 2004 年 8 月 25 日，经营范围：化工产品的技术开发与销售（不含易燃、易爆、剧毒、危险化学品及其他国家限制项目）等。恒榆泰公司系有限责任公司（自然人独资），成立于 2016 年 5 月 23 日，经营范围：化工产品批发（危险化学品除外）；化工产品零售（危险化学品除外）等。黄某某系恒榆泰公司的唯一股东。恒昇公司成立于 2016 年 3 月 2 日，经营范围：化工产品、化工原料（不含易燃、易爆、危险化学品）的研发及销售等。恒昇公司的法定代表人与恒榆泰公司的监事是同一人杨某某，杨某某于2016 年 5 月 23 日任职恒榆泰公司的公司监事，任期三年。

一审判理和结果

一审法院审理认为，《商标法》第五十六条规定，注册商标的专用权，以核准注册的商标和核定使用的商品为限。《商标法》第四十八条规定，本法所称商标的使用，是指将商标用于商品、商品包装或者容器以及商品交易文书上，或者将商标用于广告宣传、展览以及其他商业活动中，用于识别商品来源的行为。根据《商标法》第五十七条的规定，未经商标注册人的许可，在同一种商品上使用与其注册商标相同或近似的商标，或者销售侵害注册商标专用权的商品的，均属于侵犯注册商标专用权的行为。中海化公司是第 13219034 号注册商标的权利人，在注册有效期内其以上商标专用权依法受法律保护，有权禁止他人未经授权在同一种商品或类似商品上使用与其相同或近似的商标。本案中，中海化公司所举涉案取证公证书及公证封存实物等证据足以证明恒榆泰公司销售了被诉侵权产品，对于被诉侵权产品而言，所使用的上述标识，起到了识别商品来源的作用，属于商标性使用，与中海化公司涉案注册商标基本相同，并且核定使用范围相同，未经许可，恒榆泰公司的销售行为侵害了中海化公司涉案注册商标专用权，应承担停止侵权、赔偿相关损失的民事责任。

关于赔偿相关损失，《商标法》第六十四条规定，注册商标专用权人请求赔偿，被控侵权人以注册商标专用权人未使用注册商标提出抗辩的，人民法院可以要求注册商标专用权人提供此前三年内实际使用该注册商标的证据。注册商标专用权人不能证明此前三年内实际使用过该注册商标，也不能证明因侵权行为受到其他损失的，被控侵权人不承担赔偿责任。本案中，恒榆泰公司、黄某某、恒昇公司对此明确提出抗辩，中海化公司提交除正品产品外，虽经释明，也未能提交其他有效证据予以佐证（见上文，中海化公司所补交的购销合同及配套货款转账银行单、销售发票等证据，因无原件核对，不予采信），但该正品不符合《产品质量法》第二十七条的规定，属于"三无产品"。《商标法》第一条规定的立法目的是，加强商标管理，保护商标专用权，促使生产者、经营者保证商品和服务质量，维护商标信誉、保障消费者和生产者、经营者的利益，促进社会主义市场经济的发展。一般而言，商标使用必须是发挥识别功能的使用，同时商标使用也起到作为品质保证的手段，也就是说，商标的使用应达到能够让相关公众识别商品来源、信赖商标的品质保证的程度，如果没有这种识别功能而进行使用的话，不认为是作为商标进行使用，从而没有发挥识别作用。本案所涉"三无产品"无法体现生产者、经营者的信息，不能发挥识别及品质保证功能，虽有"中旗®"的标志，但使用在违法产品上，该使用不属于注册商标的使用，而是违法使用，《商标法》不予保护。退一步而言，即使中海化公司补交的相关购销合同及配套货款转账银行单、销售发票是真实的，但从中海化公司陈述看，其将产品销售给购销者，由购销者添加购销者的信息，实际上是其与购销者之间的商标许可关系，无法起到中海化公司作为真正注册商标权利人的商品来源的识别作用，亦不属于商标的使用。因此，鉴于中海化公司对其涉案商标使用举证不足，对此点抗辩意见予以采纳，但因恒榆泰公司商标侵权，导致中海化公司为制止侵权行为花费了相关合理开支且提供了相应证据证明，恒榆泰公司应赔偿中海化公司的相关维权合理开支，酌定恒榆泰公司赔偿中海化公司因维权发生的合理开支7117元。《公司法》第六十三条规定，一人有限责任公司的股东不能证明公司财产独立于股东自己的财产的，应当对公司债务承担连带责任。本案中，恒榆泰公司系一人有限责任公司，黄某某是恒榆泰公司的唯一股东，黄某某没有提交证据证明与恒榆泰公司彼此财务独立，黄某某应承担举证不能的后果，对恒榆泰公司上述债务承担连带责任。中海化公司在庭审时明确诉求中主张恒昇公司系生产性商标侵权，但所提交的证据不足以证明恒昇公司生产了涉案被诉侵权产品，且中海化公司也当庭表示是其推断"恒昇公司是生产厂家"的，因此，该主张理据不足，不予采纳。关于中海化公司主张的恒榆泰公司存在库存被诉侵权产品以及恒榆泰公司所提出的合法来源等抗辩意见，均无提交相关直接证据予以证明，均不予支持。

一审法院判决：1. 恒榆泰公司于判决发生法律效力之日起立即停止销售侵害中海化公司第13219034号注册商标专用权的商品的行为；2. 恒榆泰公司于判决发生法律效力之日起十日内赔偿中海化公司为制止涉案侵权行为的合理开支7117元；3. 黄某某对上述第二判项债务承担连带赔偿责任；4. 驳回中海化公司的其他诉讼请求。

上诉与答辩

一审宣判后，中海化公司不服，向广州知识产权法院提起上诉，请求：1. 撤销一审判决第四项，改判恒榆泰公司赔偿中海化公司经济损失20万元，黄某某对该项债务承担连带赔偿责任；2. 一审、二审诉讼费用均由恒榆泰公司承担。理由：第一，赔偿损失部分，一审法院以中海化公司近三年未实际使用涉案商标，依据《商标法》第六十四条的规定，让恒榆泰公司不承担赔偿责任，属认定事实错误及适用法律错误。1. 中海化公司已提交了近三年涉案商标的实际使用证据，可以证明中海化公司持续、公开地使用涉案商标；2. 根据中海化公司提交的证据可以证明中海化公司销售商品的事实，而非商标许可关系，一审法院认定错误。即使中海化公司与其客户为商标许可关系，一审法院认定不属于商标法意义上的使用，也属适用法律错误。3. 即使中海化公司的正品包装存在缺陷瑕疵，也不能否认涉案商标实际使用的事实。第二，恒榆泰公司主张其为贸易公司，被诉侵权产品有合法来源，但未提供证据予以证明，则极有可能系其委托第三方代工，符合化工原料行业的商业模式。第三，申请法院要求恒榆泰公司提交公司2019年1月18日至2022年1月18日完整的财务记账凭证、公司基本账户的银行流水，作为本案计算的赔偿依据。

恒榆泰公司、黄某某共同答辩称：中海化公司提交的证据无法证明其对涉案商标进行了实际使用。中海化公司将商品销售给客户，并由客户在商品上使用其他的标识，属于商标许可。中海化公司所销售的正品产品属"三无产品"，未标注危险化学品标识，其在商品上使用已被驳回的商标亦属违规。中海化公司的上诉请求不应得到支持。

恒昇公司述称：与恒榆泰公司、黄某某意见一致。恒昇公司不应承担连带责任，不能因为名片上有恒昇公司的名称，就要承担连带责任，恒昇公司与中海化公司没有任何交易行为。

二审审理查明

二审中，中海化公司认为与包含涉案"中旗"商标的购销合同复印件对应的部分转账银行单和发票是原件。

二审判理和结果

二审法院审理认为，本案二审争议焦点为恒榆泰公司因其商标侵权行为是否应当承担赔偿损失的民事责任。第一，关于中海化公司是否实际使用涉案商标，《商标法》第四十八条规定，本法所称商标的使用，是指将商标用于商品、商品包装或者容器以及商品交易文书上，或者将商标用于广告宣传、展览以及其他商业活动中，用于识别商品来源的行为。根据中海化公司提交的其商业经营中使用涉案"中旗"商标的产品实物、以时间戳方式保全的关于买卖过程的聊天记录中包含涉案"中旗"商标的产品、包含涉案"中旗"商标的购销合同复印件以及对应的部分发票和转账银行单等相关证据，足以证明中海化公司将其涉案"中旗"商标使用在商品包装以及商品交易中，能够起到识别商品来源的作用，属于商标法意义上的商标使用。第二，该商品包装上未标明生产者等信息以及是否应当认定为"三无产品"，属于行政机关管理规范的范围，一审法院据此认定涉案商标的使用不属于商标法意义上的使用不当，应予以纠正。第三，关于赔偿责任及合理开支的承担。关于赔偿数额，《商标法》第六十三条规定，侵犯商标专用权的赔偿数额，按照权利人因被侵权所受到的实际损失确定；实际损失难以确定的，可以按照侵权人因侵权所获得的利益确定；权利人的损失或者侵权人获得的利益难以确定的，参照该商标许可使用费的倍数合理确定。对恶意侵犯商标专用权，情节严重的，可以在按照上述方法确定数额的一倍以上五倍以下确定赔偿数额。赔偿数额应当包括权利人为制止侵权行为所支付的合理开支。权利人因被侵权所受到的实际损失、侵权人因侵权所获得的利益、注册商标许可使用费难以确定的，由人民法院根据侵权行为的情节判决给予五百万元以下的赔偿。本案中，由于中海化公司因商标侵权行为遭受的损失和恒榆泰公司侵权获利的准确数额均无法确定，本案亦没有合适的商标许可使用费标准以供参照，且中海化公司在二审阶段申请调取的证据，没有明确申请内容与本案被诉侵权产品、侵权行为的对应性及关联性，故二审法院不予采纳。因此，应结合以下因素予以酌定赔偿数额：涉案第13219034号注册商标的知名度，恒榆泰公司的侵权行为情节、性质等因素，酌情确定恒榆泰公司赔偿中海化公司经济损失3万元。合理开支部分，一审法院认定为7117元，双方均无上诉，应予以维持。依照《公司法》第六十三条的规定，黄某某对恒榆泰公司上述债务承担连带责任。

二审法院判决：1.维持一审判决第一项；2.撤销一审判决第四项；3.变更一审判决第二项、第三项为恒榆泰公司于判决发生法律效力之日起十日内赔偿中海化公司经济损失3万元及合理开支7117元，黄某某对上述债务承担连带赔偿责任；4.驳回中海化公司其他诉讼请求。

【法官评述】

本案属于商标权侵权案件，针对被诉侵权人抗辩商标权人三年未使用注册商标，商标权人为证明其有实际使用提交了商品实物，但其提交的商品实物的包装上仅有注册商标而无企业名称。该商品是否属于"三无产品"，以及"三无产品"上的商标是否构成商标法意义上的使用行为。关于该问题，审判实践中不同的法院出现了不同的裁判标准，一种观点认为"三无产品"属于行政机关管理的范围，"三无产品"上的商标也属于商标使用。另一种观点认为"三无产品"无法体现生产者、经营者的信息，不能发挥识别及品质保证功能，虽有商标但使用在违法产品上，故不属于商标法意义上的使用，而是违法使用。针对上述争议观点，本案二审有必要厘清相关案件的审理思路和统一裁判标准。

关于"三无产品"的认定标准，《产品质量法》第二十七条规定："产品或者其包装上的标识必须真实，并符合下列要求：（一）有产品质量检验合格证明；（二）有中文标明的产品名称、生产厂厂名和厂址；（三）根据产品的特点和使用要求，需要标明产品规格、等级、所含主要成份的名称和含量的，用中文相应予以标明；需要事先让消费者知晓的，应当在外包装上标明，或者预先向消费者提供有关资料等。"根据该条款，被诉侵权产品可认定为"三无产品"。同时，由于该规定没有将商标涵盖在内，因此"三无产品"可能出现包含商标信息的情况。本案的关键争议正是三无产品上的商标是否属于商标法意义上的使用。

《商标法》第四十八条规定，商标的使用是指将商标用于商品、商品包装或者容器以及商品交易文书上，或者将商标用于广告宣传、展览以及其他商业活动中，用于识别商品来源的行为。据此，判断是否属于商标法意义上的使用，关键在于争议的使用方式是否能够在商业活动中令商标发挥识别商品来源的功能，是否足以令相关公众根据商标将商品与商标权人施加联系。因此，判断"三无产品"上的商标是否属于商标法意义上的使用，关键在于"三无产品"上的商标是否仍然能发挥识别功能。根据《最高人民法院关于产品侵权案件的受害人能否以产品的商标所有人为被告提起民事诉讼的批复》，任何将自己的姓名、名称、商标或者可资识别的其他标识体现在产品上，表示其为产品制造者的企业或个人，均属于《民法典》和《产品质量法》规定的"生产者"。因此，即使是缺少生产厂厂名和厂址的"三无产品"，商标仍然可作为识别生产者的依据，即商标仍然能发挥识别商品来源的功能。

具体到举证而言，首先，应当举证证明商标权人提交的商品实物是否确属其自行生产的产品。对此判断应结合其他证据，如能够证明产品生产、销售流通、交易情况的证据，判断产品是否为商标权人自行生产并交付给经销商的产品。其次，如产品未标注生产厂厂名、厂址（本案即是此种情况），即使属于"三无产品"，但由于产品上标识了商标权人的注册商标，可以据此判断商标权利人、产品使用者的信息。商标可以起到标识产品制造者来源的作用。应当属于商标法意义上的使用。最后，在认定构成商标法意义上的使用时，除了产品上的商标外，还应考虑是否存在其他商标使用行为。本案中，商标权人除提交了其商业经营中使用涉案注册商标的产品实物外，还提交了关于买卖过程的聊天记录中包含涉案注册商标、包含涉案注册商标的购销合同复印件以及对应的部分发票和转账银行，能够证明涉案商标使用在商品包装以及商品交易中，进一步强化了商标权人商标使用的证明。

编写人：广州知识产权法院　朱文彬

（编辑：杨博）

22

千骐公司、骐游公司与聚汇公司等
侵害商标权及不正当竞争纠纷案

阅读提示：将他人商标作为搜索关键词进行显性使用的行为，是否构成商标侵权？

【裁判要旨】

将他人商标作为搜索关键词进行显性使用，构成商标侵权行为。侵权人以搜索结果中同时显示自有商标或企业名称，且链接内容中未出现被诉侵权标识为由抗辩不构成混淆，一般不予支持。

【案号】

一审：广东省广州市南沙区人民法院（2021）粤 0115 民初 6488 号
二审：广州知识产权法院（2022）粤 73 民终 108 号

【案情与裁判】

上诉人（一审被告）：聚汇公司

上诉人（一审被告）：华多公司

被上诉人（一审原告）：千骐公司

被上诉人（一审原告）：骐游公司

起诉与答辩

千骐公司、骐游公司共同起诉请求：1. 聚汇公司、华多公司立即停止侵害千骐公司、骐游公司注册商标专用权及不正当竞争行为，包括但不限于：立即停止将千骐公司、骐游公司注册商标"丫丫玩"作为搜索关键词；立即停止在其广告宣传和商业活动中使用"丫丫玩"三字,并删除侵权推广页面。2. 聚汇公司、华多公司在《中国知识产权报》及各自官网首页显著位置发表书面声明,向千骐公司、骐游公司赔礼道歉、消除影响,时间不少于十天。3. 聚汇公司、华多公司共同向千骐公司、骐游公司赔偿经济损失和合理开支共计100万元。4. 聚汇公司、华多公司承担本案全部诉讼费。骐游公司是知名游戏及游戏平台"丫丫玩"的权利人,并拥有涉案"丫丫玩"注册商标专用权,为涉案商标的权利人。骐游公司授权千骐公司以自己的名义就侵害上述商标专用权或不正当竞争行为采取诉讼等维权措施,并有权获得相应的赔偿、补偿。经调查发现,在百度搜索引擎中输入"丫丫玩"关键词进行搜索,搜索结果的首置位显示涉案侵权链接介绍信息突出使用与"丫丫玩"注册商标相同字样,极易使消费者将聚汇公司、华多公司运营的平台与千骐公司、骐游公司"丫丫玩"游戏平台产生混淆或误认。首先,聚汇公司、华多公司未经千骐公司、骐游公司授权或许可,在同一种商品服务或者类似商品服务上使用与千骐公司、骐游公司注册商标相同的商标的行为,构成对千骐公司、骐游公司注册商标专用权的侵害。聚汇公司、华多公司为拓展市场,实施被诉侵权行为,极易导致消费者产生混淆,误导用户进入聚汇公司、华多公司网站。聚汇公司、华多公司是经营与千骐公司、骐游公司具有相同/类似业务(服务)(竞争关系)的企业,其行为客观上截获了用户对千骐公司、骐游公司网站的访问量,使千骐公司、骐游公司在市场竞争中处于不利地位,主观恶意明显,构成不正当竞争。其次,聚汇公司、华多公司拥有 YY 直播平台,却擅自通过百度将"丫丫玩下载"设置成关键词进行竞价排名服务,并在链接广告介绍信息中使用与千骐公司、骐游公司注册商标"丫丫玩"相同的字样,推广宣传 YY 游戏大厅,故意使用与"丫丫玩"游戏盒子平台相关的宣传内容及广告语,构成虚假宣传的不正当竞争。一审庭审中,千骐公司、骐游公司申请撤回诉请 1 中关于停止将"丫丫玩"作为搜索关键词的诉请。

华多公司、聚汇公司共同答辩称:1. 千骐公司不具备诉讼主体资格。2. 被诉侵权行为不构成商标侵权。"丫丫玩"对应被诉链接网站的宣传语"上 YY 陪你一起玩"系描述性的宣传语,并非商标性使用。涉案关键词"丫丫玩"与案涉权利商标不近似,单独文字"丫丫玩"并非骐游公司的注册商标,反而与华多公司在先注册的"YY"系列商标更相近;华多公司使用"丫丫玩"是基于对"YY"的在先权利基础、客观呼读习惯、搜索引擎检索规则的信赖,主观上没有侵权故意,且已尽到合理注意义务。3.《反不正当竞争法》第六条第(四)

项是对非注册商标保护兜底条款，本案千骐公司、骐游公司已经主张商标侵权，不应适用该条款；被诉侵权行为未违反《反不正当竞争法》第二条的规定，华多公司与千骐公司、骐游公司不存在竞争关系；华多公司设置使用"丫丫玩"符合商业通行做法，不具有不正当性；"丫丫玩"非华多公司的主要流量检索关键词，检索页面同时出现华多公司与千骐公司、骐游公司的网页，并没有破坏公平竞争机制，也没有证据证明华多公司截取了原属千骐公司、骐游公司的交易机会或流量。4.千骐公司、骐游公司在后注册使用涉案权利商标利用了商标注册审查漏洞，且具备攀附、模仿华多公司的恶意。5.千骐公司、骐游公司的证据不足以证明权利商标具备知名度及被诉行为造成实际损失，索赔100万元虚高。

一审审理查明

第37700713号"丫丫玩"商标的注册人为骐游公司，核定使用商品类别为第9类。第13330515号"丫丫玩"商标的注册人为骐游公司，核定使用服务类别为第41类。国家版权局核发的软著登字0901783号《计算机软件著作权登记证书》载明，软件名称为"丫丫玩网站软件"（简称《丫丫玩V1.0》）的著作权人为骐游公司。

2020年4月20日，骐游公司出具授权书，将包括第37700713号、第13330515号注册商标在内的5个注册商标授权给千骐公司使用。

相关公证书显示，2020年9月3日，在百度浏览器页面搜索栏输入"丫丫玩"进行搜索，被诉侵权链接名称为"【yy直播】精彩直播不停歇_免费下载"，下方有"▇"标识，旁边有链接描述"丫丫玩下载_聚集高颜值美女帅哥，热门主播互动……"，其中"丫丫玩"文字标红，网址为yy.com，标注"广告"字样；点击"保"字显示聚汇公司的名称等信息；进入该链接网页显示"热门直播精彩不断"，图片下方显示聚汇公司名称及"▇"标识、"YY你敢看，我就敢播"；应用软件安装包安装过程中显示"▇"标识及"YY"字样，安装完成后显示"欢迎使用YY""YY等您一起玩"字样；打开应用软件的"任务中心"页面显示"限时任务"及"日常任务"，每个任务后均有"0.1–1￥不等"的标识，及"创建"或"充值"按钮；"支付"页面显示，收款方为华多公司。

经当庭播放公证书附件光盘，显示公证搜索过程中，打开手机百度App，搜索"丫丫玩"，结果显示排名第一位的链接名称为"yy精彩直播不停歇_免费下载"，网址为yy.com，链接介绍信息显示"丫丫下载，聚集高颜值美女帅哥……"，随后退出百度App，再次搜索"丫丫玩"，经多次刷新后，将搜索结果页面下拉，找到公证书正文显示的被诉侵权链接介绍信息。

千骐公司、骐游公司另提交了百度营销"帮助中心"网页打印件等证据，显示"百度推广是向企业提供的按效果付费的网络营销服务，借助百度超过 80% 中国搜索引擎和 60 万联盟网站，打造链接亿万网民的供需平台……""企业将在百度呈现哪些推广信息？主要由三部分构成：标题、描述、网址（显示 URL）"；其还提交了中国商标网电子公告系统网页打印件等证据，显示华多公司申请注册了"多玩 YY""多玩歪歪""歪歪 YY"等注册商标；企查查平台以"YY"查询已注册的商标专利共"5000+"个，申请日期最早为 1979 年。

华多公司提交证据，用以证明"YY""多玩 YY"系列商标的权利人为华多公司，且具有较高知名度；"YY"与"丫丫"近似，相关公众将"YY"呼读为"丫丫"，华多公司设置"YY 玩"为关键词不具有攀附商誉及截取流量的故意；千骐公司、骐游公司注册、使用涉案权利商标存在攀附、模仿聚汇公司、华多公司的恶意；千骐公司、骐游公司与聚汇公司、华多公司不存在竞争关系。

应华多公司申请，一审法院向华多公司出具律师调查令，2021 年 9 月 23 日百度公司回函显示，涉案百度推广主题为聚汇公司，聚汇公司设置的关键词"丫丫玩下载"的点击总量为 87 次，消费金额为 136.1 元。

聚汇公司、华多公司确认 2021 年 1 月 20 日之前，被诉侵权网站 yy.com 的备案主体是华多公司，该网站以及"YY 直播"App 均是由华多公司运营，华多公司将该网站的广告推广业务外包给聚汇公司完成，故显示的企业信息主体是聚汇公司；百度搜索中的"丫丫玩下载"搜索关键词，以及搜索结果链接介绍信息是由聚汇公司委托代理商设置，但其原本不含"丫丫玩"字样，公证书显示的搜索结果链接信息中的"丫丫玩"字样是由百度智能替换功能根据其设置的关键词替换生成，但聚汇公司知晓该替换功能；确认聚汇公司的代理商与百度签订了广告推广框架协议（含竞价排名服务），但华多公司对聚汇公司的上述行为并不知情。

一审判理和结果

一审法院审理认为，首先，关于聚汇公司在百度平台设置"丫丫玩下载"搜索关键词，并在被诉侵权链接介绍信息中使用"丫丫玩"标识的行为是否构成商标侵权，应分析该行为是否会导致相关公众对商品或服务的来源产生混淆。本案中，虽然聚汇公司将"丫丫玩"字样设置为搜索关键词，但被诉侵权链接名称为"yy 精彩直播不停歇 _ 免费下载"，并未使用"丫丫玩"标识，下方还标注华多公司的"▧"商标及"广告"字样；链接描述中虽有"丫丫玩"

字样但并未突出使用，且明确载明"聚集高颜值美女帅哥，热门主播互动"等信息；公证书光盘显示，在百度平台上搜索"丫丫玩"关键词，搜索结果显示的被诉侵权链接信息介绍中并不必然出现"丫丫玩"字样，需经重新打开百度App再次搜索，并多次刷新后方才出现含"丫丫玩"标识的被诉侵权链接信息；而被诉侵权网页yy.com及"YY直播"App中均未使用被诉侵权"丫丫玩"标识，并突出使用了华多公司自有的"YY"商标，以一般消费者的角度，当其点击该链接进入被链接网站时，仅需施以适当的合理审慎注意，即可以分辨出被诉侵权YY直播网站与千骐公司、骐游公司的服务有所区别，并不容易导致相关公众的混淆和误认。故对千骐公司、骐游公司认为华多公司的上述行为构成商标侵权的主张，不予支持，予以驳回。

其次，关于上述被诉侵权行为是否构成不正当竞争的问题。聚汇公司的上述行为，主观上具有利用千骐公司、骐游公司"丫丫玩"品牌的知名度及商誉获取不正当竞争利益的主观故意，客观上也使其公司网站获得了更多的点击量和浏览量，在增加其交易机会的同时攫取了千骐公司、骐游公司的潜在客户资源，显然违反了诚实信用原则，构成不正当竞争的行为，依法应承担停止侵权、赔偿损失的法律责任。

一审法院据此依法认定华多公司与聚汇公司构成共同侵权，应当共同承担侵权赔偿责任。对千骐公司、骐游公司要求停止侵权的诉请及聚汇公司、华多公司在《中国知识产权报》及各自官网发表书面声明、赔礼道歉、消除影响的诉请，不予支持。综合考虑各因素，酌情确定华多公司、聚汇公司应赔偿千骐公司、骐游公司经济损失及维权合理开支6万元。

一审法院判决：1.华多公司、聚汇公司自判决发生法律效力之日起七日内赔偿千骐公司、骐游公司经济损失及合理开支共计6万元；2.驳回千骐公司、骐游公司其他诉讼请求。

上诉与答辩

一审宣判后，聚汇公司、华多公司不服，向广州知识产权法院提起上诉。

聚汇公司上诉称：1.聚汇公司在百度网页平台上设置"丫丫玩"关键词，不应判为构成不正当竞争。聚汇公司主观上没有利用千骐公司、骐游公司"丫丫玩"品牌的知名度及商誉的故意，行为客观上不会攫取千骐公司、骐游公司的潜在客户资源，未违反诚实信用原则。2.一审判决聚汇公司、华多公司赔偿千骐公司、骐游公司6万元，缺乏事实及法律依据，判赔额过高。3.一审判决已经认定了被诉行为不构成商标侵权，针对同一个行为不应该再适用《反不正当竞争法》重复评价，也不应该再适用《反不当竞争法》第二条进行兜底保护。4. 涉案的权利商标是图文组合商标，如果千骐公司、骐游公司申请注册的是一个纯文字商标"丫丫玩"，很可能会因为华多公司的在先知名的"YY"系列商标而被驳回，千骐公司、骐游公司通过组合商标的样式骗取注册，又在实际使用中单独突出中文"丫丫玩"，反而是在攀附聚汇公司、华多公司的商誉，明显违背诚实信用原则，以及权利基础不具有正当性，其基于单独的文字"丫丫玩"的权利主张不应该获得保护。请求：1. 撤销一审判决并改判驳回千骐公司、骐游公司全部诉讼请求；2. 请求千骐公司、骐游公司承担本案全部诉讼费。

华多公司上诉请求与上诉理由与聚汇公司一致，其补充称：华多公司不构成共同侵权。本案的被诉侵权行为系设置关键词，系由聚汇公司所实施，华多公司对聚汇公司设置"丫丫玩"关键词并不知情。

千骐公司、骐游公司共同答辩称：1. 本案存在请求权竞合，一审判决关于被诉侵权行为构成不正当竞争的认定正确，聚汇公司、华多公司对此提起的上诉没有依据。2. 一审判决认定聚汇公司、华多公司承担共同侵权责任的认定正确，并未超出审理范围。3. 一审判决认定赔偿数额完全不高，应予以维持。4. 在同一个案件当中，同一被诉侵权行为，权利人主张商标侵权又主张不正当竞争，在与商标立法政策不冲突的前提下，一审法院依据《反不正当竞争法》认定被诉侵权行为构成不正当竞争符合法律规定。5. 关于竞价排名的设置问题。一审中，千骐公司、骐游公司提交的证据足以证明聚汇公司、华多公司实施了被诉侵权行为，同时根据关联案件中第三人搜狗公司所提交的证据，通过华多公司推广的平台，后台设置了"丫丫玩"和"丫丫玩下载"等相关的关键词，是存在人为干预的，聚汇公司、华多公司所提交的证据也证明了即使被诉侵权链接并不必然出现在千骐公司、骐游公司的推广链接之前，但是作为同业竞争者，聚汇公司、华多公司的行为损害了千骐公司、骐游公司的竞争利益，如长此以往将"丫丫玩"作为竞价排名，势必损害千骐公司、骐游公司商标权利。6. 千骐公司、骐游公司"丫丫玩"注册商标权属稳定，并且在游戏业内已经具有一定的知名度。

二审审理查明

对一审法院查明的事实，双方当事人均无异议，二审法院经审查予以确认。

二审判理和结果

本案二审的争议焦点为：1. 被诉侵权行为是否构成商标侵权及不正当竞争；

2. 判赔金额问题。

二审法院审理认为，被诉侵权行为构成商标侵权。理由如下：首先，聚汇公司确有向百度公司购买关键词搜索推广服务的行为，设置的关键词为"丫丫玩下载"。千骐公司、骁游公司通过搜索关键词"丫丫玩"，确实显示有被诉侵权链接，该链接标注为"广告"，链接描述中显示"丫丫玩下载_聚集高颜值美女帅哥，热门主播互动……"等内容，其中"丫丫玩"文字标红。鉴于设置关键词的行为属实，被诉侵权链接亦明确标注为"广告"，显然存在人为干预。聚汇公司、华多公司以搜索"丫丫玩"反复刷新才出现被诉侵权链接或搜索结果与智能匹配结果无实质性差异否认非正当性，二审法院不予支持。聚汇公司、华多公司还以"丫丫玩"和"YY""多玩YY""上YY陪你一起玩"标识近似为由，称其设定"丫丫玩下载"关键词具有善意并合理，对此，二审法院认为设置关键词是一种主动的行为，"丫丫"和"YY"分别为汉字和拼音，呼叫完全不同，在涉案两注册商标合法有效的情况下，聚汇公司、华多公司以近似为理由抗辩合理性，二审法院不予支持。

其次，1. 骁游公司是涉案第37700713号、第13330515号注册商标的权利人，千骐公司经授权，享有该两商标的使用权，该两商标均处于有效期内，依法应当受法律保护。2. 聚汇公司将"丫丫玩下载"作为百度推广搜索关键词，用作推广华多公司直播平台软件，搜索结果相关链接标注为广告，介绍中显示有"丫丫玩下载"字样，且"丫丫玩"字样为红色，该"丫丫玩"字样起到了指示商品或服务来源的作用，属于商标性使用。3.《商标法》第五十七条规定，未经商标注册人的许可，在同一种商品上使用与其注册商标近似的商标，或者在类似商品上使用与其注册商标相同或者近似的商标，容易导致混淆的，属于侵害注册商标专用权的行为。被诉侵权链接所涉直播平台软件与第37700713号注册商标核定使用类别属于同种商品，与第13330515号注册商标属于类似的商品与服务。被诉侵权链接中显示"丫丫玩"字样与涉案两商标构成近似。至于混淆的问题，也是一审法院之所以认为本案不构成商标侵权的理由，一审法院认为一般消费者可以分辨出被诉侵权链接所涉"YY直播"平台与千骐公司、骁游公司服务的区别，故不容易导致相关公众的混淆和误认。前述《商标法》第五十七条中规定的"容易导致混淆的"，应当包括两方面的内容，一方面是对商品或服务来源产生误认，另一方面是误认商品或服务与注册商标权利人以及注册商标权利人的商品或服务有特定联系。本案中，被诉侵权产品链接中明确有华多公司的信息，且点开链接后的内容并无"丫丫玩"相关内容，相关公众确实可以辨识被诉侵权链接所涉"YY直播"平台与千骐公司、骐游公司的区别。但是，鉴于"丫丫玩"商标核定使用的类别以及千骐公司、骐游公司对"丫丫玩"商标以及"丫丫玩"相关网站的宣传，被诉侵权链接中使用"丫丫玩"字样，易使相关公众误认为华多公司及"YY直播"与千骐公司、骐游公司及千骐公司、骐游公司的商品或服务有特定联系，构成混淆。一审法院对"容易导致混淆的"含义理解有误，二审法院予以纠正。至于聚汇公司、华多公司上诉强调华多公司的注册商标知名度高于涉案两注册商标的问题，华多公司的注册商标知名度和被诉侵权行为是否构成商标侵权，并无直接关联性。该问题也不能说明聚汇公司、华多公司不具有攀附千骐公司、骐游公司的主观故意。

最后，千骐公司、骐游公司就相同行为同时主张侵害商标权及不正当竞争行为，鉴于二审法院已经认定相关行为属于侵害商标权的行为并对千骐公司、骐游公司的商标权加以保护，故对其就相同事实指控不正当竞争的主张不予采纳，对千骐公司、骐游公司据此提出的诉讼请求亦不再予以支持。

关于华多公司上诉称其不构成共同侵权的问题。一审已经查明，被诉侵权链接所涉网页是华多公司经营，聚汇公司和华多公司也确认是华多公司将被诉侵权网页的广告推广服务外包给聚汇公司。一审认定华多公司与聚汇公司构成共同侵权，应予以维持。

关于判赔金额问题。一审法院酌定的因素和金额，并无明显不当，应予以维持。

二审法院判决：驳回上诉，维持原判。

【法官评述】

通过向搜索引擎商付费购买关键词搜索推广服务，商家能够实现使其网站出现在特定关键词搜索结果前列的目的。不可避免地，部分商家在搜索关键词中使用他人商标用于宣传自己网站，实现使其网站捆绑他人商标的目的，也就是俗称的"蹭热度"或"搭便车"。在搜索关键词中使用他人商标的行为，一般分为两种，第一种是显性使用他人商标，这一类行为在网页链接推广页面中直接使用搜索关键词，也即直接出现与他人商标相同或类似标识；第二种是隐性使用他人商标，这一类行为虽然将他人商标作为自己的搜索关键词，使其网站出现在特定关键词搜索结果中，但是网页链接推广页面并不直接出现与他人商标相同或类似标识。对于后者，往往难以认定为商标侵权行为，司法实践中也倾向于采取反不正当竞争法途径予以规制。对于前者，也就是本案被诉侵权行为，通常从商标侵权角度予以规制。

司法实践中，侵权人通常以搜索结果中同时显示自有商标或企业名称，且链接内容中未出现被诉侵权标识为由抗辩不构成混淆，进而不构成侵权。本案就属于该种情形，聚汇公司、华多公司甚至抗辩称其自有商标的知名度大于权利商标，其没有侵权的必要性。本案一审法院未认定构成商标侵权，主要原因就是认为一般消费者可以分辨出被诉侵权网站与权利人服务的区别，不容易导致相关公众的混淆和误认。二审法院认为，《商标法》中"容易导致混淆的"，应当包括两方面的内容，一方面是对商品或服务来源产生误认，另一方面是误认商品或服务与注册商标权利人以及注册商标权利人的商品或服务有特定联系。即便相关公众可以区分权利商标和侵权人自有商标，且点击进入链接后可以辨识被诉侵权网站与权利人网站的区别，但侵权人的行为易使相关公众误认为权利人与侵权人有特定联系，从而点击该链接，进入该链接，提升了一般消费者使用侵权人服务的可能性。本案中，被诉侵权链接描述中确实显示"丫丫玩下载"等内容，且"丫丫玩"文字标红。鉴于设置关键词的行为属实，被诉侵权链接亦明确标注为"广告"，被诉侵权链接结果显然存在人为干预。综上，认定本案构成商标侵权。

本案的典型意义在于，对于涉互联网侵权行为的正确法律定性。涉互联网经营活动类型层出不穷，立法具有一定滞后性，人民法院在司法实践中，应当厘清不同具体行为是否具有违法性，以及具体属于何种部门法所规制的违法行为，才能更好地为公众划清侵权与否的边界，提升社会公众的知识产权守法意识。二审法院通过梳理本案案情，正确认定被诉侵权行为构成商标侵权，而且在当事人主张权利竞合的情况下，对于当事人的商标侵权主张予以采纳，为涉及该类型行为的类似案件的审理，提供了一定借鉴意义。

编写人：广州知识产权法院　丁丽　潘星予

（编辑：潘星予）

23

云南白药公司与惠客多公司等
侵害商标权纠纷案

> **阅读提示**：如何根据商品生产中不同主体的地位及分工，合理分配双方当事人关于商品生产者的举证责任？

【裁判要旨】

在商品生产的主导地位上，商品上的商标权人、出品人这些主体明显优位于"受托分装者"，商标权人、出品人对于生产过程的完整事实也更为了解。在被诉侵权商品上存在出品人和商标权人的明确信息时，权利人选择不起诉这两方主体而径向被诉侵权产品上载明的"受托分装者"主张侵权责任，是导致被诉侵权产品生产事实的查明陷入困难的主要原因；故当"受托分装者"抗辩其相关信息被冒用时，从公平分配举证责任出发，权利人应当承担比证明被诉侵权产品的生产者更重的举证责任。

【案号】

一审：广东省广州市白云区人民法院（2021）粤 0111 民初 25687 号
二审：广州知识产权法院（2022）粤 73 民终 1197 号

【案情与裁判】

上诉人（一审原告）：云南白药公司

上诉人（一审被告）：惠客多公司

上诉人（一审被告）：顺客多店

被上诉人（一审被告）：泓汇公司

起诉与答辩

云南白药公司起诉请求：1. 判令惠客多公司、顺客多店停止销售侵害云南白药公司第 3635192 号、第 4544394 号注册商标专用权的"云南中药牙膏"商品的行为；2. 判令泓汇公司立即停止生产、销售侵害云南白药公司第 3635192 号、第 4544394 号注册商标专用权的"云南中药牙膏"商品的行为；3. 判令惠客多公司、顺客多店和泓汇公司赔偿云南白药公司经济损失 20 万元（含云南白药公司为调查侵权行为所支付的合理开支）；4. 判令泓汇公司就其商标侵权行为在《中国消费者报》《中国工商报》《中国知识产权报》上刊登向云南白药公司赔礼道歉的声明，消除侵权影响；5. 判令惠客多公司、顺客多店和泓汇公司承担本案全部诉讼费用。

惠客多公司、顺客多店共同答辩称：不同意云南白药公司的诉讼请求。

泓汇公司答辩称：1. 被诉侵权产品并非泓汇公司生产，泓汇公司与惠客多公司、顺客多店及案外人诗雅丹公司不存在合作关系。对惠客多公司、顺客多店销售被诉侵权产品不知情。2. 被诉侵权产品显示的条形码查询信息显示，生产厂家为诗雅丹公司，可证明被诉侵权产品并非由泓汇公司生产。3. 泓汇公司已经就惠客多公司、顺客多店销售冒用其厂名、厂址的不正当竞争行为提起诉讼，案件正在审理中。4. 惠客多公司、顺客多店作为销售方，依法应当提供货物来源，并保证商品上标识的合法性，其未经核查，销售被诉侵权产品且在本案中未披露实际供货方，应当承担侵权责任。5. 惠客多公司、顺客多店庭前多次与泓汇公司联系，陈述其将与云南白药公司处理本案纠纷，无须由泓汇公司承担法律责任，且已承认产品并非由泓汇公司生产，与惠客多公司、顺客多店庭述意见矛盾。

一审审理查明

2021 年 3 月 18 日，在公证员卢某某、工作人员吴某某的监督下，钟某某在广州市白云区一门面标识有"Eutiance 超市入口"字样的超市购买了商品 6 件及胶袋 1 个，并取得小票 1 张。随后钟某某将上述购得及取得的物品交由公证员卢某某保管。返回公证处后，该处工作人员对上述购得及取得的物品进行了拍摄，随后将上述物品封存后并交由钟某某收执。以上情况进行了相关公证。

经各当事人确认公证封存物封存情况完好后，当庭拆封公证封存物，内为三支规格 180 克的牙膏，该牙膏外包装盒正面与上、下侧面突出显著位置印有横向排列白色行楷"云南中药"，外包装背面印有横向排列白色行楷"云南中药清火祛痛牙膏"字样,包装盒两端均印有"云世界"标识,外包装盒背面注明:"委托方诗雅丹公司,地址:广州市黄边工业××号;被委托方泓汇公司,住所地:广东省汕尾市城区红草镇×××,生产许可证号:粤妆 20160985,商品条码:6934411480202。"经扫描外包装背面的二维码显示"诗雅丹公司出品,您购买的产品为诗雅丹系列牙膏正品,请放心使用!诗雅丹云南中药牙膏"。打开外包装,内为软管罐体牙膏一支,该牙膏正、反两面均印有白色的行楷"云南中药牙膏"字样,一侧面小字体标注"诗雅丹公司出品"。

惠客多公司、顺客多店确认被诉侵权产品是由惠客多公司销售,由于惠客多公司内部存在争议,现无法确认被侵权产品来源。顺客多店代惠客多公司收取货款。

云南白药公司明确合理费用包括(2021)粤广南粤第 4719 号公证书相关的费用。其中:(2021)粤广南粤第 4719 号公证书是本案与(2021)粤 0111 民初 25690 号两案联合取证,云南白药公司购买侵权产品 6 支牙膏,单价是 26.8 元,购物袋一个,单价 0.2 元,合计 161 元,其中,本案案涉侵权产品三支,合计 80.4 元,购物袋为两案的共同证据。广东省广州市南粤公证处收取公证费用 1440 元。用于(2021)粤广南粤第 9205 号公证书公证云南白药公司购买侵权产品金额为 74.8 元,广东省广州市南粤公证处收取公证费用 1548 元。关于经济损失及律师费,云南白药公司未提供证据证实。

关于在相关传媒上刊登赔礼道歉的声明,消除侵权影响的问题。举证期限内,云南白药公司并未提交证据证实被诉侵权行为造成其商誉等受到损害。

一审判理和结果

一审法院审理认为,本案中,对于被诉侵权产品是由惠客多公司销售,销售被诉侵权产品的款项由顺客多店收取的事实,惠客多公司、顺客多店均予以承认,且有相关公证书证实,应予以确认。

惠客多公司、顺客多店抗辩"云南"为地域名称,白药是中草药的名称,两者均不适宜作为商标进行注册使用的问题,一审法院认为,根据《商标法》第十条第二款的规定,云南白药公司案涉注册商标继续有效。根据《商标法》第十一条第二款的规定,由于"云南白药"经过云南白药集团股份有限公司推广使用,已取得显著特征及便于识别,因此,惠客多公司、顺客多店的抗辩理由不成立。

根据《商标法》第四十八条的规定,被诉侵权产品外包装盒正面与两侧面突出显著位置印有横向排列白色行楷"云南中药"四个字样,外包装背面大号横向排列白色行楷"云南中药"四个字样，均直接起到识别商品来源功能和作用，属于商标性使用。惠客多公司销售的被诉侵权产品侵害了云南白药公司第3635192号"云南白药"、第4544394号"云南白药"注册商标专用权。顺客多店为惠客多公司提供收款账号用于收款的行为，为惠客多公司的侵权行为提供了便利条件，因此，顺客多店与惠客多公司共同侵害了云南白药公司案涉注册商标专用权。

关于泓汇公司是否生产、销售被诉侵权产品的问题。一审法院认为，1. 虽被诉侵权产品外包装盒注明受委托方泓汇公司及其住所地、生产许可证号，但泓汇公司抗辩被诉侵权产品非其生产与销售。2. 生产许可证号只是批准许可生产项目为牙膏单元，只能证明泓汇公司具备生产牙膏的资质，而无法证明泓汇公司生产被诉侵权产品。3. 被诉侵权产品包装盒两端标注标识"云世界"为案外人京田公司注册商标，非泓汇公司持有，本案中云南白药公司无证据证实与泓汇公司有关联。4. 云南白药公司虽提交相关公证书作为证据，但只能证实案外人广州市白云区"福满多生活超市夏茅店"销售案涉被诉侵权产品；证据调查照片2张，照片1中企业名称因模糊而无法识别，照片2只能识别包装箱上标注"易爽达牙膏"字样；证据2021年四川省乐山市"云南中药"侵权案件处罚信息统计表，显示侵权产品牙膏品牌是"云南中药（易爽达、美腔）""云南中药（易爽达）""云南中药（美腔）"，而非案涉侵权产品；证据美腔云南中药牙膏照片2张，照片1牙膏包装盒虽标注生产商为泓汇公司，但委托方为"美腔公司"，照片2"易爽达云南中药牙膏"包装盒标注生产商为泓汇公司及有"易爽达"标识，但委托方为"杭彩公司"，与本案被诉侵权产品不是同一个委托方，属不同的产品，无法证实被诉侵权产品由泓汇公司生产、销售。5. 泓汇公司对擅自使用其企业名称向相关部门进行投诉及诉讼维权，采取相应维权措施。因此，在云南白药公司无进一步证据证实泓汇公司为生产、销售方的前提下，云南白药公司主张泓汇公司存在生产、销售被诉侵权产品的行为在本案欠缺证据，一审法院不予采纳。云南白药公司据此要求泓汇公司在本案中承担相应的责任诉讼请求，应不予支持，予以驳回。

一审法院判决：1. 惠客多公司、顺客多店于判决生效之日起，立即停止销售侵害云南白药公司被许可使用的第3635192号"云南白药"、第4544394号"云南白药"注册商标专用权的"云南中药牙膏"商品行为；2. 于判决生效之日起十日内，惠客多公司、顺客多店赔偿云南白药公司经济损失5万元（含合理费用）；3. 驳回云南白药公司的其他诉讼请求。

上诉与答辩

一审宣判后，云南白药公司、惠客多公司、顺客多店不服，向广州知识产权法院提起上诉。

云南白药公司上诉请求：1. 改判泓汇公司立即停止生产、销售侵害云南白药公司被许可使用的第 3635192 号、第 4544394 号注册商标专用权的"云南中药牙膏"商品的行为。2. 改判泓汇公司赔偿云南白药公司经济损失 15 万元（含云南白药公司为调查、制止侵权行为所支出的合理开支）。3. 判令一审诉讼费由泓汇公司、惠客多公司、顺客多店承担；二审诉讼费由泓汇公司承担。事实和理由：一审法院认定泓汇公司不需承担侵权责任，属于事实认定不清。泓汇公司辩称是他人假冒其厂名厂址，不能提交相反证据证明。

泓汇公司答辩称：1. 涉案产品上的厂名、厂址和化妆品生产许可证编号并非其主动提供和授权使用的，其是因被冒用生产信息而牵连涉诉，因此，云南白药公司主张泓汇公司侵权缺乏法律依据。2. 泓汇公司在收到本案起诉材料后才知道被冒用了厂名、厂址和化妆品许可证编号，在发现侵权事实后及时在法律允许的范围内进行合理维权，采用何种维权措施均是其合法权益，云南白药公司无权干涉，更不能以此作为主张泓汇公司侵权的依据。3. 涉案"云南中药牙膏"及其外包装的来源涉及多方主体，且极有可能是诗雅丹公司生产，云南白药公司仅凭外包装上印制了泓汇公司的生产信息就推定泓汇公司为实际生产方，缺乏事实依据。4. 惠客多公司、顺客多店作为被诉侵权产品的进货方和销售方，由于未依法建立进货核验制度和保存进货核验记录，也未能提供进货凭证，自始没有披露产品实际生产方，导致泓汇公司无故涉诉，惠客多公司、顺客多店应当对其不正规的经营行为所造成的侵权后果承担全部法律责任。5. 针对惠客多公司、顺客多店仿冒厂名、厂址行为提起的另案诉讼，一审案号是（2021）粤 0111 民初 32961 号，目前在二审审理期间。

惠客多公司、顺客多店上诉请求：1. 撤销一审判决第二项，改判无需赔偿。2. 一审、二审诉讼费由云南白药公司承担。事实和理由：1. 顺客多店只是借资质给惠客多公司收款，顺客多店不应共同担责；2. 惠客多公司侵权主观恶意少，造成侵权影响不大，一审法院判决惠客多公司、顺客多店共同赔偿金额过高。

云南白药公司答辩称：1. 惠客多公司、顺客多店的经营场所、财产、业务混同，一审判决认定惠客多公司、顺客多店构成共同侵权，共同担责，认定事实清楚，定性正确。2. 惠客多公司、顺客多店未执行进货查验记录制度，未按规定期限保存进货查验记录；明知被诉侵权产品是侵权产品，未能提交合法有效证据证明自己合法取得，未说明提供者，一审判决判定惠客多公司、顺客多店承担赔偿责任，认定事实清楚，适用法律正确。3.惠客多公司对二十多家"惠客多"连锁超市实行统一进货、统一配送、统一管理，经营规模与普通单体超市的经营规模完全不同，被诉侵权产品消费者群体庞大，销售量较大，一审判决判定赔偿云南白药公司的金额合理。

泓汇公司答辩称：与前述答辩意见一致。

二审审理查明

泓汇公司针对惠客多公司、顺客多店仿冒其厂名、厂址行为提起的另案诉讼一审案号为（2021）粤 0111 民初 32961 号，一审法院判决驳回了泓汇公司的全部诉讼请求。泓汇公司提起上诉，该案二审法院认为，关于惠客多公司、顺客多店是否冒用泓汇公司企业名称、厂址和化妆品生产许可证编号生产、销售"云南中药"牙膏的问题，泓汇公司在二审中确认没有关于惠客多公司、顺客多店冒用其厂名、厂址、许可证信息的直接证据，泓汇公司亦未举证证实涉案"云南中药"牙膏上标注的泓汇公司企业名称、生产地址及化妆品生产许可证编号的行为系惠客多公司、顺客多店实施。故二审法院驳回了泓汇公司该案的上诉，维持原判。

被诉侵权产品上载明"委托方：诗雅丹公司出品，地址广州市黄边工业 ×× 号；被委托方泓汇公司分装""诗雅丹公司出品""商品条码 6934411480202"等内容，且标注了"云世界"的商标。被诉侵权产品上的商品条码 6934411480202 的发布厂家是诗雅丹公司。被诉侵权产品上的"云世界"商标的权利人是京田公司。诗雅丹公司于 1996 年 11 月 14 日成立，法定代表人是陈某某，住所是广州市白云区新市镇黄边村 ×× 号，于 2020 年 11 月 12 日注销。

二审判理和结果

二审法院审理认为，本案二审的争议焦点为：泓汇公司是否构成侵权并应承担民事责任，惠客多公司、顺客多店承担的赔偿责任是否合法恰当。

关于泓汇公司是否是被诉侵权产品的生产者问题。首先，被诉侵权产品上载明的出品方名称与商品条码的发布厂家对应，均指向案外人"诗雅丹公司"，而该公司的住所与被诉侵权产品上载明的出品方地址对应，该公司的注销时间亦与被诉侵权产品的公证保全时间相近，这些事实都证明被诉侵权产品的出品人是诗雅丹公司。其次，被诉侵权产品上的"云世界"商标权人是京田公司，且无证据证明该商标与泓汇公司存在关联。再次，被诉侵权产品上载明的是"被委托方泓汇公司分装"，从表面证据而言泓汇公司既不是被诉侵权产品的出品人，也不是被诉侵权产品上的"云世界"商标权人，而只是"受托分装者"。最后，泓汇公司辩称其相关信息被冒用，并提起了针对惠客多公司、顺客多店的仿冒混淆不正当竞争之诉，虽然判决结果是驳回其诉讼请求，但该结果仅说明现有证据不足以证明惠客多公司、顺客多店实施了冒用行为，不能据此否定诗雅丹公司、京田公司与被诉侵权产品的关联及存在冒用泓汇公司信息的可能性。综合以上四方面，由于在产品生产的主导地位上，产品上的商标权人、出品人这些主体明显优位于"受托分装者"，商标权人、出品人对于生产过程的完整事实也更为了解。然而，在本案中，被诉侵权产品上明明存在出品人和商标权人的明确信息，云南白药公司却选择不起诉这两方主体而径向被诉侵权产品上载明的受托分装者泓汇公司主张侵权责任。因此，当泓汇公司抗辩其相关信息被冒用时，云南白药公司在本案中选择撇开被诉侵权产品出品人和商标权人是导致被诉侵权产品生产事实的查明陷入困难的主要原因。故从公平分配举证责任出发，在证明被诉侵权产品的生产者方面，云南白药公司较之泓汇公司应当承担更重的举证责任。因此，除了被诉侵权产品上载明的内容之外，云南白药公司应当提交其他充分证据证明泓汇公司与出品人或商标权人之间存在真实的委托关系。由于云南白药公司未能提交其他充分证据予以证明，且泓汇公司向惠客多公司、顺客多店提起的诉讼亦体现出其维护自身权利的强烈意愿，因此二审法院认为云南白药公司的现有证据仍不足以证明泓汇公司是被诉侵权产品的受托生产者，一审法院判决驳回云南白药公司对于泓汇公司的诉讼请求，应予以维持。

此外，一审法院酌情认定惠客多公司、顺客多店连带赔偿云南白药公司经济损失及合理费用5万元，合法合理，并无畸高情形，应予以维持。二审法院判决：驳回上诉，维持原判。

【法官评述】

在根据商品上可资识别的信息认定制造者的过往案例中，主要的法律依据是《最高人民法院关于产品侵权案件的受害人能否以产品的商标所有人为被告提起民事诉讼的批复》（2020年修正）关于"任何将自己的姓名、名称、商标或者可资识别的其他标识体现在产品上，表示其为产品制造者的企业或个人，均属于《中华人民共和国民法典》和《中华人民共和国产品质量法》规定的

'生产者'"的规定。在具体的实践应用中,可以根据产品自身、包装及销售店铺等处出现的可资识别的标识、信息证明产品制造者。例如亿科公司与信成经营部、安得利公司等侵害外观设计专利权纠纷案[①],由于被诉侵权产品的外包装、产品正面、合格证及说明书上有安得利公司的名称、经营场所及安得利公司的商标等指向安得利公司属于制造者的证据,此时证明产品制造者的举证责任转移给安得利公司,若安得利公司没有相反证据,则应认定安得利公司是被诉侵权产品的制造者。[②]在安得利公司提交了存在他人冒用其公司名称及商标的相关合同、发货单、银行明细等证据时,法院则应驳回关于主张其为制造者的诉讼请求。[③]

本案的情形则涉及商品上可资识别的标识、信息证明存在生产环节不同分工的多个主体,以及如何根据商品生产环节不同主体的地位及分工,合理分配双方当事人关于商品生产者的举证责任问题。

首先,被诉侵权产品上载明的出品方名称与商品条码的发布厂家对应,均指向案外人"诗雅丹公司",而该公司的住所亦与被诉侵权产品上载明的出品方地址对应。其次,被诉侵权产品上的"云世界"商标权人是京田公司。再次,被诉侵权产品上载明的是"被委托方泓汇公司分装",即从产品信息来看本案被告泓汇公司属于生产环节的"受托分装者"。在产品的生产环节中,产品上的商标权人、出品人这些主体明显优位于"受托分装者",前两者对于生产过程的完整事实也更为了解。在被诉侵权产品上明明存在出品人和商标权人的明确信息,云南白药公司却选择不起诉这两方主体而径向被诉侵权产品上载明的受托者泓汇公司主张侵权责任;因此,当泓汇公司抗辩其相关信息被冒用时,云南白药公司在本案中选择撇开被诉侵权产品出品人和商标权人是导致被诉侵权产品生产事实的查明陷入困难的主要原因。故从公平分配举证责任出发,在证明被诉侵权产品的生产者方面,云南白药公司较之泓汇公司应当承担更重的举证责任。

根据上述举证责任分配的原则,除了被诉侵权产品上载明的内容之外,云南白药公司应当提交其他充分证据证明泓汇公司与出品人或商标权人之间存在真实的委托关系。由于云南白药公司未能提交其他充分证据予以证明,且泓汇

[①] 广州知识产权法院(2016)粤73民初2558号民事判决。

[②] 朱文彬:《知识产权裁判思维与实例分析》,知识产权出版社2019年版,第96页。

[③] 朱文彬:《知识产权裁判思维与实例分析》,知识产权出版社2019年版,第97页。

公司向惠客多公司、顺客多店提起的民事诉讼亦体现出其被冒用名称的主张和维护自身权利的强烈意愿，因此二审法院认为云南白药公司的现有证据仍不足以证明泓汇公司是被诉侵权产品的受托生产者。

本案的典型意义在于，从公平举证责任角度出发，合理分配当事人的举证责任，认定云南白药公司应承担本案证明泓汇公司为受托生产者的责任，平等保护双方当事人权利，为类似案件审理提供有益经验。

编写人：广州知识产权法院　朱文彬

（编辑：杨博）

24
天梭公司与吕某、陈某某等侵害商标权纠纷案

> **阅读提示：** 网售假冒知名品牌商品的公司注销后，历任独资股东是否应承担连带责任？

【裁判要旨】

知名品牌商品的行业营销惯例决定了销售商具有更高的注意义务和举证能力，虚拟店铺亦不例外。网络经济时代，除了为数不多的现金交易，金融往来均有电子留痕。股东更替、公司注销等不能成为网店经营者不能收集、提供商品交易记录、交收凭证等证据的理由，举证不能自应承责。轻奢品牌商品售价不菲，消费者对正品鉴别能力却十分有限。一个表面上销量颇佳的非官方授权网店多年屹立不倒的假象，足以误导消费者以为该店销售的是低价进货的正品。售假者非法获利并不限于短期销售差价，还包括贵价商品尤为稀缺的、最终可转化为经济收益的无形的消费者"信赖利益"。即便股权几经转手乃至公司注销，分阶段连续实施侵权行为的经营者仍应连带承责。

【案号】

一审：广东省广州市黄埔区人民法院（2020）粤 0112 民初 10596 号
二审：广州知识产权法院（2021）粤 73 民终 7379 号

【案情与裁判】

上诉人（一审被告）：吕某

被上诉人（一审原告）：天梭公司

被上诉人（一审被告）：陈某某

被上诉人（一审被告）：姚某某

起诉与答辩

天梭公司起诉称：北京尚京科技有限公司（简称尚京公司）2019年8月7日至20日销售了假冒天梭品牌的手表，依法应承担商标侵权责任。尚京公司2020年1月14日注销，其前后三位独资股东吕某、姚某某、陈某某应对公司债务承担连带责任。请求判令吕某、姚某某、陈某某：1. 停止侵害天梭公司第G614931号、G729106号注册商标专用权行为；2. 赔偿天梭公司经济损失及为制止侵权行为所支出的合理费用3358000元；3. 在《中国知识产权报》及京东（JD.COM）电商平台上刊登声明以消除影响。

吕某答辩称：1. 本案侵权行为主体是尚京公司，公司注销时的股东及清算组负责人是陈某某，而非吕某本人。公司股权已经多次转让，吕某不是本案适格被诉主体。2. 吕某经营尚京公司期间未销售涉案产品，天梭公司公证取证时吕某已完成了尚京公司股权的转让和网店控制权的交接，此后公司业务发生变化。吕某没有与公司之后的股东姚某某、陈某某实施共同侵权行为，不应与其二人承担连带侵权责任。3. 自吕某转让尚京公司全部股权至公司注销时隔1年7个月且经两次转让，吕某转让公司股权后再无理由获取公司资料。法院要求吕某提交尚京公司相应的票据及财务制度，将尚京公司举证义务强加至吕某身上错误。4. 吕某控制尚京公司期间实际销售额仅占总体销售额极少比例。即便认定侵权，本案可根据不同时间段的销售数据判断责任大小，吕某不应与姚某某、陈某某承担连带责任。

姚某某、陈某某一审缺席，未答辩未举证。

一审审理查明

天梭公司是第G614931号"**TISSOT**"和第G729106号"![TISSOT]"（核定使用于第14类手表等商品）商标权人。天梭公司2019年8月7日至20日在尚京公司设于京东平台的"尚京钟表专营店"公证购买了3款"天梭"品牌手表，经鉴定为假冒上述品牌的侵权商品。

尚京公司系自然人独资公司，2015年2月9日成立时股东为吕某。2017年9月14日至同年11月13日，尚京公司购买了"推广运营服务"，其间共刷单478单，其中234单为0元单，244单有支付，刷单金额合计680479元，服务费7320元，合计687799元，所有刷单均无实际货物发货。2018年7月5日，吕某与姚某某签订《公司股权与商城转让协议》，约定吕某同年7月9日将100%持股的尚京公司及关联网店"尚京钟表专营店"以26.9万元转让给姚某某，姚某某实际控制该店经营管理后所产生的债权债务与吕某无关。2019 年 7 月 10 日，尚京公司股东变更为姚某某，2019 年 8 月 27 日，尚京公司股东变更为陈某某。2019 年 12 月 17 日，陈某某申请注销该公司，签署了《全体投资人（发起人）承诺书》，承诺已将债权债务清算完结，如违法失信将承担相应的法律责任和后果。2020 年 1 月 14 日，该公司经核准注销。另，涉案网店全部销售记录显示，该店最早销售天梭（TISSOT）品牌手表的时间是 2017 年 9 月 19 日。

一审判理和结果

一审法院经审理认为，被诉侵权产品系手表，与天梭公司主张权利的涉案商标核定使用商品为同一类别商品。被诉侵权手表表面印有的 "**TISSOT**" 标识与天梭公司第 G614931 号 "**TISSOT**" 注册商标在字母顺序以及整体结构均一致，构成商标相同，包装盒及吊牌等处使用的 "▨▨▨▨" 标识与天梭公司第 G729106 号 "▨▨▨▨" 注册商标仅是在上方多了一个加号图案，其余部分基本一致，构成商标近似，被诉侵权产品为侵害天梭公司注册商标专用权的产品。

销售被诉侵权产品的经营者尚京公司已经注销，吕某、姚某某、陈某某三人相继作为尚京公司的唯一股东，在经营尚京钟表专营店期间持续销售被诉侵权产品，均未履行合理审慎注意的义务，且无法证明公司财产独立于股东个人财产或在其经营期间未有销售被诉侵权产品的行为，故吕某、姚某某、陈某某在经营尚京钟表专营店期间销售被诉侵权产品的行为共同侵害了天梭公司的商标权，应对涉案侵权行为承担连带责任。

一审法院判决：1.陈某某、吕某、姚某某应在判决发生法律效力之日起十日内连带赔偿天梭公司经济损失及合理开支共计 50 万元；2.驳回天梭公司的其他诉讼请求。

上诉与答辩

一审宣判后，吕某不服，向广州知识产权法院提起上诉称：1.一审认定吕某是侵权责任主体错误。吕某既非尚京公司清算组成员，也非公司注销时的股东，且公司股权已经多次转让，吕某作为本案被诉主体不适格。2.一审认定侵权时间段错误。被诉侵权产品最早下单时间为 2019 年 5 月 1 日，并非一审法院认为的 2017 年。3.一审认定陈某某、吕某、姚某某共同侵权错误。吕某作为尚京公司股东期间并未销售涉案产品，其已经完成股权转让，有权利对抗第三人。4.一审错误加重了吕某的举证义务。尚京公司经两次转让，吕某再无理由获取公司资料。5.一审判决吕某等三人承担连带责任错误，本案可根据不同时间段的销售数据判断责任大小，在能够确定侵权责任大小的情况下，一审法院判决吕某承担连带责任错误。综上，请求撤销一审判决，改判驳回天梭公司对吕某的所有诉讼请求或将本案发回重审。

天梭公司答辩同意一审判决。

陈某某、姚某某二审未答辩。

二审审理查明

二审查明事实与一审查明事实一致。

二审判理和结果

二审法院经审理认为，第一，尚京公司注销前的先后三任独资股东均未举证或举证不足以证明涉案网店在其经营期间仅销售天梭手表正品或所售商品有合法来源，已履行合理审慎注意义务，未证明股东个人财产独立于公司财产，三人经营期间持续售假，皆为侵权主体。第二，一个表面上销量颇佳的非官方授权网店多年屹立不倒的假象，足以误导消费者以为该店销售的是低价进货的正品，或质疑品牌方维护品牌价值的力度，从而削减了消费者到品牌官方门店购买产品的意愿。经营者因涉案侵权行为获得的非法利益不仅是其经营期间售卖特定数量的非正品的差价，还包括其转让网店的隐形收益等。其行为致商标权人合法权益的损害也是延续的，难以分割的，故公司注销之前历任三位独资股东应连带承责。二审法院判决：驳回上诉，维持原判。

【法官评述】

本案是商标侵权纠纷，有两点值得探讨：一是售卖知名品牌商品／奢侈品网店的经营者应负何等合理注意义务和举证责任；二是售卖假冒知名品牌商品／奢侈品的网店经营者的非法获利应如何认定。

关于第一个问题。如公众所知，奢侈品除了使用价值，还是显示使用者身份、地位、品位的最佳道具之一，能为使用者带来"精神愉悦"，消费者愿意为品牌形象溢价买单。涉案"**TISSOT**""**TISSOT** Swiss Watches since 1853"品牌手表知名度和美誉度相当高，为轻奢消费品，当属此列。一方面是知名品牌手表售价不菲，另一方面却是终端消费者对正品鉴别能力十分有限，巨大的利润空间往往容易招致经营者制假售假。品牌方为维护品牌价值，抵制假货冲击市场，通常会为每一款手表专设型号编码，再配以联保卡、合格证书等，以保障每件出厂商品有源可溯；更会谨慎选择有口碑的经销商，将官方授权经销商公之于众，指引消费者选购正品。涉案天梭公司亦不例外，指定了境内独家授权进口商和总经销商。涉案网店作为钟表专营店对知名品牌手表的上述交易模式不可能不知晓，理应清楚各大品牌手表的官方授权经销商，对所经营的品牌手表产品的来源是否合法、产品是否正品等无疑具有高于普通消费者的鉴别能力，同时也应对售卖假货应负何责有清晰的了解。由此，依法依理，涉案网店经营者应负有更高的注意义务，相应地也具有充足的自证清白的举证能力。本案中，涉案网店全部销售数据显示吕某等三位历任独资股东经营期间皆有"天梭"品牌手表销售记录。姚某某、陈某某皆无举证。吕某提交的证据一不足以证明其所售的涉案品牌手表全部来源于所谓供应商信曜嘉行，二不能证明其所谓上游供应商信曜嘉行是涉案天梭手表产品的合法经销商，其对货源已尽行业必要且合理的审慎审查义务。吕某的证据或可证明涉案网店售出的某个别手表的具体来源，却未能覆盖全部。且即便如此，也仅是提供了来源，而不能证明所售卖的是品牌正品，其经营行为合法。现代网络经济时代，除了为数不多的现金交易，金融往来均有电子留痕。公司股东更替、公司注销等事实未至阻却经营者收集、提交所售知名品牌商品的交易记录、交收凭证等证据。吕某称法院赋予举证责任过重，已尽举证能力，不能成立。基于尚京公司注销前的先后三任独资股东均未举证或举证不足以证明涉案网店在其经营期间仅销售天梭手表正品或所售商品有合法来源，已履行合理审慎注意义务，未证明股东个人财产独立于公司财产，依法应认定三人经营期间持续销售侵权产品，对公司注销前实施的涉案商标侵权行为承担侵权责任。

关于第二个问题。网络虚拟店铺开设门槛低，更迭快，消费者权益保障非实体店可比。消费者潜意识里对网店所售商品的品质及售后预期趋于保守，信任值难以培养。由此，越是成立时间长，关注度高和销量高的网店，往往越能赢取消费者好感和信任。网络上不乏单纯购买诸如"五年老店"空壳网店的交易，可说明该事实。试想当初吕某购买"刷单"服务的出发点，无非是通过前期金钱投入，力图打造涉案网店热度高、产品有保障、购买者众的形象，输出该店所售手表产品皆正品、消费者可放心购买的理念。其由此可获得的回报，并不限于短期内实际售卖产品可获得的差额利润，还包括于贵价商品尤为稀缺的、最终可转化为经济收益的无形的消费者"信赖利益"。其行为不仅违反诚信原则，损害了消费者知情权，也欺骗了其他经营者和涉案网店的意向买家。若2017年9月至11月中旬吕某未作此投入，未打造涉案网店生意火爆的假象，半年后姚某某未必愿意以26.9万元的对价购买尚京公司全部股权，接棒经营涉案网店。毕竟网店不存在实体店通常所需的办公用品、装修设备及所谓稀缺地段带来的人流，核心卖点无非是"老店口碑"和流量经济。换言之，网店经营者因涉案侵权行为获得的非法利益，不仅是其经营期间售卖特定数量的非天梭手表正品的差价，还包括其转让网店的隐形收益等。其行为致商标权人合法权益的损害也是延续的，难以分割的。因为一个表面上销量颇佳的非官方授权网店多年屹立不倒的假象，足以误导消费者以为该店销售的是低价进货的正品，或质疑品牌方维护品牌价值的力度，从而消减了消费者到品牌官方门店购买产品的意愿。涉案网店持续售假，前期的销售业绩对后继售假实有推波助澜的作用，历任股东／经营者责任实难区分。吕某请求以销量及销售额占比作为界定三人责任范围大小的根据，事实和法律依据不足。

编写人：广州知识产权法院　郭小玲

（编辑：邓文婷）

25

实验室公司与先灵葆雅公司等
侵害商标权及不正当竞争纠纷案

> 阅读提示：恶意抢注商标导致商标权人维权成本增加，责任谁来承担？

【裁判要旨】

恶意注册近似商标用于实施商标侵权行为导致的知识产权纠纷中，恶意注册近似商标行为与恶意使用近似商标行为，属于实施侵权行为的前后阶段，两者共同造成侵害商标权的结果。商标权利人为维权而提起商标无效宣告程序及行政诉讼程序中实际支出的维权合理费用以及在民事诉讼程序中产生的公证取证费用，均属于制止商标侵权行为而发生的维权费用。如仅因侵权行为的实施阶段不同区分维权费用的合理性，容易割裂商标侵权行为与损害结果之间的因果关系，既不利于合法权益的保护，也不利于解决商标侵权的诉源多发问题，导致司法资源的浪费。因此，在前述程序发生的维权费用，均应在民事侵权赔偿责任确定时予以支持。

【案号】

一审：广东省广州市白云区人民法院（2021）粤 0111 民初 2905 号

二审：广州知识产权法院（2021）粤 73 民终 7389 号

【案情与裁判】

上诉人（一审原告）：实验室公司

上诉人（一审被告）：先灵葆雅公司

上诉人（一审被告）：肽尔公司

起诉与答辩

实验室公司起诉称：实验室公司主张先灵葆雅公司、肽尔公司的行为侵害其商标权并构成不正当竞争，造成实验室公司的巨额损失，请求判令：1. 先灵葆雅公司立即停止侵害实验室公司注册商标专用权的行为，即停止生产、销售带有与实验室公司注册商标相同或近似标识的产品，停止使用与实验室公司注册商标相同或近似的标志宣传其产品；2. 先灵葆雅公司立即停止对实验室公司的不正当竞争行为，即停止使用实验室公司有一定影响的网页、产品图片进行宣传，停止生产、销售标有百洛公司或百洛研究院名称的产品，停止使用百洛公司或百洛研究院名称进行商业活动或实施其他混淆行为；3. 肽尔公司立即停止生产、销售带有与实验室公司注册商标相同及近似标识的产品；4. 肽尔公司立即停止对实验室公司的不正当竞争行为，即停止生产、销售标有百洛公司或百洛研究院名称的产品或实施其他混淆行为；5. 先灵葆雅公司、肽尔公司销毁库存侵权产品并承担费用（先灵葆雅公司、肽尔公司应提供证据证明前述销毁）；6. 先灵葆雅公司、肽尔公司连带向实验室公司赔偿 300 万元。

先灵葆雅公司答辩称：请求驳回实验室公司的诉讼请求。第一，先灵葆雅公司现在已经没有销售涉案商品，不存在实际销售的情况。第二，先灵葆雅公司现在已经在相关的网页上对全部涉案商品采取了下架或者断开链接的方式来消除影响，且先灵葆雅公司已经提交了相关证据证明涉案商品已经全部销毁。此外，先灵葆雅公司认为实验室公司主张赔偿 300 万元没有事实和法律依据。

肽尔公司答辩称：请求驳回实验室公司的全部诉讼请求。第一，肽尔公司没有侵害涉案商标权的故意。肽尔公司与先灵葆雅公司之间有《产品加工协议》，肽尔公司根据该协议的约定，为先灵葆雅公司加工该公司自有品牌"百洛"的四种产品。第二，肽尔公司在生产过程中审查过先灵葆雅公司的注册商标，尽到了加工方在避免商标侵权方面的正常注意义务。第三，肽尔公司按照与先灵葆雅公司之间合同而生产的产品，没有在合同外生产过涉案产品，更没有销售过涉案产品。第四，肽尔公司不对先灵葆雅公司的行为承担连带责任。

一审审理查明

实验室公司是第 3264362 号 "Bio-Oil"、第 17916920 号 "◈"、第 17916927 号 "BIO-OIL"、第 1017057 号 "**百洛**"、第 10082635 号 "百络油" 等注册商标的权利人。先灵葆雅公司及其关联公司先申请注册 "**百 洛**" "Bio-Oil" "◈" 三项商

标，并于其后在其舒缓洁面乳液体敷料、敏感修护膏液体敷料、疤适妥伤口护理软膏、痘立克冷敷凝胶等四款被诉侵权商品、外包装等及其商品宣传网页上使用前述商标标识及带有"百洛"字样的企业名称，肽尔公司是涉案被诉侵权商品的制造商。实验室公司在本案中主张先灵葆雅公司、肽尔公司共同赔偿其经济损失 300 万元，主张适用法定赔偿。

一审判理和结果

一审法院认为，先灵葆雅公司生产销售、肽尔公司生产的被诉侵权商品侵害实验室公司第 3264362 号 " "、第 9553327 号 " "、第 9818084 号 " "、第 17916920 号 " "、第 17916927 号 " BIO-OIL "、第 10170579 号 "百洛"、第 10082635 号 " " 注册商标专用权，且先灵葆雅公司在其生产销售、肽尔公司在其生产的商品上标注百洛研究院名称的行为，构成不正当竞争，应当承担停止侵权、赔偿损失等侵权责任。综合考虑涉案注册商标的知名度、侵权行为的性质、侵权规模、实验室公司为制止侵权所支付的费用等因素，酌情确定先灵葆雅公司的赔偿数额（包括合理费用）为 50 万元，肽尔公司在 15 万元的范围内对先灵葆雅公司的前述债务承担连带责任。

一审法院判决：1. 先灵葆雅公司自判决生效之日起立即停止侵害实验室公司第 3264362 号 " "、第 9553327 号 " "、第 9818084 号 " "、第 17916920 号 " "、第 17916927 号 " BIO-OIL "、第 10170579 号 "**百洛**"、第 10082635 号 " " 注册商标专用权的行为并销毁库存侵权产品；2. 先灵葆雅公司自判决生效之日起立即停止在其生产、销售的商品上标注百洛研究院名称的不正当竞争行为；3. 先灵葆雅公司自判决生效之日起十日内赔偿实验室公司经济损失 50 万元（含合理费用）；4. 肽尔公司在 15 万元的范围内对判决第三项确定的先灵葆雅公司的债务承担连带赔偿责任；5. 驳回实验室公司的其他诉讼请求。

上诉与答辩

一审宣判后，实验室公司、先灵葆雅公司、肽尔公司均不服，向广州知识产权法院提起上诉。

实验室公司上诉请求判令：1. 撤销一审判决第三、四、五项；2. 改判先灵葆雅公司立即停止使用实验室公司有一定影响的网页、产品图片进行宣传，停止销售标有百洛公司名称的产品，停止使用百洛公司名称进行商业活动或者实施其他混淆行为；3. 先灵葆雅公司、肽尔公司连带向实验室公司赔偿 300 万元。事实与理由：1. 先灵葆雅公司在其所售商品的外包装上标注"百洛公司"并宣称商品由该公司监制的行为，以及使用实验室公司有一定影响的网页、产品图片进行宣传的行为，均构成不正当竞争。2.一审判决赔偿50万元赔偿数额过低，应全额支持300万元的赔偿请求。实验室公司申请对先灵葆雅公司摹仿"百洛"的商标进行撤销、宣告无效、行政诉讼所产生的费用已超出50万元。

肽尔公司对于实验室公司的上诉，答辩称：1.肽尔公司按照合法备案的医疗器械信息和合法注册的商标进行涉案产品的生产加工行为，不构成商标侵权和不正当竞争。2.肽尔公司没有不正当竞争行为。肽尔公司作为生产加工方，只是产品生产的最后一环，已尽到对该医疗器械产品生产的合理审查义务，并未对其他类别品牌和公司造成不正当竞争。

先灵葆雅公司对于实验室公司的上诉，答辩称：1.先灵葆雅公司在委托加工的产品上使用自己合法注册的商标并进行宣传，是正当经营行为。2.先灵葆雅公司并未实际销售涉案产品，仅有一次委托加工行为，委托加工产品数量极少，没有获利，也未给实验室公司造成任何实际损失。一审法院判决认定的赔偿金无事实依据。实验室公司所称的维权费用不属于必要费用，其并未提供相应凭证。

肽尔公司上诉请求判令：依法撤销一审判决，改判驳回实验室公司的诉讼请求。事实和理由：1.肽尔公司只是产品加工方，不是销售方，所有包材、商标等都是由先灵葆雅公司提供，一审判决认定肽尔公司承担侵权责任并连带赔偿，与事实不符。2.一审判决认定肽尔公司生产的产品与实验室公司的化妆品近似构成侵权，与事实不符。3.一审判决认定肽尔公司未尽合理审查义务，与事实不符。4.一审判决因涉案产品上标注"百洛研究院"名称而认定肽尔公司构成不正当竞争，属于错误认定。

实验室公司对于肽尔公司的上诉，答辩称：1.肽尔公司不承担侵权赔偿责任的主张不成立，作为涉案产品生产者，肽尔公司未尽合理审查义务，其与先灵葆雅公司共同侵害实验室公司注册商标专用权。2.肽尔公司主张其作为生产方不构成不正当竞争，该意见不能成立。

先灵葆雅公司对于肽尔公司的上诉，答辩称：同意肽尔公司上诉意见，一审对涉案产品的类别认定错误，涉案产品类别应属于第10类。

先灵葆雅公司上诉请求判令：1.撤销一审判决，驳回实验室公司的全部诉讼请求；2.实验室公司承担本案一、二审诉讼费用。事实与理由：1.先灵葆雅公司委托加工的产品使用的是先灵葆雅公司在第10类别"理疗设备"上的有关商标，涉案产品也通过了国家药品监督管理局的医疗器械产品备案，不构成侵害他人商标权和不正当竞争。2. 先灵葆雅公司仅有一次委托加工行为，一审法院对先灵葆雅公司委托加工和销售规模的认定，属于事实认定错误。3. 先灵葆雅公司并未实际销售涉案产品，一审法院判决损害赔偿金无事实依据。

实验室公司对于先灵葆雅公司的上诉，答辩称：1. 先灵葆雅公司关于其不侵权的主张不成立，其生产并销售"疤适妥""痘立克""舒缓洁面乳"及"敏感修护膏"等商品的行为，已构成对实验室公司注册商标专用权的侵害。2. 先灵葆雅公司关于一审判决认定金额过高的主张不能成立。先灵葆雅公司的侵权情节严重、恶意明显，已给实验室公司带来极大损害，一审法院判定的赔偿金并不过高。

肽尔公司对先灵葆雅公司的上诉意见无异议。

二审审理查明

北京市高级人民法院作出的多份行政判决书均认定：先灵葆雅公司与诉争商标原注册人诗馨缘公司的法定代表人曾为同一人，二者为关联公司。先灵葆雅公司及其关联公司申请注册了多件与实验室公司"Bio-Oil 及图""百洛油"系列商标标志相同或相近的商标，亦未提交任何创意来源，而百洛油、Bio-Oil均非固定词汇。同时，先灵葆雅公司名下还注册有"滴露""金戈""席梦思"等多件与他人具有一定知名度的商标相近的商标。先灵葆雅公司虽主张诉争商标经宣传使用已具有一定的知名度，但是其未提交任何使用证据，难以证明其申请注册上述商标属日常经营需要，具有真实的使用意图并实际投入使用。先灵葆雅公司申请注册诉争商标的行为，属于扰乱商标注册管理秩序，有损于公平竞争的市场秩序的行为。

实验室公司于一审诉讼的庭审中明确以先灵葆雅公司的被诉行为恶意非常明显为由，请求在确定赔偿责任时考虑相关行政诉讼案件中产生的费用。

二审判理和结果

二审法院认为，先灵葆雅公司侵权恶意明显、侵权时间长、侵权情节严重，应在法定赔偿幅度内承担与其侵权性质、情节相符的赔偿责任，尤其是，先灵葆雅公司及其关联公司先申请多项近似侵权商标，并于其后在多款产品及多个宣传渠道使用被诉侵权商标，导致涉案商标权利人损失的扩大。恶意注册近似商标的行为是实施涉案商标侵权行为的在先准备阶段，商标权利人为维权而在侵权商标无效宣告程序及其后的行政诉讼程序中支出的维权费用，亦应作为其因商标侵权行为所致损失获得赔偿，否则，将导致权利人维权成本难以得到弥补，如商标权人就此另行提起诉讼，易导致当事人诉累，也不利于解决诉源多发的问题。关于维权合理费用的确定问题，先灵葆雅公司的第 14311562 号"**百洛**"、第 14311582 号"*BioOil*"、第 14311571 号"◆"商标均已被宣告无效，先灵葆雅公司针对国家知识产权局的前述商标无效宣告裁定分别提起行政诉讼后，生效判决已作出维持商标无效宣告裁定。实验室公司为维护其涉案商标权益而对前述商标等提起商标无效宣告行政程序，且实验室公司确有委托代理人参加前述行政诉讼程序，故可认定其在前述程序中已实际支出维权成本，实验室公司要求商标侵权人赔偿前述程序中所发生维权合理费用的意见合理。结合考虑实验室公司关于取证费用、公证费、律师费及相应差旅费、参加被诉侵权商标无效宣告所涉行政诉讼程序产生的费用等因素，二审法院酌情确定先灵葆雅公司应向实验室公司赔偿的涉案维权合理费用为 30 万元。二审法院综合考虑实验室公司涉案注册商标的知名度、被诉行为的性质、先灵葆雅公司侵权主观恶意明显、侵权情节严重等因素，确定先灵葆雅公司赔偿实验室公司经济损失及维权合理开支共计 100 万元，肽尔公司在 15 万元的范围内对前述债务承担连带责任。

二审法院判决：1. 维持一审判决第一项、第二项；2. 撤销一审判决第五项；3. 变更一审判决第三项为先灵葆雅公司自判决发生法律效力之日起十日内赔偿实验室公司经济损失及维权合理支出共计 100 万元；4. 变更一审判决第四项为肽尔公司在 15 万元的范围内对上述第三项确定的先灵葆雅公司债务承担连带赔偿责任；5. 驳回实验室公司的其他诉讼请求。

【法官评述】

遏制商标恶意注册，是维护诚信经营和商业市场秩序的应有之义。商标恶意注册行为屡禁不止，商标权利人为制止抢注行为而耗费大量维权成本，但现行法律及司法解释对于侵权人恶意抢注近似商标导致的权利人维权费用的救济途径和方式问题尚缺乏明确规定，如商标权利人为维权而提起的商标无效宣告程序及行政诉讼程序中产生的合理费用难以得到救济，则攀附知名商标和不当利用在先权利的行为，不仅影响诚信经营者的利益和消费者利益，而且容易导致大量司法行政资源的浪费。在前述程序发生的维权合理费用能否于侵害商标权纠纷案件中得到赔偿，应结合商标抢注行为与侵害商标权行为之间的关联性、商标抢注行为与侵权损害的因果关系等因素进一步分析。本案对该问题的处理进行了有益探索。

一、恶意注册近似商标行为是实施恶意商标侵权行为的在先准备阶段

恶意注册近似商标的最终目的，是通过所注册的近似商标获取利益。虽然，侵权人即使未申请注册近似商标，也可能实施在相同或类似商品上使用近似商标的侵权行为，但恶意注册商标的行为使得其在商品上长期持续使用侵权商标的行为得以实现。在侵权行为的实施阶段上，恶意注册近似商标的在先行为是实施恶意商标侵权行为的准备阶段，在商业市场中使用侵权商标行为是恶意注册近似商标行为的延续阶段，两项行为的实施时间和方式不同，但属于侵权行为的不同阶段，共同导致商标权人受损害的结果。

本案中，先灵葆雅公司及其关联公司恶意注册第 14311562 号"**百洛**"、第 14311582 号"*Bio-Oil*"、第 14311571 号"🌰"商标等多项与权利人商标近似度高的被诉侵权商标标识的事实，已由生效行政判决所认定。该恶意注册行为使得其在侵权产品上使用被诉商标的行为得以实现和持续，亦即，恶意注册多项被诉商标的在先行为是恶意使用被诉侵权商标行为的准备阶段，被诉商标的恶意使用行为属于在后行为，是恶意注册商标的在先行为的延续，该行为应予否定性评价，恶意注册商标的行为所导致的权利人维权成本支出属于恶意侵害商标权行为的结果之一，在认定维权费用的赔偿责任时予以考量。

二、商标权人提起商标无效宣告程序构成制止商标侵权行为的必要措施

依据《最高人民法院关于审理注册商标、企业名称与在先权利冲突的民事纠纷案件若干问题的规定》第一条第二款的规定，原告以他人使用在核定商品上的注册商标与其在先的注册商标相同或者近似为由提起诉讼的，人民法院应当告知原告向有关行政主管机关申请解决。因此，如商标权人未提起商标无效宣告程序，侵权人在其所申请核定商品类别范围内使用恶意抢注商标的行为，并不属于侵害商标权纠纷案件的审查范围，恶意使用行为亦不会被认为构成商标侵权，因此，商标权人仅在恶意注册商标被宣告无效的情况下，方可实现要求侵权人停止近似商标使用行为的目的。亦即，商标权人提起商标无效宣告程序属于制止商标侵权行为的必要措施。

三、商标权人因维权而提起商标无效宣告程序所产生的维权合理费用，属于商标侵权人所造成的损失

当侵权人恶意注册多项近似商标的行为已被生效判决所认定，因侵权人恶意注册商标的行为使得其在产品上使用被诉侵权商标的行为得以实现和持续，恶意注册近似商标行为与恶意使用近似商标行为相结合，共同造成侵权结果。鉴于商标权人提起商标无效宣告程序及参与相应的行政诉讼程序，属于其为制

止商标侵权行为所采取的必要措施，而参与前述程序必然需要支出相应的维权费用。如仅因侵权行为的实施阶段不同而区分维权费用的合理性和正当性，不仅缺乏法律依据，而且容易割裂商标侵权行为与损害结果之间的因果关系。因此，商标无效宣告行政程序及行政诉讼程序中产生的维权费用，属于商标侵权行为所导致的损失。在此前提下，商标权利人在商标无效宣告行政程序及行政诉讼程序中支出的维权合理费用，属于制止商标侵权行为而发生的维权成本。

四、关于恶意抢注商标导致商标权人维权成本增加的责任厘定

因商标恶意注册所导致损失的救济问题，是商标法领域亟需解决的重要问题之一。侵权人恶意注册近似商标，并将近似商标用以实施侵权行为，导致相关消费者的混淆误认，并扰乱市场秩序，商标权利人为维权而提起商标无效宣告程序并参加相应的行政诉讼程序，商标权人在前述程序中实际支出的维权成本，应通过何种形式及何种类型诉讼获得赔偿的问题，现有法律尚无明确规定。应在审判实践中逐步探索通过民事审判发挥直接打击商标恶意注册行为的功能，[①] 以节约审判资源，提高纠纷解决效率，以维护健康有序的商标秩序，净化市场环境，发挥知识产权司法保护对市场运行规范的引领作用。

如前述维权费用的支出未能在商标侵权案件中得到相应的赔偿，则商标权人为制止一系列恶意侵害商标权行为而支出的成本费用难以得到相应弥补。而且，容易导致商标权利人为弥补其在商标无效程序中产生的维权费用损失，而另行提起赔偿诉讼，徒增诉累，既不利于合法权益的保护，也不利于解决诉源多发的问题。本案从阶段式商标侵权行为与侵权损害之间因果关系、维权成本的救济模式、商业道德、社会公众利益等维度，践行"能动司法"，探索规制恶意抢注商标行为的模式和司法导向，严格保护知识产权，避免当事人诉累，具有加强诚信商业道德正向引导的积极意义，为促进我国从商标大国向商标品牌强国转变提供司法助力，取得良好的法律效果与社会效果。

编写人：广州知识产权法院　黄彩丽

（编辑：王厚权）

---

① 为解决商标恶意注册导致的费用损失问题，最高人民法院于2021年6月发布了《关于知识产权侵权诉讼中被告以原告滥用权利为由请求赔偿合理开支问题的批复》中明确规定，对于依据恶意注册商标提出的侵权诉讼，被诉侵权人依法请求注册商标权利人赔偿其因该诉讼所支付的合理律师费、交通费、食宿费等开支的，人民法院对此应当予以支持。

不正当竞争案件

26

腾讯科技公司、腾讯计算机公司与简信公司等
不正当竞争纠纷案

> **阅读提示：** 如何认定《反不正当竞争法》中"经营者"
> 范围以及"仿冒混淆"行为？

【裁判要旨】

《反不正当竞争法》所称的经营者，是指从事商品生产、经营或者提供服务的自然人、法人和非法人组织。立法并未将经营者定义中的"从事"明确规定是当前正在从事还是未来可能从事，而是从拓宽竞争关系的角度来扩展经营者的范围，只要经营者与其他经营者实施的竞争行为存在可能的"争夺交易机会、损害竞争优势"等关系，双方即属于法律所规定的经营者，法律的落脚点在于正在实施的竞争行为或者潜在的竞争行为，而并非仅限于经营者必须正在实施的经营行为。《反不正当竞争法》第六条规定的具体行为条款，针对有一定影响的标识实施不正当竞争行为进行调整，以规制或者避免市场混淆的不正当竞争行为。《最高人民法院关于适用〈中华人民共和国反不正当竞争法〉若干问题的解释》第十条将《反不正当竞争法》第六条所规定的使用界定为标识意义上的使用。法院在判断是否构成混淆行为时，不仅要判断有一定影响的标识是否构成标识意义上的使用，还应当围绕权利人主张的商业标识是否有一定影响，被诉构成不正当竞争行为的标识与有一定影响的标识是否相同或者近似，是否容易导致相关公众混淆、误认进行审查。

【案号】

一审：广东省广州市天河区人民法院（2019）粤 0106 民初 14145 号

二审：广州知识产权法院（2021）粤 73 民终 2847 号

【案情与裁判】

上诉人（一审原告）：腾讯科技公司

上诉人（一审原告）：腾讯计算机公司

上诉人（一审被告）：简信公司

上诉人（一审被告）：连尚公司

一审被告：灵犀公司

起诉与答辩

腾讯科技公司、腾讯计算机公司起诉称：腾讯科技公司是"微信"应用软件的著作权人，其授权腾讯计算机公司运营"微信"应用软件，"微信"上线以来，经过运营者的不断投入和经营，"微信"及其子功能的知名度非常高，"微信"图标、"朋友圈"图标及名称等商业标识影响力非常大，具有极高的美誉度。简信公司是"连信"应用软件的开发者，"连信"使用了与"微信"主图标等相同或近似的商业标识。连尚公司通过运营"WiFi 万能钥匙"App 为"连信"应用软件提供链接、下载以及提供免费 Wi-Fi 功能、宣传和推广，灵犀公司通过 PP 助手提供"连信"和"WiFi 万能钥匙"App 的下载服务。简信公司、连尚公司、灵犀公司构成不正当竞争。遂向法院诉请判令：1. 简信公司、连尚公司立即停止对腾讯科技公司、腾讯计算机公司的不正当竞争行为，停止在"连信"使用与腾讯科技公司、腾讯计算机公司的"微信"相近似的名称、图标、界面和整体设计；连尚公司停止通过"WiFi 万能钥匙"提供"连信"App 的链接和下载，以及停止为"连信"提供免费 Wi-Fi 功能、宣传和推广。2. 灵犀公司立即停止对腾讯科技公司、腾讯计算机公司的不正当竞争行为，停止通过 PP 助手提供"连信"和"WiFi 万能钥匙"App 的下载服务。3. 简信公司、连尚公司、灵犀公司连续一个月在新浪、搜狐、腾讯及百度等官网首页以及官方网站等显著位置刊登声明，消除影响。4. 简信公司、连尚公司、灵犀公司共同赔偿腾讯科技公司、腾讯计算机公司经济损失 1000 万元和合理开支 20 万元。5. 本案诉讼费全部由简信公司、连尚公司、灵犀公司承担。

简信公司答辩称：1. 微信并非业界第一款移动端的即时通信软件，其图标、界面、功能大量采用了同类软件的在先设计及通用范式，没有特殊性，不具有《反不正当竞争法》所保护的法益。2. 被诉侵权软件"连信"前身系早在 2011 年已上线的 Youni 软件，"连信"软件相关图标、界面和功能设置系独立研发完成，主打陌生人社交，与微信的熟人社交定位完全不同，根本不存在所谓抄袭微信及由此导致的混淆。3. 连信与微信相关元素不相同亦不相似，不构成不正当竞争。4. 在腾讯科技公司、腾讯计算机公司已经全面布局著作权、商标权、用户界面外观专利等权利的情形下，连信软件不侵害其上述知识产权专门法规定的权利，本身就意味着不构成不正当竞争。5. 连尚公司并未参与连信软件的开发，本案不存在共同侵权；简信公司与连尚公司为独立法人主体，不存在人格混同。请求驳回腾讯科技公司、腾讯计算机公司全部诉讼请求。

连尚公司答辩称：1. 连尚公司并未参与连信软件的开发或运营，没有实施任何被诉不正当竞争行为，不构成共同侵权，无需承担任何责任。2. 连尚公司与简信公司为各自独立的法人主体，不存在人格混同。

灵犀公司答辩称：1. 涉案产品为"连信"应用软件，灵犀公司并非该应用的开发者、运营者，与本案无关联关系。2. 灵犀公司作为引用分发平台，已经尽到充分的管理义务，无任何过错。3. 腾讯科技公司、腾讯计算机公司所诉的行为系简信公司、连尚公司实施，如果简信公司、连尚公司的行为被认定侵权，其自然会停止侵权行为，无需灵犀公司作任何处置，腾讯科技公司、腾讯计算机公司要求灵犀公司对"连信"App 进行下线的要求毫无意义。4. 本案的案由为不正当竞争之诉，不涉及腾讯科技公司、腾讯计算机公司商业信誉的损失，且灵犀公司与被诉行为无关，腾讯科技公司、腾讯计算机公司要求灵犀公司赔礼道歉、消除影响无事实及法律依据，应予驳回。

一审审理查明

一、当事人的主体情况

腾讯计算机公司成立于 1998 年 11 月 11 日，经营范围包括计算机软件、硬件的设计、技术开发、销售，数据库及计算机网络服务等，注册资本 6500 万元。

简信公司成立于 2016 年 10 月 19 日，经营范围包括网络科技，从事计算机科技领域内的技术开发、技术转让、技术咨询、技术服务等，注册资本 100 万元；2018 年 11 月 13 日，股东由掌门公司变更登记为连尚公司；2020 年 11 月 3 日，住所地由上海浦东新区泥城镇云汉路 ×× 号变更登记为中国（上海）自由贸易试验区临港新片区云瑞路 ×× 号。

连尚公司成立于 2013 年 10 月 28 日，经营范围包括从事计算机技术领域内的技术开发、技术咨询、技术服务、技术转让，网络工程，计算机系统集成等，注册资本 2000 万元，股东为掌门公司。

灵犀公司成立于 2014 年 3 月 1 日，经营范围包括软件开发、计算机技术开发、技术服务等，注册资本 10000 万元。

二、应用软件微信的运营情况

（一）微信的权属情况

2012 年 4 月 9 日、2013 年 9 月 7 日、2013 年 11 月 28 日、2014 年 10 月 30 日，国家版权局分别颁发证书号为软著登字第 0395032 号、0602986 号、0640524 号、0832962 号《计算机软件著作权登记证书》，软件名称分别为"腾讯微信软件［简称：微信］3.5""腾讯微信软件（for iOS）［简称：微信］V5.0""腾讯微信软件（for Android）［简称：微信］V5.0""腾讯微信软件［简称：微信］V5.3"，开发完成日期分别为 2011 年 1 月 21 日、2013 年 7 月 25 日、2013 年 7 月 25 日、2011 年 1 月 21 日，著作权人均为腾讯科技公司。腾讯科技公司于 2011 年 1 月 10 日出具《授权书》，载明将微信软件及其各升级版本授权腾讯计算机公司进行运营，同时将上述软件及各升级版本的著作权（包括但不限于软件中所使用的相关元素、作品的著作权）在不排除腾讯科技公司使用的情况下，授权腾讯计算机公司专有使用；腾讯计算机公司可对侵害其上述合法权益的行为单独或与腾讯科技公司共同以诉讼和非诉讼方式进行权利救济；授权的期限截至授权人撤回本授权。

（二）微信的图标、界面和整体设计情况及版本更替情况

腾讯科技公司就以下美术作品进行了作品登记，著作权人均为腾讯科技公司："微信品牌标识"，创作完成时间 2010 年 11 月 30 日；"微信表情系列 1.0"，创作完成时间 2016 年 8 月 29 日；"微信表情系列 2.0"，创作完成时间 2018 年 5 月 21 日；"QQ 表情 – 表情系列"（48 幅），创作完成时间 2003 年 4 月 17 日；"QQ 表情系列"（112 幅），创作完成时间 2007 年 9 月 17 日；"QQ 黄脸"，创作完成时间 2017 年 8 月 20 日；"微信红包 2017 新春版"（微信红包开启页、红包发送页、红包详情页图），创作完成时间 2016 年 12 月 20 日；"微信扫一扫品牌标识"，创作完成时间 2013 年 8 月 6 日；"微信（WeChat）朋友圈标识 LOGO"，创作完成时间 2012 年 6 月 20 日；"微信 WeChat 客户端（iOS/Android）的界面视觉风格设计"，创作完成时间 2018 年 10 月 17 日。腾讯科技公司还就微信品牌图形标识、微信扫一扫图形标识、微信朋友圈图形标识、漂流瓶文字标识、附近的人文字标识申请注册了商标；就"用于手机的图形用户界面""带图形用户界面的手机"申请了外观设计专利。

公证书显示，2019 年 3 月 18 日、19 日，分别使用 Lenovo 手机、iPhone

手机，下载微信（7.0.3 版本），登录微信，依次点击操作"发起群聊""选择一个群""面对面建群""添加朋友""扫一扫""收付款""通讯录""群聊""标签""公众号""发现""朋友圈""摇一摇""看一看""附近的人""漂流瓶""扔一个""捡一个""我的瓶子""购物""游戏""小程序""我""unknow""支付""收藏""相册""表情""设置""照片""拍摄""视频通话""位置""发送位置""红包""转账""语音输入""我的收藏""个人名片""文件"等功能，查看相关页面并进行截图，及对上述过程进行录像。

公证书显示，2019 年 5 月 16 日，使用浏览器浏览文章《从聊天界面的设计看 QQ 和微信的不同》《解析新版微信的视觉、体验和场景》《如何向好友发送微信红包》等文章。

公证书显示，2020 年 3 月 20 日，使用浏览器浏览文章《微信怎样发红包给好友》《怎样让微信附近的人看不到我微信附近的人清空位置方法》《微信漂流瓶怎么加好友》等文章。

公证书显示，2019 年 5 月 16 日，使用浏览器浏览网站 weixin.qq.com 中的《微信 1.0 for iPhone（测试版）全新发布》《微信 1.3 for iPhone（测试版）全新发布》《微信 2.0 for iPhone（语音版）全新发布》《微信 2.1 for iPhone（语音版）全新发布》等关于微信版本的更迭情况的文章。

网站 mp.weixin.qq.com 于 2019 年 4 月发布了文章《微信八年：从 1.0 到 7.0 版本，一个通讯工具的进化史》，介绍了微信版本从微信 1.0 到 7.0 的更迭情况。

腾讯计算机公司为证明微信特有的操作界面不受社交通信或聊天软件的功能实现所限定，实现相关功能的操作界面设计的可选择空间很大，提供了相关公证书，对依次运行应用软件"QQ""微博""钉钉""陌陌""旺信""Soul""支付宝"的相关界面进行截屏，并对操作过程进行录像。

（三）微信的知名度情况

公证书显示，"微信"WeStore 营业场所摆放有包括 2013 年度优秀产品奖、2014 年度评委推荐大奖等多个奖杯奖牌。

腾讯计算机公司就微信的知名度，还提供了《刚刚，马化腾宣布：微信全球月活跃用户数超 10 亿》（发布网站 mp.weixin.qq.com，发布日期 2018 年 3 月 5 日）、《2016 年中国社交应用使用率排名：微信朋友圈使用率最高》等文章报道予以证明。

三、腾讯计算机公司主张连尚公司、简信公司、灵犀公司的不正当竞争情况

（一）连信的下载、运行情况

公证书显示，2019 年 3 月 18 日，使用 Lenovo 手机浏览器访问网站 www.25pp.com，显示为"PP 助手安卓版"的下载页面，页面底部的版权标示处显示有灵犀公司的企业名称。下载、安装并运行 PP 助手，搜索"连信"，显示开发者为简信公司，下载、安装并登录连信，依次点击操作"发起群聊""添加朋友""扫一扫""免费 WiFi""帮助""新的朋友""群聊""找朋友""附近的人""认识更多附近的人""漂流瓶""扔一个""捡一个""我的瓶子""聊天室""按号码查找""添加手机联系人""极速上网""好友圈""我""通讯录""我的二维码""钱包""相册""免费领红包""免费流量卡""隐私""关于连信""设置""发消息""红包""塞钱进红包""图片""拍摄""文件""视频聊天""位置""名片"等功能，查看相关页面并进行截图，及对上述过程进行录像。其中，操作上述"免费 WiFi"功能显示的界面标题为"WiFi 万能钥匙"，并显示成功连接；操作上述"极速上网"功能显示的界面标题为"WiFi 万能钥匙极速版"，并显示成功连接；操作上述"钱包"功能显示的界面顶部标题为"连尚钱包"；操作上述"免费流量卡"功能显示的界面标题为"连尚万能卡免费流量天天领"，该页面亦包含"连尚万能卡"等内容。

公证书显示，2019 年 3 月 19 日，使用 iPhone 手机打开"App Store"，搜索"连信"，显示开发商为简信公司，下载、安装并登录连信，依次点击操作"发起群聊""添加朋友""扫一扫""通讯录""新的朋友""群聊""找朋友""好友圈""附近的人""漂流瓶""扔一个""捡一个""我的瓶子""聊天室""按号码查找""添加手机联系人""我""我的二维码""钱包""相册""免费领红包""免费流量卡""隐私""关于连信""设置""发消息""拍摄""视频聊天""位置""红包""塞钱进红包""个人名片"等功能，查看相关页面并进行截图，及对上述过程进行录像。其中，操作上述"钱包"功能显示的界面顶部标题为"连尚钱包"；操作上述"免费流量卡"功能显示的界面标题为"连尚万能卡免费流量天天领"，该页面亦包含"连尚万能卡"等内容。

公证书显示，2019 年 1 月 31 日，使用电脑浏览器访问网站 www.palmchat.com.cn，首页显示有"连信，快速约会附近的 Ta""和更多人做朋友""好友圈""附近的人""聊天室""智能推荐"等图文内容，网页底部显示有"版权所有掌门科技""简信（上海）科技有限公司上海市浦东新区张衡路 ×× 号（盛大全球研发中心）"等内容。查看"加入我们"栏目，显示"招聘商务渠道

经理／总监、研发工程师等职位"以及"请投递简历至 hr@wifi.com"等内容。查看"联系我们"栏目，显示"简信公司地址：上海市浦东新区张衡路××号""商务洽谈邮箱：palmchat@zenmen.com"等内容。查看上述网站的 ICP／IP 备案信息，显示该网站的主办单位为简信公司，网站名称为"掌信"。对上述相关页面进行截屏，并对上述过程进行录像。

腾讯计算机公司还提供了 2020 年 3 月 31 日对游侠手机游戏网站（m.ali213. net）关于连信（Android3.5.17 版本）的下载页面的网页打印件，该网页显示有关于连信的文字介绍及相应的软件内容截图（包含附表的连信聊天界面图）。

公证书显示，2019 年 1 月 31 日，使用电脑浏览器访问"七麦数据"网站 www.qimai.cn，查看连信的下载量，显示连信 iOS 版本 2018 年 1 月 31 日至 2019 年 1 月 31 日的下载量预估总计为 396796 次，连信 Android 版本的下载渠道包括 OPPO、vivo、华为、应用宝、魅族、百度、豌豆荚、360，累计总下载量为 186902300 次，近 30 天日均下载量 437337 次。访问酷传网站 www. kuchuan.com，查看连信的下载量，显示连信 Android 版本的下载渠道包括 OPPO、vivo、华为、应用宝、魅族、百度、豌豆荚、360、联想，累计下载量为 186881613 次。对上述相关页面进行截屏，并对上述过程进行录像。

公证书显示，2019 年 3 月 19 日，使用电脑浏览器访问网站 360 手机助手、豌豆荚、百度手机助手、安智、华为应用市场、历趣、乐商店（联想应用商店）、2345 手机应用宝库、搜狗手机助手、Flyme（魅族应用商店）、小米应用商店，显示上述平台连信的下载量分别为 360 手机助手 176 万次、豌豆荚 312.7 万次、百度手机助手 612 万次、安智 30 万次、华为应用市场 6070 万次、历趣 1000 万次、搜狗手机助手 40 万次、Flyme（魅族应用商店）7289912 次。访问酷传网站，显示连信的累计下载量为 211944148 次，下载渠道包括 OPPO、vivo、华为、应用宝、魅族、百度、豌豆荚、360、联想。访问七麦数据网站，显示连信近 7 日的下载量为 419819 次，2018 年 1 月 1 日至 2019 年 3 月 19 日的下载量为 2731855 次。上述网站均显示连信的开发者为简信公司。

公证书显示，2019 年 3 月 20 日，使用 vivo 手机分别在中兴应用商店、OPPO 软件商店、vivo 应用商店下载"连信"，显示开发者为简信公司。

公证书显示，2019 年 5 月 14 日，使用小米手机分别运行"360 手机助手""豌豆荚""华为应用市场""历趣市场""联想应用中心""小米应用商店""vivo 应用商店"并搜索"连信"，查看下载页面的评论内容，显示有"比微信玩起有意思""微信复制品挺好的"等内容。

公证书显示，2019 年 5 月 14 日，使用 iPhone 手机打开"App Store"，搜索"连信"，查看下载页面的"评分及评论"内容，显示"这不就是个山寨版的微信吗？""什么软件，界面跟微信差不多"等内容。

（二）"WiFi 万能钥匙"的下载、运行情况

公证书显示，2019 年 3 月 22 日，使用 Lenovo 手机浏览器访问网站www.25pp.com，显示为"PP 助手安卓版"的下载页面，下载、安装并运行 PP助手，搜索"WiFi 万能钥匙"，下载、安装并打开"WiFi 万能钥匙"，查看"WiFi 万能钥匙软件服务协议"，载有"本协议是您与尚网公司及其关联公司（包括但不限于掌门公司、连尚公司、简信公司及其关联公司）之间关于您注册、登录、使用 WiFi 万能钥匙服务所订立的协议"的内容，该协议落款为尚网公司。查看"WiFi 万能钥匙隐私权政策"，落款亦为尚网公司。在"连接"页面点击"附近人""妮妮""快进入连信与 TA 聊聊吧"，按照提示完成下载和安装并登录，点击"免费 WiFi"，页面显示成功连接"VIP_QH"，页面标题为"WiFi 万能钥匙"。

公证书显示，2019 年 3 月 22 日使用 iPhone 手机打开"App Store"，搜索"WiFi 万能钥匙"，显示开发商为连尚公司，下载、安装并打开"WiFi 万能钥匙"，点击"查看你的附近有缘人"显示为连信的下载页面，显示连信开发商为简信公司，按照提示完成下载、安装并登录。在"WiFi 万能钥匙"查看"WiFi 万能钥匙隐私权政策"及"WiFi 万能钥匙软件服务协议"，落款均为连尚公司。登录"WiFi 万能钥匙"，显示的用户名及头像与前述登录连信后的用户名及头像相同。

（三）腾讯计算机公司主张连尚公司、简信公司的不正当竞争表现

1.关于通过连信实施的不正当竞争行为。腾讯计算机公司在庭审中主张连信的经营者违反了《反不正当竞争法》第六条第（一）项、第（四）项以及第二条的规定：（1）擅自使用了腾讯计算机公司在微信上所享有的多个功能的名称、图标和界面设计，这些名称、图标和界面设计都是《反不正当竞争法》第六条第（一）项所保护的商业标识，分别构成有一定影响的服务名称和有一定影响的服务装潢。具体包括：第一，有一定影响的服务名称包括微信、朋友圈、漂流瓶；第二，有一定影响的服务装潢包括微信的主图标、漂流瓶图标、朋友圈图标、红包开启页界面、红包发送页界面、红包详情页界面、漂流瓶界面。（2）连信还构成《反不正当竞争法》第六条第（四）项所禁止的对其他具有商业标识性功能的一个特有的界面和名称、图标组合在一起所形成的设计组

合。对应的微信商业标识除了包括前述构成有一定影响的服务名称、服务装潢、网页、网站名称的商业标识，还包括附近的人界面、消息界面、通讯录界面、发现界面、我界面、小黄脸表情。（3）连信的经营者对上述商业标识的混淆行为系违反商业道德的不诚信行为，同时亦违反了《反不正当竞争法》第二条的规定。

腾讯计算机公司主张简信公司与连尚公司共同经营连信，共同实施了上述不正当竞争行为，主要理由系简信公司与连尚公司存在人格混同的情况，表现在以下几个方面：（1）简信公司名下没有员工。（2）连尚公司发布职位为"连信 CTO"与"高级数据分析师–连信"的员工招聘信息，连信官网的职位招聘信息接收简历投递的邮箱是 hr@wifi.com，与"WiFi 万能钥匙"的人事招聘邮箱一致，且连尚的官网及企业邮箱的域名均是 wifi.com。（3）二者的办公地址、办公电话相同，而简信公司工商登记的地址是没有使用的。（4）连尚公司提供技术支持，其名下的 GUI 专利（CN305275391S、CN305610904S、CN305611110S）提供给连信使用。（5）连信中"连尚钱包"是连尚公司名下的商标（第 18799746、18799573、18799479、18799002、18798931 号）。（6）连尚公司客服和业务联系使用的邮箱是掌门公司的官网企业邮箱。（7）二者高度关联甚至人格混同，包括：投资人、高级管理人员均存在交错互联关系；办公地址、人员混同；财产混同；知识产权混同（连信用户协议中声称所有知识产权属于简信公司）；业务混同。

腾讯计算机公司就简信公司与连尚公司存在人格混同的主张，提供了启信宝企业信用报告、商标查询详情打印件、外观设计专利文件、公证书等证据予以证明。简信公司、连尚公司就腾讯计算机公司主张简信公司、连尚公司人格混同不认可。

2. 关于连尚公司通过"WiFi 万能钥匙"实施的不正当竞争行为。腾讯计算机公司主张连尚公司通过"WiFi 万能钥匙"为连信侵权提供帮助，并且通过连信来推广"WiFi 万能钥匙"，即通过连信的侵权行为来获利。具体表现为：（1）"WiFi 万能钥匙"和连信功能相互嵌合，即连信中嵌合了提供领取"WiFi 万能钥匙"的"连尚万能卡"的功能，"WiFi 万能钥匙"中嵌入了连信的"附近的人"子功能。（2）"WiFi 万能钥匙"以功能设置的方式导向性地提供下载连信，即"WiFi 万能钥匙"有"寻找附近有缘人"的界面，以及"附近人"界面有打招呼消息，点击上述界面均跳转至连信下载界面。（3）"WiFi 万能钥匙"为连信提供免费 Wi-Fi 功能，即连信嵌合了"免费 WiFi"功能、"极速上网"功能，使用上述功能可成功连接上无线网络。（4）"WiFi 万能钥匙"平台宣传、推广连信。（5）"WiFi 万能钥匙"与连信共享数据，即在"WiFi 万能钥匙"没有登录的情况下登录连信，再返回"WiFi 万能钥匙"，看到已登录了连信，在登录的状态下，进入"WiFi 万能钥匙"是不需要再登录的，并且二者显示的头像相同。

腾讯计算机公司主张 iOS 端和 Android 端的"WiFi 万能钥匙"均为连尚公司运营，均构成不正当竞争。腾讯计算机公司认为 Android 端的"WiFi 万能钥匙"虽然登记在尚网公司名下，但该公司的实际控制人与连尚公司的实际控制人为同一人即陈某年，该公司使用的官网与连尚公司的官网相同，故认为 Android 端的"WiFi 万能钥匙"实际由连尚公司运营。腾讯计算机公司就此提供了贝尔塔公司出具的关于尚网公司的启信宝企业信用报告。

3. 关于灵犀公司通过 PP 助手实施的不正当竞争行为。腾讯计算机公司主张灵犀公司在其所经营的 PP 助手平台提供连信和"WiFi 万能钥匙"应用软件的下载，为简信公司、连尚公司的不正当竞争行为提供帮助，构成共同侵权。

四、微信与连信比对情况

（一）腾讯计算机公司主张连信使用的商业标识抄袭了微信的对应商业标识

比对情况如下：

1. "微信""朋友圈""漂流瓶"系腾讯计算机公司有一定影响的服务名称，简信公司的"连信""好友圈""漂流瓶"抄袭了腾讯计算机公司的上述服务名称。

2. 微信的主图标、朋友圈图标、漂流瓶图标、红包开启页界面、红包发送页界面、红包详情页界面、漂流瓶界面构成腾讯计算机公司有一定影响的服务装潢，连信的主图标、好友圈图标、漂流瓶图标、红包开启页界面、红包发送页界面、红包详情页界面、漂流瓶界面抄袭了腾讯计算机公司的上述标识。

3. 微信的多个子功能用户界面组合在一起的用户界面组合，构成有一定影响的特有设计组合，属于《反不正当竞争法》第六条第（四）项所保护的权益，该设计组合包括漂流瓶界面、朋友圈界面、聊天界面、附近的人界面、消息界面、通讯录界面、发现界面、我界面、小黄脸表情。连信抄袭了微信的上述设计组合。

（二）简信公司关于连信与微信的比对意见

1. 关于"微信""朋友圈""漂流瓶"三个名称

（1）"微信"。在移动端的应用软件市场上以两个字进行命名是一种通用的命名方式，市场上客观存在大量以"微"字开头或者以"信"字结尾的软件，

"连信"和"微信"仅一个"信"字相同，而"信"字体现的是作为即时通信软件的本质，两款软件的名称不构成近似，不会造成相关公众的混淆。

（2）"朋友圈"。微信二字的影响和知名度，并不等同于微信软件中其他的元素的知名度，"朋友圈"三个字只是微信软件中用于社交分享的一项子功能的名称，而该项子功能并不能脱离微信而独立存在，"朋友圈"不符合关于商品或服务名称的基本要求，不构成有一定影响的商品名称。连信"好友圈"与微信"朋友圈"不构成近似，不会造成相关公众混淆。

（3）"漂流瓶"。漂流瓶这个词汇本身属于公有领域，任何人均无权垄断；漂流瓶三个字不能指代微信的这一项功能，在"连信漂流瓶"与"微信漂流瓶"中，"连信""微信"起到主识别作用，相关公众不会对二者产生混淆。

2. 关于腾讯计算机公司主张的有一定影响的服务装潢

简信公司认为，微信的主图标、漂流瓶图标、朋友圈图标、红包开启页界面、红包发送页界面、红包详情页界面、漂流瓶界面均不能构成有一定影响的装潢。

关于比对，简信公司认为微信的主图标、朋友圈图标、漂流瓶图标、红包相关界面、漂流瓶界面等元素与连信的对应元素不构成近似。

3. 关于腾讯计算机公司主张多个子功能用户界面组合在一起的用户界面组合

简信公司认为《反不正当竞争法》第六条第（四）项禁止的是其他足以引人误认为是他人商品或者与他人存在特定联系的混淆行为。腾讯计算机公司主张的微信漂流瓶界面、朋友圈界面、聊天界面、附近的人界面、消息界面、通讯录界面、发现界面、我界面、小黄脸表情属于简单要素的组合，是出于手机显示屏的限制，为了实现必要的功能，方便用户的操作，满足用户的习惯等的功能性的要求，是同类型软件的一个常规的设置，没有体现出独特性及显著性，并未与微信软件及其经营者形成相对稳定的指向性关系，没有起到区分服务来源的作用，没有形成独特的竞争优势，不具有《反不正当竞争法》所保护的法益，无论是整体上还是具体元素都不应当启动《反不正当竞争法》的保护。

关于比对，简信公司认为微信的上述界面或元素与连信的对应界面或元素不构成近似。

五、连尚公司、简信公司、灵犀公司抗辩的相关事实

（一）连信软件的溯源及拥有或经许可享有著作权、商标权、专利权的情况

简信公司称连信软件的前身为 2011 年已上线的 Youni 软件，并提供了 Youni 官方微博截图及经可信时间戳认证的新闻报道网页，显示最早于 2011 年

4月网络上即已存在关于 Youni 软件的宣传报道,报道内容含有 Youni 软件界面内容,包括"最近聊天""联系人""设置"的三个主界面,界面右上角有"新建对话"的加号入口等特征。简信公司还提供了企业信用信息公示报告打印件,显示由你公司的股东于 2015 年 11 月 17 日变更为掌门公司并持续至今,2018 年 11 月 13 日前简信公司的股东亦为掌门公司。

由你公司、掌门公司分别与简信公司签订《专利(申请)许可使用协议》,约定由你公司、掌门公司许可简信公司使用由你公司、掌门公司已经申请或继受取得的与即时通信技术、社交、支付领域技术相关的发明专利(申请)及外观设计专利(申请),该许可为普通许可,许可期限分别为自 2016 年 10 月 31 日至 2026 年 10 月 30 日、2017 年 7 月 31 日至 2027 年 7 月 30 日。

简信公司提供的外观设计专利授权公告文本显示,掌门公司申请了多个名为"用于手机的图形用户界面"的外观设计专利,其中,连信的消息界面与专利号为 201830769106.7 的外观设计专利手机界面基本一致。连信通讯录使用的界面与专利号为 201730403759.9 的外观设计专利的手机界面相比近似。

简信公司提供的发明专利授权公告文本显示,掌门公司申请了 7 个发明专利,拟证明连信红包、名片及好友推荐功能使用了上述发明专利。上述文本中未显示或说明相应红包、名片及好友推荐功能的手机界面。简信公司经申请注册或受让获得了在第 9 类、第 38 类、第 45 类"连信"商标的注册商标专用权,掌门公司分别在第 42 类、第 45 类就连信主图标的标识申请注册了商标。2017 年 6 月 8 日,简信公司就同年 5 月 8 日开发完成、尚未发表的软件"掌信即时通讯软件 V1.0.7"在国家版权局进行了计算机软件著作权登记。

(二)微信使用他人在先设计以及通用设计的情况

简信公司提供公证书或可信时间戳认证证书及截图,证明微信使用他人在先设计以及通用设计。简信公司为证明微信抄袭 Whatsapp、米聊、iMessage、Kik Messenger、Path、Facebook、Talkbox 等软件,还提供了腾讯网、央视网、搜狐网、果壳网、百度网等媒体的报道。

(三)连信与微信的社交定位情况

简信公司提供公证书和可信时间戳认证证书及截图,包括腾讯网发布的文章《无处安放的"社交压力"》等内容,拟证明连信与微信的社交定位不同。

(四)"WiFi 万能钥匙"的主办单位以及"WiFi 万能钥匙"的推广服务情况

连尚公司提供连信软件官网、"WiFi 万能钥匙"官网打印件及工业和信息化部 ICP/IP 备案信息，显示网站 www.lianxinapp.com 的主办单位是浙江简信公司，网站 www.wifi.com 的主办单位是南京尚网网络科技有限公司。简信公司与连尚公司签订《信息推广合作协议》，约定简信公司委托连尚公司在其运营的"WiFi 万能钥匙"移动客户端应用程序以及对应的 wifi.com 移动网站推广简信公司的产品连信，合作期限为 2019 年 1 月 1 日至 12 月 31 日，并约定了相应的结算方式与结算时间。简信公司与连尚公司签订的测试期订单载明上述合同对应的广告投放位置为发现页"附近的人"频道，广告投放方式为在"WiFi 万能钥匙"平台上增加与连信有关的相关频道，若用户点击相应频道，则允许调起连信客户端并跳转至相应内容页面。连尚公司为证明"WiFi 万能钥匙"作为平台方还为网易、微博、淘宝等大量第三方软件提供推广服务，还提供了易宏公司与连亚公司签订的合作协议以及"WiFi 万能钥匙"为网易、微博投放的推广视频及截图。

（五）灵犀公司对案涉应用软件采取措施的情况以及其他应用平台提供案涉应用软件下载服务的情况

灵犀公司提供了阿里应用分发开放平台打印件，显示该平台后台信息列明连信的开发者为浙江简信公司，提交时间为 2019 年 5 月 20 日，审核类型为"常规审核"，审核状态为"不通过"，2019 年 5 月 22 日的状态为"您的应用被政府监管部门通报违反相关法律法规，暂不支持收录"；"WiFi 万能钥匙"的开发者为尚网公司，提交时间为 2019 年 6 月 24 日，审核类型为"先发后审"，审核状态为"通过"。

2019 年 5 月 22 日，灵犀公司通过电子邮件的形式分别向尚网公司、浙江简信公司发出侵权通知，要求在两个工作日提供反馈和证明材料；上述两公司分别于 5 月 23 日、24 日回复电子邮件向灵犀公司发出反通知，称腾讯公司的投诉没有权利基础、腾讯公司称连信产品构成侵权缺乏事实依据，并附营业执照、商标注册证、计算机软件著作权登记证书等材料。

六、其他查明事实

（一）漂流瓶功能现状及腾讯应用宝的相关情况

腾讯计算机公司确认微信目前的版本已经没有漂流瓶功能，但认为漂流瓶从 2011 年开始上线至 2019 年年中，腾讯计算机公司在长期使用过程中已经形成的名称、图标、界面等商业标识的权益应当受到反不正当竞争法的保护，目前版本没有使用该功能，并不代表腾讯计算机公司以后不使用该功能，故认为简信公司针对漂流瓶的相应行为构成不正当竞争。另外，腾讯计算机公司确认腾讯应用宝系由腾讯计算机公司运营，但认为腾讯应用宝提供连信和"WiFi 万能钥匙"的下载服务没有尽到审查义务，不代表腾讯计算机公司对简信公司侵权行为的认可。

（二）关于停止侵权

关于停止侵权的具体形式，腾讯计算机公司主张简信公司、连尚公司停止在连信使用腾讯计算机公司主张的名称、装潢、表情、界面设计等商标标识；在连信没有停止使用相关商标标识情况下，连尚公司需停止在"WiFi 万能钥匙"提供连信的下载服务，并停止在"WiFi 万能钥匙"嵌合连信"附近的人"的功能；灵犀公司停止在 PP 助手提供连信和"WiFi 万能钥匙"的下载服务。

简信公司确认目前仍在运营连信，并称"连信"被诉侵权的版本已在 2019 年 5 月底在各个平台下架，修改后的版本于 2019 年 11 月底、12 月初陆续恢复上架。简信公司认为其运营的连信目前的版本与腾讯计算机公司主张侵权的版本不同，其对界面风格和设计内容进行了大量的修改，腾讯计算机公司指控侵权的所有要素均已经发生变化，但对于目前运营的版本未提供证据予以证明。连尚公司确认目前仍在运营"WiFi 万能钥匙"。

腾讯计算机公司确认连信于 2019 年 5 月底在 PP 助手平台下架，但认为灵犀公司后面又再次将连信上架，PP 助手目前仍提供连信的下载服务，但未就此提供相应证据。

（三）关于赔偿损失

就经济损失，腾讯计算机公司主张法定赔偿，要求赔偿 1000 万元。就合理费用，腾讯计算机公司在一审中主张包括公证费 40710 元、律师费 18 万元在内的合理费用 20 万元，并就此提供了公证费清单、公证费发票、律师费发票。

一审判理和结果

一审法院认为腾讯科技公司已将微信软件授权腾讯计算机公司运营，腾讯科技公司不存在直接运营行为，亦未举证证明其存在实际的经营性使用行为，对微信软件及相关元素等不享有相关权益，不是本案适格原告，遂裁定驳回其起诉。同时，认定简信公司使用"连信"漂流瓶界面、好友圈图标、漂流瓶图标、红包界面等行为构成对腾讯计算机公司的不正当竞争；连尚公司构成帮助侵权。

一审法院判决：1.简信公司于判决发生法律效力之日立即停止不正当竞争行为，停止在连信手机客户端（iOS 端、Android 端）使用与腾讯计算机公司的微信手机客户端的朋友圈图标、漂流瓶图标、红包界面（红包开启页界面、红包发送页界面、红包详情页界面）、漂流瓶界面构成近似的图标、界面；2. 连尚公司于判决发生法律效力之日立即停止不正当竞争行为，停止在"WiFi万能钥匙"手机客户端（iOS端）为包含不正当竞争图标、界面的连信手机客户端（iOS端）提供免费Wi-Fi、宣传、推广及下载链接服务；3. 简信公司于判决发生法律效力之日起十日内赔偿腾讯计算机公司经济损失及为制止侵权行为所支付的合理开支合计160万元，连尚公司就其中60万元承担连带责任；4. 驳回腾讯计算机公司的其他诉讼请求。

上诉与答辩

一审宣判后，腾讯科技公司、腾讯计算机公司、简信公司、连尚公司均不服，向广州知识产权法院提起上诉。

腾讯科技公司上诉请求：1. 撤销一审裁定，依法改判支持腾讯科技公司一审所有诉讼请求；2. 本案一、二审诉讼费全部由简信公司、连尚公司承担。

腾讯计算机公司针对腾讯科技公司的上诉答辩称：认同腾讯科技公司上诉请求以及事实与理由。

简信公司针对腾讯科技公司的上诉答辩称：腾讯科技公司系"微信"软件的著作权人，但并非微信软件和服务的经营者，没有从事微信相关的市场经营性活动，也未使用过其涉案的图标或界面等元素，其主张的相关利益不是基于腾讯科技公司经营中的劳动行为产生，其不享有《反不正当竞争法》项下的经营性利益。因此，腾讯科技公司无法就"微信"应用软件中涉案的名称、图标、界面等与简信公司进行市场资源的争夺，被诉不正当竞争行为不会给其造成竞争利益的损害。腾讯科技公司与本案不正当竞争主张没有直接利害关系，不是不正当竞争诉由的适格原告。一审裁定认定腾讯科技公司非不正当竞争案件的适格原告正确，应予维持。

连尚公司针对腾讯科技公司的上诉答辩称：与简信公司的上述答辩意见一致。

腾讯计算机公司上诉请求：1. 撤销一审判决第一项，判令简信公司、连尚公司停止在连信使用与微信的"微信""朋友圈""漂流瓶"名称和图标，"红包"界面（包括红包开启页界面、红包发送页界面、红包详情页界面），"漂流瓶界面"，多个子功能用户界面组合在一起的用户界面组合相近似的名称、图标、界面和用户界面组合的不正当竞争行为；2. 撤销一审判决第三项，判令简信公司、连尚公司共同赔偿腾讯计算机公司经济损失1000万元和合理开支20万元；3. 本案一、二审诉讼费用全部由简信公司、连尚公司承担。

腾讯科技公司针对腾讯计算机公司的上诉答辩称：认可腾讯计算机公司的上诉请求以及事实与理由。

简信公司针对腾讯计算机公司的上诉答辩称：1."连信"与"微信"的服务名称不构成近似。2."朋友圈""漂流瓶"不构成有一定影响的服务名称。3.微信图标、漂流瓶图标、朋友圈图标，漂流瓶界面及红包相关界面均不构成有一定影响的装潢。4.微信相关功能界面的组合不构成《反不正当竞争法》第六条第（四）项保护的其他混淆行为，不应予以保护。5."连信"不构成对"微信"的整体抄袭，也没有违反诚信原则及商业道德，没有违反《反不正当竞争法》第二条的规定。6.简信公司与连尚公司不存在人格混同。7.腾讯科技公司、腾讯计算机公司未提交任何证据证明其因连信软件受到任何损害，事实上也没有受到任何损害，一审判决认定的赔偿数额错误，明显畸高。

连尚公司针对腾讯计算机公司的上诉答辩称：1.一审大量证据显示腾讯科技公司、腾讯计算机公司的"朋友圈"名称在现实中是常用词汇，说明并不具有唯一性，无法证明"朋友圈"三个字与微信朋友圈功能具有对应关系。2.连信使用的是"好友圈"，与微信的"朋友圈"不同，不会导致公众混淆和误认。3.关于"朋友圈"标识与"漂流瓶"图标，无论是装潢还是其他标识必须证明该图标经过长期稳定使用获得值得保护的权益才能主张，但"漂流瓶"图标只是子功能里的一个图标，不构成法律规定的装潢，也无证据证明腾讯科技公司、腾讯计算机公司对两图标进行长期稳定的使用，不具有《反不正当竞争法》规定的值得保护的权益。4.关于共同侵权，连尚公司与简信公司不是共同侵权，连尚公司只是"WiFi万能钥匙"的第三方平台，只在iOS端运营，与简信公司不存在共同故意和共同侵权行为，也不存在人格混同。5.关于损害赔偿，本案不构成不正当竞争，不应承担赔偿责任，一审判定160万元赔偿额过高。一审判决60万元由连尚公司承担不合理。

简信公司上诉请求：1.撤销一审判决第一、二、三项；2.改判驳回腾讯计算机公司的全部诉讼请求；3.判令腾讯计算机公司承担本案一、二审的全部诉讼费用。

腾讯科技公司、腾讯计算机公司针对简信公司的上诉共同答辩称：1.漂流瓶界面并非功能性界面，并不必然包括海洋沙滩，设计空间很大，连信抄袭瓶子、光束等设计空间很大的各种元素，一般公众无法区分二者的界面，足以构成混淆。2.关于红包、漂流瓶图标，微信的知名度不等于朋友圈、漂流瓶功能的知名度，连信全面抄袭微信一级界面、二级界面，导致一审法院必须综合考虑微信整体和子功能的知名度，且腾讯科技公司、腾讯计算机公司提供证据证明了该知名度，两者知名度密不可分。3. 关于所述不断变化没有明确指向性的意见，图标、界面、基本风格具有同一性和连续性，仍是同一个客体。4. 无论连信定位如何，两者都属于社交软件，都具有陌生人社交的功能，都属于竞争关系，连信直接抄袭微信群聊、陌生人社交、发红包功能，具有直接竞争关系。5. 关于在先设计，简信公司提交的证据无法证明使用时间早于微信时间，简信公司提交的光圈科技的图标显示发布于 2013 年 6 月的百度贴吧，微信在 2012 年就已发表使用。简信公司从不同软件东拼西凑来说明不是抄袭，恰恰说明微信使用的相关图标、界面、名称具有特有性、显著性，在先和在后的软件无法与此相同，而连信抄袭了上述所有的元素。

连尚公司针对简信公司的上诉答辩称：认可简信公司的上诉请求以及所依据的事实与理由。

连尚公司上诉请求：1. 撤销一审判决第一、二、三项；2. 改判驳回腾讯计算机公司的全部诉讼请求；3. 判令腾讯计算机公司承担本案一、二审的全部诉讼费用。

腾讯科技公司、腾讯计算机公司针对连尚公司的上诉共同答辩称：1. 一审法院判决查明简信公司的"连信"软件和连尚公司的"WiFi 万能钥匙"互相嵌合，两者是深度合作，认为共同运营了连信软件，即使没有共同运营，也是存在共同利用连信谋利的意思联络。2. 简信公司、连尚公司是关联公司，高管混同，办公地址、电话相同，简信公司无员工，二者构成混同，连尚公司明显与简信公司具有共同侵权的意思联络。

简信公司针对连尚公司的上诉答辩称：1. 一审关于人格不构成混同认定正确，刺破公司面纱必须符合法律要件，腾讯科技公司、腾讯计算机公司提供的证据不足以证明人格混同和简信公司、连尚公司共同运营。2. 互联网行业不同公司互相沟通合作是很常见的，腾讯应用宝目前仍在提供连信下载足以证明。

灵犀公司针对腾讯计算机公司、腾讯科技公司、简信公司、连尚公司的上诉，一并陈述称：一审判决中关于灵犀公司部分的内容，认定事实正确，适用法律准确，灵犀公司无异议。

二审审理查明

一审法院查明的事实有相应的证据佐证，二审法院依法予以确认。

二审法院另查明腾讯科技公司等本案各相关主体的情况、"微信"及其知名度基本情况、"连信"和"WiFi 万能钥匙"运行基本情况、"连信"针对投诉的回复情况、"WiFi 万能钥匙"针对投诉的回复情况以及简信公司主张相关知识产权许可情况等相关事实。

二审判理和结果

二审法院认为，腾讯科技公司授权腾讯计算机公司运营"微信"，有权以其名义进行维权，不能排除腾讯科技公司是"微信"的实际运营者或者潜在运营者。腾讯科技公司与腾讯计算机公司为"微信"的共同运营者，符合《反不正当竞争法》所规定的经营者，有权作为共同原告提起本案诉讼。"连信"应用软件擅自使用与"微信"主图标、"朋友圈"图标及名称、"漂流瓶"图标及名称、红包相关界面、漂流瓶相关界面等相同或近似的商业标识，构成混淆的不正当竞争行为。简信公司、连尚公司属于高度关联公司，共同经营"连信""WiFi 万能钥匙"，构成共同实施不正当竞争行为。

二审法院判决：1. 撤销一审裁定及判决。2. 简信公司、连尚公司立即停止对腾讯科技公司、腾讯计算机公司实施的不正当竞争行为，即简信公司停止在"连信"（包括 iOS 版和 Android 版）使用与"微信"图标、"朋友圈"图标及名称、"漂流瓶"图标及名称、红包界面（红包开启页界面、红包发送页界面、红包详情页界面）、漂流瓶界面相同或者近似的标识；连尚公司停止通过"WiFi 万能钥匙"（包括 iOS 版和 Android 版）为"连信"的不正当竞争行为提供链接、下载以及提供免费 Wi-Fi 功能、宣传和推广。3. 简信公司、连尚公司自判决生效之日起三十日内在其官网、腾讯科技公司、腾讯计算机公司官网连续三十日刊登声明，消除影响，声明内容须经法院审核，逾期拒不履行，法院将在一家全国性发行的媒体上公布判决主要内容，所需费用由简信公司、连尚公司负担。4. 简信公司、连尚公司自判决生效之日起十日内连带赔偿腾讯科技公司、腾讯计算机公司经济损失 500 万元及合理开支 20 万元，两项合计 520 万元。5. 驳回腾讯科技公司、腾讯计算机公司的其他诉讼请求。6. 驳回简信公司、连尚公司的上诉请求。

【法官评述】

本案是制止互联网领域混淆行为的典型案例，涉及仿冒"有一定影响的标识"的互联网不正当竞争行为。准确审理此类不正当竞争案件，要从市场竞争行为本质和互联网企业竞争特点方面进行审查。

一是认清市场竞争行为本质，准确认定反不正当竞争法意义上"经营者"。《反不正当竞争法》所称的经营者，是指从事商品生产、经营或者提供服务的自然人、法人和非法人组织。立法并未将经营者定义中的"从事"明确规定是当前正在从事还是未来可能从事，而是从拓宽竞争关系的角度来扩展经营者的范围，只要经营者与其他经营者实施的竞争行为存在可能的"争夺交易机会、损害竞争优势"等关系，双方即属于法律所规定的经营者。法律的落脚点在于正在实施的竞争行为或者潜在的竞争行为，而并非仅限于经营者必须正在实施的经营行为。

二是结合互联网企业特点，准确认定仿冒"有一定影响的标识"的不正当竞争行为。《反不正当竞争法》第六条规定的具体行为条款，针对有一定影响的标识实施不正当竞争行为进行调整，以规制或者避免市场混淆的不正当竞争行为。《最高人民法院关于适用〈中华人民共和国反不正当竞争法〉若干问题的解释》第十条将《反不正当竞争法》第六条所规定的使用界定为标识意义上的使用。判断是否构成混淆行为，不仅要判断有一定影响的标识是否构成标识意义上的使用，还应当围绕权利人主张的商业标识是否有一定影响，被诉构成不正当竞争行为的标识与有一定影响的标识是否相同或者近似，是否容易导致相关公众混淆、误认等进行审查。同时根据互联网企业特点，认定为侵权软件提供链接、下载以及提供免费 Wi-Fi 功能、宣传和推广等，构成共同实施不正当竞争行为。

随着互联网信息技术的发展，互联网领域的不正当竞争行为频发，引起社会公众的高度关注。同时，互联网互联互通和技术协作的特点，使得互联网不正当竞争行为往往存在"帮凶"，如何有效打击互联网不正当竞争行为成为现实问题。本案涉及仿冒知名社交软件"微信"相关标识所引发的不正当竞争纠纷，权利人是国内外互联网领域具有较大影响力的企业，涉案"微信"软件具有较高知名度和市场价值，是国内民众使用最为广泛的社交软件。生效判决根据市场竞争行为本质，准确认定反不正当竞争法意义上"经营者"，认定被诉侵权人的被诉行为构成不正当竞争，严厉打击互联网不正当竞争行为。本案裁判取得良好的法律效果和社会效果，彰显了知识产权"严保护"的司法理念和司法担当，有效保护了互联网企业的合法权利，规范了互联网领域的竞争秩序，引导互联网产业的健康有序发展。

编写人：广州知识产权法院　蒋华胜　杨博

（编辑：杨博）

27

中清龙图公司与四三九九公司等
不正当竞争纠纷案

阅读提示：合法经营的网络游戏经营者在授权到期后，是否享有合理宽限期对游戏中涉及的相关元素进行修改调整？

【裁判要旨】

经权利人合法授权经营游戏的经营者，在不存在违约的情形下，网络游戏经营者在授权到期后，应当享有合理宽限期对于游戏中涉及的相关元素进行修改调整，相关元素调整后不再构成混淆的，不构成仿冒混淆不正当竞争。

【案号】

一审：广东省广州市天河区人民法院（2019）粤 0106 民初 38309 号
二审：广州知识产权法院（2021）粤 73 民终 4558 号

【案情与裁判】

上诉人（一审原告）：中清龙图公司
上诉人（一审被告）：四三九九公司
被上诉人（一审被告）：仙雨公司
被上诉人（一审被告）：纯游公司

起诉与答辩

中清龙图公司起诉请求：1. 确认四三九九公司、纯游公司、仙雨公司构成不正当竞争行为。2. 四三九九公司、纯游公司、仙雨公司立即停止侵害中清龙图公司的不正当竞争行为：（1）立即关闭《热血神剑》《热血奇侠》全部游戏服务器，立即停止自行提供或通过第三方平台提供《热血神剑》《热血奇侠》的运营、下载等服务；（2）立即销户或者移除所有与《热血神剑》《热血奇侠》游戏有关的资料，包括源程序、数据库、代码、记录和游戏画面呈现的相关游戏资料；（3）立即删除、销毁一切与《热血神剑》《热血奇侠》游戏相关的电子及纸质宣传资料；（4）立即停止除上述第（3）项之外，与《热血神剑》《热血奇侠》游戏相关的其他一般宣传活动。3. 四三九九公司连续 1 个月在其官方网站首页及其认证的新浪微博账户刊登由法院审核的声明，以消除因其不正当竞争行为给中清龙图公司带来的不利影响。4. 四三九九公司、纯游公司、仙雨公司连带赔偿中清龙图公司经济损失 1500 万元，包括维权合理开支律师费 22 万元、公证费 8 万元。

四三九九公司答辩称：1. 中清龙图公司在本案当中不享有合法的竞争权利基础。2. 四三九九公司从广州智竹网络科技有限公司（简称智竹公司）处获得了合法有效的授权，至今仍然在有效期内。3. 中清龙图公司的各项诉讼请求均不应得到支持。

纯游公司答辩称：同意四三九九公司的答辩意见，另认为，纯游公司只是案涉《热血神剑》手游的研发方和著作权人，并没有参与案涉手游的实际运营，中清龙图公司主张的虚假宣传都与其无关。案涉游戏和《热血江湖》手游的相关游戏元素名称不同，形象更不相同，所以不会产生混淆，因此不构成侵权。

仙雨公司未作答辩。

一审审理查明

一、各方当事人主体情况

中清龙图公司系有限责任公司，成立于 2008 年 7 月 2 日，注册资本 3513.16 万元，经营范围包括技术开发等。

四三九九公司系法人独资的有限责任公司，成立于 2011 年 1 月 24 日，注册资本 10000 万元，股东为四三九九网络公司，经营范围包括动漫及衍生产品设计服务，网络技术的研究等。

仙雨公司系有限责任公司，成立于 2016 年 4 月 21 日，注册资本 100 万元，经营范围包括从事网络科技、计算机科技领域内的技术开发等。

纯游公司系法人独资的有限责任公司，成立于 2014 年 9 月 29 日，注册资本 1000 万元，股东为四三九九网络公司，经营范围包括软件开发、信息技术咨询服务等。

二、关于中清龙图公司《热血江湖》游戏的整体情况

（一）《热血江湖》游戏的基本情况

游戏名称为《热血江湖手游》（移动），出版单位及运营单位均系中清龙图公司，文号为新广出审〔2016〕4803号，时间为2016年12月23日。

（二）中清龙图公司就《热血江湖》游戏获得的授权情况

在百度搜索"热血江湖"，搜索结果显示，三项美术作品《热血江湖》的著作权人均为梁某贤，三项文学作品《热血江湖》的著作权人均为全某瑢。

2015年5月20日，梁某贤、全某瑢（授权人）与中清龙图公司（被授权人）签署授权书，载明被授权人经授权享有《热血江湖》漫画作品的独家游戏改编权；被授权人授权乐天派公司研发手机游戏《热血江湖》手游软件（授权游戏）并签署了《合作开发运营协议》（开发协议），根据开发协议，授权游戏的素材（包括但不限于人物形象、名称、美术、音乐、故事情节等元素）的知识产权（包括但不限于著作权等）归授权人所有；授权内容为授权游戏素材及授权游戏宣传内容中授权人享有著作权的作品及制品，包括但不限于文字、图片、音频、视频等形式；授权性质为独占授权，含维权及转授权权利；授权地域为中国境内（包含港澳台地区），授权期间为2015年5月22日至2021年5月20日。

2016年12月19日，LONGTU KOREA Inc.与MGAME公司签署《热血江湖项目合作协议》，订明LONGTU与MGAME于2016年11月21日签订了《热血江湖项目合作协议》（原协议），双方经协商同意用本协议代替原协议，以明确原协议的所有条款；本协议中的MGAME游戏及LONGTU游戏均是指LONGTU与MGAME共同开发的《热血江湖》手游；资源是指由MGAME制作的《热血江湖1》的网络图像资源；LONGTU拥有在签约地区内将资源用于一款LONGTU游戏中的权利，该使用方式为非独家方式；本协议自MGAME游戏、LONGTU游戏商业化服务开始之日起3年有效。上述《热血江湖项目合作协议》已办理公证认证。

2017年3月1日，LONGTU KOREA Inc.出具确认书，载明鉴于LONGTU KOREA Inc.与MGAME公司于2016年12月19日签订了《热血江湖项目合作协议》，根据合作协议约定LONGTU有权使用MGAME制作的《热血江湖online》的美术资源，LONGTU方是指LONGTU KOREA、关联公司、子公司以及LONGTU指定的公司，LONGTU KOREA作为LONGTU方的成员，现确认中清龙图公司有权享有 LONGTU 方在合作协议项下的权利。上述确认书已办理公证认证。

2018 年 5 月 21 日，株式会社 Dokebi、热血江湖画室（甲方）与 Tigon Mobile Co., Ltd（乙方）签署《热血江湖原著作权使用合同》，载明甲方赋予乙方使用其著作物开发、销售"手机游戏"的专属权，且不得侵害本协议赋予乙方的任何权利；乙方有权在合同期限内、合作区域内将与"手机游戏"的开发及销售相关的一切权利转让给第三方；甲方在签署本协议的同时将与"手机游戏"相关的一切专属权利赋予乙方；乙方开发的"手机游戏"的著作权由甲乙双方共同享有，乙方在合同期限内应获得并维系与"手机游戏"相关的所有权利及商标；第三方获得乙方的授权而制作的"手机游戏"由甲方、乙方和第三方共同所有，注册和维系相关的所有权利及商标的主体由乙方和第三方协商确定；本协议自签署之日起生效，合同期限为三年；乙方应在合同期满前一个月向甲方提交书面的协议延期请求，若甲方没有明确的反对意见则协议期限以一年为期限自动更新。上述《热血江湖原著作权使用合同》已办理公证认证。

2018 年 5 月 21 日，株式会社 Tigon Mobile Co., Ltd（授权方）与中清龙图公司（被授权方）签署授权书，载明被授权方拥有漫画作品《热血江湖》及其所有素材的合法授权，授权权利为手机游戏改编权及手机游戏运营权，授权区域为中国（包含港澳台地区），授权期限为 2018 年 5 月 21 日至 2021 年 5 月 20 日。上述授权书已办理公证认证。

2018 年 6 月 3 日，梁某贤、全某瑢签署确认书，载明该两人系漫画作品《热血江湖》的作者，株式会社 Dokebi 和热血江湖画室经两人同意，作为下述合同的一方当事人与下列公司签署了基于本作品开发游戏并提供服务的合同：签署时间为 2015 年 5 月 22 日，合同主体为 LONGTU KOEAR Inc.，协议名称为《著作物使用合同》；签署时间为 2018 年 5 月 21 日，合同主体为 Tigon Mobile Co., Ltd，协议名称为《热血江湖原著作权使用合同》。上述确认书已办理公证认证。

中清龙图公司提交两份由乐天派公司（授权人）向中清龙图公司出具的授权书，载明:《热血江湖》手游软件（简称授权游戏，软件著作权登记号 2016SR152885）是我司自主研发的手机网络游戏产品；现我司授予贵司游戏的运营权；在授权期限内，贵司对授权游戏享有独家、不可转让的、可分授权的运营权及维权权利；贵司有权单独以自己的名义针对任何侵害授权游戏包括但不限于计算机软件著作权等的行为进行维权；授权地域为中国（包含港澳台地区）；授权期限分别为授权游戏上线之日（2017 年 4 月 13 日）起三年，2020年 4 月 14 日起三年。

（三）中清龙图公司主张热血江湖 IP 的知名度情况

中清龙图公司为证明热血江湖 IP 的知名度，提交了《热血江湖》漫画（韩国作家全某瑨与画家梁某贤联合制作的漫画）、《热血江湖》游戏（韩国MGAME 公司开发的网络游戏）、《热血江湖》手游的百度百科内容以及《〈热血江湖 online〉运营 1 周年 用户超 3000 万》《热血江湖手游全平台公测 首日新增破百万》文章等证据予以证明。其提交的照片显示，《热血江湖》游戏在 2017阿里巴巴游戏生态晚会中获得"最佳网络游戏奖"、在 2017 年被评为"2017 年度百度十大风云手游"、在 2018 中国移动游戏年度评选中获得"年度最佳手机网络游戏奖"。

（四）四三九九公司对《热血江湖》游戏权属的抗辩情况

四三九九公司答辩称互联经纬公司为《热血江湖 online》中国地区的独占运营权人，中清龙图公司基于 MGAME 公司美术资源的授权无权主张《热血江湖 online》游戏在中国大陆地区的相关竞争权益。

四三九九公司答辩称乐天派公司为《热血江湖》手游软件著作权人，中清龙图公司只是该款手游的运营单位之一，无权单独以自己的名义主张《热血江湖》手游的相关竞争权益。

三、被诉侵权游戏《热血神剑》《热血奇侠》的权属及运营情况

（一）《热血神剑》游戏的开发、运营及授权情况

《热血神剑》手机/平板客户端游戏软件（简称《热血神剑》）V1.0 的著作权人为纯游公司，开发完成日期为 2017 年 10 月 16 日，未发表，权利取得方式为原始取得，登记号为 2017SR640336。

游戏名称为《热血神剑》，游戏类型为移动端，出版单位为上海科学技术文献出版社有限公司，运营单位为仙雨公司，网络游戏出版物号（ISBN）为ISBN978-7-498-05697-9。

2016 年 4 月 18 日，Tigon Mobile Co., Ltd（许可方）与智竹公司（被许可方）签署《手机游戏共同开发许可协议》，订明：鉴于根据本协议中规定的条款和条件，被许可方希望获得两款手机游戏，即回合制热血江湖（回合制角色扮演游戏）和多人在线战斗竞技场游戏热血江湖（多人在线战斗竞技场游戏）（简称热血江湖手机游戏），用许可语言共同开发的权利和真实知识产权，以及在全球运营手机游戏的权利，许可方持有合法权利且愿意向被许可方授予上述

许可；许可区域指全球所有地区；为合理运行和发行两款手机游戏，许可方特此授予被许可方在许可区域内共同开发和运营"两款热血江湖手机游戏"的权利，包括但不限于使用商标"热血江湖"、图像和名称（漫画作品《热血江湖》中的人物形象）、游戏角色、人物画、图像资源、数值和其他资源的权利，改编、升级和本土化权利，以及在关联方内部进行分许可的权利；许可方负责与龙图游戏就"两款热血江湖手机游戏"在中国（包括香港、台湾和澳门地区）的发行进行沟通，确保被许可方是"两款热血江湖手机游戏"在中国（包括香港、台湾和澳门地区）的唯一发行商；被许可方有权以自己的行为打击盗版或与原著作权人合作打击盗版，盗版指在许可区域内非法使用"两款热血江湖手机游戏"的商标、名称、图像资源，以及手机游戏中的所有名称；本协议自生效之日起36个月（含为期一年的开发期）内有效，此后经协议双方同意，协议将在每次终止后自动续期三年。

2018年8月28日，四三九九公司（乙方）与智竹公司（甲方）签署《"热血江湖"授权协议》，订明甲方经权利方（"素材方"）合法授权，拥有热血江湖正版IP两款手游即《热血江湖回合版》（Turn RPC）和《热血江湖竞技版》（MORA）（简称授权作品）的许可区域内（全球区域）许可语言开发改编权、网络信息传播权和关联公司内转授权、托管权、基于移动应用推广运营权等履行本合同需要的全部授权；双方经友好协商，就甲方授权乙方根据授权作品开发并运营合作游戏相关事宜达成协议：乙方根据授权作品开发贰（2）款下述类型游戏［游戏2：游戏名称暂定《热血江湖》（MOBA版）］，并在乙方运营区域（全球区域）内运营相应游戏，前述授权作品在授权期限内为非独家授权；前述贰（2）款游戏的开发、维护及后续版本更新等均由乙方完成；合作期限内，乙方根据其在本协议第2.1条取得的权利，不可撤销地授权甲方一项独占的、可分授权、可转授权地在甲方运营区域（全球区域）用其他名称（即不使用《热血江湖》IP的换名游戏）运营前述贰（2）款游戏的权利；授权期限自2018年8月28日起至2021年6月28日止。

四三九九公司称中清龙图公司通过收购Tigon Mobile Co., Ltd，恶意拒绝Tigon Mobile Co., Ltd与智竹公司关于热血江湖的续约，导致《热血神剑》2019年4月18日成为被诉侵权游戏。

（二）《热血奇侠》游戏的开发及运营情况

中清龙图公司称《热血奇侠》与《热血神剑》系内容相同的游戏，仅进行了名称的替换，四三九九公司确认《热血奇侠》与《热血神剑》内容一致。纯游公司认为《热血奇侠》与其无关。

（三）中清龙图公司对四三九九公司《热血神剑》授权情况的异议

中清龙图公司称四三九九公司存在明知《热血神剑》已不享有"热血江湖"任何授权的恶意，且四三九九公司提交的其与智竹公司签署的《"热血江湖"授权协议》为虚假证据，Tigon Mobile Co., Ltd 未与智竹公司续约。

四、中清龙图公司主张四三九九公司构成虚假宣传的情况

中清龙图公司主张四三九九公司在被诉侵权游戏官方网站以及投放广告中通过文字、图片、视频形式宣称被诉侵权游戏得到"热血江湖""热血江湖漫画"正版授权，是"热血江湖"手游版，在投放的广告中使用与"热血江湖"IP 可识别元素相同或近似的角色、门派、兵器名称、形象，在投放的广告中使用或模仿《热血江湖 online》端游美术素材及 logo，并宣称被诉侵权游戏系复刻自端游，开发并运营手机网络游戏《热血奇侠》，对《热血神剑》进行了名称的替换等行为构成虚假宣传，中清龙图公司为证明其主张，提交了多份公证书等证据予以证明。

四三九九公司确认网站 http://rxsj.4399sy.com 与抖音视频平台上的广告由其投放，但认为其中的宣传主要指向《热血江湖 online》而非中清龙图公司作为权利基础的热血江湖手游，且相应广告宣传内容基本上都已作变更；第 03092 号公证书保全的 PC6、9 号等应用平台上的信息系由第三方平台自行抓取的四三九九公司游戏在 2019 年 3 月 28 日之前上线的信息，而非四三九九公司在被诉侵权期间投放的广告信息。纯游公司认为其仅为《热血神剑》游戏的开发者与著作权人，未参与游戏的运营，中清龙图公司主张的被诉虚假宣传情况与纯游公司无关。

五、中清龙图公司主张四三九九公司使用"热血江湖"IP 识别元素进行混淆及攀附的情况

中清龙图公司为证明《热血江湖》漫画、《热血江湖 online》、《热血江湖》手游等组成的"热血江湖"IP 中存在韩飞官、谭花磷等 11 个角色及门派名称，韩飞官、全东熙等 18 个角色形象，龙猫、小雪狼等 6 个宠物名称、形象，以及火龙刀等 3 个兵器名称，提供了相关公证书、《热血江湖》漫画节选、17173 手游网截图、《热血江湖》手游录屏等证据予以证明。

中清龙图公司为证明《热血神剑》游戏使用了韩飞官、谭花磷等 11 个角色及门派名称，韩飞官、全东熙等 18 个角色形象，龙猫、雪狼等 6 个宠物名称、形象，以及火龙刀等 3 个兵器名称，提供了相关公证书以及可信时间戳认证证书与视频予以证明。

中清龙图公司主张纯游公司、四三九九公司、仙雨公司在游戏《热血神剑》中使用的上述角色及门派名称、角色形象、宠物名称及形象、兵器名称等元素与《热血江湖》IP可识别元素相似，违反《反不正当竞争法》第二条、第六条第（四）项的规定，构成不正当竞争。

四三九九公司认为中清龙图公司《热血江湖》中的角色、宠物、神兵等游戏元素名称、形象来源于案外人的《热血江湖online》端游，并非由中清龙图公司原创；《热血神剑》手游中的相关角色、宠物、神兵等元素形象与中清龙图公司《热血江湖》手游及案外人的《热血江湖online》端游均不构成实质性相似，也不可能对玩家造成混淆；《热血神剑》手游从2019年5月的版本更新后，已无与《热血江湖》手游相同的角色、宠物、神兵名称。另外，《热血神剑》手游存在大量游戏元素的名称（2019年4月22日iOS版本中的NPC85个、宠物10个、神兵6个；2019年5月13日iOS版本中的NPC84个、宠物11个、神兵6个；目前版本中的NPC108个、宠物41个、神兵19个），而中清龙图公司主张的相同元素名称实际上只是《热血江湖》手游2019年4月版本游戏中很小的一部分。

六、中清龙图公司主张四三九九公司利用应用商城检索关键词搭便车的情况

中清龙图公司主张四三九九公司、仙雨公司、纯游公司在被诉侵权游戏的运营过程中，利用游戏命名方式恶意攀附、覆盖"热血江湖""热血江湖私服"关键词，并且使得被诉侵权游戏在运营的绝大多数期间在应用商城"热血江湖"关键词下搜索结果稳定且不合理地排第2位，在"热血江湖私服"关键词下搜索结果稳定且不合理地排名第1位，显著不正当地攫取属于中清龙图公司的合法商业利益。中清龙图公司为证明其前述主张，提交了多份公证书等证据予以证明。

四三九九公司认为其使用"热血"或"江湖"作为宣传语，并未完整使用"热血江湖"，在这种情形下，所有的搜索结果均属于自然搜索结果，四三九九公司未采用人工干预的方式通过设置搜索关键词进行搭便车，中清龙图公司的该项主张没有证据、不能成立。纯游公司认为中清龙图公司主张的该项不正当竞争行为与其无关。

七、其他查明事实

相关公证书载明，2021年1月12日使用公证处电脑在百度搜索"蝉大师"，点击搜索结果中显示的"蝉大师－专业App推广和关键词大数据分析平

台 – 权威的 ASO 与 AS……"，进入新页面并登录，登录后搜索"热血神剑"，点击第一个搜索结果"热血神剑"，出现页面显示关键词"热血神剑"的热度为 4653、搜索结果数为 167。点击页面左侧的"收入预估"，显示昨日收入预估 4545 美元，七天日均为 4948 美元，30 天日均为 5071 美元。将日期选为"2019-4-18—2021-1-11"，显示该期间收入预估累计为 7233151 美元。

相关公证书载明，2021 年 1 月 13 日使用公证处电脑在百度搜索"App annie"，点击搜索结果中显示的"App Annie–The AppAnalytics and App Data Industry St……"，进入新页面并登录，在搜索横线上输入"热血神剑"，点击第一个搜索结果"热血神剑 – 热血武林 快意……"，点击页面左侧的"下载量和收入"，在新页面将日期选为"2019-4-18—2021-1-11"，地区选为"全球"，出现页面显示 iPhone 的下载量为 280 万、收入为 598 万美元；iPad 的下载量为 1.94 万、收入为 22.7 万美元。

中清龙图公司主张四三九九公司、仙雨公司、纯游公司的行为造成的经济损失为 1500 万元，主张本案合理费用包括公证费 8 万元、律师费 22 万元，并提供了公证费发票、律师代理合同、律师费支付凭证予以证明。

一审判理和结果

一审法院审理认为，中清龙图公司经《热血江湖》漫画著作权人、《热血江湖 online》端游著作权人及运营者、韩国《热血江湖》手游的著作权人及运营者等多方权利主体的授权或确认，获得了在中国境内对漫画作品《热血江湖》的独家游戏改编、使用《热血江湖 online》端游美术资源、运营《热血江湖》手游等方面的权利，目前尚在授权期限内，且中清龙图公司已实际在国内运营《热血江湖》手游，对《热血江湖》手游的运营享有竞争利益，有权就涉嫌损害其竞争利益的被诉不正当竞争行为提起诉讼。

四三九九公司在其获得的关于使用《热血江湖》元素等的授权链条断裂后仍然使用上述引人误解的商业宣传，违反了《反不正当竞争法》第八条第一款的规定，依法应承担停止侵权、赔偿损失的民事责任。

鉴于四三九九公司获得的关于使用《热血江湖》元素等的授权链条因其中一个授权环节期限自 2019 年 4 月 17 日届满而断裂，纯游公司、四三九九公司无权继续在《热血神剑》手游中使用上述名称、形象。纯游公司、四三九九公司在该日期后继续使用上述元素的行为，属于以不正当方式攫取本应由中清龙图公司基于运营《热血江湖》手游所产生竞争优势的行为，违反了诚信原则与商业道德，损害了中清龙图公司的竞争利益，构成不正当竞争，依法应承担停止侵权、赔偿损失的民事责任。

关于在应用商城或网站输入"热血江湖""热血江湖私服"等关键词进行搜索的过程或搜索得到的结果，中清龙图公司未进行举证证明；考虑到《热血神剑》手游使用了《热血江湖》漫画或游戏的相关可识别元素，且四三九九公司在对《热血神剑》手游的宣传中使用了"热血江湖"等字样，故在自然搜索的情况下搜索得出《热血神剑》手游的相关链接且搜索结果排名靠前的情况尚符合常理；即现有证据不能证明四三九九公司、仙雨公司、纯游公司设置了含"热血江湖"等字样的搜索关键词或对搜索关键词作出了其他人工干预。虽然中清龙图公司举证证明的搜索统计情况显示《热血神剑》手游在"热血江湖"等搜索关键词下的搜索结果排名靠前，该结果为四三九九公司带来了本应由中清龙图公司享有的竞争利益，但该结果系因《热血神剑》手游使用了《热血江湖》漫画或游戏的相关可识别元素以及四三九九公司的虚假宣传行为而造成，一审法院对上述行为已依法认定为不正当竞争，在中清龙图公司无法证明四三九九公司、仙雨公司、纯游公司存在人工干预搜索关键词的行为的情况下，中清龙图公司主张四三九九公司、仙雨公司、纯游公司存在利用应用商城检索关键词搭便车的行为缺乏事实依据，故一审法院不予支持。

一审法院判决：1.四三九九公司、纯游公司于判决发生法律效力之日立即停止案涉不正当竞争行为；2.四三九九公司于判决发生法律效力之日起十日内赔偿中清龙图公司经济损失及为制止侵权行为所支付的合理开支合计500万元，纯游公司就其中100万元承担连带责任；3.驳回中清龙图公司的其他诉讼请求。

上诉与答辩

一审宣判后，中清龙图公司、四三九九公司不服，向广州知识产权法院提起上诉。

中清龙图公司上诉请求：1.撤销一审判决第一项，依法改判四三九九公司、仙雨公司、纯游公司于判决发生法律效力之日立即停止案涉不正当竞争行为，除一审判决第60页（第1—14行）所载内容外，还应包括关闭《热血神剑》《热血奇侠》全部游戏服务器，并立即停止自行提供或通过第三方平台提供《热血神剑》《热血奇侠》的运营、下载等服务；停止于各应用商城平台攀附"热血江湖""热血江湖私服"关键词。2.撤销一审判决第二项，依法改判四三九九公司、仙雨公司、纯游公司于判决发生效力之日起十日内，共同赔偿中清龙图公司经济损失及为制止侵权行为所支付的合理开支合计1500万元。3.撤销一审判决第三项，依法改判四三九九公司连续1个月在其官方网站首页

（http://www.4399.com/）及其认证的新浪微博账户（https://weibo.com/my4399?is_hot=1）刊登由法院审核的声明，以消除因其不正当竞争行为给中清龙图公司带来的不利影响。

四三九九公司答辩称：1.《热血神剑》手游中并没有使用《热血江湖 online》端游素材，没有使用端游进行宣传；中清龙图公司无权主张《热血江湖 online》端游的权益。2.涉案关键词搜索应用是应用市场的自然搜索结果排名，没有任何证据证明存在外部的、人为的干扰，一审对此认定有充分的事实依据，法律适用无误。3.现有证据不能证明四三九九公司、纯游公司、仙雨公司存在分工合作共同侵权的情节，纯游公司只是《热血神剑》游戏的开发商，涉案所指控的 52 个网页都是第三方网站的行为。4.关于停止侵权，要求关闭服务器等上诉请求，事实上在《热血神剑》手游 2019 年 5 月 29 日上线的版本当中，已经不存在本案涉及的所谓 11 个角色名称、18 个形象以及 6 个宠物形象的使用问题。5.一审判决的赔偿金额过高。

纯游公司答辩称：不同意中清龙图公司的上诉请求，同意四三九九公司的答辩意见。1.纯游公司有智竹公司的授权，在研发被诉侵权游戏时不可能有攀附中清龙图公司的意图，已经履行了注意义务。2.在反不正当竞争法的框架下，竞争权益的基础主要来源于对于商业标识等权利内容长期的、持续的投入和使用，根据本案证据显示，中清龙图公司主张的竞争权益完全属于《热血江湖 online》PC 端游戏长期的运营，而该游戏的权益属于案外人互联经纬公司即 PC 端游戏的开发商，中清龙图公司无权对此主张任何竞争权益。3.纯游公司已及时对被诉侵权游戏相关内容进行了调整，目前不存在中清龙图公司指控的争议行为。

四三九九公司上诉请求：1.撤销一审判决第一项、第二项，不服一审判决赔偿金额 500 万元及 107700 元诉讼费；2.改判为驳回中清龙图公司一审中的第二项和第四项诉讼请求。

中清龙图公司答辩称：1.一审法院对于中清龙图公司在本案当中享有《热血江湖》手游的独家改编权认定正确，且中清龙图公司享有《热血江湖 online》端游的竞争性权益。2.四三九九公司进行了关键词攀附的不正当竞争行为。3.一审法院对于删除相应素材的判决是正确的。关于赔偿金额问题，一审法院判决赔偿金额过低，不存在赔偿金额过高的情形。四三九九公司至今未停止涉案侵权行为，中清龙图公司有证据证明其侵权行为仍在继续。

纯游公司答辩称：同意四三九九公司的意见。

仙雨公司未对上述上诉请求作出答辩。

二审审理查明

二审期间，中清龙图公司提交了多份公证书、4399.com 网站文章、百度知道网站文章、《热血江湖手游与热血神剑宠物形象对比及热血神剑宠物系统展示》图表、《授权书》等证据。

除二审查明的事实外，一审判决认定的事实基本清楚，二审法院予以确认。

二审判理和结果

二审法院认为，本案系不正当竞争纠纷。二审争议焦点为：1. 中清龙图公司是否有权就《热血江湖》手游提起不正当竞争之诉；2. 四三九九公司、仙雨公司、纯游公司是否构成虚假宣传行为；3. 四三九九公司、仙雨公司、纯游公司就《热血神剑》手游是否构成仿冒混淆的不正当竞争行为；4. 四三九九公司、仙雨公司、纯游公司是否存在关键词检索的不正当竞争行为；5. 如不正当竞争行为成立，四三九九公司、仙雨公司、纯游公司侵权责任应如何承担。

1. 中清龙图公司取得将《热血江湖》漫画改编为手机游戏并运营《热血江湖》手游，以及使用《热血江湖 online》美术资源的权利；且中清龙图公司也于 2017 年 4 月起于国内实际运营了涉案《热血江湖》手游，故中清龙图公司对运营《热血江湖》手游享有竞争利益。

2. 在合法授权期限之后，在四三九九公司经营的 4399sy.com 官网、抖音平台及其他第三方经营的应用平台、网站网页中发现《热血神剑》手游广告宣传中使用包含有 "热血江湖" "《热血江湖》正版" "《热血江湖》正版授权" "热血江湖正版手游" "热门漫画《热血江湖》正版授权" 等字样，上述行为容易导致消费者误以为四三九九公司运营的《热血神剑》手游享有《热血江湖》漫画授权，对于经营《热血江湖》手游的中清龙图公司而言，构成虚假宣传；并且，包括四三九九公司经营的 4399sy.com 官网等网站网页涉及的虚假宣传行为至 2020 年仍在持续。故一审认定四三九九公司构成虚假宣传行为，认定正确，应予以维持。由于没有证据证明纯游公司、仙雨公司参与涉案宣传行为，因此中清龙图公司对于纯游公司、仙雨公司构成虚假宣传的主张，二审法院不予支持。

3. 本案中，根据一审查明的事实，2016 年 4 月 18 日案外人 Tigon 公司与案外人智竹公司签署了《手机游戏共同开发许可协议》，智竹公司取得了 Tigon 公司授予其在许可区域内共同开发和运营两款热血江湖手机游戏的权利，包括但不限于使用商标 "热血江湖"、图像和名称（漫画作品《热血江湖》中的人物形象）、游戏角色、人物画、图像资源、数值和其他资源的权利，改编、升级和本土化权利，以及在关联方内部进行分许可的权利。2018 年 8 月 28 日，四三九九公司与智竹公司签署《热血江湖授权协议》，四三九九公司取得了根据授权作品开发并运营合作游戏的授权，上述授权的期限亦为三年。根据上述事实可知，在 2019 年 4 月 17 日之前，四三九九公司享有依据《热血江湖》开发运营游戏的合法授权，由于 2019 年 4 月 17 日之后，Tigon 公司不再授权智竹公司继续使用《热血江湖》IP 开发运营游戏，故四三九九公司上游授权链条中断，其不再享有依据《热血江湖》开发运营游戏的合法授权，本案并无证据表明上述授权的中断系因为四三九九公司存在违约行为所导致。

本案中，四三九九公司主张根据四三九九公司与智竹公司签订的《热血江湖授权协议》中关于第 6.4 条 "宽限期" 的约定，应当给予四三九九公司不低于两个月的合理宽限期，用于修改剔除涉案游戏及官方合作平台中的被授权元素。中清龙图公司认为中国法律中并无关于游戏宽限期的规定，且本案中 Tigon 公司与智竹公司的约定也不存在任何宽限期。经审理，四三九九公司、中清龙图公司均确认，涉案《热血神剑》游戏于 2019 年 3 月 28 日正式上线，即涉案《热血神剑》上线时仍处于合法授权期间。根据中清龙图公司提交的证据显示，Tigon 公司最早于 2019 年 4 月 11 日以邮件方式告知智竹公司双方授权不再续约，授权协议将在 2019 年 4 月 17 日到期，而此时距离双方授权协议到期仅有 6 日，且涉案《热血神剑》游戏已经正式上线运营。

根据四三九九公司与智竹公司签订的《热血江湖授权协议》中第 6.4 条的约定，在合同终止后，涉案游戏不会立即下线或停止服务，仍会保持一段时间的正常运营，以保障游戏用户的利益。另，根据第 9.3 条的约定，授权到期后，四三九九公司仍享有游戏及其升级版本的著作权，只是不得在游戏中使用授权作品相关素材。依据上述约定，在授权期限到期后且授权方明确不再续约的情况下，应当给予被授权方四三九九公司合理宽限期，对《热血神剑》游戏中使用的授权元素进行清理整改。

由于四三九九公司是在没有违约且游戏已在运营的情况下授权到期，并且四三九九公司在两个月不到的合理宽限期内修改游戏元素之后，关于是否容易导致混淆仍存在争议的主要是药仙和刀帝的角色名称、8 个比对存在一定差异的角色形象、作为常见宠物名称的龙猫和小雪狼、6 个比对存在较大差异的宠物形象等较少元素，结合《热血江湖》手游元素的数量包括角色人物达百余个、宠物 27 个、兵器 39 个等事实，争议元素在全部手游元素中所占比例也较少，并且对争议游戏元素从整体显著性和识别功能上予以审查（而并非采用著作权侵权的实质相似性比对标准），中清龙图公司的证据不足以证明四三九九公司在宽限期内修改游戏元素后仍然导致相关公众根据游戏元素会产生与《热血江湖》手游混淆的结果，故二审法院认为中清龙图公司关于四三九九公司使用"热血江湖"可识别元素构成混淆的不正当竞争的主张不能成立，一审法院此项认定错误，应予以改判。

4. 根据一审查明的事实，中清龙图公司提交的公证书等证据可以证明，2019 年 3 月 28 日至 2020 年 12 月 29 日期间，《热血神剑》在应用商城"热血江湖"关键词下搜索结果绝大部分期间排名为第 2 位。2019 年 3 月 28 日至 2019 年 12 月 27 日，《热血神剑》在"热血江湖私服"关键词下搜索结果排名第 1 位，且根据中清龙图公司举证，涉案《热血神剑》多次变更名称，其游戏标题始终包含"热血""江湖"等关键词。二审中，中清龙图公司提交公证书及时间戳证据，显示 2020 年 12 月 1 日至 2021 年 2 月 28 日、2021 年 3 月 1 日至 2021 年 5 月 17 日，"热血江湖"关键词排名大部分时段在第 2 至第 5 位，"热血江湖私服"关键词排名在第 1 至第 3 位，2021 年 5 月 18 日至 2021 年 11 月 30 日，"热血神剑"游戏在"热血江湖"关键词的搜索结果中的排名趋势为第 2—3 名之间。上述事实可以证明四三九九公司主观上具有攀附的故意，存在关键词检索的不正当竞争行为。四三九九公司认为上述搜索结果为自然搜索结果，但未能提交证据证明，二审法院不予采信。一审法院认为上述搜索结果系因《热血神剑》手游使用了《热血江湖》漫画或游戏的相关可识别元素以及四三九九公司的虚假宣传行为而造成的认定错误，应予以改判。

5. 由于四三九九公司构成虚假宣传以及关键词检索的不正当竞争行为，应承担停止上述不正当竞争行为和赔偿损失的民事责任；现有证据不足以证明纯游公司、仙雨公司实施了上述不正当竞争行为，因此，中清龙图公司对于纯游公司、仙雨公司的诉讼请求应当全部予以驳回。至于中清龙图公司上诉主张关闭《热血神剑》《热血奇侠》全部游戏服务器，并立即停止自行提供或通过第三方平台提供《热血神剑》《热血奇侠》的运营、下载等服务，没有事实和法律依据，二审法院不予支持。关于消除影响。本案判令四三九九公司停止不正当竞争行为已足以消除影响，现有证据不能证明四三九九公司的行为给中清龙图公司的商业信誉造成了其他严重不良影响，故一审法院驳回中清龙图公司主张四三九九公司刊登声明消除影响的诉请，认定正确，应予以维持。关于赔偿数额，根据《反不正当竞争法》第十七条的规定，权利人因侵权行为所受到的实际损失、侵权人因侵权行为所获得的利益难以确定的，由人民法院根据行为的情节判决给予权利人五百万元以下的赔偿。本案中，中清龙图公司因不正当竞争行为所受的实际损失及四三九九公司因不正当竞争行为所获得的利益均难以确定，综合考虑《热血江湖》手游及其授权来源《热血江湖》漫画具有一定的知名度和市场影响力、四三九九公司是在没有违约且游戏已在运营的情况下授权到期后实施了虚假宣传以及关键词检索的不正当竞争行为、被诉不正当竞争行为的具体情节、中清龙图公司为制止侵权行为所支付的律师费、公证费合理维权开支情况等因素，酌情确定四三九九公司向中清龙图公司赔偿经济损失及为制止侵权行为所支付的合理开支共 200 万元，对于超出数额部分的诉讼请求，二审法院不予支持。

二审法院判决：1. 撤销一审判决第一项和第三项；2. 四三九九公司于判决发生法律效力之日起立即停止涉案不正当竞争行为；3. 变更一审判决第二项为四三九九公司于判决发生法律效力之日起十日内赔偿中清龙图公司经济损失及为制止侵权行为所支付的合理开支合计 200 万元；4. 驳回中清龙图公司的其他诉讼请求。

【法官评述】

本案为网络游戏的不正当竞争纠纷案件，各方当事人均为国内知名的游戏开发运营商，并且本案的特殊之处在于被告原属于经权利人合法授权经营被诉游戏的经营者，在不存在违约的情形下，授权期限终止后产生的不正当竞争纠纷。

本案中清龙图公司主张的不正当竞争纠纷涉及三部分：一是虚假宣传；二是游戏元素包括角色名称、角色形象、宠物名称、宠物形象、刀具名称等仿冒混淆；三是关键词搜索。其中第一项和第三项经审查，二审法院认为四三九九公司构成虚假宣传和关键词搜索的不正当竞争，关键在于第二项不正当竞争行为是否构成，其中又涉及法律没有明确规定的一个问题，即网络游戏经营者在授权到期后，是否应当享有合理宽限期对于游戏中涉及的相关元素进行修改调整。

本案中，四三九九公司、中清龙图公司均确认，涉案《热血神剑》游戏于 2019 年 3 月 28 日正式上线，即涉案《热血神剑》游戏上线时仍处于合法授权期间。根据中清龙图公司提交的证据显示，Tigon 公司最早于 2019 年 4 月 11 日以邮件方式告知智竹公司双方授权不再续约，授权协议将在 2019 年 4 月 17 日到期，而此时距离双方授权协议到期仅有 6 日，且涉案《热血神剑》游戏已经正式上线运营。

在游戏授权到期后两个月内，被告将其被诉侵权游戏的元素进行了相应修改：（1）争议的角色及门派名称除了药仙、刀帝于2021年5月20日改为神医、刀尊外，其他10个角色及门派名称于两个月内均进行了修改；（2）18个争议的角色形象，其中10个角色形象两个月内进行了大幅度修改，存在明显区别，其余8个角色形象也在两个月内进行了修改，比对后发现存在一定差异；（3）6个争议的宠物名称，其中4个于两个月内进行了修改，未作修改的龙猫及小雪狼属于常见宠物或动物名称，修改后的被诉宠物形象与《热血江湖》手游宠物形象存在较大差异；（4）3个争议兵器名称于两个月内已修改。二审法院认为被诉侵权游戏元素修改后与涉案权利游戏之间不再构成《反不正当竞争法》第六条规定的仿冒混淆。因此，关键问题是四三九九公司是否应当享有游戏元素修改的合理宽限期。

关于合理宽限期的问题，至少应当从以下四个角度进行思考：首先，涉案游戏在授权期限前已经正式上线进入游戏市场，并有玩家下载游玩，如果不允许四三九九公司对游戏进行修改，而是仅根据授权到期则要求游戏整体下线则会损害游戏玩家对其在游戏中产生的正当权益，亦不符合《热血江湖授权协议》的约定。其次，四三九九公司作为游戏的运营方，其对游戏开发、运营投入了大量的前期沉没成本，且其授权链条中断本身并无任何过错或违约行为，故应当允许其在合理宽限期内对涉案《热血神剑》游戏中的授权元素进行修改，这也符合《热血江湖授权协议》的约定。再次，网络游戏运营方对人物角色、宠物、兵器的名称、形象修改需要合理宽限期重新设计、调整及线上版本更新。最后，《文化部关于发布文化市场行政审批办事指南和业务手册的通知（二）》中关于"互联网文化经营单位业务手册"第四条"审批程序"第（二）项"审查"第7点"业务发展报告"中规定"网络游戏运营企业终止运营网络游戏，或网络游戏运营权发生转移的，应当提前60日予以公告"，目的在于保护网络游戏用户的利益，这也从另一个侧面说明了宽限期的合理性。综上，结合《热血江湖授权协议》的约定及上述相关因素的考虑，应当给予四三九九公司合理宽限期，对涉案游戏中使用的授权元素进行调整修改。

本案裁判是在网络游戏案件中首次对于授权游戏到期后合理宽限期的确认，对于将来的案件有一定的借鉴意义。

编写人：广州知识产权法院　朱文彬

（编辑：杨博）

28

微播视界公司与泽梦公司不正当竞争纠纷案

阅读提示： 如何判断数据抓取行为是否构成不正当竞争？

【裁判要旨】

利用群控软件自带的技术手段制造虚假、无效的关注、点赞、评论等数据，对抖音平台上的数据进行虚假刷量的行为，属于《反不正当竞争法》第十二条规定的"其他妨碍、破坏其他经营者合法提供的网络产品或者服务正常运行的行为"，构成不正当竞争。数据抓取行为是否构成不正当竞争，应适用《反不正当竞争法》第二条之规定进行审查认定，核心是判断经营者是否违反了商业道德。数据权益并非财产权等绝对权，其受到损害并不必然意味着应当得到法律救济，只要他人的竞争行为本身是正当合法的，则法律并不必然对其进行调整。

【案号】

一审：广州知识产权法院（2020）粤 73 民初 2541 号
二审：广东省高级人民法院（2022）粤民终 2887 号

【案情与裁判】

原告：微播视界公司

被告：泽梦公司

起诉与答辩

微播视界公司起诉请求判令：1. 泽梦公司立即停止研发、销售、运营、宣传、推广"抖管家""播商管家"软件或类似专门针对抖音产品进行功能设置的软件系统等不正当竞争行为；2. 泽梦公司立即采取删除、屏蔽、断开链接等必要措施停止"抖管家""播商管家"软件或类似专门针对抖音产品进行功能设置的软件系统的使用；3.泽梦公司在省级以上电视台或者全国发行的报纸上刊登声明，公开赔礼道歉，并消除不正当竞争行为所造成的不良影响；4.泽梦公司赔偿经济损失1500万元；5.泽梦公司支付因制止侵权发生的合理开支共计55000元；6.泽梦公司承担本案诉讼费用。事实和理由：微播视界公司运营的"抖音"App是一款短视频分享软件，其视频分发机制是一套基于完播率、评论数、点赞数、分享数等若干指标设计的一套复杂算法程序。泽梦公司开发的"抖管家""播商管家"群控软件，可以实现批量登录和操控抖音短视频软件，自动模拟刷视频养号防封号功能、截流采集抖音"大V"的视频及粉丝信息，一键自动随机点赞、评论、转发及批量自动关注、私信，自动建群自动发布群聊内容、自动操控直播间等恶意营销功能，其推广、开发、运营专门针对"抖音"App的具备一系列规模化、自动化批量营销功能的涉案群控系统，实质上属于不正当利用微播视界公司构建的抖音生态系统市场成果，为其谋取商业机会从而获取竞争优势的行为，上述行为属于不正当竞争行为。

泽梦公司答辩称：被诉侵权行为未违反《反不正当竞争法》之规定，不构成不正当竞争，请求驳回微播视界公司全部诉讼请求。1.微播视界公司主张泽梦公司的涉案群控软件"批量制造虚假数据，骗取分发流量"，但未提交证据证明其主张。2.微播视界公司违反诚实信用原则和公认的商业道德，利用垄断地位进行不正当竞争，进行数据造假。3.相关类似案例均认为被诉侵权行为不构成不正当竞争。4."抖音"App在国内处于垄断地位，微播视界公司凭借其经济优势，滥用诉权，企图通过诉讼来打压各种合法竞争。

一审审理查明

微播视界公司是网站名称为"抖音网"、域名为"douyin.com"、网址为"www.douyin.com"的主办单位。微播视界公司主张泽梦公司"抖管家"系统的抖音规则内养号、垂直养号、批量上传视频、截取同行精准粉丝、捕捉爆品、辅助作品上热门、批量点赞、批量关注、直播在线截流、私信群聊、私信评论集中回复、捕捉神评、捕捉优质标题、直播间智能机器人、直播间活跃等核心功能构成不正当竞争，并针对上述侵权行为进行证据保全，证据保全环节涉及"抖管家"系统上述功能的操作过程和宣传、购买等众多环节。

2020年6月5日—10月15日，微播视界公司多次进行保全证据公证，相关公证书记载，通过泽梦公司开发、销售、运营的"抖管家"系统可以实现批量登录和操控抖音短视频软件，自动模拟刷视频养号防封号功能、截流采集抖音"大V"的视频及粉丝信息、一键自动随机点赞、评论、转发及批量自动关注、私信、自动建群自动发布群聊内容、自动操控直播间等功能。"抖管家"公众号"抖管家云控"介绍"播商管家"是一套专门针对抖音号进行批量操作的一台智能营销系统，模拟人工操作及规模化操作。该系统是一套抖音云控系统，单机单号，一个员工可以操作上百台手机，批量点赞、评论、私信、转发、完播，不断增加自己视频的曝光量，辅助大号上热门，从同行视频截流活跃粉丝，直播间内自动活跃、智能机器人控场、快速关注用户，并附有相关操作方法。泽梦公司在其官网发布的《2020泽梦科技代理政策》介绍"抖管家"的相关功能为"抖管家 批量操作抖音智能营销系统 抖音云控 批量点赞 评论 转发 完播 增加视频曝光量 辅助大号上热门 直播间内活跃 直播间智能机器人 14核心功能 抖音规则内养号等"。泽梦公司相关"抖管家"工作人员通过微信朋友圈推广安装、宣传"抖管家"。

泽梦公司自认"抖管家"系统租赁服务器上线时间为2019年10月20日，"抖管家"软件上线时间为2020年1月，"播商管家"软件上线时间为2020年3月23日，同时确认"抖管家"系统中具有微播视界公司主张功能的名称，但系统中具体功能与其主张的不同。

微播视界公司认为泽梦公司侵权收益不少于850万元，同时微播视界公司主张泽梦公司在其提起诉讼后持续实施侵权行为且情节严重，应适用惩罚性赔偿。

一审判理和结果

一审法院经审理，认定涉案"抖管家""播商管家"群控系统的14项核心功能可以分为五类：

一是养号功能。包括"抖音规则内养号"及"垂直养号"等，即通过大批量操作其他抖音账号给自身抖音账号关注、点赞、评论，以及系统模拟人的行为刷视频并评论、关注、私信、点赞，根据设置的关键词模拟人工浏览该类视频等操作方法，增加用户自身抖音号和视频的曝光量，实现短时间内批量养大号的目的。

二是采集功能。包括"从同行热门视频的评论中找到你的精准粉丝"，即采集某个热门抖音号的粉丝数据并形成列表，可对粉丝进行关注或私信；"捕捉爆品"，即设定关键词、评论数、点赞数等爆品条件后，找到这些视频并进行浏览；"捕捉神评、捕捉优质标题"，即在采集到的热门视频中，进一步选择某个视频设置评论关键词，采集对应的抖音用户评论。

三是截流功能。包括"点赞 TA 引起 TA 来买货""关注 TA 引起 TA 回关",即选定某个抖音号,关注该抖音号,给该抖音号的视频点赞或者给视频下评论的用户发送私信,引起该用户对商品或服务的兴趣。

四是直播间功能。包括"同行直播间在先粉丝实时关注",即关注其他对应主播或直播间内的发言粉丝;"直播间活跃",即选择互相关注的人分享直播间,设置抖音号或直播间链接,定时公告粉丝入场回复、礼物回复、关注回复、发言频率等;"直播间智能机器人",可设置主播抖音号或者直播间链接,设置进入直播间,自动完成送心、发言、点击商品橱窗等操作。

五是其他功能。"辅助作品上热门",是指对采集到的关注的用户转发视频,具体操作方法是选择系统采集到的用户关注的其他抖音用户,设置视频链接,将视频转发给选中的其他抖音用户;"互关好友拉小群私信",即选择互相关注的抖音用户建群,建群后可以在群里发起聊天;"私信评论集中回复",即对其他用户发来的评论、私信进行集中回复。

在互联网领域,争夺流量是互联网经营者不断追求的经营目标。互联网经营者之间的竞争核心就是获取流量并变现,流量越大则经营者获利越大。获取流量的关键在于用户的判断和选择行为,而影响用户判断和选择的最重要因素则是数据。为了争夺流量,互联网经营者想方设法吸引和获取优质内容,并将优质内容进行重点推送或推荐,这就形成了经营者设定以完播、点赞、评论数量等数据为基础的一系列激励制度和奖励规则。具体到本案中的抖音平台而言,其视频分发机制是一套基于完播率、评论数、点赞数、分享数等若干指标设计的复杂算法程序,该机制依赖于真实用户对视频的行为反馈,从而实现智能分发、提高优质视频曝光度、视频分发匹配度等。因此,用户抖音号的粉丝关注数量、上传视频的完播、点赞、评论数量等数据均是抖音平台设定的影响抖音号权重和视频推荐的基础,也是影响抖音号获取流量最重要的数据。涉案"抖管家"群控系统所具备的养号功能,从本质上来说就是一种利用抖音平台的推荐机制进行虚假刷量的行为,其通过系统大批量操作其他抖音号给自身抖音号关注、点赞、评论,以及系统模拟人的行为刷视频并评论、关注、私信、点赞,根据设置的关键词模拟人工浏览该类视频等操作方法,提高用户抖音号的粉丝数、评论数、点赞数等影响抖音号权重的关键数据,误导抖音平台将本不应优先推荐的视频错误地优先推送,以达到获取流量及扩大抖管家用户产品或服务在抖音平台上的宣传覆盖面和曝光度的目的。"抖音"App 是微播视界公司运营的短视频分享软件,通过微播视界公司建立的规则及长期运营,其已经形成了高质量的真人短视频分享生态系统和商业模式，微播视界公司对该商业模式及其互联网产品或服务享有合法的权益。如前所述，"抖管家"系统的养号功能，实际上是利用系统自带的技术手段制造虚假、无效的关注、点赞、评论等数据，影响其他抖音用户的选择，在妨碍、破坏微播视界公司合法提供的抖音产品或者服务正常运行的同时，也违背了其他抖音用户使用"抖音"App观看高质量真人短视频的意愿，增加商业宣传或广告视频的播放比例，在一定程度上对其他抖音用户进行了误导，降低其他用户使用"抖音"App的体验，侵害消费者的知情权、选择权等合法权益。综上，被诉"抖管家"软件的养号功能违反了《反不正当竞争法》第十二条第二款第（四）项关于"其他妨碍、破坏其他经营者合法提供的网络产品或者服务正常运行的行为"的规定，构成不正当竞争。

而"抖管家"软件宣称的采集功能、截流功能，其本质上是对抖音平台上相关公开数据的抓取和使用，与互联网搜索服务的功能类似，一般通过简单的网络爬虫技术就可实现。上述抓取和使用公开数据的行为本身并没有非法干扰抖音平台的正常运行或破坏抖音平台的访问权限，尚不构成《反不正当竞争法》第十二条第二款第（四）项规定的"妨碍、破坏其他经营者合法提供的网络产品或者服务正常运行的行为"。涉案"抖管家"软件为用户提供的采集和使用抖音平台公开信息，在抖音平台规则框架内进行关注、点赞、评论、私信等操作，以及直播间助手等功能，其实质是用技术手段替代人工操作，无疑能够帮助抖音商家节约人力成本、扩大交易机会，大幅提升抖音商家的使用体验，为其提供了多样性的选择，对其他消费者的利益并未造成明显的损害，被关注、点赞、评论、点赞的其他抖音用户拥有是否回关、评论、回复抑或是举报非法信息的知情权和选择权，且微播视界公司亦未采取相应的技术措施阻止他人获取其平台上的公开信息，也未举证证明上述协助用户关注、点赞、评论、私信、直播间助手等功能具有明显的不正当性，故不能仅以泽梦公司利用了微播视界公司创建的抖音生态系统及市场成果就认为其行为具有不正当性。即使泽梦公司"抖管家"软件提供的功能可能会在一定程度上与微播视界公司dou+服务重叠，但抖音平台并不应当是一个由微播视界公司垄断所有竞争性利益的封闭平台，微播视界公司应该通过更为优秀的功能、效果和性价比吸引抖音用户主动选择dou+服务，而非排除、限制其他经营者提供能够达到类似效果的产品或服务与其竞争。除"抖管家"软件中涉及虚假刷量的功能以外，前述其他功能所引起的市场竞争明显是正当的，能够激励包括微播视界公司在内的市场经营者围绕抖音平台进行技术创新，为消费者提供更为便利的使用体验，不会造成经营者、消费者和公众利益之间明显失衡，不构成不正当竞争。

一审法院综合考虑涉案群控软件的营业收入及虚假刷量功能对涉案群控软件利润贡献率等因素，酌情确定泽梦公司赔偿微播视界公司经济损失100万元及合理维权费用55000元。

一审法院判决：1.泽梦公司于判决生效之日起立即停止侵害微播视界公司合法权益的不正当竞争行为，即立即停止销售、运营、宣传、推广"抖管家""播商管家"软件中的养号等虚假刷量功能；2.泽梦公司于判决生效之日起十日内赔偿微播视界公司经济损失100万元及合理维权费用55000元；3.驳回微播视界公司的其他诉讼请求。

一审宣判后，双方当事人均不服，向广东省高级人民法院提起上诉。二审法院判决：驳回上诉，维持原判。

【法官评述】

数据权益保护是近年来的热门研究领域之一，其中从反不正当竞争法视角对虚假刷量、数据抓取等行为进行定性又是理论和实务界关注的焦点问题。由于数据并非我国著作权法保护的客体，数据权益亦不属于财产权等法定权益，在近年来有关数据抓取和利用类案件数量不断上升的背景下，实践中法院往往适用《反不正当竞争法》的规定进行裁判，尤其是《反不正当竞争法》第二条的一般条款。本案涉及对"抖音"App上的数据进行虚假刷量和抓取行为是否构成不正当竞争的审查认定，一、二审判决从竞争者利益、消费者权益和社会公共利益等多维度出发，认定被告实施的虚假刷量行为是利用技术手段制造虚假、无效的关注、点赞、评论等数据，妨碍、破坏原告合法提供的抖音产品或者服务正常运行，违反了《反不正当竞争法》第十二条第二款第（四）项之规定，构成"其他妨碍、破坏其他经营者合法提供的网络产品或者服务正常运行的行为"；同时，适用《反不正当竞争法》一般条款针对被诉侵权数据抓取行为是否具有不正当性进行综合评价，最终得出涉案数据抓取行为不构成不正当竞争的结论，避免因"泛道德化"而过度限制竞争自由，维护《反不正当竞争法》鼓励市场竞争自由、公平和效率的基本价值取向。

随着互联网技术和商业模式的发展，网络领域的不正当竞争行为不断出现，为了满足制止网络领域不正当竞争的客观需要，2017年《反不正当竞争法》修订时新增了互联网专条，专门对网络不正当竞争行为进行了规定，2019

年《反不正当竞争法》予以沿用。其中，第十二条第二款第（四）项"其他妨碍、破坏其他经营者合法提供的网络产品或者服务正常运行的行为"是一项兜底条款，对于不属于流量劫持、干扰、恶意不兼容等行为的其他网络不正当竞争行为进行了规定。相对于《反不正当竞争法》第二条作为一般条款发挥的兜底作用，通常称本项规定为"小兜底"条款。从"小兜底"条款的行为限定来看，至少应当符合利用网络、使用技术手段，产生妨害、破坏其他经营者合法提供的网络产品或者服务正常运行的后果等要件。涉案"抖管家"群控系统所具备的养号功能，从本质上来说就是一种利用抖音平台的推荐机制进行虚假刷量的行为，其通过系统大批量操作其他抖音号给自身抖音号关注、点赞、评论，以及系统模拟人的行为刷视频并评论、关注、私信、点赞，根据设置的关键词模拟人工浏览该类视频等操作方法，提高用户抖音号的粉丝数、评论数、点赞数等影响抖音号权重的关键数据，误导抖音平台将本不应优先推荐的视频错误地优先推送，以达到获取流量及扩大抖管家用户产品或服务在抖音平台上的宣传覆盖面和曝光度的目的。"抖管家"系统的养号功能，实际上是利用系统自带的技术手段制造虚假、无效的关注、点赞、评论等数据，影响其他抖音用户的选择，在妨碍、破坏微播视界公司合法提供的抖音产品或者服务正常运行的同时，也违背了其他抖音用户使用"抖音"App观看高质量真人短视频的意愿，增加商业宣传或广告视频的播放比例，在一定程度上对其他抖音用户进行了误导，降低其他用户使用"抖音"App的体验，侵害消费者的知情权、选择权等合法权益，构成不正当竞争。

从《反不正当竞争法》一般条款的规定可知，商业道德是反不正当竞争法对不正当竞争行为的基本评判标准之一，即在法律未明确界定该种竞争行为属于违法行为的情况下，则应当判断该种竞争行为是否因确属违反商业道德而具有不正当性。由此可知，人民法院运用一般条款认定市场竞争行为正当与否，核心是判断经营者是否违反了商业道德。根据《最高人民法院关于适用〈中华人民共和国反不正当竞争法〉若干问题的解释》第三条之规定，特定商业领域普遍遵循和认可的行为规范可以认定为《反不正当竞争法》第二条规定的"商业道德"。人民法院应当结合案件具体情况，综合考虑行业规则或者商业惯例、经营者的主观状态、交易相对人的选择意愿，对消费者权益、市场竞争秩序、社会公共利益的影响等因素，依法判断经营者是否违反商业道德。本案属于互联网领域的不正当竞争纠纷，公认的商业道德一般是指互联网行业的经营者普遍认同的、符合消费者利益和社会公共利益的经营规范和道德准则，但是如果在新兴的互联网行业内尚未形成普遍认同的行业共识和行为标准，则既需要综合评价经营者利益、消费者利益和公众利益间的平衡，又需要结合互联网经济的基本特征，从而为判断行为的正当性划清界限。因此，判断本案中涉及的商业道德可以从以下几个方面来考虑：第一，《反不正当竞争法》的基本价值取向是维护市场竞争自由、公平和效率；第二，互联网经济的特点是共享互通，信息具有的共享属性是当下时代背景的需求；第三，综合考虑经营者利益、消费者利益以及公众利益，实现三者间的利益平衡。

互联网经济的特点是共享互通，信息具有的共享属性是当下时代背景的需求。本案中，微播视界公司所主张应受保护的数据权益并非财产权等绝对权，其受到损害并不必然意味着应当得到法律救济，只要他人的竞争行为本身是正当合法的，则法律并不必然对其进行调整。数据资源本身具有一定的公共属性，适用《反不正当竞争法》进行保护时应当秉持审慎的态度，以避免造成"数据霸权"和"信息孤岛"等严重后果，进而影响相关行业的技术创新和进步。本案判决对如何判定虚假刷量、数据抓取行为的不正当性具有良好的示范效应，在严厉打击互联网不正当竞争行为、维护互联网领域公平有序竞争秩序、为市场主体的竞争行为划定边界的同时，也能够激励市场竞争者正当地利用数据资源进行技术创新，妥善处理好技术创新与竞争秩序维护、竞争者利益保护与消费者福利改善的关系，彰显广州知识产权法院在服务和保障互联网等相关行业高质量发展中作出的努力和探索。

编写人：广州知识产权法院　裘晶文　梁希灵

（编辑：徐晓霞）

29

腾讯公司与珍分夺秒公司
侵害商标权及不正当竞争纠纷案

> **阅读提示**：如何认定数据权益保护模式及数据不正当竞争行为的构成要件？

【裁判要旨】

应用软件的经营者通过误导网络用户的方式，获取其他网络平台的海量用户数据并上传至其服务器，属于数据处理行为。该类行为是否构成不正当竞争的问题，应结合行为主体的主观意图、获取用户数据的正当性、用户数据安全利益、行为破坏其他经营者网络服务的可能性及即发式互联网数据不正当竞争行为的规制必要性等因素进行综合判定，而不应限于以数据运营的"实质性替代"为构成要件，将其他互联网平台经营者所管理的海量用户账号、密码置于不确定的风险中，易损害其他经营者合法提供的网络服务正常运行秩序并危及用户数据安全，应认定为不正当竞争行为。

【案号】

一审：广东省广州市天河区人民法院（2020）粤 0106 民初 13325 号
二审：广州知识产权法院（2021）粤 73 民终 4453 号

【案情与裁判】

上诉人（一审被告）：珍分夺秒公司

被上诉人（一审原告）：腾讯公司

起诉与答辩

腾讯公司主张珍分夺秒公司的行为侵害其商标权并构成不正当竞争，造成腾讯公司的巨额损失，起诉请求判令：1. 珍分夺秒公司立即停止侵害腾讯公司注册商标专用权的行为，包括停止在宣传及经营过程中使用与腾讯公司"🐧微信""微信公众号"商标相同或相近似的图案及文字标识；2. 珍分夺秒公司立即停止不正当竞争行为，包括立即停止在宣传及经营过程中使用"公众号""微信公众平台"等名称及文字标识以及与腾讯公司"微信"软件"🐧微信"图形相近似的图案标识，立即停止私自收集微信公众号用户数据的行为；3. 珍分夺秒公司就其对腾讯公司的侵权行为，在其官网首页及《法治日报》《中国知识产权报》公开发表道歉声明以消除影响，保留时间不得少于 10 天；4. 珍分夺秒公司向腾讯公司赔偿因其商标侵权及不正当竞争行为给腾讯公司造成的经济损失 500 万元及维权合理支出 142050 元；5. 本案全部诉讼费用由珍分夺秒公司负担。

珍分夺秒公司答辩称：1. 珍分夺秒公司不存在侵害注册商标专用权的行为。"公众号助手"软件所使用的商标与腾讯公司"微信"软件商标并不相同或相近似，"公众号助手"软件运行过程中对"微信公众平台""微信公众号"仅是指示性使用，不会导致混淆，不构成商标侵权。2. 涉案"公众号助手"软件是微信公众平台在服务方面的补充，该软件依附于微信公众平台，该软件对于"微信公众平台"用户数据的收集取得了用户同意且取得授权，符合相关法律法规规定，无损害"微信公众平台"运营秩序及用户数据安全的行为。

一审审理查明

腾讯公司是第 9085979 号、第 12479360 号"🐧微信"，第 17861710 号、第 17861993 号、第 17862591 号"微信公众号"注册商标的专用权人，也是微信公众号平台的运营商，管理微信公众号平台的用户账号、密码。珍分夺秒公司是"公众号助手"应用软件的开发商，在其运营的"公众号助手"软件登录界面上使用被诉标识"🐧"的行为，经实时监测和抓取软件与后台服务器之间传输的数据包后，发现"公众号助手"v7.5.7 版本的安装包下载过程中，将微信公众号平台的用户账号、密码提交至其服务器。腾讯公司认为，珍分夺秒公司的"公众号助手"软件利用技术手段，获取并保存微信公众号的用户的账号及密码数据，将微信公众号用户的账号及密码置于不确定的风险环境当中，损害腾讯公司微信公众平台的正常运营秩序、数据安全及微信公众号用户权益。

一审判理和结果

一审法院审理认为,珍分夺秒公司在其运营的"公众号助手"软件登录界面上使用被诉标识""的行为,属于侵害腾讯公司第9085979号、第12479360号"微信",第17861710号、第17861993号、第17862591号"微信公众号"注册商标专用权的行为,举证期限内,其未提交证据证实其使用被诉标识具有合法来源或有权利人的合法授权许可,故其上述行为构成商标侵权,依法应承担停止侵权、赔偿损失的法律责任。珍分夺秒公司获取并保存用户在微信公众平台的账号和密码的行为,极大地提高了腾讯公司的运营风险,其行为违反了公平、诚信经营原则,属于不正当竞争行为,依法应承担停止侵权、赔偿损失的民事责任。

一审法院判决:1.珍分夺秒公司于判决发生法律效力之日起立即停止使用与腾讯公司第9085979号、第12479360号"微信",第17861710号、第17861993号、第17862591号注册商标相同或相近似的图案及文字标识。2.珍分夺秒公司于判决发生法律效力之日起立即停止对腾讯公司的不正当竞争行为,包括:停止在宣传及经营过程中使用"公众号""微信公众平台"等名称及文字标识以及与"微信"软件、"微信"图形相近似的图案标识;停止私自收集微信公众号用户数据的行为。3.珍分夺秒公司于判决发生法律效力之日起十日内,在其官方网站首页以及《法治日报》《中国知识产权报》就其对腾讯公司的侵权行为刊登道歉声明以消除影响,时间不少于10日。4.珍分夺秒公司于判决发生法律效力之日起十日内赔偿腾讯公司经济损失(包括维权合理开支)300万元。5.驳回腾讯公司的其他诉讼请求。

上诉与答辩

一审宣判后,珍分夺秒公司不服,向广州知识产权法院提起上诉,请求判令:1.撤销一审判决;2.驳回腾讯公司的所有诉讼请求;3.本案诉讼费用由腾讯公司承担。事实和理由:1.一审认定珍分夺秒公司在运营的"公众号助手"软件登录界面上使用被诉标识""的行为侵害腾讯公司注册商标专用权,认定事实及适用法律错误。2.一审认定珍分夺秒公司构成不正当竞争,认定事实及适用法律错误。珍分夺秒公司已对用户数据库加密保护,不存在损害用户数据安全的情况。3.珍分夺秒公司不存在侵害商标权的情况,无需承担消除影响及赔偿损失的责任,一审判赔数额过高。

腾讯公司答辩称:一审认定事实和适用法律正确。

二审审理查明

经审理查明，对一审法院查明的事实予以确认。

二审判理和结果

二审法院审理认为：珍分夺秒公司通过使用近似商标、近似软件名称及宣传语等方式误导微信公众号平台用户下载其"公众号助手"软件多达 2623.89 万次，其通过"公众号助手"软件下载过程获取微信公众号用户的账号、密码提交至其服务器的行为，属于对微信公众号用户账号、密码等数据进行收集、存储，应界定为数据处理行为。珍分夺秒公司的数据处理行为缺乏正当性，将微信公众号用户的账号及密码上传至其服务器不符合用户数据安全利益，现有证据不足以证实珍分夺秒公司具备保障用户数据处于持续安全、有效保护和合法利用状态的能力。珍分夺秒公司的涉案行为将微信公众号平台的用户账号、密码置于不确定风险环境中，损害腾讯公司对该平台的正常运营秩序及安全，构成破坏其他经营者合法提供的网络服务正常运行的不正当竞争行为。珍分夺秒公司应停止私自收集微信公众号用户数据的行为，并赔偿经济损失 300 万元。

二审法院判决：驳回上诉，维持原判。

【法官评述】

数字经济以数据资源为重要生产要素，保护数据安全是护航创新经济发展的应有之义。经营者通过网络技术抓取其他经营者管理的海量用户账号、密码信息，不仅危及用户数据安全利益，更易造成对网络竞争秩序的冲击，构成即发式数据安全类互联网不正当竞争行为。厘清获取用户数据信息是否构成不正当竞争行为，以确定经营者责任边界，成为当前网络侵权纠纷中的热点和难点问题。

一、商业数据的权益保护模式及界定依据

在当前法律框架内，商业数据的保护模式和保护依据缺乏明确规定，故其涉及的权利、权益及权属等问题的解决也缺乏相应的法律依据，并未在理论及司法实践中形成定论。《反不正当竞争法》并未对商业数据类不正当竞争作出明确规定。因此，目前对于涉互联网不正当竞争行为的规制主要是适用《反不正当竞争法》第二条、第十二条的规定，尤其是《反不正当竞争法》第十二条第二款第（四）项兜底条款。然而，由于缺乏对于具体适用要件的明确，所以，各地法院在司法实践中对于如何认定数据不正当竞争行为的标准

并不完全一致①。

商业数据未被认定为权利的客体，司法实践中，往往对商业数据采用权益保护模式，因此，经营主体受保护的数据利益并非绝对权利，其损害并不必然意味着得到法律救济②，甚至有观点认为仅在数据管理者因被诉行为而存在被"实质性替代"可能的情况下，数据抓取和使用行为才应被规制。结合司法实践中的典型案例来看，在数据权益保护模式下，商业数据是否受到保护需考虑以下因素：一是数据权益的形成与界定，经营者对于用户创建的信息数据，在何种条件下，才可享有商业数据的权益，是否要求数据收集者对数据具有实质性投资且达到实质性数量③；二是数据权益的合法来源及数据保护技术措施的必要性，即主张数据权益方是否应确保数据收集的合法性以及是否必须对其运营的数据产品采取必要的技术保护措施④；三是数据经营者的数据利用行为是否符合比例原则，数据使用者对数据是否具备实质性创新贡献、是否遵从"最小、必要"原则⑤、是否符合职业者的正常行为标准⑥；四是数据抓取或使用行为构成不正当竞争是否必须以行为的结果导致对数据原经营者的取代并"损害消费者的合法权益"为前提，亦即，数据抓取及使用行为受到法律规制是否需兼具对其他经营者的实质性损害以及对竞争秩序的破坏。

---

① 参见上海知识产权法院（2016）沪73民终242号民事判决书（即北京百度网讯科技有限公司与上海汉涛信息咨询有限公司其他不正当竞争纠纷）、浙江省高级人民法院对该案作出的（2018）浙民终1072号民事判决书。

② 参见上海知识产权法院（2016）沪73民终242号民事判决书，即"北京百度网讯科技有限公司与上海汉涛信息咨询有限公司其他不正当竞争纠纷"，简称"大众点评网诉百度公司案"。

③ 李勇：《数据不正当竞争行为的实质性替代标准》，载《中国流通经济》，2023年6月，第37卷第6期，第116页。

④ 李勇：《数据不正当竞争行为的实质性替代标准》，载《中国流通经济》，2023年6月，第37卷第6期，第116页。

⑤ 在"大众点评网诉百度公司案"中，法院认为，百度公司使用来自大众点评网评论信息的理想状态是应当遵循"最少、必要"的原则，即采取对汉涛公司损害最小的措施，但要求在进行商业决策时，逐一考察各种可能的行为并选择损害最小的方式。百度公司通过搜索技术抓取并大量全文展示来自大众点评网的信息，已经实质替代了大众点评网的相关服务，且明显可以采取对汉涛公司损害更小，并能在一定程度上实现积极效果的措施。据此认定抓取和使用行为超过必要限度。参见上海知识产权法院（2016）沪73民终242号民事判决书。

⑥ 李勇：《数据不正当竞争行为的实质性替代标准》，载《中国流通经济》，2023年6月，第37卷第6期，第116页。

二、数据不正当竞争行为的类型及商业数据权益的判定要素分析

（一）数据不正当竞争行为的主要类型

在司法实践中，数据的抓取及使用行为的实施并非构成不正当竞争行为的充分条件，对于何类行为构成不正当竞争也存在不同的认定。根据数据抓取行为、使用行为与不正当竞争构成之间的关系进行分类，司法实践中主要包括以下几类案例：

1. 数据抓取行为构成不正当竞争。在本案中，腾讯公司是微信公众号平台的运营商，管理微信公众号平台的用户账号、密码，经实时监测和抓取软件与后台服务器之间传输的数据包后，发现珍分夺秒公司的"公众号助手"软件安装包下载过程中，将微信公众号平台的用户账号、密码提交至其服务器，其中密码以 md5 加密密文方式提交，而该软件的汇总下载量共计 2623.89 万次。腾讯公司认为，珍分夺秒公司的"公众号助手"软件利用技术手段，误导微信公众号的用户上传相关账号信息及密码，并保存至其服务器，该行为将微信公众号用户的账号及密码置于不确定的风险环境当中，损害腾讯公司微信公众平台的正常运营秩序、数据安全及微信公众号用户权益。珍分夺秒公司认为，微信公众号用户与珍分夺秒公司签订了《用户协议》，同意"公众号助手"软件收集用户数据，珍分夺秒公司已对用户数据库加密保护，未损害用户数据安全。珍分夺秒公司已通过"微信公众平台－第三方平台"的开发者资质认证，取得平台获取用户基本信息接口，仅服务于微信公众号，未损害微信公众平台运营秩序，珍分夺秒公司与腾讯公司之间不存在竞争关系。珍分夺秒公司通过使用近似商标、近似软件名称及宣传语等方式误导微信公众号平台用户，进而获取并保存用户账号、密码的数据处理行为缺乏正当性，被诉行为将微信公众号平台的海量用户账号、密码置于不确定的风险环境中，损害微信公众平台的正常运营秩序及安全，扰乱公平竞争秩序，构成破坏其他经营者合法提供的网络服务正常运行的不正当竞争行为。

2. 数据抓取行为未构成不正当竞争，但数据使用行为导致经营者服务的替代及市场利益的损害，构成不正当竞争。在大众点评网诉百度公司案 [1] 中，"大众点评网"认为百度公司未经其许可且未付出相应劳动及成本，在百度地图中大量复制大众点评网的点评信息，直接替代大众点评网向用户提供内容，造成大众点评运营者的损失，其数据使用行为构成不正当竞争。法院认为，百

---

[1] 参见上海市浦东新区人民法院（2015）浦民三知初字第 528 号民事判决书。

度公司依靠搜索技术抓取大众点评网点评信息的行为并未违反 robots 协议,但其行为直接导致大众点评网用户群体流失,构成不正当竞争。

3. 经营者抓取并使用其他经营者商业数据行为导致经营者服务的替代及市场利益的损害,构成不正当竞争。如在微梦公司诉淘友公司案① 中,微梦公司指控淘友公司实施的不正当竞争行为包括非法抓取、使用微博用户头像、名称、职业信息、教育信息、用户自定义标签及用户发布的微博内容等新浪微博用户信息。法院认为,淘友公司获取并使用非脉脉用户的新浪微博信息,无正当理由地截取微梦公司的竞争优势,侵害微梦公司的商业资源,构成不正当竞争。微博平台诉饭友平台案件② 中,微博平台认为饭友平台未经其同意在平台上设置专题嵌套明星的微博界面,完整展示该界面的全部数据并屏蔽微博的部分功能,侵害微博平台合法权益。法院认为,饭友平台抓取新浪微博数据并在其平台上展示的行为或将导致其减损用户数量及数据安全程度,妨碍微博平台的运营,构成不正当竞争。

由上述类型案件可见,对于数据抓取行为、数据使用行为是否构成不正当竞争的判定,以行为的结果导致另一经营者的数据权益及竞争利益的减损为前提,但对于数据不正当竞争行为的具体构成要件问题,则不一而论。结合前述案件,判断"实质性替代"是否构成数据不正当竞争的必要要件问题,应回归商业数据的权益本质。

(二)关于商业数据权益三要素厘定

商业数据权益的构成及依据,需要在数据保护模式中厘清。结合现有案例分析,商业数据权益包括以下三要素:一是数集性(付出一定的成本集成合法取得的用户数据),二是价值性(商业数据具有一定的商业价值,可带来竞争优势),三是非共享性(权利人确有采取技术保护措施排除其他主体收集)。公众可以无偿利用的信息并不构成商业数据,当数据持有方未对其商业数据采取相应的技术管理措施,不设置限制抓取的措施,未明示数据抓取协议,则可能被视为怠于保护其数据权益而任由其所经营的数据被滥用,继而丧失其数据权益。经营者付出一定成本取得的商业数据,带来其在商业市场上的竞争优

---

① 北京微梦创科网络技术有限公司诉北京淘友天下技术有限公司、北京淘友天下科技发展有限公司不正当竞争纠纷案,简称微梦公司诉淘友公司案,参见北京市海淀区人民法院(2015)海民(知)初字第 12602 号民事判决书、北京知识产权法院(2016)京 73 民终 588 号民事判决书。

② 参见北京知识产权法院(2019)京 73 民终 2799 号民事判决书。

势，只有其采取一定的技术措施维持其竞争优势的情况下，其数据权益才受到《反不正当竞争法》的保护。因此，其他经营者使用数据持有人未采取保护措施而任由公众可以无偿利用的数据，并未损害数据持有人的核心竞争力，未足以造成对数据经营者类似产品的实质性替代，不构成不正当竞争。该判定亦符合数据作为市场化配置生产要素的设置，有利于鼓励市场主体积极利用公开的互联网信息数据，创新商业模式或数字产品，实现数据信息价值的高效利用和数据社会价值的最大化。

三、基于商业数据类别的"实质性替代"要件分析

（一）"实质性替代"要件的法源

"实质性替代"要件原属著作权领域对于作品是否构成"合理使用"问题的判定规则，《最高人民法院关于审理侵害信息网络传播权民事纠纷案件适用法律若干问题的规定》[1] 第五条规定："网络服务提供者以提供网页快照、缩略图等方式实质性替代其他网络服务提供者向公众提供相关作品的，人民法院应当认定其构成提供行为。"由此形成"实质性替代"作品作为认定侵害信息网络传播权行为的依据。上述条款的"实质性替代"，即网页快照、缩略图等反映了原作品的核心内容，实际替代网络服务提供者提供的原作品。由此可见，侵害信息传播权纠纷中的"实质性替代"要件，是基于侵权责任模式的判定而非基于权益保护模式判定，其"实质性替代"要件是指向侵权客体，并不以导致严重的侵权结果为判定法律责任的依据，无需考量被诉行为是否将原权利人挤出商品市场的问题。信息网络传播权侵权中的"实质性替代"要件侧重于客观事实的判断，考虑网页快照、缩略图是否起到实质替代原作品或网页资讯的效果[2]。

由此可见，著作权法中的"实质性替代"是基于权利保护的法律框架。然而，对商业数据的保护是基于权益保护的法律框架。

（二）基于商业数据竞争权益的"实质性替代"要件考量

结合司法实践中的案例来看，数据不正当竞争纠纷中所涉的商业数据可分为公开的用户创建数据及未公开的用户数据，公开的用户创建数据信息又可分

---

[1] 《最高人民法院关于审理侵害信息网络传播权民事纠纷案件适用法律若干问题的规定》（2012 年 12 月修正）。

[2] 李勇：《数据不正当竞争行为的实质性替代标准》，载《中国流通经济》，2023 年 6 月，第 37 卷第 6 期，第 116 页。

为采取技术管理措施的公开用户信息和未采取技术管理措施的公开用户信息。未公开的用户数据信息保护是否以采取技术管理措施为前提的问题存在争议，对该类信息数据的抓取行为是否以"实质性替代"标准作为判断构成不正当竞争依据的问题也存在较大争议。

对于竞争权益而言，"实质性替代"要件是基于不正当竞争行为结果的权益衡平而非基于不正当竞争行为的规制。数据不正当竞争保护模式下的"实质性替代"标准，容易导致经营者的数据产品在面临被挤出市场的危机时，才能获得《反不正当竞争法》的保护。但是，对于部分类型的商业数据而言，将商业数据不正当竞争行为的规制前提限定于行为造成严重损害之后，并不利于对相关公众数据权益的保护，尤其是当涉及个人信息数据安全的商业数据时，该类数据被非法抓取后，存在即发式侵权的可能，而且，未公开的用户个人信息数据的不正当使用将导致难以弥补的后果。因此，"实质性替代"不宜适用于所有的数据类别。如腾讯公司诉珍分夺秒公司案所涉被抓取的微信公众号用户的账号、密码，该类信息并不属于用户创建的公开信息，而是由数据经营者进行管理和保护的未公开的用户信息，珍分夺秒公司将数以千万计的微信公众号平台上的用户账号、密码置于不确定的风险环境中，危害数据安全的行为虽未实际发生，但存在即时发生的可能性，亦不符合用户数据安全利益。而且，极易损害微信公众平台的正常运营秩序及安全，扰乱公平竞争秩序，构成《反不正当竞争法》第十二条规定的破坏其他经营者合法提供的网络服务正常运行的行为，如该类行为未受到及时规制，将损害平台运营商对巨量用户数据的有效管理和正常运营，并危及用户数据安全利益。因此，在上述情况中，对于未公开的用户信息数据抓取行为，不宜以导致"实质性替代"的结果作为行为规制的前提。

综合考量《反不正当竞争法》中互联网专条的兜底条款适用标准和关于用户数据安全的相关法律法规立法精神，厘清经营者抓取用户数据信息是否构成不正当竞争行为，需要考量以下因素：一是经营者获取数据的主观意图，如经营者故意通过误导网络用户的方式，抓取用户信息并私自保存，则可认定该获取数据的行为存在恶意。二是网络服务提供者获取用户数据的正当性。获取用户数据构成数据处理行为，如经营者未能证实同意其获取及保存网络账户数据是网络用户的真实意思表示，则该数据获取行为缺乏正当性。三是用户数据安全利益是否受到损害的可能性。危害数据安全的行为虽未实际发生，但存在即时发生的可能性，亦不符合用户数据安全利益。四是获取数据的行为破坏其他经营者合法提供的网络服务正常运行的可能性。擅自抓取其他网络服务提供者所管理的海量数据，且未具备保障用户数据处于持续安全、有效保护和合法利用状态的能力，则可能破坏其他经营者合法提供的网络服务正常运行。五是规制即发式互联网不正当竞争行为的必要性。经营者虽未实际使用其私自抓取的用户数据，但用户数据的安全性可能受到即发式的危害，属于将其他互联网平台的海量用户数据置于不确定的风险中，易损害其他经营者合法提供的网络服务正常运行秩序并危及用户数据安全。

将"实质性替代"要件设定为数据不正当竞争的构成要件之一，有利于经营者之间的商业数据共享和数据运营模式的创新，促进数据多维竞争和跨业竞争，最终促进商业数据作为现代商业市场的生产要素之一，得以蓬勃发展。但亦应考虑《反不正当竞争法》的本质，不应仅从对市场主体权益侵害的视角审视竞争行为的正当性，通过技术抓取非公开的用户数据，并不必然导致数据收集者核心竞争力的实际损害，但存在增加用户信息数据安全维护成本的极大可能。尤其是当"实质性替代"要件的适用范围扩大至商业数据抓取行为及数据披露行为时，数据抓取行为及数据披露行为的实施阶段，"实质性替代"式损害往往尚未发生，如需要损害结果足够严重作为触发不正当竞争救济机制的前提，则经营者往往难以证实数据抓取行为、数据披露行为与数据产品被实质性替代之间的必然联系，这将可能导致"实质性替代"要件因救济成本过高而成为难以推动数据高效流通的"严苛"标准。因此，应避免仅以经营者权益受到实质侵害为判断依据，需结合考虑数据权益本质及其用户数据安全维护成本，在鼓励商业数据经营模式创新和提升商业数据的利用效率的同时，亦应考量减少商业数据的利用成本及维护用户信息数据安全的市场成本问题。

编写人：广州知识产权法院　黄彩丽
（编辑：王厚权）

30

虎牙公司与陈某、寻梦公司不正当竞争纠纷案

> **阅读提示**：如何认定网店向用户提供虚假实名认证服务的不正当性？

【裁判要旨】

主播虚假实名认证将损害直播平台的平台准入规则、惩罚机制、主播信用管理体系等的直播生态环境，直播平台经营者、用户及合规主播的正当权益将会受到损害，影响网络直播行业的良性发展，网店向用户提供虎牙直播"虚假实名认证"服务的行为，具有不正当性，构成不正当竞争。

【案号】

一审：广东省广州市南沙区人民法院（2021）粤 0115 民初 14031 号
二审：广州知识产权法院（2022）粤 73 民终 2619 号

【案情与裁判】

上诉人（一审原告）：虎牙公司
被上诉人（一审被告）：陈某
被上诉人（一审被告）：寻梦公司

起诉与答辩

虎牙公司起诉称：虎牙公司系虎牙直播平台的经营者和管理者，制定并公示各种平台规则，包括在用户进行账号注册、直播功能开通环节设置了身份验证环节作为平台准入机制。寻梦公司为拼多多平台的经营者和管理者，陈某在拼多多平台开设的"网络好服务"网店，宣传销售"虎牙直播开通"商品，为

各平台主播开通直播功能提供虚假实名认证代开服务，该行为直接导致包括未成年人和违规被禁播的主播在内的不符合开播条件的用户能够开通虎牙直播功能，从而破坏各直播平台的市场准入机制和平台惩罚措施，干扰了直播平台的正常治理，损害各直播平台诚信、安全的平台生态，损害消费者的合法权益，违反诚实信用原则，构成不正当竞争行为。故起诉请求：1. 判令陈某停止不正当竞争行为，包括但不限于删除商品链接、停止宣传、关闭店铺等；2. 判令陈某在《中国知识产权报》显著位置，以及新浪、网易顶部通栏刊登声明，消除影响；3. 判令陈某赔偿经济损失及合理维权支出50万元；4. 判令寻梦公司立即关闭涉案店铺，删除相关商品链接。

陈某在一审时未答辩。

寻梦公司答辩称：1. 寻梦公司并非适格被告。寻梦公司系拼多多平台经营者，系第三方入驻模式的电子商务平台，平台上商品由第三方入驻商家直接销售，寻梦公司仅负责平台日常维护、技术支持，不可能实施被诉侵权行为。2. 寻梦公司无过错。寻梦公司在商家入驻时要求其提供个人或企业证照信息、相关资质证明文件，通过平台审核后方可开店经营。平台内有500多万个入驻商家，过亿在线商品和服务，且平台数据实时变化，寻梦公司客观上无法做到全面、实质性审查；寻梦公司已在官方公开《知识产权投诉指引》，收到权利人有效投诉后立即采取下架、断开链接等有效处理措施；寻梦公司不知晓虎牙公司的权利状况和侵权信息存在，收到起诉材料后已及时采取有效处理措施，已尽到事前审查、事后合理审慎的注意义务，没有过错。3. 被诉侵权行为已不存在。寻梦公司收到起诉材料后，立即核实商品信息，及时删除、屏蔽链接。

一审审理查明

虎牙公司为有限责任公司（法人独资），经营范围为软件和信息技术服务，其制订的《虎牙用户服务协议》规定：用户需通过实名手机号注册（升级）虎牙账号，虎牙账号使用权仅属于申请注册并完成实名认证的用户，禁止账号的赠与、借用、租用、转让或售卖。用户保证注册虎牙账号时填写的身份信息是真实的，任何非法、不真实、不准确的用户信息所产生的责任由用户承担。《虎牙隐私政策》规定：特定场景下根据国家法律规定需要您提供实名信息，包括：您成为虎牙主播需要根据国家相关规定完成实名认证，需要提供您的真实姓名、身份证号码和银行卡号（同时用于提现功能）信息。《虎牙主播违规管理办法》规定：虎牙主播必须遵守本办法，否则将受到相应处罚。虎牙主播有义务保证直播环境健康有序，禁止实施破坏平台正常秩序、侵害平台合法利益的行为，包括：侵害平台合法权益，妨碍平台正常运营，破坏虎牙服务公平性或者其他影响虎牙软件政策运营秩序的行为；主动或被动刷分、合伙作弊、使用外挂或者其他作弊软件、利用 BUG（又叫"漏洞"或者"缺陷"）、恶意多开账号等行为；在其他网络平台实施干扰虎牙平台正常运营秩序或损害虎牙平台合法利益的行为；其他对直播行业生态造成不良影响的行为。

虎牙助手 App 中的《虎牙平台主播开播协议》网页截图显示："特别提醒：平台禁止未成年人直播。3. 使用规则 3.1 虎牙账户开通直播功能应当提供本人真实、准确、合法的身份信息，并通过虎牙平台的实名认证身份核验环节。禁止使用与账号注册人不相符的虚假身份骗取直播功能开通。3.2 平台禁止未成年人直播。主播须年满 18 周岁，具有完全的民事行为能力。"

虎牙公司提交的相关公证书载明，虎牙公司代理人在拼多多网站"网络好服务"网店购买链接名称包含"虎牙直播开通权限"的商品，并使用该商品的虚假实名认证代开服务代成功代开通直播功能。

虎牙公司提交的联合信任时间戳中心证书内文件显示，链接名称为"虎牙直播斗鱼直播代开哔哩哔哩直播权限 CC 开通直播西瓜映客"的商品，价格为39.9 元起，已拼 758 件，商品评价 303；链接名称为"虎牙直播权限游拍直播斗鱼西瓜火山代开直播企鹅电竞直播开通"的商品，价格为 60 元起，已拼 20件，商品评价 9。虎牙公司主张涉案店铺共为 56 个虎牙直播账号虚假认证成功，并确认上述两款商品链接现已下架。

虎牙公司称，虎牙直播账号必须经实名认证才能直播，实名认证包括三个步骤，第一步是对账号绑定的手机号码进行验证，第二步是填写身份信息（包括姓名、身份证号等），第三步是人脸核验。被诉侵权行为的具体步骤是，客户（即被诉侵权链接购买者）注册虎牙账号并绑定手机号，在被诉侵权网店链接下单购买后，向该网店客服提供虎牙账号及其绑定的手机号码，先向其发送验证码登录虎牙账号；再向其提供验证码完成第一步直播手机验证码验证；随后由该网店完成第二步身份信息填写、第三步人脸核验后，该账号即认证完成，显示可以直播，客服将虎牙认证成功截图发送给客户，客户可使用该账号进行直播。

虎牙公司明确不向寻梦公司主张赔偿责任，仅诉请关闭涉案店铺、删除侵权链接，主张其合理维权开支包括律师费 10 万元、公证费 4000 元，并提供公证费发票、委托代理合同、律师费发票及支付凭证予以证实。

一审判理和结果

一审法院经审理认为，首先，关于竞争关系。陈某经营的"网络好服务"拼多多网店所提供的虎牙直播代开服务，专门针对虎牙直播平台用户，依附虎牙直播平台账号直播功能而存在，并从中获取利益。虽然其行为后果并非分流或减少虎牙平台用户及流量，但其规避虎牙平台的身份认证程序，损害了虎牙公司的平台监管秩序和网络生态健康，造成虎牙直播平台监管成本和风险的提高，并可能由此给虎牙平台商誉及经营造成不良影响，因此，陈某经营的"网络好服务"网店与虎牙公司之间存在竞争关系。其次，关于被诉不正当竞争行为的依据。本案属于立法时未预见到的新型不正当竞争行为，被诉侵权行为无法直接援引《反不正当竞争法》第二章关于混淆、虚假宣传、侵害商业秘密等具体条款，故可以而且应当适用一般条款予以调整。最后，关于被诉侵权行为的正当性判断。虎牙公司已经举证证明主播实名身份认证是《互联网直播服务管理规定》及相关规定对直播平台的强制性要求，也是直播行业普遍遵守的行业规范，而陈某作为专门提供直播代开业务的网络店铺经营者，应当清楚《互联网直播服务管理规定》《虎牙用户服务协议》《虎牙平台主播开播协议》等对虎牙账号身份信息真实性、合法性、准确性要求，以及虎牙主播实名身份认证的程序设置，仍然向公众提供代认证服务，并从中获取利益，主观上明显具有过错；被诉侵权行为规避虎牙实名身份认证程序，使部分按照相关规定不能从事网络直播行为的用户通过并非其本人的身份信息开通虎牙直播服务，违反了虎牙平台的监管规定，损害了虎牙平台的管理秩序，提高了虎牙平台的监管成本和运营风险，损害了虎牙公司的合法权益；从整个网络直播行业发展及公共利益角度看，《互联网直播服务管理规定》等相关规范性文件规定网络直播实名认证的目的在于培育积极健康、向上向善的网络文化，维护良好网络生态，为广大网民特别是青少年成长营造良好网络空间。而被诉侵权行为规避了国家对从事直播行为的人员的身份及资质要求以及对特殊群体，特别是未成年人的保护性监管规定，违反了法定的管理规范和公认的行业道德，扰乱了直播平台的监管秩序，不利于网络直播行业的健康发展和良好网络文化、生态环境的营造，不利于对未成年人的充分保护，具有明显的不正当性。故陈某在涉案店铺销售被诉侵权产品的行为构成不正当竞争，应当承担停止侵权、赔偿损失的法律责任。

关于虎牙公司的其他诉讼请求，一审法院认为，在涉案网店中的被诉侵权链接已经下架、被诉侵权行为现已未继续存在，而被诉侵权店铺仍有其他商品链接销售且虎牙公司并非相关权利人的情况下，仅因被诉侵权店铺将来可能重新进行针对虎牙公司的被诉侵权行为而关闭被诉侵权店铺理据不足；另，虎牙公司未提交证据证明陈某的不正当竞争行为对其商誉造成了不良影响，对虎牙公司关于刊登声明、消除影响的诉请不予支持。

一审法院判决：1. 陈某自判决生效之日起七日内向虎牙公司赔偿经济损失及合理费用共计 8 万元；2. 驳回虎牙公司的其他诉讼请求。

上诉与答辩

一审宣判后，虎牙公司不服，向广州知识产权法院上诉称：1. 一审法院未判决关闭涉案店铺属于认定事实错误，适用法律不当。首先，涉案店铺所谓商品链接具有特殊性，不同链接均指向陈某通过涉案店铺提供的针对直播平台的虚假实名认证服务，具有同质性，只有判令关闭店铺才能实现停止侵权效果。其次，被诉侵权行为的性质和损害后果具有特殊性，陈某通过涉案店铺提供的虚假实名认证服务具有明显的违法性和不正当性，若放任陈某继续经营涉案店铺，持续提供虚假实名认证服务，不仅会导致虎牙公司损害扩大，更会损害消费者利益，导致直播行业监管秩序混乱。再次，本案侵权主体具有特殊性，由寻梦公司采取关闭店铺的措施更为适当，采取关闭涉案店铺的措施未超过遏制不正当竞争行为的必要限度，更能有效制止被诉侵权行为。另外，根据《拼多多禁发商品及信息管理规范》《拼多多禁发商品及信息名录》，涉案店铺内所有商品均属于拼多多平台内的禁售商品。根据寻梦公司自己指定并公示的平台规则，其应当采取清退商家的治理措施。2. 一审判决赔偿金额过低。陈某多次重复侵权，甚至在一审判决作出后仍继续实施侵权行为，行为性质恶劣，主观恶意强。故请求撤销一审民事判决，依法改判陈某关闭店铺；拼多多公司注销涉案店铺账号或关闭店铺客服功能；陈某赔偿虎牙公司经济损失及合理维权费用共 50 万元。

陈某答辩称：1. 寻梦公司存在监管不力的情况，应承担连带责任。2. 陈某并非本案适格被告，没有证据证明陈某是虚假实名认证。主播在虎牙签订《虎牙用户服务协议》等管理协议，约束对象都是主播，如违反相关协议，应由主播承担相关责任；陈某的店铺仅为认证人与买家的衔接提供交易平台，并未经营买卖账号、租号、提供手机号卡等服务，仅是"提供实名核验帮助"；实际侵权人应当是账号实际所有人，陈某没有通过网络技术虚拟实名认证，也没有这方面的技术能力；在被诉侵权商品介绍及回复中明确禁止未成年人购买且没有证据证明陈某开通的账号用于未成年人直播；虎牙平台设置的合同条款为格式条款且约束对象为主播本人。3. 虎牙直播中存在大量实际直播人与账号注册人不符的情况，虎牙公司未对"号不对人"情况进行监管。虎牙平台存在默许代播和二台，很多公会长期买卖已绑卡的虎牙账号提供给自己的大主播。4. 被诉侵权行为没有对虎牙直播平台造成实际损失，不构成不正当竞争。虎牙平台收入主要来源于直播打赏分成、广告收入、电商抽成，对于入驻的主播来说，无论主播与实际账号所有人是否一致，都可为虎牙平台赚取利润，不存在造成虎牙公司损失的问题；陈某在开通直播后已经提醒买家遵守平台规则，已经尽到告知监管的义务；虎牙平台的经营模式是通过主播展示才艺为用户提供直播内容，用户打赏主播分成。涉案店铺营业目的是为主播提供开通直播的服务，陈某与虎牙公司不存在竞争关系；虎牙公司存在夸大、虚构、隐瞒真相等诉讼行为；涉案店铺销售量部分为刷单，并非实际收入；虎牙公司支出的律师费等维权合理支出系一审法院自由裁量的结果，不属于法律适用错误，不属于二审改判的法律适用问题。

寻梦公司答辩称：一审认定事实清楚、适用法律正确，请求驳回虎牙公司的上诉请求，维持原判。

二审审理查明

二审查明事实与一审查明事实一致。

二审判理和结果

二审法院经审理认为，提供虚假实名认证服务行为虽然发生在网络领域，但其从行为性质和表现形式来看，其并非网络领域特有的、利用专业技术手段实施的行为，该行为实质是一般不正当竞争行为在网络领域的延伸，在虚假实名认证服务不能适用《反不正当竞争法》关于网络领域不正当竞争行为的规定的情况下，可以适用《反不正当竞争法》的一般条款审查被诉侵权行为的正当性。陈某在经营的拼多多店铺为网络用户提供开通包括虎牙直播平台在内的主播开播实名认证服务，破坏了虎牙直播平台的主播准入机制、惩罚机制、主播信用管理体系，违背了诚实信用原则和商业道德，损害了互联网经营者的合法权益和直播平台使用者的合法权益，对互联网直播生态将会造成严重损害，陈某提供虚假实名认证服务的行为构成不正当竞争，同时，鉴于虚假实名认证服务对直播商业模式和正常营运秩序的危害，以及对直播行业生态损害的严重性，同时考虑到陈某存在对虎牙直播以外的其他网络直播经营者提供虚假实名认证服务，有必要预防、警示和遏制类似涉案不正当竞争行为的重现，对虎牙公司上诉主张陈某及寻梦公司关闭店铺的请求，予以支持。

二审法院判决：1. 维持一审判决第一项；2. 撤销一审判决第二项；3. 陈某在判决生效之日停止实施不正当竞争行为，即关闭拼多多平台店铺；4. 寻梦公司在判决生效之日注销陈某经营的拼多多店铺账号；5. 驳回虎牙公司的其他诉讼请求。

【法官评述】

本案系网络直播领域首例虚假实名认证服务不正当竞争纠纷案件，本案首次判令提供网络服务的平台商承担关闭被诉店铺的行为，为营造风清气正的网络直播环境提供有力的司法保护。关于提供网络服务的平台商是否有必要承担关闭被诉店铺的责任，本案从以下几方面进行了分析论证。

一、提供虚假实名认证服务行为的性质

《反不正当竞争法》第十二条规定，经营者利用网络从事生产经营活动，应当遵守本法的各项规定。经营者不得利用技术手段，通过影响用户选择或者其他方式，实施妨碍、破坏其他经营者合法提供的网络产品或者服务正常运行的行为。可见，该条系对网络领域不正当竞争行为的规定。本案中，虎牙公司二审提交的证据显示虎牙平台主播开播实名认证流程如下：第一步，进行手机安全核验，输入虎牙账号绑定的手机号收到的验证码；第二步，填写身份信息，提供真实姓名和对应的身份证号；第三步，通过"腾讯云慧眼人脸核身"进行人脸核验。结合上述证据及被诉店铺提供的认证过程分析，陈某通过被诉店铺为买家提供开通虎牙直播平台账号实名认证服务，其认证过程为买家在无需提供其身份信息的情况下，向陈某提供其已注册的虎牙账号及绑定的手机号码，由陈某为买家提供填写身份信息并进行实名认证服务，认证过程中买家还需要按陈某的要求提供验证码；根据虎牙公司二审提交的四次公证使用被诉虚假实名认证服务开通直播功能的四个虎牙账号后台信息，虎牙直播后台均留存有人脸核验过程中的实名认证人照片。可见，陈某系通过招募网络用户为买家（即买家与实名认证人为不同自然人）提供身份信息、进行人脸核验，而非通过专业技术手段绕过人脸核验等进行实名认证。

因此，被诉侵权行为虽然发生在网络领域，但从其行为性质和表现形式来看，其并非网络领域特有的、利用专业技术手段实施的行为，该行为实质是一般不正当竞争行为在网络领域的延伸，故不能适用《反不正当竞争法》第十二条进行审查判断。由于虚假实名认证服务不属于《反不正当竞争法》具体条款所规制的竞争行为，故应当依据《反不正当竞争法》第二条即一般条款进一步

审查被诉行为的正当性。

二、提供虚假实名认证服务具有不正当性

《反不正当竞争法》第二条第一款规定，经营者在生产经营活动中，应当遵循自愿、平等、公平、诚信的原则，遵守法律和商业道德。在适用一般条款时，对竞争行为正当性的判断，不仅应以诚实信用和商业道德为标准，还应综合考量是否扰乱市场竞争秩序，损害其他经营者或者消费者的合法权益，以及是否对未来业态发展趋势产生影响。

1. 提供虚假实名认证服务违背诚实信用原则和商业道德

竞争自由是一项最基本的竞争政策。市场竞争中的相互争夺性损害是允许的和常态的竞争损害，对于竞争行为的干预是例外。在具有竞争关系的经营者之间发生竞争时，应当遵循诚实信用原则，恪守商业道德。诚实信用原则既是法律确立的民事主体在民事活动中应当遵守的最基本的行为准则，也是民事主体在商业活动中应当遵从的道德规范。商业道德要按照特定商业领域中市场交易参与者即经济人的伦理标准来加以评判，是指特定商业领域普遍认知和接受的行为标准，具有公认性和一般性，但具体到个案中的商业道德，应当结合案件具体情形来分析判定。在市场经营活动中，为规范特定领域的竞争行为和维护竞争秩序，主管机关有时会结合其行业特点和竞争需求，在总结归纳其行业内竞争现象的基础上，以行业协会或部门规章等形式制定行业内的从业规范，以约束行业内的企业行为或者为其提供行为指引。这些行业性规范常常反映和体现了行业内的商业道德标准，可以成为人民法院发现和认定行业通常行为标准的重要渊源之一。

2016 年网络直播爆发，盈利性网络直播平台发展迅速，直播亦从 PC 端延伸至手机端，"全民直播热"兴起，与此同时，新兴的网络直播行业也因缺乏制度监管而乱象丛生。为加强对互联网直播服务的管理，保护公民、法人和其他组织的合法权益，维护国家安全和公共利益，国家互联网信息办公室于 2016 年 11 月 4 日颁布了《互联网直播服务管理规定》。该规定第十二条第一款规定："互联网直播服务提供者应当按照'后台实名、前台自愿'的原则，对互联网直播用户进行基于移动电话号码等方式的真实身份信息认证，对互联网直播发布者进行基于身份证件、营业执照、组织机构代码证等的认证登记。互联网直播服务提供者应当对互联网直播发布者的真实身份信息进行审核，向所在地省、自治区、直辖市互联网信息办公室分类备案，并在相关执法部门依法查询时予以提供。"第十五条还规定了黑名单管理制度等。可见，该规定从实名制、

黑名单管理制度等落实主播责任及平台管理权限等。在此背景下，包括虎牙、YY、快手等在内的多个直播平台均制定了各自的平台规则，以主播实名认证作为直播开播的必要条件。可见，互联网直播发布者即主播在开播前进行实名认证，已经是直播行业商业道德和行为准则。陈某经营的"网络好服务"店铺为包括虎牙直播在内的多个直播平台提供主播开播虚假实名认证服务，为自己谋取商业机会和利益，违反了《互联网直播服务管理规定》的规定，违背了诚实信用原则和商业道德，其不正当性显而易见。

2. 提供虚假实名认证服务损害互联网经营者的合法权益

网络直播，是指基于互联网，以视频、音频、图文等形式向公众持续发布实时信息的活动，是一种新兴的在线娱乐或服务方式。网络直播涉及网络直播平台经营者（即互联网直播服务提供者）、主播（即互联网直播发布者）和用户。

首先，虎牙公司对自身的互联网经营模式及其提供的互联网产品或服务享有合法的权益。虎牙直播平台是以游戏直播为主的弹幕式互动直播平台，并已逐步涵盖娱乐、综艺、教育等多元化的弹幕式互动直播内容。虎牙直播平台主要的商业模式是：通过平台服务吸引主播在其平台内开播，又以优质主播和直播内容吸引用户获取流量。互联网经营者之间的竞争核心就是获取流量并变现，流量越大，经营者获利越大。流量的本质是用户，用户的核心是用户的判断和选择行为，对于网络直播而言，影响用户判断和选择的最关键、最重要因素是主播，直播平台对于主播的依赖性很大。为了争夺流量，直播平台经营者想方设法吸引、培养优质主播进而获得优质的直播内容，并将优质主播进行重点推送或推荐。同时，经营者也会以主播的号召力及其增长度等指标为基础，进一步确定推广内容和方向，吸引用户，聚合资源，提高直播平台的影响力。上述商业模式的良性运行有赖于安全、诚信、健康的直播平台生态环境，而主播虚假实名认证将损害直播平台的平台准入规则、惩罚机制、主播信用管理体系等，直播平台经营者、用户及合规主播的正当权益将会受到损害。因此，虎牙公司作为虎牙直播经营者，通过构建主播、用户、平台三者的良好生态逐步将虎牙直播经营成为有影响力、号召力的直播平台，虎牙公司对其商业模式及其互联网产品或服务享有合法的权益。

其次，虚假实名认证必然增加互联网经营者的经营成本及风险。直播平台提供互联网直播服务，应当遵守法律法规，坚持正确导向，大力弘扬社会主义核心价值观，培育积极健康、向上向善的网络文化，维护良好网络生态，维护国家利益和公共利益，为广大网民特别是青少年成长营造风清气正的网络空间。虎牙公司作为虎牙直播平台的经营者，通过平台准入机制、惩罚机制、信用管理体系等对主播进行规范，而实名认证机制是虎牙公司实施上述平台规则、维护平台生态健康的基础。虚假实名认证服务破坏了包括虎牙公司在内的直播平台经营者制定的主播准入机制，有可能导致未成年人违法开播、禁播主播再次开播等，虽然被诉店铺有未成年人禁买的告知内容，但是在虚假实名认证的情况下，该告知内容不足以制止未成年人在直播平台开播，主播开播实名认证是直播平台后续进行有效管理，落实直播平台、主播责任的前提条件。为维护公平、健康的直播秩序，作为直播平台运营商，虎牙公司必然要投入大量成本，花费一定力量遏制和打击虚假实名认证主播违规开播等行为，应对用户、平台内其他主播投诉等，这也会损害虎牙公司的正常经营管理秩序，增加虎牙公司的运营维护成本。

最后，虚假实名认证将会导致直播平台服务质量的降低。网络直播平台盈利模式主要依赖于流量与主播分成，在商业价值实现上，以优质直播内容吸引用户购买平台虚拟货币在直播间内消费是直播平台商业模式中的重要一环。主播是直播平台的最核心商业资源，用户是直播平台实现商业利益的重要来源，直播平台商业价值的实现有赖于用户和主播在平台内交互，主播不断提升直播内容质量，平台持续优化用户体验，不断提升用户消费意愿。直播平台的经营者如何规范主播行为提升直播内容，增强用户的信赖度，从而营造健康的网络生态环境，核心在于如何规范主播，落实主播的主体责任，并为平台内的主播提供公平、公正的竞争环境。而落实主播主体责任的前提在于主播实名认证的真实性。一方面，通过虚假实名认证开播的主播的违法违规行为使得主播考量其直播行为影响的激励机制失效，同时禁播主播通过虚假实名认证逃脱"黑名单制度"的惩罚也将破坏直播平台的主播信用等级体系，进而损害平台内主播的公平竞争环境；另一方面，经虚假实名认证主播的违法违规行为不能得到有效抑制的情况下，失效的处罚机制、信用等级体系亦可能导致"劣币驱逐良币"，即使得优质主播退出平台，从而降低虎牙直播的服务质量，长此以往，必然发生用户和消费者降低对虎牙直播服务的信用评价，虎牙公司的合法权益必将遭受损害。

3. 提供虚假实名认证服务损害直播平台使用者的合法权益

网络直播平台使用者包括主播和用户，虚假认证行为将损害直播平台使用者合法权益。首先，虚假实名认证行为损害了直播平台内普通主播的合法权益及正常的直播秩序。虚假实名认证行为破坏了黑名单制度和信用管理体系的实施效果。黑名单制度是对实名制的补充和落实，目的是根治主播被封停账号后以另一个虚假身份重回直播平台的恶性循环，而信用等级管理体系则有利于增强平台内主播的自律意识。使用虚假实名认证的主播，通过绕过平台准入机制、黑名单制度从而逃避主播主体责任，这不仅破坏了直播行为本身的平衡性、竞争的公平性及正常的直播环境和直播秩序，缺乏优质主播和直播内容的平台，还会降低用户（消费者）的互动体验和直播观看兴趣，可能使用户对直播平台失去信心甚至最终退出直播平台。从长远来看，虚假实名认证行为还会给直播产业的发展带来不良影响。其次，虚假实名认证的主播开播侵害了消费者的知情权和选择权。消费者享有知悉其购买、使用的商品或者接受的服务的真实情况的权利，我国法律法规在不同层面都赋予网络用户和消费者对互联网产品或服务享有知情权和选择权，如《消费者权益保护法》第八条、《电子商务法》第十七条等相关规定。通过虚假实名认证的主播开播，以虚假身份欺骗和误导用户和消费者，无疑是对用户和消费者的知情权和选择权的侵害。

三、关闭被诉店铺的必要性

第一，被诉店铺以提供虚假实名认证服务为主。一般网络用户应当知晓直播平台主播实名认证规则，陈某作为被诉店铺经营者为用户提供开通包括虎牙直播在内的多个平台的主播虚假实名认证服务，其应当知道其行为的违法性，特别是在收到本案起诉材料及寻梦公司向其发送的站内信后，仍持续实施提供虚假实名认证服务的违法行为。虎牙公司二审提交的证据显示，被诉店铺存在同一个商品链接针对多个直播平台提供虚假实名认证服务的情况，亦存在以名为提供其他直播平台服务的链接，实为提供虎牙直播虚假实名认证服务的情况。可见，现有证据显示被诉店铺不同商品链接均指向各个直播平台的虚假实名认证服务，即被诉店铺主要以提供虚假实名认证服务为主。

第二，寻梦公司采取的现有措施不足以制止被诉侵权行为。寻梦公司称其在收到本案起诉材料后立即于2021年9月3日删除涉案侵权商品链接并同步向商家发送了站内信，其间陈某继续销售，寻梦公司于2021年11月10日又对其销售链接采取删除措施。虎牙公司二审提交的证据显示，2022年1月、6月，陈某仍继续通过被诉店铺的其他商品链接和客服功能向用户提供虚假实名认证服务。据此，寻梦公司于2022年6月7日即二审庭询前又对涉案店铺采取店铺限制措施，包括禁止上新、禁止上架等措施。但虎牙公司在二审庭询时即2022年7月8日通过取证发现，陈某仍继续通过被诉店铺客服功能向用户提供虚假实名认证服务。虽然一般消费者难以通过店铺客服进行购买，但是进行虚假实名认证服务的用户往往是固定的，在其通过虚假实名认证的主播账号被禁后仍有可能继续通过被诉店铺客服功能下单购买被诉服务。可见，寻梦公司对被诉店铺采取的针对"虎牙直播"等特定商品的禁售以及关闭店铺部分功能等限制措施均不足以制止陈某通过被诉店铺继续实施被诉行为。

第三，采取关闭店铺措施符合寻梦公司制定的拼多多平台治理规则。寻梦公司制定的《拼多多禁发商品及信息管理规范》第2.1条规定："商家不得出售国家法律法规禁止销售，或根据平台协议、平台规则禁止销售的商品（'禁售商品'）。禁售商品名录详见本规范附件一《拼多多禁发商品及信息名录》。"第3条"违规处理"规定："拼多多平台发现商家违反本规范之规定，出售禁售商品、发布禁售商品相关信息或其他违规信息的，将视情况采取下列一项或者多项处理措施：……3.5 解除协议、终止合作，清退商家。"该规范附件一《拼多多禁发商品及信息名录》第十四条规定，未经允许、违反国家法律法规或不适合交易的商品包括：已激活的手机卡、上网卡等违反国家实名制规定的商品；未经实名登记便可登录使用的通话、上网类商品及服务。第十六条规定，网络游戏、账号及相关服务类禁发商品包括：互联网用户账号类商品或服务。可见，虚假实名认证服务系拼多多平台禁售商品，依据平台规则，可以采取"清退商家"等措施。从寻梦公司对涉案店铺自一审至二审期间采取的措施看，亦是从禁售含"虎牙直播"商品链接到采取限制店铺功能（禁止上新、禁止上架），即所采取的限制措施亦随着被诉侵权行为发生的具体情形而逐步严厉。在涉案店铺前端已无商品在售且不能上架销售商品，即涉案店铺已停止销售商品、终止交易及售前售后服务的情况下，采取关闭店铺措施并不违反拼多多平台规则。

第四，寻梦公司未采取必要措施依法应承担关闭店铺的民事责任。《民法典》第一千一百九十七条规定："网络服务提供者知道或者应当知道网络用户利用其网络服务侵害他人民事权益，未采取必要措施的，与该网络用户承担连带责任。"《电子商务法》第三十八条规定："电子商务平台经营者知道或者应当知道平台内经营者销售的商品或者提供的服务不符合保障人身、财产安全的要求，或者有其他侵害消费者合法权益行为，未采取必要措施的，依法与该平台内经营者承担连带责任。"寻梦公司作为拼多多平台经营者，其在收到本案诉状后在一审期间采取了删除含"虎牙直播"内容的商品链接措施，二审期间又进一步采取了停止商品上架、停止搜索展示等限制措施，但上述措施均不足以制止陈某继续实施提供虚假实名认证服务的违法行为。特别是，陈某在上述限制措施后仍通过被诉店铺客服功能实施被诉行为，可见，寻梦公司称被诉侵权行为已经停止的答辩意见不成立。在寻梦公司亦确认无法关闭涉案店铺的客服功能情况下，关闭涉案店铺是制止被诉行为的必要措施。

综上，根据虎牙公司二审提交的证据，鉴于虚假实名认证服务对直播商业模式和正常营运秩序的危害，以及对直播行业生态损害的严重性，同时考虑到陈某存在为虎牙直播以外的其他网络直播平台用户提供虚假实名认证服务，有必要预防、警示和遏制类似涉案不正当竞争行为的重现，对虎牙公司上诉主张陈某及寻梦公司关闭店铺的请求，二审法院予以支持。

编写人：广州知识产权法院　彭盎

（编辑：邓文婷）

31

东莞银行与张某某不正当竞争纠纷案

> **阅读提示**：如何判断权利效力待定的专利权人的投诉行为是否构成不正当竞争？

【裁判要旨】

专利权在被宣告全部无效后，行政诉讼终审判决前，其权利效力实质上处于待定状态。在此情形下，专利权人应当合理预见到对涉嫌擅自实施专利的主体进行投诉难以产生法律威慑力，徒劳无功是大概率的结果。为避免引起不必要的社会纷争和减少无谓的资源耗费，主动静止／冻结权利的行使实为良善权利人应有之义。但若其执念私利，执意投诉纠缠，只要未超出合理边界，未触犯法律禁止性规定，对其社会价值的消极行为法律上仍宜宽以待之，不应认定为滥用权利的不正当竞争行为。

【案号】

一审：广州知识产权法院（2021）粤 73 民初 920 号

【案情与裁判】

原告：东莞银行

被告：张某某

起诉与答辩

东莞银行起诉称：东莞银行开发、运营了苹果操作系统上为用户提供在线金融交易服务的"东莞银行手机银行"App、"东莞银行村镇银行手机银行"App（合称涉案 App 产品）。张某某申请了涉案发明专利及其他大量与计算机软件相关的专利，同时其是富而思公司法定代表人及控股股东。其谋求通过授权许可获取专利许可费用，属于知识产权许可市场中的经营者，与东莞银行在知识产权许可市场中具有竞争关系。张某某明知涉案专利已被宣告全部无效及东莞银行当时处于上市关键阶段，故意向东莞银行寄送侵权警告函，并向苹果公司投诉东莞银行涉案 App 产品侵害了涉案专利权以索取高额专利许可使用费，最终导致涉案 App 产品下架。其以无效专利恶意投诉的行为违背了诚实信用原则和公认的商业道德，扰乱了正常的市场经营秩序，给东莞银行及消费者造成损害，性质恶劣，后果严重，属于不正当竞争行为。诉请判令：1. 张某某立即停止实施不正当竞争行为，包括但不限于停止实施以被宣告无效的 ZL200910038860.3 号专利向东莞银行寄送侵权警告函、停止实施向任何第三方电子商务平台、向证监会投诉东莞银行开发运营的 App 侵权，以及停止实施向专利行政主管部门申请行政查处等不正当竞争行为；2. 支付损失及合理维权费用共计 89.01 万元；3. 承担本案全部诉讼费用。

张某某答辩称：1. 其不是"经营者"，与东莞银行不存在竞争关系。2. 其行为不构成不正当竞争。终审判决前，无效审查决定仍未生效，涉案专利一直处于"专利权维持"状态。东莞银行擅自实施涉案专利，侵害其专利权。其在向苹果公司投诉之前已经给东莞银行去函，因对方不予理睬才向苹果公司投诉，最终的下架决定是苹果公司按其规则作出。对于专利侵权，一般民众都可以投诉或举报，何况是专利权人。3. 东莞银行赔偿请求无理无据。

一审审理查明

张某某是 ZL200910038860.3、名称为"一种在计算机和其他电子产品中自行提供恰到好处嵌入式帮助的方法和界面"的发明专利的专利权人。2018 年 1 月 12 日，案外人杨某向国家知识产权局专利复审委员会（简称复审委）提出申请，请求宣告涉案专利权全部无效。同期，张某某以中国工商银行股份有限公司（简称工商银行）侵害涉案专利权为由，向北京市知识产权局提出专利侵权纠纷处理请求，工商银行随即向复审委提出无效宣告审查请求。同年 8 月 31 日，复审委作出第 37130 号无效宣告请求审查决定（简称第 37130 号决定），宣告涉案专利权全部无效。之后，张某某撤回对工商银行的专利侵权处理请求。同年 11 月 19 日，张某某就前述第 37130 号决定向北京知识产权法院（简称北知院）提起行政诉讼。2020 年 12 月 30 日，北知院作出（2018）京 73 行初 11732 号行政判决，判决驳回张某某诉讼请求。张某某上诉后，最高人民法院于 2022 年 6 月 13 日作出（2021）最高法知行终 409 号行政判决（简称 409

号判决），判决驳回上诉，维持原判。

2019年9月9日，张某某向东莞银行发送侵权警告函，称东莞银行运营的涉案App产品实施了涉案专利，应立即停止侵权，尽快与其商议缴纳专利许可使用费，否则其将采取进一步措施，包括但不限于向证监会投诉、诉诸法律、向苹果公司投诉让涉案App产品在苹果应用商店App Store下架以及向专利行政主管部门提起专利侵权执法请求等。东莞银行未予回应。9月19日及之后，张某某数次向苹果公司发邮投诉东莞银行涉案App产品侵权，要求尽快下架，其间苹果公司两次敦促东莞银行处理。同年11月6日，苹果公司下架了涉案App产品。当日05：21：25，苹果公司邮件告知东莞银行称根据双方协议，该移除行为是必要的或适当的，若有相关任何问题请直接与张某某联系。15：09，东莞银行通过"赵小姐"与张某某联系。15：49：50及当天晚些时间，东莞银行数次发邮苹果公司称涉案专利权已被宣告全部无效，张某某的投诉没有任何理据，已给该行造成巨大损失，请苹果公司对所附资料（无效宣告请求审查决定书）进行审核，尽快恢复上架涉案App产品，否则将保留追索赔偿的权利。次日（11月7日），张某某在电话中请"赵小姐"转达提议专利许可费每年750万元，诚意来谈的价格可以优惠。之后虽经多次协调沟通，终无果。

2019年11月7日及之后，东莞银行向苹果公司发送反通知及请求，主要告知：涉案专利权已被宣告全部无效，张某某目前无权禁止他人使用涉案专利，其投诉没有任何理据；张某某撤回了此前对工商银行同样的专利侵权投诉，投诉东莞银行明显具有恶意，已给该行造成巨大损失；请苹果公司对资料进行审核后尽快恢复上架涉案App产品，否则将保留追索赔偿的权利（附授权委托书、第37130号决定书等）。11月12日，东莞银行向张某某发送警告函，要求其立即向苹果公司撤回投诉或尽快提起相关侵权诉讼。11月13日，苹果公司邮件告知东莞银行称涉案App产品被移除的原因是苹果公司没有收到张某某关于该事件已经解决的确认函；如果收到张某某关于该事件已经解决的书面通知，该公司可能会将东莞银行涉案App产品恢复上架；关于该事件，请直接与张某某联系。11月14日，东莞银行以张某某为被告在一审法院提起确认不侵害专利权之诉，同期还一再向苹果公司发送反通知及请求，除前述内容外，还告知其已向专利权人发出警告函乃至向法院提起确认专利不侵权之诉（附致张某某的警告函、起诉材料等），请苹果公司尽快恢复上架涉案App产品。11月16日，东莞银行向苹果公司苹果应用审查委员会申诉。11月22日，苹果公司恢复了涉案App产品的运营。

经济损失方面，东莞银行请求法院酌定赔偿数额，合理维权费用提交了律师费发票为证。

一审判理和结果

一审法院审理认为，关于涉案纠纷是否属于《反不正当竞争法》调整范围的问题，首先在主体上，张某某在本案中不论是向东莞银行发出侵权警告函、向苹果公司投诉，抑或声称向法院起诉或向专利执法部门请求调处，都纯粹是以专利权人个人，而非富而思公司控股股东或其他市场主体的身份进行的。富而思公司从未主动或被动参与其中，与涉案纠纷没有法律上的利害关系。不论张某某涉案行为目的最终是否实现，富而思公司都不会因此获利或承责。在无证据显示张某某与富而思公司人格混同的情况下，若仅以张某某系后者投资人及控股股东的身份就认定其为《反不正当竞争法》所述的经营者，其涉案行为为生产经营行为，实属牵强。其次在行为出发点和目的上，由始至终张某某涉案行为均以涉案专利权为立足点，无证据显示张某某涉案行为是为了参与市场，且与获取竞争优势、提升市场地位有关。再次在法律关系上，目前无证据显示张某某与东莞银行或其他市场主体存在竞争关系，张某某涉案行为意图或实际搅动了市场秩序和竞争态势。综上，基于现有证据，难以认定张某某是《反不正当竞争法》所述的经营者及张某某涉案行为属于我国《反不正当竞争法》所述的竞争行为。张某某辩称涉案纠纷不属于我国《反不正当竞争法》调整的范围，应予采纳。东莞银行将张某某以专利权人身份采取的专利维权行为定义为市场竞争行为，请求适用《反不正当竞争法》调整涉案纠纷没有法律依据，应不予支持，其据此提出的全部诉讼请求应予全部驳回。

一审法院判决：驳回东莞银行的诉讼请求。

一审宣判后，东莞银行不服，向广东省高级人民法院提起上诉。二审正在审理中。

【法官评述】

这是一个颇具讨论价值的案例。纠纷中的当事者自是各自喊冤，旁观者道德或法律层面的立足点不同，价值取舍的倾向偏差，使评判结论极可能截然相反。在获授权后被宣告权利无效的权利人，是否还有"权"可维，又如何在权利滥用的边界内"维权"？在当前科技蓬勃创新、知识产权海量授权的情形下，今日观点之分歧或就是明日千千万万个知识产权从业者之纠纷，值得深入思考。本案系不正当竞争纠纷，争议焦点为：1. 涉案纠纷是否属于我国《反不正当竞争法》调整的范围；2.如是，张某某涉案行为是否构成不正当竞争，当承何责。

一、涉案纠纷是否属于我国《反不正当竞争法》调整的范围

梳理案情可知，东莞银行核心诉求是制止张某某的涉案"滥用权利"行为，并要求赔偿。应对权利人滥用权利的法之利器如何？《民法典》第一千一百六十五条规定："行为人因过错侵害他人民事权益造成损害的，应当承担侵权责任。依照法律规定推定行为人有过错，其不能证明自己没有过错的，应当承担侵权责任。"《民事诉讼法》第十三条规定："民事诉讼应当遵循诚信原则。"据此，因他人滥用权利遭受损害的主体可提起恶意提起知识产权诉讼损害之诉。然而本案中，张某某从未提起任何诉讼甚至申请行政裁决，东莞银行与之不存在"恶意提起知识产权诉讼损害赔偿纠纷"的事实基础。东莞银行在本案中援引《反不正当竞争法》第二条"经营者在生产经营活动中，应当遵循自愿、平等、公平、诚信的原则，遵守法律和商业道德。本法所称的不正当竞争行为，是指经营者在生产经营活动中，违反本法规定，扰乱市场竞争秩序，损害其他经营者或者消费者的合法权益的行为。本法所称的经营者，是指从事商品生产、经营或者提供服务的自然人、法人和非法人组织"提起本案诉讼，或系因别无他选。

《反不正当竞争法》被普遍认为是兜底性民事法律，实践中法院对其调整范围也是向来采取从宽不从紧的司法政策，从而为当事人提供其他民事法律没有明确的权利救济机会。就涉案纠纷是否属于我国《反不正当竞争法》调整范围的问题，有两种观点分歧。一种观点是"放宽"，认为：东莞银行运营涉案App产品、提供相应服务，是经营行为。同理，苹果公司运营苹果应用商店亦是市场行为。金融机构在手机App应用系统上提供高效、便捷的金融服务是网络经济时代大势所趋，东莞银行并非在手机应用系统运营App产品的独一家，手机运营商苹果公司亦然。不论东莞银行、苹果公司，都不免与市场上的同业经营者存在竞争，都需要投入大笔资金经营、维护品牌形象以谋求和巩固市场上的"一席之地"。张某某多次向苹果公司投诉施压，说明其主观意识到并实际利用了这种市场制衡关系。东莞银行涉案App产品被下架了一段时间，决策权虽在苹果公司，但终因张某某投诉而起。可见张某某涉案行为不仅涉及东莞银行，还影响到第三方——同为市场经营主体的苹果公司，干预了市场竞争。由此，东莞银行作为市场经营者在自认为经营权益受到损害的情况下，援引我国《反不正当竞争法》寻求权利救济符合法律规定。张某某涉案行为搅动了市

场经济秩序和竞争态势，所引发的纠纷应属我国《反不正当竞争法》调整的范围。另一种观点是贴合案情，对照《反不正当竞争法》的规定，从行为人的主体身份、行为目的、具体情节等方面综合分析，认为本案是单纯的专利维权纠纷，不是因经营者假专利维权之名开展生产经营活动引发的纠纷，《反不正当竞争法》调整范围虽可"宜宽"但不宜过宽。一审法院采纳的是第二种观点。

二、张某某涉案行为应否予以法律否定评价

面对一个有讨论价值的案例，一审法院未止步于以法为据得出司法裁判结论，还从"理"出发，进一步探讨了张某某涉案行为应否予以法律否定评价。毕竟在理论上，涉案纠纷不属于《反不正当竞争法》调整范围，不绝对排除可适用我国其他民事法律予以调整；张某某涉案行为没有触犯《反不正当竞争法》，不代表就必然没有触犯我国其他民事法律。但不论如何，"类"东莞银行的诉求能否得到法律支持，或"类"张某某应否承担法律责任，评判核心无非是行为人的行为是否具有法律（非道德层面）禁止之"不正当性"。

依照我国法律规定，专利权人的合法权益受法律保护；同时，专利权人的维权行为应依法进行，不得损害其他主体的合法权益，不得滥用权利。本案中，东莞银行指控张某某的恶意或不正当行为具体为：第一，明知以无效的专利提起侵权诉讼不会被法院受理，转而向苹果公司投诉以求达到不正当目的。第二，同一专利，专利权被宣告无效后，对工商银行和东莞银行有不同的处理，具有恶意。第三，上述行为发生在东莞银行筹备上市的关键阶段，其试图通过制造恶劣影响，达到以无效专利换取每年700多万元许可费的目的。对此一审法院认为，第一，复审委第37130号决定虽宣告张某某涉案专利权全部无效，但张某某已依法提起了行政诉讼。该行政诉讼终审判决前，涉案专利权法律状态一直显示有效，事实上张某某也持续缴纳了专利年费。由此，张某某认为终审判决一日未作出，专利权在法律上一日未丧失，自己作为专利权人就仍然有权请求法律保护，包括但不限于排除他人擅自实施、请求支付许可费等，具有一定的事实基础。事实上，司法实践中对专利权无效的时间节点问题，即专利权是在无效宣告请求审查决定一经作出即无效，还是需待法律规定的起诉期限届满当事人未就无效决定提起诉讼或者维持该决定的裁判生效时才无效，此前不乏争议。之后才逐步明晰在宣告专利权无效的审查决定未生效的情况下，无效审查决定不能直接产生否定专利权有效性的效力。法律专业从业人员尚有此疑惑，何况普通民众张某某。由此，一审法院认为张某某涉案行为与以明知无效的专利恶意投诉、滥用权利的行为不完全一致，宜宽以待之。第二，关于张某某就同一被宣告无效的专利，对工商银行和东莞银行区别对待，是否具有恶意的问题。专利侵权判定适用全面覆盖原则，而实践中大量存在对照同一专利的被诉侵权技术方案各不相同的情况。换言之，即便"借鉴"的是同一专利技术，不同主体实施的被诉侵权技术方案不尽然会全面覆盖专利方案，未必都落入专利权人请求保护的范围。即便是同一主体，不同阶段（所谓"技术升级"）实施的被诉侵权技术方案也未必相同，也不尽然都落入专利权人请求保护的范围。法院进行侵权技术比对时尚需就单个被诉侵权产品呈现的技术方案与专利方案一一比对，复杂的技术方案甚至涉及多个技术特征的等同原则运用。本案中，张某某或因对工商银行专利侵权把握较低从而放弃对其维权，或基于地域便利的因素（工商银行总部在北京市，东莞银行总部在广东省东莞市，张某某经常居住地在广东省广州市），或掺杂东莞银行筹备上市阶段维权成功率更高的考虑，"单挑"东莞银行原因不得而知。但不论深层动因如何，只要行为人没有将主观上的利己私念转化为危害社会、损害他人合法权益的行为上的恶，则不应将道德层面的否定评价与法律意义上的"主观恶意"轻易挂钩。第三，现代网络经济时代，生活中大量存在知识产权权利人因向涉嫌侵权人投诉无果，转而向网络平台投诉，通过后者施压涉嫌侵权人应对侵权投诉的情形。只要投诉人的行为未违反法律规定，未明显超出合理范畴，当属投诉人个人行为自由，不应为法律所禁止。环顾张某某涉案行为，张某某在向东莞银行发出侵权警告函后逾十日未获回应的情形下，除了向苹果公司投诉，没有向第三方投诉、举报或采取其他非理性过激举措。如其所辩，其仅是以专利权人的身份向苹果公司发出投诉和建议，在此过程中，张某某没有隐瞒或否认专利权已被复审委宣告无效，没有编造或歪曲事实。而应否下架东莞银行涉案 App 产品，决定权在苹果公司而不在张某某。正因深谙此理，东莞银行没有将对张某某置之不理的态度同样施予苹果公司，在涉案 App 产品下架后更一再向苹果公司声明保留追索赔偿的权利。可见不论下架或恢复上架涉案 App 产品，完全是苹果公司衡量涉嫌（协助）侵权与可能赔偿东莞银行损失两者之利益风险得失的结果，非张某某所能左右。东莞银行同时有多款 App 产品在苹果应用商店运营，若果真恶意针对东莞银行，投诉的对象完全可以不止于涉案两款产品。综上，东莞银行主张张某某试图制造恶劣影响，其涉案行为使东莞银行经营行为和经营秩序处于恐慌与不安之中，进而主张张某某涉案行为具有不正当性，事实和法律依据不足，应不予支持。

三、法、理之外的思考

本案源起专利侵权纠纷。专利权是一种需经有权机关授予的无形财产权，专利授权确权行为作为取得和保持专利权的程序，目的在于判断发明创造是否应受到专有权的保护。专利权在被复审委宣告全部无效后，行政诉讼终审判决前，其权利效力实质上处于待定状态。在此情形下，为避免引起不必要的社会纷争和减少无谓的资源耗费，主动静止/冻结权利的行使实为良善权利人应有之义。因为从常情出发，没有"人"会心甘情愿为效力待定的专利权支付许可使用费，而纷争的解决无非是借助法之利器，斥之诉讼。根据《最高人民法院关于审理侵犯专利权纠纷案件应用法律若干问题的解释（二）》第二条第一款以及第二款"权利人在专利侵权诉讼中主张的权利要求被国务院专利行政部门宣告无效的，审理侵犯专利权纠纷案件的人民法院可以裁定驳回权利人基于该无效权利要求的起诉。有证据证明宣告上述权利要求无效的决定被生效的行政判决撤销的，权利人可以另行起诉"的规定可知，专利权被宣告无效的权利人通过诉讼方式主张发明创造专有权、请求调处专利侵权纠纷的成功概率极低。本案中，张某某在涉案专利权被宣告无效后、终审判决确认有效前，应当合理预见到其对东莞银行的侵权投诉难以产生法律威慑力，徒劳无功是大概率的结果，但其仍执意投诉纠缠，无视该行为势必会调动和实质性损耗本可服务于更广泛群体的社会资源，使得隐性公益受到损害。张某某涉案行为于己无益，于人不利，实不值得提倡。适度宽松、稳定有序的社会关系才有益于经济的发展，有助实现个人利益和公共利益的共赢，当为良善社会人共同致力。

法官办案不仅是为了调处本纠纷，定分止争、传递社会主义核心价值观、予以社会公众正面积极的价值导向也是司法裁判之重要功能。在判决书的尾段，一审法院从"情"（人情、社情）入笔，明确虽未采纳东莞银行本案诉讼主张，却并不意味着对张某某涉案行为持肯定态度。恰恰相反，从构筑和谐社会，维护稳定有序社会关系，保障和促进有限且珍贵的社会资源最大化服务于公众的角度，张某某涉案行为的社会价值是消极的，不应为类似情形者效仿。

本案从法、理、情三方面，阐述了评判权利效力待定的专利权人投诉行为是否构成不正当竞争，应综合行为人主观意图，行为有无超出合理边界，是否违反法律禁止性规定予以法律评价，具有典型性。

编写人：广州知识产权法院　郭小玲

（编辑：邓文婷）

32

逸仙公司与辛瑞公司等不正当竞争纠纷案

阅读提示：如何认定"网红商品"的包装装潢是否属于在相关公众中"具有一定影响"？

【裁判要旨】

互联网环境下自称"网红商品"的装潢是否属于在相关公众中"具有一定影响"，不能仅考虑其网络销售和自媒体宣传情况，仍需结合商品实际销售情况、宣传持续情况、标识受保护或受第三方认可情况，更全面客观地考量商品的特性、社会公众的认知、官方或中立第三方的评价等因素，综合判断中国境内相关公众对涉案商品装潢的知悉程度，以确定其知名度和市场影响力。

【案号】

一审：广东省广州市白云区人民法院（2022）粤 0111 民初 6970 号
二审：广州知识产权法院（2023）粤 73 民终 691 号

【案情与裁判】

上诉人（一审原告）：逸仙公司
被上诉人（一审被告）：辛瑞公司
被上诉人（一审被告）：淘奇公司
被上诉人（一审被告）：昕薇化妆品厂
被上诉人（一审被告）：童某某

起诉与答辩

逸仙公司起诉请求判令辛瑞公司、淘奇公司、昕薇化妆品厂及童某某：

1. 立即停止不正当竞争行为，包括但不限于停止使用与逸仙公司有一定影响的涉案"Pink Bear 皮可熊"唇釉产品相同或近似的包装装潢、商品宣传语等；2. 公开消除影响，在《广州日报》《南方都市报》《羊城晚报》纸质报刊刊登致歉声明，并在天猫网店铺（店铺名称：pipl 化妆品旗舰店）及 1688 网店铺（店铺名称：广州淘奇实力供应商）首页连续 72 小时置顶致歉声明；3. 连带赔偿逸仙公司经济损失以及为维权支出的合理费用共计 100 万元；4. 共同承担一审案件的诉讼费。事实与理由：逸仙公司于 2018 年通过受让方式获得"Pink Bear"注册商标专用权，通过推广，"Pink Bear 皮可熊"品牌已在国内具有较高的知名度。2021 年 3 月初，逸仙公司推出一款名称为"Pink Bear 琉光镜面水唇釉"的唇釉产品，经过多渠道的推广宣传，该产品在短时间内已在国内形成较高的知名度及影响力。辛瑞公司在其开设的天猫网店销售的被诉侵权产品、淘奇公司在其开设的 1688 网店销售的被诉侵权产品，均使用了与逸仙公司产品包装装潢高度近似的包装装潢，且使用了逸仙公司涉案产品相关的商品宣传语。被诉侵权产品系由辛瑞公司、淘奇公司、昕薇化妆品厂及童某某共同生产，并由辛瑞公司、淘奇公司共同销售，辛瑞公司、淘奇公司、昕薇化妆品厂及童某某的行为已构成《反不正当竞争法》所禁止的混淆行为，极容易导致消费者误认，构成不正当竞争。

辛瑞公司、淘奇公司共同答辩称：1. 逸仙公司不具有提起本案诉讼的主体资格。2. 逸仙公司涉案商品的包装、装潢、广告语不属于"具有一定影响力"的标识；被诉侵权产品的包装、装潢、广告语与逸仙公司涉案商品的包装、装潢、广告语不相同也不近似，辛瑞公司、淘奇公司没有实施混淆行为，不构成不正当竞争。3. 被诉侵权产品均来源于辛瑞公司，淘奇公司无须承担侵权责任。4. 逸仙公司无证据证明因各被告的侵权行为导致其名誉遭受了实质性损失，其要求各被告消除影响并刊登致歉声明的诉讼请求没有依据。5. 逸仙公司所主张的经济损失赔偿数额明显过高。

昕薇化妆品厂、童某某共同答辩称：1. "Pink Bear 琉光镜面水唇釉"产品的销售时间短、数额少、中国境内相关公众的知悉程度不高，仅凭销售数据不能证明涉案商品在国内具有较高知名度，亦无法证明逸仙公司商品装潢的特有性可以起到足够的区别商品来源的作用。2. 被诉侵权产品包装、装潢与逸仙公司产品的包装、装潢不同也不近似，且销售价格相差巨大，一般消费者施以普通注意力即可快速分辨，不会产生误认或混淆。3. 昕薇化妆品厂仅受辛瑞公司委托生产被诉侵权产品，没有销售行为，也没有共同侵权的故意，无须赔偿。

4.昕薇化妆品厂生产被诉侵权产品的数量少、利润低，逸仙公司主张的损害赔偿过高。5.逸仙公司未提供证据证明昕薇化妆品厂、童某某对逸仙公司的商誉造成不良影响，逸仙公司主张承担连带赔偿责任并刊登致歉声明没有依据。6.生产被诉侵权产品的行为是昕薇化妆品厂的经营行为，童某某不应承担连带清偿责任。

一审审理查明

一、逸仙公司主张的权益、实际使用及使用情况

逸仙公司明确其主张保护的为《反不正当竞争法》第六条规定的涉案有一定影响的"Pink Bear 琉光镜面水唇釉"产品的装潢，四被告使用宣传语的其他混淆行为作为其主观故意进行确认。

第 22584092 号"Pink Bear"商标的注册人为逸仙公司，核定使用商品为第 3 类，包括：肥皂、洗面奶、洗洁精、化妆品、美容面膜等，注册日期为 2018 年 2 月 14 日，有效期至 2028 年 2 月 13 日。第 53534023 号"皮可熊"商标的注册人为逸仙公司，核定使用商品为第 3 类，包括：洗衣液、香精油、化妆品、动物园化妆品等，注册日期为 2021 年 9 月 14 日，有效期至 2031 年 9 月 13 日。2021 年 2 月 1 日，逸仙公司出具授权书授权逸迅公司使用第 22584092 号注册商标，授权日期为 2021 年 2 月 1 日至 2023 年 12 月 31 日。2021 年 12 月 31 日，逸仙公司再次出具授权书，授权逸迅公司使用第 53534023 号注册商标，授权日期为 2022 年 1 月 1 日至 2024 年 12 月 31 日。

逸仙公司提交了相关公证书、取证时间为 2022 年 5 月 25 日的可信时间戳认证证书、天猫公司出具的情况说明，据此证明逸仙公司天猫店铺"Pink Bear 旗舰店"的销售情况以及"Pink Bear 琉光镜面水唇釉"商品的销售情况。

为证明"Pink Bear 皮可熊"唇釉产品的装潢属于"有一定影响的"产品的装潢，逸仙公司提交了逸迅公司签订的宣传推广合同，逸迅公司企业信息，逸仙公司"Pink Bear 皮可熊"唇釉小红书、抖音、b 站、快手宣传截图等证据。

二、逸仙公司主张的不正当竞争行为情况

相关公证书载明：1688 平台"广州淘奇实力供应商"店铺内有销售商品名称为"PIPL 小熊唇釉镜面水光女唇彩唇泥唇蜜唇油平价学生小众品牌唇釉"；天猫网店"pipl 化妆品旗舰店"销售的产品包括"PIPL 小熊唇釉平价学生女不掉色不沾杯唇彩小众品牌旗舰店官方正品"。经一审核验，公证书封存实物内共有三支"01"色号"PIPL 小熊镜面唇釉"，生产日期均为 2021 年 9 月 29 日；共有二支"11"色号"PIPL 小熊镜面唇釉"，生产日期分别为 2021 年 9 月 29 日、

2021年10月15日。商品外包装盒背面显示授权方为辛瑞公司，生产企业为昕薇化妆品厂。上述产品的包装盒上正面显示有"Little Bear"字样，包装盒顶部和底部显示有"PIPL"注册商标标识。

第33692099号"PIPL"商标的注册人为辛瑞公司，该商标核定使用商品类别为第3类，包括化妆品等。商标专用权期限自2019年6月21日至2029年6月20日。产品名称"PIPL小熊镜面唇釉"的备案日期为2021年7月24日，备案人为昕薇化妆品厂。

为证明辛瑞公司、淘奇公司、昕薇化妆品厂及童某某存在被诉侵权行为，逸仙公司还提交了其他公证书及可信时间戳认证证书等证据。

辛瑞公司、淘奇公司确认，辛瑞公司是被诉侵权产品的商品权利人及委托生产者，确认辛瑞公司、淘奇公司的网店销售行为；昕薇化妆品厂确认其是被诉侵权产品的生产者，但昕薇化妆品厂系根据辛瑞公司的委托生产"PIPL小熊镜面唇釉"产品。辛瑞公司、淘奇公司、昕薇化妆品厂及童某某均主张逸仙公司的涉案商品的装潢与被诉侵权产品的装潢不相同，亦不近似。

三、辛瑞公司、淘奇公司、昕薇化妆品厂的举证情况

辛瑞公司、淘奇公司主张逸仙公司"Pink Bear皮可熊"品牌市场知名度低，影响力小，并非"具有一定市场知名度""有一定影响力"的品牌；逸仙公司的涉案商品在逸仙公司品牌全系列产品中并无独特地位，逸仙公司也并未对其涉案商品进行特别的推广。为此，辛瑞公司、淘奇公司提交了相关公证书等证据。

昕薇化妆品厂主张其在受托生产被诉侵权产品时，审查了被诉侵权产品的商标权利，并为此提交了《委托制造协议书》《商标使用授权书》等证据。

四、其他事实

逸仙公司主张被诉侵权产品的实际销售额与实际获利已远超过逸仙公司的诉请100万元，并明确合理费用为33132元。逸仙公司另提交巨潮网网页资料，显示珀莱雅、上海家化年度报告截图，截图显示珀莱雅美容彩妆类产品的毛利率为57.39%，上海家化美妆日化的毛利率为58.77%。

辛瑞公司成立日期为2016年11月30日，企业类型为有限责任公司（自然人投资或控股），注册资本200万元，经营范围包括化妆品批发零售等；股东包括余某甲、余某乙。淘奇公司成立日期为2016年5月16日，注册资本为200万元，经营范围包括互联网商品销售等。股东包括余某甲、余某乙。昕薇化妆品厂的企业类型为个人独资企业，投资人为童某某，成立日期为2012年7

月 26 日，经营范围包括化妆品及卫生用品批发、零售，化妆品制造等。

一审判理和结果

一审法院认为，逸仙公司系"Pink Bear 琉光镜面水唇釉"装潢的权利主体，可以以自己名义提起本案诉讼；辛瑞公司委托昕薇化妆品厂生产并实际销售了被诉侵权产品，淘奇公司实际销售了被诉侵权产品；逸仙公司与辛瑞公司、淘奇公司、昕薇化妆品厂均系化妆品的经营者，双方存在竞争关系；逸仙公司实际使用涉案产品装潢的时间早于辛瑞公司委托昕薇化妆品厂生产被诉侵权产品的时间。然而，涉案"Pink Bear 琉光镜面水唇釉"产品设计符合相关唇釉设计的一般特征，虽小熊设计具有一定的独创性，但排除相关公众据以识别产品来源的在涉案产品管体上突出加大使用的商标标识，仅凭涉案产品颜色及小熊等设计并不足以产生与逸仙公司唯一对应的关系。

至于涉案"Pink Bear 琉光镜面水唇釉"产品瓶体装潢是否具备一定影响的问题。至被诉侵权产品备案时，逸仙公司的涉案产品不足半年，虽然目前网络信息高速发展，信息的传播、交流的速度加快，对于商品销售时间的审查可以适当放宽。但逸仙公司未提供其他充分证据证明其持续宣传情况及作为知名商品受保护的情况。因此，逸仙公司在本案中提交的证据不能证明其对涉案商品进行持续宣传，也不能证明涉案商品在市场上流通的程度及范围。由于相关公众对产品的商业标识的认识与接纳是在经营者的持续使用、宣传过程中渐进获得的，逸仙公司不能仅凭其在两个网络店铺、数个直播销售的销售事实及部分网络推文即证明其商品的装潢在相关公众中具有一定影响，亦无法进一步证明涉案商品的装潢的相关特有性，经过逸仙公司推广和使用已经可以起到足够的区别商品来源的作用。

由于逸仙公司的现有证据不能证明涉案"Pink Bear 琉光镜面水唇釉"产品的瓶体装潢具有《反不正当竞争法》规定的有"一定影响"，也不足以证明逸仙公司主张的"Pink Bear 琉光镜面水唇釉"产品的瓶体经过使用取得显著识别产品来源的特征；逸仙公司在本案中的诉讼请求缺乏权益基础。

一审法院判决：驳回逸仙公司的诉讼请求。

上诉与答辩

一审宣判后，逸仙公司不服，向广州知识产权法院提起上诉："Pink Bear 琉光镜面水唇釉"商品装潢属于《反不正当竞争法》所规定的有一定影响的商品装潢；辛瑞公司、淘奇公司、昕薇化妆品厂、童某某共同构成擅自使用逸仙公司有一定影响的"Pink Bear 琉光镜面水唇釉"商品装潢的不正当竞争行为，应共同承担侵权责任；被诉侵权行为对逸仙公司造成严重经济损失，逸仙公司诉请赔偿 100 万元赔偿金额合理合法。请求撤销一审判决，支持逸仙公司全部诉讼请求，并判令辛瑞公司、淘奇公司、昕薇化妆品厂、童某某共同承担本案一、二审诉讼费用。

辛瑞公司、淘奇公司、昕薇化妆品厂、童某某在二审中的答辩意见与一审基本一致（未再对逸仙公司的主体资格提出异议）。

二审审理查明

逸仙公司在二审期间提交中国物品编码中心官网查询页、（2022）粤 0111 民初 13197 号民事判决书、（2023）粤 0105 民初 7847 号受理通知书及起诉状等证据，拟证明被诉侵权产品实际上市时间为 2021 年 9 月 13 日，辛瑞公司、淘奇公司、昕薇化妆品厂明知"Pink Bear"与"完美日记"同为逸仙公司运营情况下实施被诉侵权行为，且辛瑞公司以知识产权侵权为业，侵权主观恶意明显。辛瑞公司在二审期间提交相关备案官网上的《国产普通化妆品备案信息》，拟证明被诉侵权产品最早生产日期为 2021 年 7 月 7 日。

另查明，逸仙公司在二审庭审中陈述，"Pink Bear"系其旗下品牌之一，而"Pink Bear"品牌有多款唇釉商品，涉案装潢只使用在"Pink Bear 琉光镜面水唇釉"商品上。

二审判理和结果

二审法院审理认为，本案的争议焦点在于，逸仙公司涉案"Pink Bear 琉光镜面水唇釉"商品装潢在被诉侵权行为发生前，是否已经属于"有一定影响"的商品装潢。本案中，尽管双方当事人对于被诉侵权行为最早发生的时间存在争议，但无论是辛瑞公司所主张的 2021 年 7 月 7 日，还是逸仙公司所主张的 2021 年 9 月 13 日，离逸仙公司向市场推出涉案商品的时间均不足 7 个月。认定商品装潢是否"在相关公众中具有一定影响"，需要结合商品实际销售情况、宣传持续情况、标识受保护或受第三方认可情况，综合判断中国境内相关公众对涉案商品装潢的知悉程度。

首先，逸仙公司用于证明其商品知名度的证据主要有两类，一类是天猫店铺涉案"Pink Bear 琉光镜面水唇釉"商品的浏览量和销售数据，另一类是逸仙公司的相关推广宣传状况。在第一类证据中，虽然逸仙公司所提供的公证书和天猫公司出具的情况说明显示，在 2021 年 7 月前，"Pink Bear 琉光镜面水唇釉"商品有一定浏览量和在当月唇釉类目排名前 6，但天猫公司在情况说明中同时记载，以上销售金额、数据"不排除后续根据交易、纠纷等情形发生买家拍下后因各种原因退货退款，商家因各种原因给予的折扣退款等调整导致数据变化之可能"。在第二类证据中，逸仙公司虽然与众多传媒公司签订委托宣传推广合同，但宣传内容明确记载"Pink Bear 琉光镜面水唇釉"商品的合同并不多，且相关 App 网络宣传截图显示评论数确实不高。考虑到网络销售数据可能存在退货退款、刷单注水等常见情形，在一审法院已指出逸仙公司提交的相关订单存在不正常订单，在案证据不足以证明涉案商品进行持续宣传，也不能证明涉案商品在市场上流通的程度及范围的情况下，逸仙公司理应提交也完全有能力提交完整、客观的诸如审计报告、销售合同等财务资料证据，对涉案商品的真实销售情况进行证明，但逸仙公司并未提交此类证据。其次，本案所涉及的商品系唇釉，属于传统的商品类型，并不因为互联网环境而额外获得竞争优势或高度注意力。而且逸仙公司始终未能提供涉案商品及其装潢获得官方或中立第三方授奖或认可等情况，其在二审中也承认涉案商品装潢并未有过受保护记录，其在诉讼过程中强调的"完美日记"品牌与涉案商品品牌及装潢均无关联。故综合在案证据，不足以证明涉案商品装潢在被诉侵权行为发生前已经"具有一定影响"。

基于本案证据不足以认定涉案商品装潢属于《反不正当竞争法》第六条第（一）项规定的"有一定影响"的商品装潢，逸仙公司关于被诉侵权人擅自使用与其商品装潢相近似的标识、构成不正当竞争的主张不能成立。

二审法院判决：驳回上诉，维持原判。

【法官评述】

本案系擅自使用与他人有一定影响的商品装潢相同或近似的标识而引发的涉互联网不正当竞争纠纷，主要涉及对我国《反不正当竞争法》第六条第（一）项规定中"有一定影响"的理解与认定问题。

涉互联网经济背景的商品与传统商业环境的商品因竞争场景不同，对"有一定影响"的认定标准更为复杂，不能一概而论。本案首先肯定在互联网环境下，部分网红商品通过诸如抖音、b 站、快手等平台，以直播带货等形式进行宣传销售，有可能在较短时间内就具有一定市场关注度，与传统线下商业销售宣传模式存在较大差异。但同时，本案认为，在认定相关商品装潢是否"在相关公众中具有一定影响"，仍然需要结合商品实际销售情况、宣传持续情况、标识受保护或受第三方认可情况，综合判断中国境内相关公众对涉案商品装潢的知悉程度，以确定其知名度和市场影响力是否足以"具有一定影响"。再进一步地，本案明确，网络销售情况和自媒体宣传只是认定知名度和影响力的其中一个考虑因素，判断是否为相关公众所知悉，需要更全面、客观地考量涉案商品的特性、社会公众对涉案商品的认知、官方或中立第三方对涉案商品的评价、受保护记录等情况。本案所涉及的商品系唇釉，属于传统的商品类型，该类商品市场竞争比较充分，故并不因为互联网环境而额外获得竞争优势或高度注意力。结合本案逸仙公司对于涉案商品的知名度证据情况，认定本案证据不足以证明涉案商品具有一定影响。

本案在准确理解把握立法本意的基础上，对涉互联网竞争环境的"有一定影响"的商品装潢的认定，进行了生动阐释。

编写人：广州知识产权法院　肖海棠　杨春莲
（编辑：徐晓霞）

33

大牛学校与吴某等侵害商业秘密纠纷案

阅读提示：如何确定商业秘密的市场价值及侵权赔偿责任？

【裁判要旨】

以不正当手段获取商业秘密，即已构成对商业秘密的侵害，即使未实施披露及使用商业秘密的行为，亦应承担相应的赔偿责任。但获取、披露与使用商业秘密的行为，造成损害后果的严重程度并不相同，确定损害赔偿时需区分考虑行为的类型及后果，如非法获取商业秘密后，进而实施披露或使用商业秘密的行为，导致损害后果进一步扩大，则其赔偿责任亦相应提高。商业秘密的市场价值与商业秘密侵权赔偿责任存在正相关性，但商业秘密的市场价值并非确定侵权赔偿责任的唯一因素，商业秘密的性质、开发成本及其带来的竞争优势，侵权行为的性质、情节以及主观过错等均属确定赔偿责任时的考量因素。

【案号】

一审：广东省广州市天河区人民法院（2020）粤 0106 民初 10734 号

二审：广州知识产权法院（2021）粤 73 民终 3890 号

【案情与裁判】

上诉人（一审被告）：吴某、翁某某、陈某某

被上诉人（一审原告）：大牛学校

一审被告：菲越公司

起诉与答辩

大牛学校起诉称：吴某、翁某某、陈某某原均为大牛学校的员工，三人先后离职，且吴某与翁某某成立的菲越公司经营业务类别与大牛学校相同，三人

非法获取并使用大牛学校的客户信息，侵害大牛学校的商业秘密，行为性质恶劣，后果严重。故大牛学校诉至法院，请求判令：吴某、翁某某、陈某某、菲越公司立即停止侵害大牛学校商业秘密的行为，并赔偿大牛学校经济损失 20 万元。

吴某答辩称：吴某原是大牛学校的员工，离职前获取大牛学校的信息均属于正当获取，且吴某未向任何人披露该信息，并未侵害大牛学校的商业秘密。即使认定吴某侵害大牛学校的商业秘密，但拷贝信息行为并未给大牛学校造成任何损失，不应承担赔偿责任。

翁某某答辩称：涉案"客户名单"的人员并未实际成为大牛学校的客户，翁某某未使用 15 个涉案手机号，也未将这 15 个手机号泄露给他人或允许他人使用。即使涉案名单泄露，也没有造成客户流失。大牛学校未能证明翁某某已使用或允许他人使用该客户名单从而获利，客户名单未被大牛学校以外的任何人使用，未给大牛学校造成损失。

陈某某答辩称：陈某某未向翁某某发送客户名单，即使陈某某将名单发送给翁某某，该行为也未给大牛学校造成任何经济损失。

一审审理查明

大牛学校经营心理咨询师考证培训等业务，吴某、翁某某、陈某某均曾是大牛学校的员工，吴某、翁某某、陈某某入职大牛学校时均签订保密协议。

菲越公司成立于 2019 年 1 月 16 日，经营教学设备的研究开发、教育咨询服务等，主要业务为教师资格证培训等，与大牛学校提供同类服务。菲越公司成立时的股东为吴某和翁某某，吴某为该公司法定代表人。

吴某于 2019 年 2 月从大牛学校离职前，多次将其在大牛学校个人办公电脑内的文件传入"E：吴某"U 盘中，其于 2019 年 2 月 26 日从其工作电脑上拷贝 741 个工作文件至移动盘。其中一个界面显示拷贝的文件名称包括"学生协议\余海霞\8299……"等 20 多条。

陈某某在其与翁某某对话的过程中，将姓名和手机号码等学员信息私自发送给翁某某，同时双方虚拟进行报名咨询对话，大牛学校认为翁某某有盗取公司机密数据等行为。

一审判理和结果

一审法院审理认为，大牛学校主张的客户资料属于《反不正当竞争法》保护的商业秘密。本案中，大牛学校主张侵害其商业秘密的行为有以下情况：一是吴某在离职前多次将其办公室电脑内的机密资料下载至个人 U 盘并带走；

二是陈某某将大牛学校的客户资料通过翁某某直接发送给菲越公司。根据大牛学校提交的证据及 22584 号案、22764 号案判决认定的事实，足以证明吴某确实存在拷贝大牛学校客户资料并带走的事实，陈某某则存在将大牛学校的客户资料私自发送给已经离职的翁某某的行为，三人使用大牛学校客户资料的行为均已侵害大牛学校的商业秘密，应立即停止，并承担相应的侵权赔偿责任。吴某、翁某某、陈某某应立即停止侵害大牛学校商业秘密的行为（具体指停止继续使用大牛学校的客户资料），对大牛学校要求吴某、翁某某、陈某某赔偿 20 万元经济损失的诉讼请求予以支持。由于大牛学校现有证据无法证明吴某、翁某某、陈某某将大牛学校的客户资料用于菲越公司的经营，或有其他证据证明菲越公司的客户来源于大牛学校的客户资料，故其要求菲越公司承担侵权赔偿责任，没有事实和法律依据。

一审法院判决：1. 吴某、翁某某、陈某某自判决发生法律效力之日起立即停止侵害大牛学校商业秘密的行为（具体指停止继续使用大牛学校的客户资料）；2. 吴某、翁某某、陈某某自判决发生法律效力之日起十日内共同赔偿大牛学校经济损失 20 万元；3. 驳回大牛学校的其他诉讼请求。

上诉与答辩

一审宣判后，吴某、翁某某、陈某某不服，向广州知识产权法院提起上诉。

吴某上诉请求：1. 撤销一审判决，依法改判驳回大牛学校的全部诉讼请求；2. 一、二审诉讼费由大牛学校负担。吴某不存在侵害大牛学校商业秘密的行为。吴某拷贝带走的文件不属于大牛学校的商业秘密。即使涉案文件属于大牛学校的商业秘密，吴某的行为也没有侵害大牛学校的商业秘密。即使认定吴某侵害了大牛学校的商业秘密，也未给大牛学校造成经济损失，不应承担赔偿责任。

翁某某上诉请求：1. 撤销一审判决，改判驳回大牛学校的全部诉讼请求；2. 一、二审诉讼费由大牛学校负担。翁某某没有给大牛学校造成经济损失，一审判决翁某某赔偿大牛学校经济损失 20 万元没有依据。

陈某某上诉请求：1. 撤销一审判决，改判驳回大牛学校对陈某某的起诉；2. 一、二审诉讼费由大牛学校负担。大牛学校对陈某某提起本案诉讼属于重复起诉。陈某某没有将大牛学校的客户名单发送给翁某某。大牛学校提交的监管系统并非微信记录原始载体，大牛学校将陈某某的手机收回，可以提供原始载体但拒绝提供，足以证明监管系统内容不真实。即使陈某某将名单发送给翁某某，该行为也未给大牛学校造成任何经济损失。

大牛学校答辩称：一审判决认定事实清楚，适用法律正确。本案不是重复诉讼。吴某使用大牛学校的商业秘密运作自己的公司。一审法院根据侵权行为的情节等认定赔偿 20 万元正确。吴某、陈某某、翁某某三人违反了保密协议，对大牛学校不忠诚，应承担法律责任。大牛学校本来考虑对三人分别起诉赔偿 20 万元，但限于举证难度，才要求共同赔偿 20 万元。

二审审理查明

吴某、翁某某、陈某某确认在大牛学校主要工作内容是拉客户。菲越公司于本案一审判决作出之后的 2021 年 7 月 27 日注销企业登记。

二审判理和结果

二审法院审理认为，大牛学校经营心理咨询师考证培训等业务，与从事发展学员的员工签订保密协议，采取了保密措施，学员的名称、联系方式以及经发展取得的学员交易意向等均属于深度交易信息，不为一般公众所知悉，且能够为大牛学校带来竞争优势，具有一定商业价值，属于大牛学校的经营秘密。大牛学校提交的监控软件显示吴某工作电脑中有学生协议等文件，并显示陈某某的工作微信中有学员姓名与手机号码，监控软件内容是对工作人员工作电子设备内容的电子信息记录，可以证明相关客户名单的权利人是大牛学校。大牛学校享有涉案客户名单的经营秘密。

由涉案监控软件界面可见，吴某所拷贝的大牛学校的文件包括"学生协议"等 20 多条信息，结合文件名、大牛学校的业务范围以及吴某的工作性质，可以认定该部分内容属于客户名单。吴某在离职前，未经允许而带走大牛学校包含商业秘密的 741 个工作资料，属于以不正当手段获得他人商业秘密的行为。

监控软件的内容已显示陈某某通过工作微信将学员姓名与手机号发送给翁某某，并且双方对网络报名等业务内容进行沟通。陈某某在发送学员信息时应当清楚翁某某已经离职且投资的企业与大牛学校存在竞争关系，陈某某、翁某某均曾与大牛学校签订过保密协议，清楚其各自应承担的保密义务，但两者仍将大牛学校的商业秘密予以授受，侵害了大牛学校的合法权益。

关于赔偿责任，大牛学校开发客户名单需要投入成本，其中就包括聘请吴某、翁某某、陈某某作为工作人员发展客户而支付的报酬，而大牛学校与客户维持交易关系也能够带来经济收益。当开发的客户被侵权人带走之后，丧失的不仅是经济收益也包括开发成本。吴某和翁某某成立的菲越公司，经营与大牛学校存在竞争关系的业务，且翁某某在与陈某某的聊天中也提到"弄网报"，表明翁某某已实际开展经营业务，被诉行为已给大牛学校造成实际损失。对于赔偿数额的确定，可以考虑商业秘密的性质、商业价值、研究开发成本、创新程度、能带来的竞争优势以及侵权人的主观过错、侵权行为的性质、情节、后果等因素。考虑到开发客户名单是大牛学校的主要业务，且吴某、翁某某、陈某某与大牛学校签订保密协议的情况下，仍以不正当手段取得大牛学校的商业秘密，存在明显的主观恶意，一审法院判决吴某、翁某某、陈某某赔偿大牛学校20万元并无不当。

二审法院判决：驳回上诉，维持原判。

【法官评述】

侵害商业秘密类纠纷，往往由员工泄密引发，存在违约行为与侵权行为的竞合，若商业秘密的权利人提起违约之诉，按合同约定的违约金条款来主张赔偿责任，则侵害商业秘密的赔偿责任较易判定。若权利人提起侵权之诉，还需结合商业秘密的价值、商业秘密对于企业经营获利的贡献率、商业秘密能带来的竞争优势等因素来确定赔偿金额，前述因素在具体案件中均不易量化。商业秘密被不正当获取或披露所导致的损失往往难以客观计算，而且，商业秘密的不正当使用情况及使用范围具有隐秘性，也难以举证，由此导致商业秘密案件中确定赔偿责任问题成为司法实践的难题。

一、关于商业秘密的市场价值及其与侵权赔偿责任的关联性

商业秘密既包括经营信息类，也包括技术秘密类。无论是对经营信息的使用，或是对技术秘密的使用，也无论是积极式使用或消极式使用，商业秘密的市场价值，必然影响侵权赔偿责任的确定。一般而言，判定商业秘密的商业价值时需要考虑的因素，包括研究开发成本、实施该项商业秘密的收益、可得利益、可保持竞争优势的时间等。

第一，经营信息类商业秘密的市场价值。经营信息的市场价值不仅体现在积极使用该信息所带来的获利、潜在利益和竞争优势，也体现在获取该信息所需投入的资金成本及时间成本的减少。本案中，大牛学校开发客户名单需要投入成本，包括聘请吴某、翁某某、陈某某作为工作人员发展客户而支付的报酬，而大牛学校与客户维系交易关系也需要一定的成本，而其与客户关系的维护可带来一定的经济收益。当所开发出来的客户被侵权人带走之后，权利人所损失的不仅是经济收益，也包括开发成本及相应的时间成本等。

第二，技术类商业秘密的市场价值。技术类商业秘密的市场价值通常可转化为其相应产品的合理利润进行计算，计算公式可简化为：合理利润＝产品销量总数×产品销售单价×产品的合理利润×技术秘密的价值贡献率。由于

在商业经营和市场竞争过程中，影响利润的因素存在多样性，侵权人经营侵权产品所获利润也并非都可完全归因于商业秘密，因此，在判定技术秘密的商业价值时，还需要排除在先公知技术、市场因素、经营策略等因素。

商业秘密的市场价值与侵害商业秘密的赔偿责任之间存在着正相关的关系。根据《最高人民法院关于审理侵害商业秘密民事案件适用法律若干问题的规定》，商业秘密的性质、商业价值、研究开发成本等均是确定赔偿责任时必须考量的因素。尤其是在获取或披露商业秘密而非使用商业秘密的情形下，所导致的损失更难以计算。若侵权人向第三人或公众披露商业秘密，可能会导致该商业秘密为其他竞争者所知悉或进入公有领域，商业秘密的价值可能因此丧失。此时，应通过侵权行为发生时该商业秘密的市场价值来确定侵权所导致的损失，尤其是未发生侵权行为时该商业秘密将为公众所知悉的可能性以及其潜在的市场价值。

二、关于侵害商业秘密行为的赔偿责任确定标准

商业秘密的使用类型包括积极使用和消极使用，侵权人未积极使用商业秘密仍构成侵权，因为消极使用商业秘密也可能通过减少研发投入等方式给对手增加竞争优势，此时的侵权获利则难以精确计算。侵权损害可根据商业秘密的商业价值、许可费标准等因素综合确定赔偿金额。

（一）根据商业秘密的商业价值等因素计算赔偿数额

根据《反不正当竞争法》第十七条第三款的规定，因不正当竞争行为受到损害的经营者的赔偿数额，按照其因被侵权所受到的实际损失确定；实际损失难以计算的，按照侵权人因侵权所获得的利益确定。赔偿数额还应当包括经营者为制止侵权行为所支付的合理开支。因此，商业秘密受到损害的经营者的赔偿数额，首先应按照权利人因被侵权所受到的实际损失确定；在实际损失难以计算的情况下，按照侵权人因侵权所获得的利益确定，对于赔偿计算方式的选定，具有一定的先后次序。

在确定赔偿数额时可参照的计算标准包括商业秘密许可使用费标准。《最高人民法院关于审理侵害商业秘密民事案件适用法律若干问题的规定》第二十条规定，权利人请求参照商业秘密许可使用费确定因被侵权所受到的实际损失的，人民法院可以根据许可的性质、内容、实际履行情况以及侵权行为的性质、情节、后果等因素确定。

存在商业秘密许可使用费标准的情况下，合理使用费是确定赔偿数额的优选方式，尤其是非法获取的商业秘密的侵权人尚未从该商业秘密中实际获取利益的情况下，更宜使用参照使用费标准的方法来确定侵权人的赔偿责任。在侵害技术秘密纠纷案件中，往往参考专利许可使用费标准来计算商业秘密合理使用费，并据此认定侵权赔偿责任。确定合理使用费时所考虑的因素，应包括其他人许可同样产品而获得的使用费、被告因使用其他类似商业秘密而支付的使用费率、许可合同的期限等。

（二）适用法定赔偿规定来确定商业秘密侵权赔偿数额

《反不正当竞争法》第十七条第四款规定，经营者违反本法第六条、第九条规定，权利人因被侵权所受到的实际损失、侵权人因侵权所获得的利益难以确定的，由人民法院根据侵权行为的情节判决给予权利人五百万元以下的赔偿。据此，在商业秘密权利人因被侵权所受到的实际损失以及侵权人因侵权所获得的利益均难以确定的情况下，应适用法定赔偿。

在确定侵害商业秘密的侵权赔偿数额时，考虑的因素应包括商业秘密的性质、商业价值、研究开发成本、创新程度、能带来的竞争优势以及侵权人的主观过错、侵权行为的性质、情节、后果等因素。在涉技术类商业秘密纠纷的侵权赔偿责任确定过程中，通常需考虑技术秘密的研究开发成本问题。在涉经营信息类商业秘密纠纷中，则往往涉及经营信息开发成本的考量。本案中，大牛学校经营心理咨询师考证培训等业务，其为发展学员而聘请吴某、翁某某、陈某某等作为工作人员，并向三人支付报酬。而且，与客户维持联系，需要一定的成本。直接通过获取大牛学校的涉案商业秘密，可减少吴某、翁某某等开发客户的费用投入，增加其在该行业的竞争优势。

知识产权侵权纠纷中，侵权性质是影响赔偿责任大小的重要因素，如构成恶意侵权，则应在法定幅度内确定较为高额的赔偿责任。本案中，吴某、翁某某、陈某某等在与大牛学校签订保密协议的情况下，仍以不正当手段取得大牛学校的商业秘密，存在明显的主观恶意。一般而言，在侵害商业秘密案件中，对于恶意侵权行为，应在法定赔偿幅度内，适用较高的赔偿责任。

（三）侵害商业秘密纠纷中的惩罚性赔偿责任

《反不正当竞争法》第十七条第三款规定，经营者恶意实施侵犯商业秘密行为，情节严重的，可以在按照上述方法确定数额的一倍以上五倍以下确定赔偿数额。由于前述规定中的惩罚性赔偿的倍数范围可以是一到五倍，故在具体确定惩罚性赔偿倍数时，需要根据侵权人主观过错程度、侵权行为的情节严重程度等因素进行判定。而且，因同一侵权行为已经被处以行政罚款或者刑事罚金且执行完毕，被告主张减免惩罚性赔偿责任的，不予支持，但在确定前款所称倍数时可以综合考虑。

关于侵害商业秘密纠纷案件中如何确定惩罚性赔偿的倍数问题，在《最高人民法院关于审理侵害知识产权民事案件适用惩罚性赔偿的解释》中已作相关指引。在天赐公司、九江天赐公司与纽曼公司、华某、刘某、胡某、朱某等侵害商业秘密纠纷案中，侵权人被认定为存在恶意侵权，情节极其严重，法院综合考虑被告公司以侵权为业、技术秘密对于产品形成起到关键作用、给权利人造成极大的损失，侵权人生产规模巨大、侵权获利极高，侵权人在关联刑事案件审理期间甚至法院作出有罪生效判决后仍未停止侵权、持续时间长，侵权人拒绝提供证据导致法院无法查明全部侵权获利、构成举证妨碍等因素，认定该案侵害商业秘密的情节极其严重，适用五倍惩罚性赔偿，判赔金额达 3000 余万元。

在侵害商业秘密行为性质恶劣、情节严重的情况下，权利人可请求适用惩罚性赔偿。当然，惩罚性赔偿制度的适用也须符合预期，防止滥用。《最高人民法院关于审理侵害知识产权民事案件适用惩罚性赔偿的解释》对于如何适用惩罚性赔偿的范围、请求内容和时间、主观要件、客观要件、基数计算等问题均作出明确指引。尤其是，关于恶意侵害知识产权情形，上述解释明确列明的情形包括被告与原告或者利害关系人之间存在劳动、劳务、合作、许可、经销、代理、代表等关系，且接触过被侵害的知识产权的情形。本案中，吴某、翁某某、陈某某均与大牛学校签订劳动合同及保密协议，吴某、陈某某作为员工曾接触过涉案商业秘密，其不正当获取、故意实施披露并使用商业秘密的行为，构成故意侵权。但因缺乏确定计算侵权获利基数的证据，且菲越公司的经营时间短，现有证据尚不足以证实被诉行为的侵权情节严重，故未适用惩罚性赔偿的规定。

（四）非法获取、披露及使用商业秘密行为的损害结果不同，其损害赔偿责任亦应与行为的性质及后果相适应

侵害商业秘密的行为包括获取、披露与使用商业秘密。其中，即使未实施商业秘密的披露及使用行为，仅实施以不正当手段获取商业秘密的行为，仍属损害经营信息的秘密性，已构成侵害商业秘密，也应承担相应的赔偿责任。如获取商业秘密后，与他人共同实施使用商业秘密的行为，构成共同侵权，导致权利人经济损失的扩大，则应加重其对赔偿责任的承担。本案中，吴某不仅在离职前从大牛学校大量拷贝业务信息，而且，在离职前已成立菲越公司，并承担该公司的法定代表人，该公司经营的业务与大牛学校的业务属于相同类别，

两者明显存在竞争关系。虽然，吴某、翁某某均称其行为未造成大牛学校的实际损失，但对于商业秘密的积极使用及消极使用均会导致权利人的损失，吴某、翁某某、陈某某等通过获取大牛学校的涉案商业秘密，减少开发客户的费用投入，已实际为菲越公司增加竞争优势。由于侵害商业秘密的行为通常存在隐蔽性，侵害行为给权利人带来的损失难以举证和精确计算，但结合翁某某在与陈某某的聊天中涉及相关业务内容，可知翁某某已实际开展业务经营，吴某、翁某某、陈某某分工合作，既存在获取商业秘密的行为，也存在披露商业秘密的行为，并存在共同使用商业秘密的行为。亦即，吴某、翁某某、陈某某的侵权行为导致不可分割的侵权结果，三者应共同承担相应的侵权责任。

编写人：广州知识产权法院　黄彩丽

（编辑：王厚权）

植物新品种案件

34

荷兰安祖公司、昆明安祖公司与科艺公司
侵害植物新品种权纠纷案

> **阅读提示**：当事人单方委托测试报告的效力如何认定及被诉侵权植株扩繁后再鉴定的申请如何审查？

【裁判要旨】

当事人单方提交的基因测试报告不是鉴定意见，但可以参照鉴定意见的审查规则予以认定。当授权品种不存在基因检测鉴定国家或行业标准，且另一方当事人明确反对的情况下，有关同一性的判断应进行田间观察检测鉴定，故不应同意当事人的基因检测鉴定申请。被诉侵权植株不符合田间观察检测鉴定条件时，是否允许当事人通过组培等扩繁技术，得到符合条件的植株后再进行鉴定的问题，应考虑双方的举证责任、扩繁技术的可行性以及当事人是否具有过错等因素综合判断。

【案号】

一审：广州知识产权法院（2020）粤 73 知民初 607 号

二审：最高人民法院（2022）最高法知民终 2437 号

【案情与裁判】

上诉人（一审原告）：荷兰安祖公司

上诉人（一审原告）：昆明安祖公司

被上诉人（一审被告）：科艺公司

起诉与答辩

荷兰安祖公司、昆明安祖公司起诉称：荷兰安祖公司是世界排名第一的红掌育种家。2014年11月1日，荷兰安祖公司在中国获得名称为"安祖奥利尔"（商品名称：特伦萨）植物新品种的授权。2018年11月30日，荷兰安祖公司独占许可昆明安祖公司在中国生产、繁殖和销售上述品种的繁殖材料。科艺公司生产、繁殖和销售的繁殖材料与荷兰安祖公司、昆明安祖公司授权品种DNA完全相同，且销售时间长，因此，科艺公司的行为构成侵权，且给荷兰安祖公司、昆明安祖公司造成巨大经济损失，故请求法院判令：1.科艺公司立即停止生产、繁殖和销售荷兰安祖公司、昆明安祖公司授权品种繁殖材料的侵权行为；2.科艺公司赔偿荷兰安祖公司、昆明安祖公司187万元；3.科艺公司承担本案诉讼费用。

科艺公司答辩称：1.科艺公司并未侵害荷兰安祖公司、昆明安祖公司的植物新品种权。科艺公司将被诉侵权植株与在昆明安祖公司授权点购得的"特伦萨"进行比对，发现两者特征、特性明显不同，不属于同一品种。2.荷兰安祖公司、昆明安祖公司提交的证据不能证明科艺公司侵权。昆明研究所的实验报告不能采纳。

一审审理查明

品种权号为CNA20080311.5、名称为"安祖奥利尔"的植物新品种权人是荷兰安祖公司。该品种属于花族属，申请日为2008年6月2日，授权日为2014年11月1日。荷兰安祖公司、昆明安祖公司称该品种商品名称为"特伦萨"。昆明安祖公司是荷兰安祖公司的全资子公司。

2019年6月22日，荷兰安祖公司、昆明安祖公司与科艺公司签订《采购合同》购买被诉侵权植株，并于2019年7月31日在公证人员的陪同下前往科艺公司处提取、封存前述订购的红掌种苗。

2019年8月8日，昆明安祖公司将上述公证处封存样品送往昆明研究所，委托该所对该样品与其送检的其生产的红掌样品进行DNA测试。同年9月20日，昆明研究所出具实验报告，检测人员为张某某。该报告载明，测试采用DNA（基因指纹图谱）比对方法，实验结果显示，被诉侵权植株与涉案品种在所检测的29个位点的指纹图谱完全一致。

后一审法院对昆明研究所报告检测人张某某进行了电话询问，并在征得其同意情况下全程录音。张某某称：昆明研究所具备云南省濒科委司法鉴定中心授予的植物分子生物学检测资质；委托人没有通过官方渠道，而是直接委托我方进行实验；我方没有对送检的委托人自己生产的红掌品种与其授权品种是否一致进行比对确认；严格的科学实验要进行重复验证，由于委托人没有要求，我方对送检的两个样品的实验结果未进行重复验证；红掌品种的 DNA 测试尚无国家或行业标准；2017 年我方根据委托人提供的 10 多种红掌品种（品种名称不明）进行差异测试，在随机的 200 对引物中筛选出 29 对，我方报告沿用这 29 对引物进行实验；29 对引物的选取与品种的主要性状没有对应关系；委托人官网就有 200 多个红掌品种，由于 2017 年委托人提供的红掌品种不全，故 29 对引物对于红掌品种的区分率未经权威验证，权威验证需要对市场上所有红掌品种进行系统性研究才能获得。

针对昆明研究所的报告和张某某的录音，科艺公司认为，送检材料由荷兰安祖公司、昆明安祖公司单方提交，来源不明；红掌的 DNA 测试尚无国家或行业标准，昆明研究所选取的 29 对引物没有代表性，其测试方法的科学性、可靠性严重存疑；根据相关国际公约、司法解释和行业标准，鉴别红掌品种最可靠的方法是基于田间观测法的 DUS 测试。

科艺公司为证明被诉侵权植株与荷兰安祖公司授权品种不同，称对被诉侵权植株与从昆明安祖公司处购买的"特伦萨"进行了田间观测，并提交了测试结果。该结果显示，两个样品在植株高度、植株宽度、叶片长度、叶片宽度、叶柄长度、花梗长度和佛焰苞大小等性状存在明显差异。对此，荷兰安祖公司、昆明安祖公司质证认为，这是科艺公司自行进行的测试，材料来源不确认，比对方法不科学，故不予确认。

为查明案件事实，2021 年 9 月 18 日广州知识产权法院向荷兰安祖公司、昆明安祖公司发出《限期提交鉴定申请通知书》，要求其提出田间观测法的鉴定申请并承诺提交符合要求的鉴定材料。同年 9 月 29 日，荷兰安祖公司、昆明安祖公司回复一审法院同意申请鉴定，称在其昆明市崇明县温室中尚有超过 20 株被诉侵权植株可以用于鉴定，但认为此时应由科艺公司举证并提交鉴定材料。

因双方当事人无法就鉴定机构达成合意，一审法院依法确定农业农村部植物新品种测试（上海）分中心（简称上海测试中心）为本案的鉴定机构。后一审法院组织双方当事人前往昆明，并连线上海测试中心工作人员陈某某，对被诉侵权植株进行现场勘验。陈某某明确表示昆明安祖公司存放在温室中的被诉侵权植株生长状态差，不符合鉴定条件。荷兰安祖公司、昆明安祖公司主张对被诉侵权植株采取组培、分蘖、侧芽等方式扩繁，得到符合条件的植株后再进行田间观测法鉴定。科艺公司主张我国尚无组培、分蘖等实施标准，且上述扩繁方式均存在变异风险，故不同意荷兰安祖公司、昆明安祖公司主张。

荷兰安祖公司、昆明安祖公司在 2021 年 3 月 16 日出具情况说明称：通过组培方式进行扩繁获得可检测植株的时间一般需要 2 年；通过侧芽方式扩繁获得可检测植株一般需要 1 年到 1.5 年。上海测试中心在 2022 年 4 月 19 日出具《关于征询检材标准的回复函》称：通过组培方式形成再生植株后，到获得成品苗至少还需要 1 年的栽培时间；再生植株需要检测是否发生变异。

一审判理和结果

一审法院审理认为，本案争议焦点在于：被诉侵权植株与荷兰安祖公司授权品种的特征、特性是否相同。

关于对昆明研究所报告的审查。根据该报告，一是该测试材料由昆明安祖公司单方送检，且昆明安祖公司并未就其生产的品种就是授权品种提交证明，测试人亦承认未对昆明安祖公司生产的红掌品种与其授权品种是否一致进行比对确认。二是测试人对 29 对引物的选择仅基于昆明安祖公司所提供的 10 余种红掌品种，而昆明安祖公司自己官网展示的红掌就有 200 多种，故该测试方法代表性显然不足。在此情况下，科艺公司对测试方法和程序的规范性、29 对引物选取的代表性和权威性提出异议合理，应予以采纳。故昆明研究所的报告无法证明被诉侵权植株与荷兰安祖公司授权品种的特征、特性相同。

关于应否组织进行基因检测法鉴定的问题。根据《最高人民法院关于审理侵害植物新品种权纠纷案件具体应用法律问题的若干规定（二）》第二十一条，对于没有基因指纹图谱等分子标记检测方法进行鉴定的品种，可以采用行业通用方法对授权品种与被诉侵权植株的特征、特性进行同一性判断。因该法条中所谓"没有基因指纹图谱等分子标记检测方法进行鉴定的品种"显然不是指该品种无法在技术上实施基因测试，而是指该品种的基因测试尚无国家或行业标准，因而不属于该条后述的"行业通用方法"。涉案品种的基因测试尚无国家或行业标准，故属于没有基因指纹图谱等分子标记检测方法进行鉴定的品种，在科艺公司已明确提出异议的情况下，其同一性判断应采用其他方法进行。根据《最高人民法院关于审理侵害植物新品种权纠纷案件具体应用法律问题的若干规定》第四条，本案应进行田间观测法的鉴定。

关于荷兰安祖公司、昆明安祖公司提交的鉴定材料不符合鉴定条件应如何处理的问题。鉴定机构明确表示荷兰安祖公司、昆明安祖公司提交的鉴定材料不符合鉴定条件。一审法院认为，荷兰安祖公司、昆明安祖公司作为争议焦点证明方和鉴定申请方，有责任在合理期限内提交符合条件的鉴定材料。但无论是通过组培还是分蘖、侧芽等扩繁方式，要获得符合条件的鉴定材料都需要 1 年以上的时间，显然超出合理期限的范畴，有违诉讼效率和经济原则。其次，组培的扩繁方式存在一定的变异风险。最后，荷兰安祖公司、昆明安祖公司起诉前曾委托上海测试中心做过 DUS 测试，明知被诉侵权植株当时就不符合测试条件，荷兰安祖公司、昆明安祖公司作为种植红掌的知名企业，也明知红掌尚无基因测试的国家或行业标准，但其既没有及时采取补救措施，也没有积极主动申请进行田间观测法鉴定，对现在无法提交合适鉴定材料具有过错。基于上述考虑，一审法院不同意荷兰安祖公司、昆明安祖公司要求对被诉侵权植株扩繁后再进行鉴定的主张。荷兰安祖公司、昆明安祖公司的侵权主张不能成立，其全部诉讼请求应予驳回。据此，一审法院判决：驳回荷兰安祖公司、昆明安祖公司的诉讼请求。

一审宣判后，荷兰安祖公司、昆明安祖公司不服，向最高人民法院提起上诉。二审中，荷兰安祖公司、昆明安祖公司自愿撤回上诉，一审判决已发生法律效力。

【法官评述】

植物新品种类侵权纠纷的焦点通常在于被诉侵权植株与原告授权品种的特征、特性是否相同的判定，而是否相同的关键又往往取决于 DNA（基因指纹图谱检测）和 DUS（田间观察检测）的鉴定结论。本案即对同一性鉴定问题中突出的当事人单方委托测试报告的采信规则、基因指纹图谱检测作为同一性判断的适用范围、当事人扩繁再鉴定的申请是否同意等问题做出有益探索。

一、关于当事人单方委托测试报告的采信规则

根据我国《民事诉讼法》（2017 年修正）第六十三条，证据包括当事人的陈述、书证、物证、视听资料、电子数据、证人证言、鉴定意见和勘验笔录八类。第七十六条规定，当事人可以就查明事实的专门性问题向人民法院申请鉴定。当事人未申请鉴定，人民法院对专门性问题认为需要鉴定的，应当委托具备资格的鉴定人进行鉴定。《最高人民法院关于民事诉讼证据的若干规定》第四十一条规定，对于一方当事人就专门性问题自行委托有关机构或者人员出具的意见，另一方当事人有证据或者理由足以反驳并申请鉴定的，人民法院应予准许。因此，民事诉讼法意义上的鉴定意见具有特定含义，其仅指人民法院依职权或依当事人申请委托相应鉴定人进行的鉴定并最终由相应鉴定人基于接收法院委托进而出具的鉴定报告。非经法院委托而由当事人自行委托的检测机构

出具的相关意见并非民事诉讼法意义上的鉴定意见，亦不能作为鉴定意见直接采信，而应认定为私文书证，并参照我国《民事诉讼法》关于鉴定意见的审查因素如鉴定人的资质、知识、经验及技能；鉴定方法、鉴定程序、技术手段的可靠程度；鉴定人行为的合规性等情形对其证明力进行认定。在本案中，因昆明安祖公司单方委托的测试未就其送检的自己生产品种与其授权品种进行比对确认，且所用测试方法缺乏权威性，故对该单方委托鉴定结论不予采信。

二、关于以基因指纹图谱检测作为同一性判断的适用范围

DNA 指纹图谱鉴定检测技术是分子标记检测方法，因不同品种间遗传物质 DNA 碱基排列不同，具有高度的特异性，故可通过识别遗传物质 DNA 的碱基排列顺序的差异来区别不同品种。① 本案中，双方当事人对《最高人民法院关于审理侵害植物新品种权纠纷案件具体应用法律问题的若干规定（二）》第二十一条所述的对于没有基因指纹图谱等分子标记检测方法进行鉴定的品种，可以采用行业通用方法对授权品种与被诉侵权植株的特征、特性进行同一性判断的理解出现争议。荷兰安祖公司、昆明安祖公司认为在其提交的原有 DNA 测试报告不能采信的情形下应重新由法院组织 DNA 测试，而科艺公司则主张由于涉案红掌不存在分子标记鉴定国家标准，不应进行 DNA 测试而应进行 DUS 测试。因该法条中所谓"没有基因指纹图谱等分子标记检测方法进行鉴定的品种"并不是指该品种无法在技术上实施基因测试，而是指该品种的基因测试尚无国家或行业标准，因而不属于该条后述的"行业通用方法"。因此，在农业植物新品种不存在分子标记鉴定国家标准且另一方当事人明确表示反对的情况下，不应以 DNA 指纹图谱鉴定检测作为同一性判断的标准。在本案中，因红掌类尚不存在农业农村部发布的分子标记鉴定国家标准且科艺公司明确表示反对，故不同意荷兰安祖公司、昆明安祖公司申请对被诉侵权植株进行 DNA 指纹图谱鉴定。

三、关于原告主张扩繁获得符合条件的检材后再鉴定的申请如何处理的问题

当被诉侵权植株不符合田间观察检测鉴定条件时，是否允许通过组培、分蘖、侧芽等扩繁技术，得到符合条件的植株后再进行鉴定的问题，可综合考虑原被告之间的举证责任分担、扩繁技术的可行性，以及原告是否具有过错等因

---

① 周翔、朱理、罗霞：《〈关于审理侵害植物新品种权纠纷案件具体应用法律问题的若干规定（二）〉的理解与适用》，载《人民司法·应用》2021 年第 28 期。

素予以认定。在本案中，荷兰安祖公司、昆明安祖公司作为本案争议焦点证明方和鉴定申请方，有责任在合理期限内提交符合条件的鉴定材料。在通过扩繁方式获得符合条件的鉴定材料所需时间超出合理期限，且扩繁所获得的检材具有一定变异风险，以及荷兰安祖公司、昆明安祖公司存在明知被诉侵权植株不符合鉴定条件仍没有及时采取补救措施等过错的情形下，不应同意荷兰安祖公司、昆明安祖公司对被诉侵权植株扩繁后再进行鉴定的主张。

编写人：广州知识产权法院　龚麒天　齐柳

（编辑：王俭君）

技术调查案件

35

东霸公司与中和公司等
专利申请权权属纠纷系列案

> **阅读提示**：前员工申请的多份专利与其在前公司任职期间参与研发的技术存在关联，技术调查中如何将多份不同的技术方案与一份整体的技术方案进行比对？

【技术调查要旨】

前员工申请的多份专利与其在前公司任职期间参与研发的技术存在关联，由于多份专利的技术方案都不相同，而前公司提交的是整体技术方案，技术调查中如何将多份不同的技术方案与一份整体的技术方案进行比对成为难点。技术调查官充分考虑该发明创造背后的技术原理和常规的实施方式，结合设计原理图和产品的每一个零部件的具体作用和实施方式，将产品的不同零部件化零为整，整体考虑整体分析，对于同类案件给出了具有较高参考价值的调查思路。

【技术调查事实】

一审：广州知识产权法院（2021）粤 73 知民初 1847—1851 号

原告：东霸公司

被告：中和公司

被告：简某某

被告：黄某某

东霸公司起诉中和公司、简某某、黄某某专利申请权权属（专利申请号分别为：201810326876.3、201810326470.5、201810326864.0、201810326855.1、

201810326410.3)纠纷五案。东霸公司起诉称：涉案专利发明人曾在东霸公司担任研发人员后离职，涉案五专利载明的技术方案与发明人在东霸公司任职期间参与研发的技术方案相同，为发明人在东霸公司担任的本职工作和分配的任务有关的发明创造，东霸公司认为涉案五专利属于职务发明，专利申请权和专利权应归东霸公司所有。

中和公司、简某某、黄某某答辩称：东霸公司提交的所谓技术资料复印件其实是一些基本的应用图，即类似产品的简单应用图，东霸公司提交的证据材料与涉案专利申请的独立产品权利要求技术特征之间不相同也没有关联性，本系列案的五个涉案专利均属于中和公司、简某某、黄某某所有，不属于简某某、黄某某在东霸公司的职务发明。

技术争议焦点

东霸公司提供的证据与本系列案五个专利是否具有技术关联性，技术特征是否相同或等同。

技术比对和分析

技术调查官结合双方当事人提交的多份证据材料，将东霸公司证据《商用燃气厨具电路原理图》（简称《商图》）、《DBJ-X02 商用炉具熄火保护点火控制系统式用书》（简称《DX 用书》）、《DBJ-X01 使用说明》（简称《DX 说明》）、《金浩德厨具蒸柜控制器接线图》（简称《金图》）和中和公司、简某某、黄某某证据《2009 年设计的燃气商用设备通用型点火控制器电路图》（简称《2009电路图》）进行比对，从东霸公司证据与该系列案相关的五份专利申请的独立权利要求之间的关系，东霸公司证据与本系列案五份专利申请的说明书之间的关系，中和公司、简某某、黄某某证据中电路原理图与本案专利申请之间的技术关联性三个方面进行分析判断。

一、查明东霸公司证据与该系列案相关的五份专利申请的独立权利要求之间的关系

根据《DBJ-X01 使用说明》中《金浩德厨具蒸柜控制器接线图》及该蒸柜的电气参数说明（以下简称《DX 说明金图参数说明》），经比对，技术调查官认为东霸公司证据与本系列案各涉案专利的独立权利要求均具有技术关联性。

1. 关于 1847 号案：根据《DX 说明金图参数说明》可见：该厨具蒸柜具有燃烧器、水箱和 MCU，燃烧器内设有点火针，沿燃气流向依次设置有第一电磁开关阀、第二电磁开关阀、燃气比例电磁阀和位于燃烧器内的混合气出口；用于检测蒸汽温度的温度传感器，MCU 为根据蒸汽温度调节燃气比例电磁阀开度的结构，MCU连接有风机。该MCU通过高压点火电路与所述点火针连接，具有火焰检测电路，但未公开MCU通过火焰检测电路与所述点火针连接。也未公开MCU通过能通脉冲方波、隔断直流电压的电磁开关阀控制驱动电路与第一电磁开关阀、第二电磁开关阀和燃气比例电磁阀连接。关于MCU通过火焰检测电路与所述点火针连接。根据《商图》可见该电路原理图具有火焰检测电路。根据《DX用书》第2页记载的"点火高压：≥15kV"，第4页记载的"高压点火及火焰检测线：高压硅胶线子弹头（脉冲高压点火与火焰检测共针）"，可以确定S1处应当连接具有高压点火器的高压包，该高压包另一端与点火针相连。关于MCU通过能通脉冲方波、隔断直流电压的电磁开关阀控制驱动电路与第一电磁开关阀、第二电磁开关阀和燃气比例电磁阀连接。根据《商图》可见该电路原理图具有"MCU通过能通脉冲方波、隔断直流电压的电磁开关阀控制驱动电路与第一电磁开关阀、第二电磁开关阀"。比对所采用的证据中并无燃气比例电磁阀驱动电路，但如前所述，《DX说明》中已经记载了其采用比例电磁阀控制燃气流量，即该蒸柜控制电路中的MCU必然连接有驱动该比例电磁阀的驱动电路。根据对应本案的说明书附图2可知，"燃气比例电磁阀驱动电路"和"第一、第二电磁开关阀驱动电路"一致，并且本领域技术人员也谙知电磁阀的驱动电路通用。

2.关于1848号案：根据《DX说明金图参数说明》可见，该蒸柜具有沿燃气流向依次设置的火种电磁开关阀、主气电磁开关阀，火种电磁开关阀的输出端旁接有火种气出口。根据《商图》可见该电路具有通过能通脉冲方波、隔断直流电压的第一驱动电路和第二驱动电路分别与火种电磁开关阀和主气电磁开关阀连接，MCU还通过第一检测电路与火种电磁开关阀连接；MCU连接有火焰检测电路和高压点火电路。但并未记载：MCU还通过第二检测电路与主气电磁开关阀连接。然而，《商图》记载了一电磁阀检测电路，该电磁阀检测电路已是单片机控制电磁阀的常规电路，本领域技术人员可以将该检测电路应用至需要检测的电磁阀。

3.关于1849号案：根据《DX说明金图参数说明》可见，该蒸柜具有蒸箱和设有燃烧器的水箱，燃烧器内设有一根点火针，其特征在于：还包括沿燃气流向依次设置的第一电磁开关阀、第二电磁开关阀、燃气/空气比例阀、变频调速风机和位于燃烧器内的混合气出口，变频调速风机电路连接有MCU。根据《商图》可见该电路具有第一电磁开关阀和第二电磁开关阀通过能通脉冲方波、隔断直流电压的电磁开关阀控制驱动电路与MCU连接，MCU依次通过离子火焰检测熄火保护电路和高压点火器与所述点火针连接。

4. 关于 1850 号案：根据《商图》可见该电路原理图具有火焰检测电路。经比对，《DX 说明》中的《金图》记载了具有接地的水箱，水箱设有低水位检测装置，即水位检测针。《商图》中记载了水位检测电路及与该水位检测电路相连接的水针，并且具有 50Hz 低水位信号输入至单片机 STC15W–104AS，可以确定具有输出固定频率的脉冲电路并在水箱内有水时将与其频率相同的脉冲信号输出给 MCU 的水位检测电路。

5. 关于 1851 号案：关于火焰检测电路，根据《商图》可见该电路原理图具有火焰检测电路。关于离子发生电路。根据《商图》可见该电路原理图具有离子发生电路。关于高压点火器和点火针。根据《商图》，未记载该电路原理图具有高压点火器电路。但根据其工作原理结合火焰检测电路和离子发生电路的组成的结构可知，S1 处需接入点火针用于点火同时用于检测火焰。并且，根据《DX 用书》第 2 页记载的"点火高压：≥ 15kV"，第 4 页记载的"高压点火及火焰检测线：高压硅胶线子弹头（脉冲高压点火与火焰检测共针）"，可以确定 S1 处应当连接具有高压点火器的高压包，该高压包另一端与点火针相连。

二、查明东霸公司证据与本系列案五份专利申请的说明书之间的关系

结合该系列案相关涉案专利申请的说明书包括对相关说明书附图电路结构的文字说明与基于该电路的控制方法与《商图》进行比较，结合本领域技术人员的常规设计手段，技术调查官认为东霸公司证据与本系列案相关专利申请的说明书具有技术关联性。

1. 关于 1847 号案：专利申请的说明书包括对专利说明书附图 2 电路结构的文字说明与基于该电路的控制方法。关于专利说明书附图 2 电路，经比较，《商图》中并无主火电磁阀检测电路，然而，《商图》记载了一火种阀检测电路，该电磁阀检测电路已是单片机控制电磁阀的常规电路，本领域技术人员可以将该检测电路应用至需要检测的电磁阀。燃气比例电磁阀驱动电路，与"第一、第二电磁开关阀驱动电路"一致，并且本领域技术人员也谙知电磁阀的驱动电路通用。基于专利说明书附图 2 电路的控制方法，根据本案专利申请的记载可知，其控制方法实质是在描述专利说明书附图 1 中电路的工作原理，是由于专利说明书附图 2 与《商图》存在技术关联，且根据《DX 说明》中的工作流程可见，该控制方法与《商图》《DX 说明》存在技术关联。至于控制方法中具体参数和判断条件的差异，仅是本领域技术人员的常规设计。

2. 关于 1848 号案：专利申请的说明书包括对专利说明书附图 1 电路结构

的文字说明与基于该电路的控制方法。经比较，《商图》中的电磁阀驱动电路与说明书中驱动电路一致，火种电磁阀检测电路与说明书的第一检测电路一致。至于控制方法中具体参数和判断条件的差异，仅是本领域技术人员的常规设计。因此，该控制方法与《商图》《DX 说明》存在技术关联。

3. 关于 1849 号案：专利申请的说明书包括对专利说明书附图 3—5 电路结构的文字说明与基于该电路的控制方法。关于专利说明书附图 3 电路及其控制方法，经比较，《商图》中并无第二电磁阀检测电路。然而，《商图》记载了一火种阀检测电路即专利说明书的第一电磁阀检测电路，该电磁阀检测电路已是单片机控制电磁阀的常规电路，本领域技术人员可以将该检测电路应用至需要检测的电磁阀。根据本案专利申请的记载可知，其控制方法实质是在描述专利说明书附图 3 中电路的工作原理，是由于专利说明书附图 3 与《商用燃气厨具电路原理图》存在技术关联，且根据《DX 说明》中的工作流程可见。至于控制方法中具体参数和判断条件的差异，仅是本领域技术人员的常规设计。因此，该控制方法与《商图》《DX 说明》存在技术关联。关于专利说明书附图 4 电路及其控制方法。经比较，《商图》中具有专利说明书附图 4 的离子火焰检测熄火保护电路，但并不具有本案专利申请的电路图中有的陶瓷放电管 ZD1，然而，在《DX 用书》第 2 页记载了"点火高压：≥ 15kV"，《商图》中根据其电容值可判断出离子电压不超过 630V。而本领域技术人员谙知为防止点火时点火高压向离子发生电路回传导致离子发生电路中高压包的低压端受到电压冲击，通常采用相匹配的稳压管将离子发生电路中高压包的高压端的电压钳制在一固定值。即，本案专利申请的说明书附图 1 中离子发生电路输出端设置的陶瓷放电管 ZD1 为本领域的惯用手段。根据本案专利说明书的记载可知，该控制方法实质是在描述专利说明书附图 4 中电路的工作原理，由于专利说明书附图 4 与《商图》一致，因此，该控制方法实质上与《商图》一致。关于专利说明书附图 5 电路及其控制方法。根据《商图》可见该电路原理图具有火焰检测电路。经比对，《DX 说明》的《金图》记载了具有接地的水箱，水箱设有低水位检测装置，即水位检测针。《商图》中记载了水位检测电路及与该水位检测电路相连接的水针，并且具有 50Hz 低水位信号输入至单片机 STC15W–104AS，可以确定具有输出固定频率的脉冲电路并在水箱内有水时将与其频率相同的脉冲信号输出给 MCU 的水位检测电路。

4. 关于 1850 号案：专利申请的说明书包括对专利说明书附图 1 电路结构的文字说明与基于该电路的商用蒸柜交变脉动水位检测系统的检测方法，还包括专利说明书附图 2 的工作原理说明。关于专利说明书附图 1 电路及检测方法。经比对，东霸公司证据未记载该图中工频隔离变压器 T2、电阻 R29 以及电阻 R32 连接至光耦 ISO2 的发射端。根据涉案专利申请说明书的记载，工频隔离变压器 T2 和电阻 R28、R29、R30 与光耦 ISO2 是用于当水箱水位没过水位检测针时由工频隔离变压器 T2 低压端输出的工频电流经光耦 ISO2 产生脉冲输出，经采样电阻 R32 输入至单片机 MCU 中。可见，该电路具有检测反映水位的工频脉冲的功能，且也采用光耦实现采样电路。并且，该电路原理图也公开了其电源电路部分已设计了 12V 电压，即公开了工频隔离变压器 T2。在此基础上，本领域技术人员采用工频隔离变压器 T2 和电阻 R28、R29、R30 实现工频电流以产生脉冲并不需要克服技术上的困难。对于采样电阻 R32，仅是单片机外围接口电路的常规设计。根据本案专利申请的记载可知，其检测方法实质是在描述专利说明书附图 1 中电路的工作原理，由于该专利说明书附图 1 与《商图》存在技术关联，因此，该检测方法与《商图》存在技术关联。关于专利说明书附图 2 电路，根据本案专利申请的记载，该专利说明书附图 2 与专利说明书附图 1 的实施例不同之处在于水位检测针的设置位置不同。然而，这种改变仅是本领域技术人员根据检测的需要作出的常规设计。

5. 关于 1851 号案：本案专利申请的说明书包括对专利说明书附图 1 电路结构的文字说明，还包括基于该电路的商用燃气厨具单针离子熄火安全保护系统的控制方法。关于专利说明书附图 1 电路其他部分，经比对本案专利申请的说明书附图 1 中火焰检测电路与单片机的连接部分和该部分电路，除本案专利说明书附图 1 中具有电阻 R27 外，其他部分与《商图》一致。对于该电阻 R27，仅是单片机外围电路中常用的限流电阻，属于本领域的惯用手段。此外，本案专利申请的说明书附图 1 中离子发生电路与《商图》还存在一处差异，即本案专利申请的电路图具有陶瓷放电管 ZD1。然而，在《DX 用书》第 2 页记载了"点火高压：≥ 15kV"，《商图》中根据其电容值可判断出离子电压不超过 630V。而本领域技术人员谙知为防止点火时点火高压向离子发生电路回传导致离子发生电路中高压包的低压端受到电压冲击，通常采用相匹配的稳压管将离子发生电路中高压包的高压端的电压钳制在一固定值。即，本案专利申请的说明书附图 1 中离子发生电路输出端设置的陶瓷放电管 ZD1 为本领域的惯用手段。关于基于该电路的商用燃气厨具单针离子熄火安全保护系统的控制方法，据本案专利申请第 40—48 段的记载可知，该控制方法实质是在描述专利说明书附图 1 中电路的工作原理，由于该专利说明书附图 1 与《商图》一致，因此，该控制方法实质上与《商图》一致。

三、查明中和公司、简某某、黄某某证据中电路原理图与本案专利申请之间的技术关联性

根据《2009 年电路图》的电路结构，技术调查官认为中和公司、简某某、黄某某证据与本系列案专利申请的电路部分均具有技术关联性。

1. 关于 1847 号、1848 号案：该电路与专利说明书附图 1、2 电路具有相似性，但中和公司、简某某、黄某某出具的其他证据并未记载如涉案专利说明书中控制方法的内容。考虑到中和公司、简某某、黄某某身份及涉案专利技术的情况，可以推定其控制方法也用于控制燃气开关阀和比例阀，其控制方法实际上也是通过 MCU 内部程序实现，但具体控制逻辑无法从其证据中获知。

2. 关于 1849 号案：该电路的功能与涉案专利申请的火焰检测电路功能一致，部分电子元件存在不同，但此差异仅是本领域设计采样电路的惯用手段，以《2009 年电路图》的火焰检测电路为基础改变为涉案专利申请的火焰检测电路对本领域技术人员而言不存在技术上的困难。

3. 关于 1850 号案：该电路中光耦的发射端输入连接点 w 未记载连接至何处，与本案专利申请采用工频变压器次级端不同，发射端输出连接的是变压器初级端。根据中和公司、简某某、黄某某提供的证据清单及补充证据清单关于该部分的说明，w 点连接水针，当有水接触到 w 时输入工频信号，但根据该电路图无法确定工频电源与水针形成回路。

4. 关于 1851 号案：关于火焰检测电路，该电路的功能与涉案专利申请的火焰检测电路功能一致，部分电子元件存在不同，但此差异仅是本领域设计采样电路的惯用手段，以《2009 年电路图》的火焰检测电路为基础改变为涉案专利申请的火焰检测电路对本领域技术人员而言不存在技术上的困难。关于离子发生电路，根据《2009 年电路图》可见该电路原理图具有离子发生电路。该电路的功能与涉案专利申请的离子发生电路功能一致，部分电子元件存在不同，但此差异仅是本领域设计高频自激振荡电路的惯用手段，以《2009 年电路图》的离子发生电路为基础改变为涉案专利申请的离子发生电路对本领域技术人员而言不存在技术上的困难。

技术调查结论

技术调查官通过分析东霸公司提交的证据中的各类电路原理图，结合涉案专利附图来比对，虽然在专利的控制方法中具体参数和判断条件存在差异、部分电子元件存在不同，但属于本领域技术人员的常规设计或惯用手段，故认为东霸公司证据与本案专利申请的电路部分具有技术关联性。合议庭采纳了技术调查意见并得到双方当事人的认可，五件案件全部调解结案。

【 技术调查官评述 】

本案例打破了以往复杂电路类技术案件只能通过鉴定查明的传统方式，大大减少了诉讼时间和节约了当事人的维权成本。技术调查官充分考虑该发明创造背后的技术原理和常规的实施方式，结合设计原理图和产品的每一个零部件的具体作用和实施方式，将产品的不同零部件化零为整，整体考虑整体分析，对于同类案件给出了具有较高参考价值的调查思路。此外，技术调查官还参与了本案例的调解过程，协助法官与双方当事人沟通，通过释法明理，使双方当事人达成共识，促成了五案件的调解，达到案结事了人和的目的，取得了良好的法律效果和社会效果。

编写人：广州知识产权法院　邹享球

（编辑：练景峰）

36

固邦公司与安多公司
侵害实用新型专利权纠纷案

> **阅读提示：**同日申请的发明和实用新型专利，其权利要求修改后，发明和实用新型权利要求的保护范围是否适用区别解释？

【技术调查要旨】

同日申请发明和实用新型专利，两者原始申请的权利要求表述通常相同，根据同样的发明创造只能授予一项专利权的规定，授权后的发明和实用新型权利要求保护范围不能相同，其中之一的权利要求必然经过修改，发明和实用新型权利要求保护范围通常应作出区别解释。但审查权利要求不能局限于文字，要理解专利技术方案所要解决的技术问题，梳理出文字未给出的隐含条件，否则会将无法实现发明目的的技术方案也纳入保护范围。

【技术调查事实】

一审：广州知识产权法院（2020）粤 73 知民初 2159 号

原告：固邦公司

被告：安多公司

固邦公司是专利号为 ZL201420839026.0 "一种环保空调专用排水泵" 发明专利权人。固邦公司起诉称：安多公司未经其许可，制造、销售、许诺销售侵害固邦公司涉案实用新型专利权的产品，给固邦公司造成了经济损失，应承担侵权责任。

安多公司答辩称：1. 确认被诉侵权产品系安多公司制造、销售、许诺销售。2.被诉侵权技术方案与涉案专利权利要求既不相同也不等同,未落入涉案专利权的保护范围。3.被诉侵权技术方案实施的是现有技术的合理组合,不构成侵权。请求驳回固邦公司的全部诉讼请求。

技术争议焦点

本案是侵害实用新型专利权纠纷,权利要求1内容包括"一种环保空调专用排水泵,其特征在于所述壳体(1)的底部设置有与其内部连通的出水端(11),所述下盖(6)设置有进水口(12)"。该技术方案涉及"与其内部连通的出水端""进水口"特征,但专利权利要求1未对内部连通的方向及结构作具体限定。与实用新型专利不同的是,同日申请的发明则在实质审查过程中将说明书中"所述壳体与所述上盖之间的空间形成使所述连通孔和出水端连通的内部水道"增加修改至权利要求中,其限定其内部水道可包覆冷却定子与转子容置室,对水路流经的内部范围相对明确。故双方当事人主要争议焦点是被诉侵权产品的壳体底部进水端至出水端的内部结构(图1)及实际使用时形成的水流方向是否与涉案专利的技术方案一致。

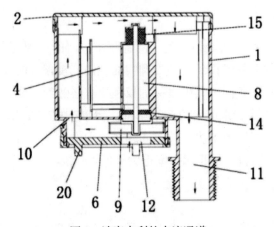

图 1　涉案专利的水流通道

安多公司认为被诉侵权产品的内部结构与涉案专利的壳体底部设置有与内部连通的出水端的结构不同,涉案专利明确指出水流在壳体内流动的方向,被诉侵权产品没有涉案专利产品在使用时形成的水道结构和水流方向,涉案专利产品内水流从壳体底部进入壳体内部,被诉侵权产品的水流未经过定子容置室,涉案专利权利要求1虽对水流的作用没有限定,但固邦公司在涉案专利无效宣告程序中的陈述意见已对此特征进行限定。

固邦公司认为复审委的决定是以涉案专利和对比文件的区别进行的描述，而水泵与壳体之间设置有连通孔的描述和涉案权利要求书中的描述是完全一样的，所以没有对涉案权利要求的内容进行一个限缩。而被诉侵权产品水泵与壳体之间有明显的联通孔，两者完全相同。

技术比对和分析

1. 关于被诉侵权技术方案的内部水道问题

经对被诉侵权产品进行剖切，可观察到被诉侵权技术方案壳体的底部设置有与壳体内部连通的出水端，但壳体内部设置有隔板，将连通孔与转子容置室隔开（图2）。此外，被诉侵权技术方案在定子容置室和转子容置室为空腔所包覆，该空腔底部设有通孔，但该通孔并未与水泵室连通（图3）。

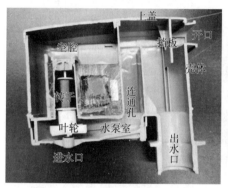

图2　被诉侵权产品剖开结构

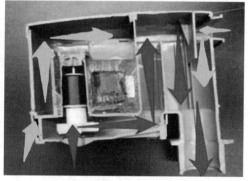

图3　被诉侵权产品水流通道
（深色箭头是由水泵驱动的内部水道，
浅色水流未经过水泵）

被诉侵权技术方案壳体的隔板将连通孔与出水端的内部水道形成于转子容置室的一侧，导致出水端仅与壳体内部部分连通，内部水道无法对电机进行冷却。但根据权利要求书"所述壳体的底部设置有与其内部连通的出水端"字面分析，并未对出水端与壳体内部如何连通作出限定。

因此，仅从权利要求的限定分析，被诉侵权技术方案出水端仅与壳体内部部分连通也构成"所述壳体的底部设置有与其内部连通的出水端"。

2. 关于固邦公司有否在无效宣告程序中对涉案专利的"所述壳体的底部设置有与内部连通的出水端"特征作出限缩性陈述的问题

（1）固邦公司在国家知识产权局第5W121820号案件中提交的意见陈述书称"证据1的'散热排水口'并不相当于涉案专利的'出水端'，证据1的出水口 6 是与进水口相连通的，出水口与进水口的通路用于泵水，二散热喷嘴和散热排水口的通路用于散热水循环。涉案专利公开了排水泵内的一条通路，即，水泵室至出水端的通路，证据 1 的散热排水口和散热喷嘴的配合作用并不能解决本区别技术特征所解决的技术问题"。由此可见，关于内部水道的问题，固邦公司认为，涉案专利"公开了排水泵内水泵室至出水端的一条通路"，且该通路已解决了散热问题。

（2）国家知识产权局在第 47976 号《无效宣告请求审查决定书》中载明，"证据 1（CN201818555U '带喷水散热装置的潜水泵'）中包括两路水流，被水泵的转叶 8 泵入的水中的大部分所构成的一路水流从进水口 9 进入并直接从出水口 6 排出，而被水泵的转叶 8 泵入的水中的小部分所构成的另一路水流从散热喷嘴 7 进入壳体内部，对壳体内的电机进行冷却后再从散热排水口 10 流回到待泵水一侧。由此可知，证据 1 的技术构思与本专利不同，本专利仅设置一条水流流动路径，直接利用被排出的水对电机进行冷却，而证据 1 是设置两条水流流动路径，除了将水排出的水流流动路径之外，另外还单独设置有一条用于对电机进行冷却的水流流动路径，而散热喷嘴 7 和散热排水口是该条单独设置的水流流动路径的进水口和出水口。因此，证据 1 的散热喷嘴 7 不能对应于本专利的连通孔，证据 1 的散热排水口也不能对应于本专利的出水端。将本专利权利要求 1 的技术方案与证据 1 公开的内容相比，证据 1 至少未公开下列技术特征：（1）水泵室的底部安装有下盖，下盖设置有进水口；（2）水泵室与壳体之间设置有连通孔，壳体的底部设置有与其内部连通的出水端"。由此可见，决定书基于"本专利仅设置一条水流流动路径，直接利用被排出的水对电机进行冷却，而证据 1 是设置两条水流流动路径，除了将水排出的水流流动路径之外，另外还单独设置有一条用于对电机进行冷却的水流流动路径"而维持涉案专利有效。

（3）第 53143 号《无效宣告请求审查决定书》的"决定的理由"载明"证据 3 公开了一种带喷水散热装置的潜水泵，其具有两路水路，一路水路可以将外部的水从进水口 9 吸入并从出水口 6 排出，同时，还有一路水路从散热喷嘴 7 进入壳体内部，对壳体内的电机进行冷却后再从散热排水口 10 流回待泵水一侧，该路水路循环流动用于散热。而本专利仅有一路水路，将外部的水从水泵室 5 经壳体通过出水端 11 排出，该出水端是用于将水排出到外部的端口。故证据 3 的进水口 9 属于将水排出的进水口，其出水口 6 属于将水排出的出水口，即其排水水路的进出口也是分别设置于其水泵壳体的下方和上方两端，其散热水路中的散热排水口 10 并不对应于本专利的出水端，因而证据 3 并未公开上述区别技术特征，也没有给出实施上述区别技术特征的技术启示"。由此可见，该决定书将"本专利仅有一路水路，将外部的水从水泵室 5 经壳体通过出水端 11 排出，该出水端是用于将水排出到外部的端口。故证据 3 的进水口 9 属于将水排出的进水口，其出水口 6 属于将水排出的出水口，即其排水水路的进出口也是分别设置于其水泵壳体的下方和上方两端，其散热水路中的散热排水口 10 并不对应于本专利的出水端，因而证据 3 并未公开上述区别技术特征，也没有给出实施上述区别技术特征的技术启示"作为维持涉案专利有效的依据。

实用新型专利说明书第 [0021] 段载明，"工作时，水流方向如图 3 中箭头所示，水盘内的水从进水口 12 进入水泵室 5，转子组件 8 带动叶轮 9 转动，将水泵室 5 内的水通过连通孔 10 泵入壳体 1 内，壳体 1 与上盖 2 之间的空间形成使连通孔 10 和出水端 11 连通的内部水道，水流经内部水道从出水端 11 排出"。结合涉案专利说明书第 [0021] 段内容及涉案专利附图 3 可见，涉案专利技术方案中产品在工作时的水流方向为：从进水口进入水泵室，转子组件带动叶轮转动，将水泵室内的水通过连通孔泵入壳体内，壳体与上盖之间的空间形成使连通孔和出水端连通的内部水道，水流经内部水道从出水端排出，其不涉及隔板或管将连通孔和出水端连通的内部水道形成于壳体内的定子容置室和转子容置室之外。涉案专利说明书已隐含其内部水道充斥整个壳体内部。

结合无效宣告请求审查决定，合议组认为专利仅设置一条水流流动路径，直接利用被排出的水对电机进行冷却。其中，无效宣告请求审查决定书（第 47976 号）中的证据 3（CN201568361U "一种水泵"）（图 4）和证据 4（CN201843794 "潜水泵"）（图 5），其公开的水路结构与被诉侵权技术方案类似（被诉侵权技术方案出水端设置在壳体底部，证据 3 和 4 的出水端设置在壳体上部），被诉侵权技术方案壳体内设置的隔板将从底盖或底座的进水口进入的水直接引导到出水口排出，虽然被诉侵权技术方案内部水道流经部分壳体内部，但实质与证据 3 和证据 4 从底盖或底座的进水孔进入的水均是被直接引导到出水口排出的内部水道相同，但合议组认为证据 3 和 4 未公开"水泵室与壳体之间设置有连通孔，壳体的底部设置有与其内部连通的出水端"的技术特征，将现有技术中壳体内设置隔板或管道的内部水道认为是区别技术特征。

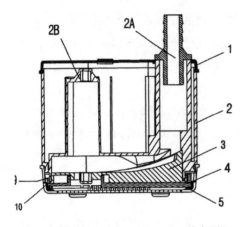

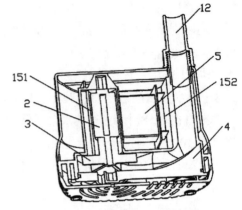

图 4　证据 3 CN201568361U "一种水泵"　　　图 5　证据 4 CN201843794 "潜水泵"

技术调查结论

结合专利所要解决的技术问题分析，涉案专利出水端与壳体内部连通的部分至少应包括电机所在的转子容置室或定子容置室，其水流路径可对电机进行冷却。被诉侵权技术方案设置的隔板将连通孔与出水端的内部水道形成于转子容置室的一侧，其内部水道从底盖的进水口进入的水被直接引导到出水口排出，内部水道绕过电机所在壳体内部，应将"所述壳体的底部设置有与其内部连通的出水端"作出限缩，否则不能实现"所述壳体的底部设置有与其内部连通的出水端"对电机冷却的技术效果。

合议庭采纳了技术调查意见，认定固邦公司在涉案专利的无效宣告程序中将修改后权利要求 1 中的"所述壳体（1）的底部设置有与其内部连通的出水端（11），所述下盖（6）设置有进水口（12）"特征作出涉案专利"公开了排水泵内水泵室至出水端的一条通路"且该通路已解决了散热问题的限缩性陈述说明，且第 47976 号《无效宣告请求审查决定书》基于固邦公司的上述陈述内容认定"本专利仅设置一条水流流动路径，直接利用被排出的水对电机进行冷却"并维持涉案专利有效，故固邦公司不得通过对权利要求的意见陈述而放弃的技术方案在侵害专利权纠纷案件中又将其纳入专利权保护范围，而推翻其在专利无效宣告程序中所作的限缩性陈述。安多公司主张被诉侵权产品的内部水道与涉案专利修改后的权利要求 1 的技术方案并不相同的意见合理，因被诉侵权产品技术方案未落入涉案专利修改后的权利要求 1 的保护范围，固邦公司关于安多公司构成侵权并请求其承担民事责任的主张，缺乏事实和法律依据，驳回固邦公司的诉讼请求。

一审宣判后，双方当事人均未提起上诉，一审判决已发生法律效力。

【技术调查官评述】

通常而言，同日申请的发明和实用新型专利，其权利要求修改后，在解释权利要求、确定权利要求书中记载权利要求的保护范围时，应对两者权利要求作出区别解释，认定两者的权利要求保护边界互不相同。在本案中，从实用新型专利权利要求的字面限定而言，在对"所述壳体的底部设置有与其内部连通的出水端"的"内部连通"无明确限定的情况下，被诉侵权产品水路与壳体部分连通亦可属于保护范围内。若根据安多公司的抗辩，实质上是将发明专利中"所述壳体与所述上盖之间的空间形成使所述连通孔和出水端连通的内部水道"纳入实用新型的限定内，则两者保护范围实质相同，与同样的发明创造只能授予一项专利权的规定相抵触。

但审查权利要求不能局限于文字，还要根据专利说明书及附图、专利审查档案等内部材料，结合专利技术方案所要解决的技术问题，还原其实质的技术方案。在本案中，综合无效宣告请求审查决定，实用新型专利得以维持的理由在于其水泵回路和冷却回路是相贯通的，设置一条水流流动路径，直接利用被排出的水对电机进行冷却。而实现贯通的前提是其壳体内部未设分隔，水路可包覆冷却电机，涉案专利的"内部连通"则隐含上述前提条件，并非接口连通内部即可，否则无效程序中的现有技术即可影响其创造性评判。故综合专利权人陈述和合议组意见，对被诉侵权产品内部设置分隔且水泵回路和冷却回路无法相互贯通的情形予以排除，确保专利行政审查与司法侵权对"内部连通"判定标准的一致性，避免权利人两头获利。

编写人：广州知识产权法院　练景峰

（编辑：练景峰）

37

王某某与桦业公司等
侵害实用新型专利权纠纷案

阅读提示：专利独立权利要求中存在多种技术方案，技术调查中如何作出分析判断？

【技术调查要旨】

专利的独立权利要求存在多种技术方案，权利人未能准确判断被诉侵权产品使用的是专利中的何种技术方案，技术调查官可以向法官提出建议，是否需要进行技术释明，由权利人进一步明确技术方案，从而确定专利权的保护范围。

【技术调查事实】

一审：广州知识产权法院（2021）粤73知民初1441号

二审：最高人民法院（2022）最高法知民终1511号

上诉人（一审原告）：王某某

上诉人（一审被告）：桦业公司

上诉人（一审被告）：潘某某

王某某起诉称：桦业公司和案外人在其各自经营的天猫旗舰店上大量销售名为"冲锋手枪"的产品，且上述两个被诉侵权产品均系潘某某生产。经王某某比对，潘某某生产的被诉侵权产品完全落入涉案专利的保护范围。

桦业公司答辩称：桦业公司销售的被诉侵权产品具有合法来源，是从潘某某处采购的，故不应当承担赔偿责任。

潘某某答辩称：1.涉案专利保护对象是"一种可拼接玩具的识别控制电

路",因此被诉侵权产品应为玩具枪中的控制电路板,而并非玩具枪,故本案生产行为应当是生产被诉侵权电路板的行为。即使被诉侵权电路板构成侵权,潘某某系向案外人采购被诉侵权电路板,作为零件生产拼装玩具枪的行为仅为"使用"行为,不是"生产"行为。2. 根据现有证据,王某某不能证明被诉侵权电路板落入涉案专利的保护范围,并且被诉侵权电路板与涉案专利的技术方案既不相同也不等同,不构成侵权。

技术争议焦点

王某某认为:被诉侵权产品的电压检测电路的第二接口接微控制器 IO 端(即第二端连接微控制器的 IO 端),第二电阻的另一端接地(说明:对于被诉侵权产品的 NPN 半导体,一般采用负极接地,也就是以电源的负极作为整个电路的参考点),也即第一端接地,因此被诉侵权产品具有涉案专利权利要求 1 的第 1 种技术方案即"电压检测电路通过第一端和第二端中其中一个端连接微控制器的 IO 端口,另一端接地或接直流电源"的技术特征。

桦业公司和潘某某辩称:被诉侵权技术方案与涉案专利权利要求 1 比对存在两个区别技术特征。1. 被诉侵权电路板不具备电压检测功能,不具备电压检测电路。被诉侵权电路板仅能实现分压功能,电压检测电路属于功能性限定,被诉侵权产品的元器件不具备电压检测功能,与涉案专利的电压检测电路不同。2. 根据涉案专利说明书第〔0048〕段"当电压检测电路的第一端连接微控制器的 IO 端,第二端接直流电源时,则微控制器上电后,电压检测电路第一端所连接的 IO 端口输出低电平"的记载,可知涉案专利权利要求 1 的"电压检测电路通过第一端和第二端中其中一个端连接微控制器的 IO 端口,另一端接地或接直流电源"中的"直流电源"是指连接直流电源的正极,而非负极。被诉侵权电路板的第二电阻右侧一端连接电源负极,而非接地,被诉侵权产品不存在 NPN 导体。

技术比对和分析

技术调查官通过对权利要求进行技术特征的比对分析确定,王某某请求保护的涉案专利独立权利要求有 3 种技术方案。

方案 A:一种可拼接玩具的识别控制电路,包括主体以及一个或多个进行拼接的配件,设置在主体上的微控制器以及设置在配件上的第一电阻;所述微控制器连接有一路或多路电压检测电路;各路电压检测电路中,包括第二电阻、第一接口和第二接口,第二电阻一端连接第一接口,第一接口连接到微控制器的 IO 端口,第二电阻的另一端作为电压检测电路的第一端,第二接口作为电压检测电路的第二端；电压检测电路通过第一端和第二端中其中一个端连接微控制器的 IO 端口，另一端接地或接直流电源；所述配件拼接后，各配件上第一电阻两端分别对应连接各路电压检测电路中的第一接口和第二接口。

方案 B：在方案 A 的基础上改变电压检测电路的连接方式，电压检测电路通过第一端和第二端分别对应连接直流电源和地，其余技术特征均相同。

方案 C：在方案 A 的基础上改变电压检测电路的连接方式，电压检测电路通过第一端和第二端分别对应连接微控制器的两个 IO 端口，其余技术特征均相同。

针对桦业公司和潘某某提出的抗辩理由，王某某对被诉侵权产品是否落入涉案专利权利要求保护范围提出司法鉴定的申请。被诉侵权产品对应电路关系图如图 1 所示。

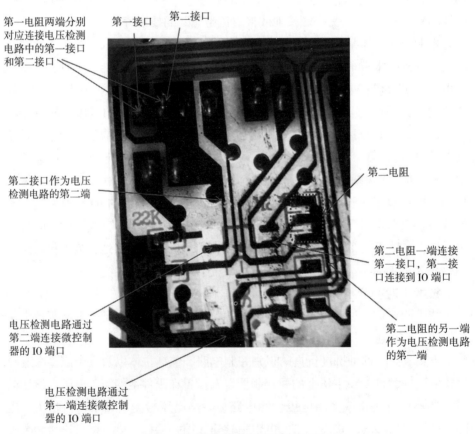

图 1　被诉侵权产品对应电路关系图

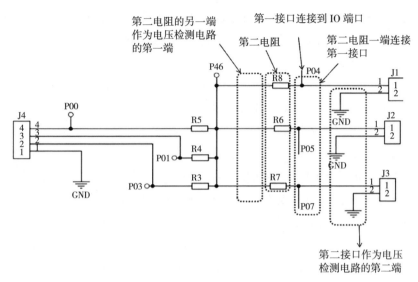

图 1　被诉侵权产品对应电路关系图（续）

技术调查官通过电子显微镜和万用表对被诉侵权产品电路板的电路进行还原分析，测试出被诉侵权产品的第一电阻两端分别对应连接电压检测电路中的第一接口和第二接口；电压检测电路通过第一端和第二端连接微控制器 IO 两个端口；第二电阻的一端连接第一接口，第一接口连接到微控制器 IO 端；第二电阻的另一端作为电压检测电路的第一端。

关于本案技术争议焦点，技术调查官分析认为：

对于争议点 1，根据涉案专利说明书第［0049］段记载"P04 上的电压将变为第一电阻上的分压。因此，微控制器可以根据对应 IO 端口的电压变化检测对应配件是否拼接上"。根据说明书的上述记载可知，权利要求 1 中的"电压检测电路"可以被理解为电压检测对象，对应的具体电压检测功能可以通过微控制器实现。因此"电压检测电路"不构成涉案专利与被诉侵权产品之间的区别技术特征。

对于争议点 2，王某某认定被诉侵权产品采用"第二电阻的另一端接地"特征对应有误，根据被诉侵权产品的电路走线可以判断，无法得知第二电阻另一端接地，但是可以得到"电压检测电路通过第一端和第二端分别对应连接微控制器的两个 IO 端口"。

技术调查结论

本案涉及的技术问题比较复杂，通过上述被诉侵权产品对应电路关系图可知,被诉侵权产品已落入涉案专利的权利要求 1 中包括并列技术特征"电压检测电路通过第一端和第二端分别对应连接微控制器的两个 IO 端口"的并列技术方案 C 的保护范围。

王某某认为被诉侵权产品落入涉案专利权利要求 1 的并列技术方案 A 的保护范围,而技术调查官在对涉案专利和涉案产品进行充分理解的基础上,认定被诉侵权产品并未落入涉案专利权利要求 1 的并列技术方案 A 的保护范围,而是落入涉案专利权利要求 1 的并列技术方案 C 的保护范围,并向法官提出建议是否需要进行技术释明。经释明后,原告进一步明确其主张的技术方案。

对于王某某在本案中提出对被诉侵权电路板是否落入涉案专利权利要求保护范围进行司法鉴定的申请,鉴于根据现有证据足以查明该事实,故该申请已无必要,一审法院不予准许。一审合议庭采纳了技术调查意见,认定被诉侵权电路板落入涉案专利权利要求 1 和 2 的保护范围,构成侵权。

一审宣判后,各方当事人均不服,向最高人民法院提起上诉。二审法院判决:驳回上诉,维持原判。

【技术调查官评述】

本案专利涉及多个并列技术方案,当事人仅对技术方案 A 提出了比对意见,并未对其余技术方案作出认定。技术调查官在技术比对上,并没有简单拘泥于双方当事人争论的事实进行认定,在充分理解涉案专利技术方案的基础上,找出关键技术特征否定王某某提出的被诉侵权产品落入涉案专利权利要求 1 的并列技术方案 A 的保护范围,同时针对当事人未提出的其他技术方案也进行详细比对,确定被诉侵权产品落入涉案专利权利要求 1 的并列技术方案 C 的保护范围,并向法官提出建议是否需要进行技术释明。经释明后,当事人进一步明确了其主张的技术方案,避免一案多审。同时,针对当事人要求司法鉴定的请求,技术调查官依托实验手段和专业能力,作出无须通过司法鉴定即可查明技术事实的判断,避免了冗长的司法鉴定程序,在提高办案效率上发挥了较好的作用。

编写人:广州知识产权法院　邹享球

(编辑:练景峰)

38

汇四方公司与传磁公司等
侵害发明专利权纠纷案

阅读提示：如何有效利用实验仪器帮助查明技术事实？

【技术调查要旨】

在技术调查官调查被诉侵权技术方案是否具有与涉案专利相同的技术方案和特征时，某些被诉侵权技术方案的技术特征不能通过肉眼判断，需要使用专业检测工具辅助加以判断，这时往往需要走司法鉴定流程来查明技术事实，但司法鉴定耗时长，费用高昂。许多当事人面对高额的鉴定费用而放弃维权，而法官审判的时限也比较紧迫，技术调查官充分利用广州知识产权法院技术调查实验室的检测设备查明技术事实，从而使案件不必要走司法鉴定流程，高效办案，大大减少了诉讼时间，节约了当事人的维权成本。

【技术调查事实】

一审：广州知识产权法院（2022）粤73知民初1455号

原告：汇四方公司

被告：传磁公司

被告：何某某

被告：王某某

汇四方公司起诉称：汇四方公司系名称为"一种磁悬浮式非接触平面传动磁性联轴器"、专利号为ZL202121376654.6的实用新型专利的专利权人，该专利处于合法有效状态。汇四方公司发现传磁公司、何某某未经许可，擅自实施制造并销售了多种型号联轴器产品。经对比，上述被诉侵权产品实施的技术方案落入了涉案专利权利要求 1—8 的保护范围。何某某为汇四方公司的前员工，从事业务工程师工作，对汇四方公司正处于研发涉案专利技术阶段是知悉的，而其选择离职之后自立门户成立传磁公司，从事与汇四方公司同类型业务。且在汇四方公司发送律师函后仍未停止侵权，具有明显侵权故意。何某某还以自己的名义开设淘宝店铺，以传磁公司的名义销售、许诺销售被诉侵权产品。何某某系传磁公司的法定代表人及控股股东，两者构成混同经营，应该承担共同侵权的连带责任。同时何某某与王某某为夫妻关系，两者共同出资设立传磁公司，系传磁公司的唯一股东，夫妻利用家庭共同财产设立公司，依法应对传磁公司的债务承担连带清偿责任。

传磁公司、何某某、王某某答辩称：1. 涉案专利缺乏创造性和新颖性，属于现有技术。涉案专利产品在 2021 年 6 月 21 日前已在市面上销售，属于已有技术，且涉案实用新型专利权评价报告中的评价意见已表明涉案专利缺乏创造性。2. 汇四方公司存在恶意抢注其"图型""传磁"商标以及外观设计专利等行为。3. 我方售卖相关产品的行为发生于涉案专利申请日前，即便被诉侵权产品构成侵权，传磁公司、何某某、王某某也无主观故意，侵权程度低，也不具有较强生产能力。

技术争议焦点

被诉侵权产品是否具备涉案专利权利要求 1—8 所述的全部技术特征？

汇四方公司主张被诉侵权产品具备专利权利要求 1—8 的全部技术特征。传磁公司、何某某、王某某辩称被诉侵权产品的磁力环不是一体式多磁极磁力环或由若干扇形磁体拼成的多磁极磁力环。其余技术特征由法院认定。

因被诉侵权技术方案磁力环的技术特征不能通过肉眼判断，需要使用专业检测工具辅助加以判断。本案主要技术争议点在于对被诉侵权产品中"磁力环是否为一体式多磁极磁力环或由若干扇形磁体拼成的多磁极磁力环"的技术认定。

技术比对和分析

涉案专利权利要求 1—8 记载如下：

1. 一种磁悬浮式非接触平面传动磁性联轴器，包括对称设置并保持一定工作间距的磁性联轴器，其特征在于：所述磁性联轴器包括联轴底座、环形导磁垫片、磁力环及安装设置在联轴底座上的保护盖，所述环形导磁垫片和磁力环套装于联轴底座上并设于保护盖的内端，所述联轴底座和保护盖的中心处设有一同心轴的贯通孔。2. 根据权利要求 1 所述的一种磁悬浮式非接触平面传动磁性联轴器，其特征在于：所述磁力环为一体式多磁极磁力环或由若干扇形磁体拼成的多磁极磁力环。3.根据权利要求1所述的一种磁悬浮式非接触平面传动磁性联轴器，其特征在于：所述联轴底座呈中端大两端小的结构，所述联轴底座的内端小于外端。4.根据权利要求3所述的一种磁悬浮式非接触平面传动磁性联轴器，其特征在于：所述联轴底座的外端处还设有数个用于拧紧固定的螺纹孔。5.根据权利要求1所述的一种磁悬浮式非接触平面传动磁性联轴器，其特征在于：所述联轴底座与保护盖采用螺纹连接固定，所述联轴底座的中端设有外螺纹，所述保护盖的内下端设有与联轴底座的外螺纹相对应的内螺纹。6.根据权利要求1所述的一种磁悬浮式非接触平面传动磁性联轴器，其特征在于：所述环形导磁垫片设于联轴底座与磁力环之间，所述环形导磁垫片的上下端面均涂有用于稳固粘合的胶水，所述联轴底座、环形导磁垫片与磁力环粘合固定为一体。7.根据权利要求1所述的一种磁悬浮式非接触平面传动磁性联轴器，其特征在于：所述联轴底座与保护盖采用非导磁材料制成。8.根据权利要求1所述的一种磁悬浮式非接触平面传动磁性联轴器，其特征在于：所述磁性联轴器分为主动轴磁性联轴器和从动轴磁性联轴器，所述磁性联轴器连接固定于主动轴或从动轴上。

经技术调查官查阅，多磁极磁力环是指具有多个磁极的环状磁体，其磁场具有复杂的分布，通常用于一些特定的应用中，如传感器、电机等领域，多磁极设计可以提高磁场的均匀性和相对强度，使得设备能够更加高效地工作。磁体上磁性最强的部分叫磁极，磁体周围存在磁场，磁体间的相互作用就是以磁场作为媒介的。人的肉眼无法看到磁体的磁场，无法知道某个磁场的磁极分布，这时需要通过借助实验和仪器测量来研究磁场。

关于权利要求1。被诉侵权产品包括联轴底座、环形导磁垫片、磁力环和保护盖，保护盖安装在联轴底座上，其环形导磁垫片的主要目的是建立更强、更稳定的磁体以及对磁力环起到一定的间接保护作用。环形导磁垫片和磁力环均装在联轴底座上并设于保护盖的内端，联轴底座和保护盖的中心处设有一同心轴的贯通孔。故技术调查官认为被诉侵权产品具备涉案专利权利要求1的全部技术特征。

关于权利要求2的附加技术特征。双方针对"磁力环是否是一体式多磁极磁力环或由若干扇形磁体拼成的多磁极磁力环"在技术认定上存在一定的分歧。技术调查官使用技术调查实验室的专业检测工具"磁极观察显示片"对被诉侵权产品磁力环进行检测，最终检测结果清晰明了地展示了被诉侵权产品磁力环是由 10 个扇形磁体拼成的多磁极磁力环，传磁公司、何某某、王某某查看检测结果后未表示任何异议。

关于权利要求 3 的附加技术特征。被诉侵权产品的联轴底座可分为三部分：内端、中端和外端。中端大于内端和外端，故联轴底座呈中端大两端小的结构，且内端小于外端。故技术调查官认为被诉侵权产品具备涉案专利权利要求 3 的附加技术特征。

关于权利要求 4 的附加技术特征。被诉侵权产品的外端处还设有两个用于拧紧固定的螺纹孔。故技术调查官认为被诉侵权产品具备涉案专利权利要求 4 的附加技术特征。

关于权利要求 5 的附加技术特征。被诉侵权产品联轴底座和保护盖是通过螺纹连接固定的，联轴底座的中端设有外螺纹，保护盖的内下端也设有与联轴底座的外螺纹相对应的内螺纹。故技术调查官认为被诉侵权产品具备涉案专利权利要求 5 的附加技术特征。

关于权利要求 6 的附加技术特征。通过拆卸被诉侵权产品可见，环形导磁垫片设于联轴底座与磁力环之间，联轴底座、环形导磁垫片和磁力环表面上均有明显的胶水痕迹，故技术调查官认为被诉侵权产品具备涉案专利权利要求 6 的附加技术特征。

关于权利要求 7 的附加技术特征。经技术调查官检验，被诉侵权产品的联轴底座和保护盖是由非导磁材料制成的。故技术调查官认为被诉侵权产品具备涉案专利权利要求 7 的附加技术特征。

关于权利要求 8 的附加技术特征。从被诉侵权产品的应用场景来看，被诉侵权产品需成对使用，连接固定于主动轴或从动轴上，连接固定于主动轴的称为主动轴磁性联轴器，连接固定于从动轴的称为从动轴磁性联轴器。故技术调查官认为被诉侵权产品具备涉案专利权利要求 8 的附加技术特征。

技术调查结论

技术调查官通过使用专业检测工具"磁极观察显示片"检测出结果，被诉侵权产品的技术特征与涉案专利的技术特征相同，传磁公司、何某某、王某某予以确认。

一审合议庭采纳了技术调查意见，认为被诉侵权技术方案落入涉案专利保护范围。因传磁公司、何某某、王某某举证其于涉案专利申请日前已向案外人销售了与被诉侵权技术方案一致的同系列产品，现有技术抗辩成立，其行为不构成侵害涉案专利权，一审判决驳回汇四方公司的诉讼请求。

一审宣判后，汇四方公司不服，向最高人民法院提起上诉。二审正在审理中。

【技术调查官评述】

该案为侵害实用新型专利权案件，技术问题较复杂，技术调查官运用专业知识为法官提供技术支持，同时使用专业检测工具"磁极观察显示片"检测出结果，技术难点问题迎刃而解。技术调查官充分利用广州知识产权法院技术调查实验室的检测设备来查明技术事实，使该案不必要走司法鉴定流程，高效办案，大大减少了诉讼时间，节约了当事人的维权成本。

编写人：广州知识产权法院　付雄

（编辑：练景峰）

39

易百珑公司与京东公司等
侵害发明专利权纠纷案

阅读提示：如何参考专利无效决定书，帮助技术调查官正确理解专利权利要求的技术特征？

【技术调查要旨】

技术调查官在查明技术事实的过程中，如果当事人提交了无效宣告请求，且国务院专利行政部门已经作出了无效宣告决定，应当将无效宣告决定一并提供，便于技术调查官更加准确地把握专利的有效性及相对于现有技术的保护范围。技术调查意见可以参考无效决定中关于被无效的权利要求的评述内容。

【技术调查事实】

一审：广州知识产权法院（2021）粤 73 知民初 1075 号

原告：易百珑公司

被告：京东公司

被告：晶东公司

被告：领普公司

易百珑公司起诉称：易百珑公司法定代表人刘某某为名称为"无源无线发射模块"、专利号为 ZL201510346448.3 的发明专利权人，该专利已许可给易百珑公司使用并进行维权。易百珑公司在经营过程中发现，京东公司、晶东公司、领普公司长期在京东平台上的"领普科技智能家居京东自营旗舰店"中销售"领普自发电门铃"，经过比对分析发现，该产品落入了易百珑公司涉案专利的保护范围。京东公司、晶东公司作为涉案店铺的直接经营主体，领普公司则负责制造、供应被诉侵权产品，京东公司、晶东公司、领普公司彼此协作共同侵权。从网上销售数据可知，被诉侵权产品单价高、销量大，京东公司、晶东公司、领普公司获利特别巨大，严重损害了易百珑公司的合法权益。

京东公司、晶东公司、领普公司共同答辩称：1. 涉案专利权利要求 1—18 被宣告无效，在专利审查以及无效阶段，被诉侵权产品技术方案已经被明确排除出涉案专利权利要求 19 的保护范围。2. 被诉侵权产品与涉案专利技术特征存在明显区别。3. 领普公司在本专利申请日前已完成门铃产品的自发电模块的认证程序，相关认证文件已经详细披露 G1 门铃产品的自发电模块相关技术细节及特征，与涉案门铃产品实物证据相互印证，证明产品实物证据的真实性。

技术争议焦点

本案为侵害发明专利权纠纷一审案件，涉案专利权利要求有 19 个，其中权利要求 1—18 在经历最新一次的复审无效程序后被无效，仅维持了权利要求 19 有效。本案主要争论焦点问题在于如何理解权利要求的保护范围，涉案专利权利要求记载了技术特征"发射电路板位于线圈组的上方"，被诉侵权产品的发射电路板也位于线圈组的上方，仅从字面意思理解，被诉侵权产品技术特征与权利要求技术特征相同。

技术比对分析

涉案专利权利要求 1 和 19 限定的内容如下：

1. 无源无线发射模块，其特征在于，包括底壳、支架、磁铁组、线圈组以及发射电路板，所述底壳中具有上端开口的凹腔，所述支架、磁铁组以及线圈组分别置于所述凹腔中；所述支架包括安装座以及两个侧臂，两个所述侧臂的一端分别连接在所述安装座的两侧，两个所述侧臂的另一端分别铰接在所述底壳的侧壁；所述磁铁组连接在所述安装座，所述磁铁组包括磁铁以及两个导磁板，两个所述导磁板分别连接在所述磁铁的上端及下端；所述线圈组与磁铁组相对布置，所述线圈组包括线圈以及主铁芯，所述主铁芯穿设在所述线圈中，且所述主铁芯朝向所述磁铁组的一端延伸出所述线圈，形成用于与两个所述导磁板交替抵接的主抵接端；所述发射电路板与线圈电性连接；所述底壳的凹腔中设有用于驱动所述朝上摆动复位的复位结构。

19. 如权利要求 1 至 5 任一项所述的无源无线发射模块，其特征在于，所述发射电路板位于所述底壳凹腔的上端开口处，位于所述线圈组的上方；所述底壳两个侧壁上形成有倒勾，所述倒勾卡扣在所述发射电路板的上端。

专利说明书第 [0089] 段记载："为了节约底壳 13 的体积，且使得整个无源无线发射模块形成一体化，发射电路板 12 形成在底壳 13 凹腔 132 的上端开口处，位于线圈组 10 的上方。另外，为了固定发射电路板 12 的位置，在底壳 13 的两个侧壁上形成有倒勾，该倒勾卡扣在发射电路板 12 的上端，从而使得发射电路板 12 稳固置于线圈组 10 的上方，且位于底壳 13 凹腔 132 的上端开口处。"

无效宣告请求审查决定书（第 52798 号）记载："权利要求 19 引用权利要求 1—5 之一，其附加特征为：所述发射电路板位于所述底壳凹腔的上端开口处，位于所述线圈组的上方；所述底壳两个侧壁上形成有倒勾，所述倒勾卡扣在所述发射电路板的上端。本专利基于上述附加特征所要解决的技术问题是节约底壳的体积，使得整个无源无线发射模块形成一体化（参见本专利说明书第 89 段）。可见，为了尽可能地减小体积，实现各个部件的一体化，结合本专利图 1、2 可知，本专利将发射电路板设置在线圈组上方，而非整个底壳的上方。""对比文件 1、3、8、9 公开的电路板或位于线圈组的旁侧，或位于整个底壳的上方或面板的下方，均未公开将发射电路板设置在线圈组上方，第一、二请求人提交的公知常识性证据 1、2 也仅涉及倒勾的技术特征，当前证据无法证明发射电路板位于线圈组的上方属于本领域公知常识，而本专利基于上述区别，通过将发射电路板设置在线圈组上方，而不是整个发电结构的上方，通过这种有选择性的结构设计，减小了底壳及整个模块的体积，同时，由于电路板在线圈组上方，避开了活动板所在的位置，当活动板上下摆动时，不会影响电路板，可以提高电子设备的稳定性。因此，第一、二请求人的上述主张不成立，权利要求 19 相对于第一、二请求人提出的证据组合方式具备《专利法》第 22 条第 3 款规定的创造性。"

双方当事人比对意见图如图 1 所示。

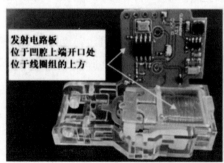

图 1 双方当事人比对意见图

　　技术调查官通过对被诉侵权产品拆解后进行技术比对发现，被诉侵权产品中的发射电路板不仅位于线圈组的上方，还延伸至磁铁组的上方。

　　技术调查官根据被诉侵权产品拆解后的比对情况，结合当事双方的侵权比对意见，并参考复审和无效决定书意见后，分析如下：

　　1. 涉案专利权利要求19限定了"发射电路板位于线圈组的上方"，而被诉侵权产品中的发射电路板不仅位于线圈组上方，还延伸至磁铁组的上方。权利要求说明书第［0089］段记载，"为了节约底壳13的体积，且使得整个无源无线发射模块形成一体化，发射电路板12形成在底壳13凹腔132的上端开口处，位于线圈组10的上方"，因此虽然权利要求19并没有直接限定"发射电路板是否可以延伸至磁铁组的上方"，但是根据说明书和说明书附图记载的内容可知，从本发明记载的整体技术方案出发，涉案专利中的发射电路板并不能覆盖在磁铁组的上方，不然会影响活动板的按压动作。因此，结合涉案专利说明书记载的内容，权利要求19中的"所述发射电路板位于所述线圈组的上方"应解释为"所述发射电路板位于所述线圈组的上方，且不能位于磁铁组的上方"。而被诉侵权产品中的发射电路板将其覆盖部件延伸到磁铁组上方，与涉案专利权利要求19中应解释限定内容的"发射电路板并不能覆盖在磁铁组的上方"两者并不一致。因此，涉案专利权利要求19的附加技术特征中"所述发射电路板位于所述底壳凹腔的上端开口处，位于所述线圈组的上方"与被诉侵权产品相比，既不构成相同技术特征也不构成等同技术特征。

　　2. 易百珑公司对于被诉侵权产品与涉案专利关于发射电路板的位置关系进行比对时，其比对的理解方式为不考虑被诉侵权产品中的发射电路板是否延伸至磁铁组的上方，仅考虑被诉侵权产品中的发射电路板是否设置在线圈组上方。而根据第52798号无效决定书，国家知识产权局专利局复审和无效审理部认定权利要求19具有创造性的理由中，包括通过将发射电路板设置在线圈组上方，而不是整个发电结构的上方，通过这种有选择性的结构设计，减小了底壳及整个模块的体积。国家知识产权局专利局复审和无效审理部认定，发射电路板不仅需要考虑是否设置在线圈组上方，还应当有选择性地设置其位置，即不应设在整个发电结构的上方。而通过拆解被诉侵权产品可见，整个发电结构的主体是线圈组和磁铁组结构。在涉案专利与被诉侵权产品进行比对时，国家知识产权局专利局复审和无效审理部认定权利要求19具有创造性的理由进一步解释含义为，通过将发射电路板设置在线圈组上方，而不是设置在包括磁铁组的整个发电结构的上方。因此，易百珑公司关于"所述发射电路板位于所述底壳凹腔的上端开口处，位于所述线圈组的上方"构成相同技术特征的认定意见违反禁止反悔原则。

技术调查结论

涉案权利要求记载了技术特征"发射电路板位于线圈组的上方"，被诉侵权产品的发射电路板也位于线圈组的上方，仅从字面意思理解，与技术特征1构成相同技术特征。但是技术调查官并没有仅停留在涉案专利权利要求的字面含义理解上，而是结合说明书记载的内容以及充分考虑国家知识产权局专利局复审和无效审理部在无效程序中的相关意见，即权利要求所要解决的技术问题为"节约底壳的体积"。而被诉侵权产品中的发射电路板不仅位于线圈组的上方，还位于磁铁组的上方。被诉侵权产品相对于涉案专利无法实现"节约底壳体积"的技术效果。因此，应认定被诉侵权产品上述技术特征与涉案权利要求技术特征既不相同也不等同。

合议庭采纳了技术调查意见，对当事人进行释法明理。易百珑公司接受比对结论，庭后自愿申请撤诉，一审法院裁定予以准许。

【技术调查官评述】

该案为发明专利案件，对案件的技术事实查明尤为重要，由于查明技术事实难度较大，该专利经过国家知识产权局专利局复审和无效审理部多次无效宣告，仅维持了最后一项权利要求，且在庭审技术比对环节，当事双方都派出了强大的技术团队支持，对案件技术焦点问题争辩激烈。技术调查官从该案的多次无效审查文件中挖掘出重要的有效信息，从专利技术方案整体出发，充分考虑说明书记载的内容以及国家知识产权局专利局复审和无效审理部在无效程序中的相关意见，给出技术调查意见，对案件处理具有积极意义。

编写人：广州知识产权法院　付雄

（编辑：练景峰）

40

东贸公司与俊轩公司等
侵害实用新型专利权纠纷系列案

阅读提示：专利权人主张被诉侵权产品中"某一个结构特征"等同于权利要求中"多个技术特征"的情况下，如何分析判断？

【技术调查要旨】

被诉侵权技术方案是否构成等同侵权，不能仅在技术层面进行分析判断，更要全面考虑是否存在有违法律适用的"例外"情形，避免机械套用"三基本一普通"分析容易适用等同认定。对于专利权人指认被诉侵权技术方案中"某一个结构特征"等同于权利要求中"多个技术特征"的情况，也可以借鉴《专利审查指南 2023》"要素省略的发明"的内容，分析被诉侵权技术方案"要素省略"是否具有创造性，作为"本领域普通技术人员无需付出创造性劳动即可想到的"评判因素。

【技术调查事实】

一审：广州知识产权法院（2021）粤 73 知民初 1842—1844 号
原告：东茂公司
被告：俊轩公司
被告：周某某
东茂公司起诉称：东茂公司发现周某某在淘宝购物平台经营的店铺所销售的的"位领 Linux 原生机 HiCar 蓝牙无线连接 CarPlay 车载便携 GPS 导航智慧屏"产品涉嫌侵害其实用新型专利权。被诉侵权产品实施的技术方案落入了涉案专利权的保护范围。周某某销售、许诺销售被诉侵权产品的行为,以及俊轩公司生产、销售、许诺销售被诉侵权产品的行为侵害了涉案专利权,请求判令周某某、俊轩公司立即停止侵权并给予赔偿。

周某某、俊轩公司答辩称:现有证据无法证明被诉侵权产品实施的技术方案落入涉案专利权的保护范围,不构成侵权。

技术争议焦点

东茂公司认为:尽管被诉侵权产品上设置了一个 USB 接口,而该 USB 接口电性连接了控制单元,且当苹果手机通过该 USB 接口连接被诉侵权产品时,该 USB 接口能够实现"第一接口"的功能作用;当安卓手机通过该 USB 接口连接被诉侵权产品时,该 USB 接口能够实现"第二接口"的功能作用。因此,认为被诉侵权产品的"USB 接口"相同于涉案专利技术方案的"第一接口及第二接口"。

周某某、俊轩公司答辩称:被诉侵权产品缺少"至少一第二接口"的技术特征,并且,被诉侵权产品连接苹果手机和安卓手机的方式和东茂公司实用新型专利的内容不一致,被诉侵权产品上的一个 USB 接口不直接连接手机,而是需要和手机数据线连接之后,方可和手机间接连接。东茂公司实用新型专利特征中的 2 个接口不能被认定为与被诉侵权产品中的 1 个 USB 接口构成相同技术特征。被诉侵权产品不落入涉案专利的保护范围。

诉辩双方的争议焦点主要在于被诉侵权产品设置的"一个 USB 接口"能否等同于涉案专利权利要求 1 限定的"第一接口"和"至少一第二接口"。

技术比对和分析

涉案专利权利要求 1 为:

一种用以映射手机功能的可携式车载触控荧幕装置,其特征在于包括:一控制单元,该控制单元为本装置的功能控制中枢以控制本装置的支援功能,且该控制单元具有整合支援安卓系统的软件开发工具套件;一第一接口,电性连接该控制单元以辨识所电性连接的装置是否为苹果行动装置作业系统且该第一接口并具有 iOS 系统接入感应功能从而能立即启动手机端的车载苹果行动装置作业系统应用模块;至少一第二接口,电性连接该控制单元以电性连接使用安卓系统的智慧型手机而使该安卓系统的智慧型手机经由该第二接口传送应用模块的图像、音频数据等至该装置上;一触控荧幕,电性连接该控制单元以显示由第一接口及第二接口所传送进来的应用模块图示或操作画面并透过该触控荧幕的触控功能回传操作讯号;一无线连接单元,电性连接该控制单元以作为另一种连线本装置的途径；一电源连接单元，电性连接该控制单元以对接车用电源，除透过车用电源提供给本装置使用外，亦电性连接原有车载系统所控制的音响及麦克风功能；一音频模组，与该控制单元电性连接，该音频模组更包括一麦克风及一喇叭以透过该麦克风输入语音并传送至该手机上进行通话或语音控制。

技术调查官通过对被诉侵权产品进行现场实验，对东茂公司和周某某、俊轩公司主张的相应接口的功能进行实际验证，并对被诉侵权产品进行了拆解，对相应器件进行核查，确认被诉侵权技术方案仅有一个 USB 接口，且同时具备"第一接口"和"至少一第二接口"的功能。

技术调查意见认为：被诉侵权产品仅设置了一个接口，该接口同时具备"第一接口"和"第二接口"的功能作用，既能实现产品与苹果系统手机的连接，也能实现与安卓系统手机的连接。这与权利要求 1 技术方案限定的"一种用以映射手机功能的可携式车载触控荧幕装置，其特征在于包括：一控制单元……第一接口……至少一第二接口"不构成相同的技术特征。在技术层面上，本领域技术人员可以很容易做到将第一接口和第二接口整合形成一个 USB 接口，并且使该 USB 接口具备第一接口和第二接口的功能。也即，在技术层面上，被诉侵权产品中的"1 个 USB 接口"可以等同于涉案专利权利要求 1 中的"第一接口和至少一第二接口"。然而，对于是否等同，技术调查官积极翻阅其他案例资料和法律法条，根据《最高人民法院关于审理侵犯专利权纠纷案件应用法律若干问题的解释（二）》第十二条的相关规定，即"权利要求采用'至少''不超过'等用语对数值特征进行界定，且本领域普通技术人员阅读权利要求书、说明书及附图后认为专利技术方案特别强调该用语对技术特征的严格限定作用，权利人主张与其不相同的数值特征属于等同特征的，人民法院不予支持"，也即明确了此类案情不宜认定构成等同侵权。

另外，对于涉及被诉侵权产品中"某一个结构特征"是否等同于权利要求中"多个技术特征"的案情，可以参考《专利审查指南 2023》中关于"要素省略的发明"的创造性评价标准，通过判断被诉侵权技术方案相较于涉案专利是否具有创造性；若判断结果是肯定的，则无需判断两者的技术手段、实现的功能和技术效果是否构成基本相同，可直接根据被诉侵权技术方案具有创造性，因此不是"本领域普通技术人员无需付出创造性劳动即可想到的"，从而直接认定两者不构成等同的技术特征。

技术调查结论

技术调查官认为尽管目前从技术层面上可以很容易做到将第一接口和第二接口整合形成一个 USB 接口。但参考《最高人民法院关于审理侵犯专利权纠纷案件应用法律若干问题的解释（二）》第十二条、《专利审查指南 2023》中关于"要素省略的发明"的创造性评价标准，不宜认为两者构成相同或等同技术特征。

一审合议庭采纳了技术调查意见，认为上述特征既不相同也不等同，认定被诉侵权技术方案未落入涉案专利权的保护范围，不构成侵权，判决驳回东茂公司的诉讼请求。

一审宣判后，双方当事人均未提起上诉，一审判决发生法律效力。

【技术调查官评述】

本案在技术层面上可能会比较容易得出技术特征等同的结论。然而，在司法实践中，特别是专利侵权等同特征认定的过程中，不能仅单纯从技术层面考虑，还需要考虑一些等同认定的"例外"情形，同时还要有相应的法律依据。本案充分反映出被诉侵权技术方案是否构成等同，不是仅在技术层面进行分析判断就可得出结论的，更要全面考虑，例如是否存在"例外"情形，同时还需要找到相应的法律依据来支持。

编写人：广州知识产权法院　张宇

（编辑：练景峰）

41

谢某某与华熙公司侵害实用新型专利权纠纷

> 阅读提示：如何充分发挥技术调查实验室在技术事实查明中的作用？

【技术调查要旨】

对于技术类案件，一般双方当事人会在庭审现场对被诉侵权产品进行技术比对，在条件允许的情况下会对被诉侵权产品的物证进行拆解以方便技术比对。但庭审现场并不具备拆解立管的设备和条件，双方当事人也未必都准备了合适的拆解工具，法院为当事人提供技术调查实验室，让技术比对工作可以及时准确开展，使整个庭审工作不因物证拆解设备的限制而中断，提高了技术事实查明效率。

【技术调查事实】

一审：广州知识产权法院（2022）粤73知民初1864号

原告：谢某某

被告：华熙公司

谢某某起诉称：谢某某是专利号为ZL201220099236.1、名称为"改良的抓物游戏机抓爪"的实用新型专利的专利权人，专利合法有效。谢某某发现华熙公司未经专利权人许可，擅自制造、销售、许诺销售与涉案专利相似的产品。谢某某将涉案专利与华熙公司的被诉侵权产品进行比对，发现被诉侵权产品的结构特征与涉案专利权利要求记载一致，落入了涉案专利权的保护范围。华熙公司未经权利人许可，为生产经营目的而制造、销售、许诺销售侵权产品，其行为已构成专利侵权。

华熙公司答辩称：1.涉案专利权已于2022年3月15日终止，无判令"停止侵害"涉案专利权的事实依据和法律依据；2.被诉侵权产品不落入涉案专利的保护范围，不构成侵权，谢某某索赔经济损失及合理开支100万元，没有事实依据和法律依据。

技术争议焦点

本案是侵害实用新型专利权纠纷，谢某某在本案中主张保护范围为涉案专利权利要求1，其具体内容如下：

1.一种改良的抓物游戏机抓爪，包含有一呈圆筒状的本体，本体内设有一阀管，阀管外缠绕有若干线圈，线圈经通电后，线圈的上、下两侧各产生一磁极使形成一电磁阀，该本体底部则枢设有夹爪，夹爪并与一立管枢接结合，该立管并伸置于阀管内，令夹爪可依立管于阀管内的升降而可向内夹持或向外扩张；其特征在于，该立管内由上至下依序设有一第一磁性组件、一第一间隔组件、一第二磁性组件与一第二间隔组件，其中，该第一磁性组件与第二磁性组件系以反向相对的方式置放于立管中，并令第一磁性组件上方的磁性与线圈上侧经通电后所形成的磁极相同，而该第一间隔组件与第二间隔组件系由不带磁性的金属所制成。

谢某某认为二者构成等同，等同技术特征在于涉案专利第一间隔组件是采用非导磁的金属材料放置于第一磁性组件和第二磁性组件之间，被诉侵权产品的第一磁性组件和第二磁性组件之间也有间隔，利用第一磁性组件和第二磁性组件磁极相斥形成间隔，此处的间隔等同于涉案专利的第一间隔组件。涉案专利第一间隔组件的功能是将第一磁极和第二磁极之间隔开，而被诉侵权产品的间隔实现了同样的功能和效果，因此构成等同。涉案专利在第二磁极下方用非导磁的金属材料设有第二间隔组件，其目的是第二磁性的磁极不直接与下方的枢接部件相连接，而被诉侵权产品在立管的下方在第二磁性组件的下方设置有约2厘米厚的金属部件且与立管的底部结合为一体，其实现的目的是将立管与下方的枢接结构相连接，因此该部件也相当于涉案专利的第二间隔组件，而且被诉侵权产品的第二间隔组件的材料是非导磁的金属材料，因此被诉侵权产品的该部件等同于涉案专利的第二间隔组件。

华熙公司认为被诉侵权产品与涉案专利权利要求1既不相同也不等同，存在以下区别：1.因为第一磁性组件和第二磁性组件是以反向相对的方式设置于立管中，第一磁性组件和第二磁性组件之间具有吸引力，所以需要用第一间隔组件将两者隔开，被诉侵权产品不具有第一间隔组件，只是利用第一磁性组件和第二磁性组件的斥力将两者间隔开，所以两者的技术手段根本不同。被诉侵权产品不具有第一间隔组件，也就不存在第一间隔组件由不带磁性的金属所制成的技术特征。2.关于第二间隔组件，华熙公司认为不等同于立管的底壁，根据涉案专利权利要求的描述，立管内由上至下依序设有第一磁性组件、第一间隔组件、第二磁性组件和第二间隔组件，第二间隔组件设在立管内，并不是它的底，从涉案专利权利要求说明书都无法看到第二间隔组件的作用，谢某某所称的第二间隔组件是连接枢接结构的，只是谢某某的推测，没有任何证据支撑，无法进行等同的比对。涉案专利权利要求 1 的"第一间隔由不带磁性的金属制成"是明确排除了"不带磁性的金属"之外的所有材料。

双方当事人争议的其中两个焦点是被诉侵权产品是否包含与涉案专利权利要求 1 中技术特征"该立管内由上至下依序设有一第一磁性组件、一第一间隔组件、一第二磁性组件与一第二间隔组件，而该第一间隔组件与第二间隔组件系由不带磁性的金属所制成"等同的特征；是否包含与涉案专利权利要求 1 中技术特征"该第一磁性组件与第二磁性组件系以反向相对的方式置放于立管中"相同的特征。

技术比对和分析

本案被诉侵权产品物证所需要比对的零部件如磁性组件均被密封设置于一立管内，需要拆解立管才能判断是否具有磁性组件，明确磁性组件的设置方式和具体个数。庭审现场并不具备拆解立管的设备和条件，双方当事人也未准备合适的拆解工具。

为了让双方当事人能够及时开展技术比对，高效准确地查明技术事实，技术调查官在征得法官同意后，询问双方当事人是否同意转移至法院技术调查实验室通过启用技术调查实验室专用设备对物证进行拆解和技术比对，双方当事人一致表示同意。因此，本案庭审过程中的物证拆解及技术比对工作是在技术调查实验室完成的，技术调查官对整个物证拆解及技术比对工作过程进行了录像拍照。

对立管拆解可见，该立管内设置有两块磁铁，除此以外，立管内部无其他装置；在对立管拆解的过程中，能够明显感受到立管中的两块磁铁之间存在斥力。

关于"该立管内由上至下依序设有一第一磁性组件、一第一间隔组件、一第二磁性组件与一第二间隔组件"技术特征，被诉侵权产品中的两块磁铁可以认定为涉案专利所述的"第一磁性组件"和"第二磁性组件"，被诉侵权产品缺少权利要求 1 所述的"第一间隔组件"和"第二间隔组件"，进而也缺少"该第一间隔组件与第二间隔组件系由不带磁性的金属所制成"技术特征，与涉案专利的上述技术特征既不相同也不等同。

关于"该第一磁性组件与第二磁性组件系以反向相对的方式置放于立管中"这一技术特征，被诉侵权产品中的第一磁性组件与第二磁性组件之间存在斥力，根据磁场同极相斥的原理，被诉侵权产品两个磁性组件具备磁极"反向相对"设置的特征。

技术调查结论

被诉侵权技术方案缺少涉案专利权利要求 1 记载的技术特征"第一磁性组件""第二磁性组件""该第一间隔组件与第二间隔组件系由不带磁性的金属所制成"等技术特征。

一审合议庭采纳了技术调查意见，认定被诉侵权技术方案没有落入涉案专利权利要求 1 的保护范围，不构成侵权，判决驳回谢某某的诉讼请求。

一审宣判后，谢某某不服，向最高人民法院提起上诉。二审正在审理中。

【技术调查官评述】

本案将庭审现场的被诉侵权产品物证拆解及技术比对工作转移至广州知识产权法院技术调查实验室进行，让技术比对工作可以及时准确开展，使整个庭审工作不因物证拆解设备的限制而中断，提高了技术事实查明效率，拓宽了技术调查实验室的使用时间和空间维度，对其他案件的技术事实查明具有借鉴意义。

编写人：广州知识产权法院　原敏强

（编辑：练景峰）